青春报

刘津 编

新 华 出 版

图书在版编目（CIP）数据

媒头脑：《青春报》新闻业界采访录 / 刘津编著
. -- 北京：新华出版社，2019.9
ISBN 978-7-5166-4883-4
Ⅰ. ①媒… Ⅱ. ①刘… Ⅲ. ①新闻工作者－访问记－
中国－现代 Ⅳ. ① K825.42
中国版本图书馆 CIP 数据核字 (2019) 第 212261 号

媒头脑 ：《青春报》新闻业界采访录

编　　者： 刘　津

责任编辑： 祝玉婷　　**封面设计：** 赵洽妤

出版发行： 新华出版社
地　　址： 北京石景山区京原路 8 号　　**邮　　编：** 100040
网　　址： http://www.xinhuanpub.com　http://press.xinhuanet.com
经　　销： 新华书店
购书热线： 010—63077122　　**中国新闻书店购书热线：** 010—63072012
照　　排： 赵洽妤

印　　刷： 北京市文林印务有限公司
成品尺寸： 185mm×240mm
印　　张： 22.25　　**字　　数：** 210 千字
版　　次： 2020 年 5 月第一版　　**印　　次：** 2020 年 5 月第一次印刷
书　　号： ISBN 978-7-5166-4883-4
定　　价： 45.00 元

目录

Part 3

门道

Part 4 变局

Part 5 观念

Part 6 回望

序：致敬新闻业的西西弗斯们

“媒头脑”是《青春报》由来已久的一个业界访谈栏目，接受这个栏目采访的媒体人通常既是实践前沿的佼佼者，也是前去采访的小记者的前辈和导师，未来的同事、同行。他们采访他们，理解他们，呈现他们。他们向他们求教，审视他们或跟随他们。他们受到他们的指引和提携，成为他们的实习生、下属、被赏识和推荐的潜力新人。他们从他们那里获得了进入行业的信心，也萌生了最初的理想主义职业情结。

这个栏目，使《青春报》超越了学院的围墙，在视野上与现实变革接轨。凭借这个栏目，我们与业界声气相通、同气相求。细数了一下，从2002年对舆论监督研讨会的全面报道开始，历经17年，《青春报》做过的业界人物专访稿件至少160多篇。我们接触的人物五光十色：拿着千万家财打水漂的纪录片导演、由记者而作家的特稿写手、投身新媒体创业的调查记者、与官僚主义对峙的杠头“藏獒”、一直与社会不能好好相处的“天才”作家、带队出走央视投身脱口秀网综的“85后”、坐过班房并由此获得素材的非虚构浪子、以测评引导味觉的公众号主理人、在血腥的手术室记录医事人生的摄像师、放肆行走世界的专题摄影师……这些人物在枯索和凝滞的新闻教科书和理论之外，构建了魔幻而生生不息的职业生活世界，在这里，现象的趣味不一而足，现实的淬炼激荡人心。

新闻，新而短促的如是我闻，这个行业以速朽著称，却是人类的日记，历史的骨骼。它还是社会的自省机制、变革动力和民主柱石。出于对短命创作的不甘、对社会责任的知觉、对认知边界的挑衅、对世俗成见的反叛，总有一群媒体人以其创作和选择卓然不群，他们使这个行业在腐败和媚俗之外仍然保持令人敬重的成分，在传统新闻业自我放弃和抱残守缺的暮气中左冲右突。有些人相信再微末的报道也能挽救一点点社会的思考力；有些人执着地用严肃冷酷的影像，捶击昏睡自娱的心灵；有些人跳出陈式的窠臼，寻找以娱乐的容器承托观念的对冲；有些人以民间写作的别致，在专业人群中赢得嘉许。

在这个消亡和覆盖总是快过创造速度的时代，生命虚无感之庞大无边，无情地压抑个体行动的存在感和价值感，但人之必有所作为的自驱和搏击，必将依旧在奋斗的灰烬中熠熠生辉。

编　者

2019年5月8日

Part 1

洞察人物的内心冲动
是相当困难的事
除了聆听他慷慨的自白
更多的时候
我们借由表象的碎片
寻找蛛丝马迹

李海鹏　我愿以作家的名分死去

施燕玲　翁佳妍[1]

李海鹏：
我愿以作家的名分死去

□本报记者 施燕玲 翁佳妍

他说：如果文学是一座雪山，多少人曾眺望着雪线幻想功名。我却想那是我的栖身之所。在朝生暮死之间，你说，你曾怀着至深的恐惧与骄傲写下了每个字，而不介意它是否不朽于后世。在我遇见的一切事物当中，没有比这更风雅、更激动人心的了。

他说：倘若不是作为一个作家死去，我的一生将毫无意义。

南方周末高级记者、专栏作家、《智族GQ》杂志总监、小说家、《人物》杂志主编，虽然身份有所转变，但也有东西从未改变。现在，他是"四分之一"《人物》杂志主编，百分之百小说家。

他是，作家李海鹏。

写关于人的灵魂的小说

---

[1] 施燕玲，《青春报》2011级成员，现为高樟资本投资经理；翁佳妍，《青春报》2011级成员，曾为《Vista看天下》文化记者，现就读法国里昂大学。

我生气了

—

小时候的李海鹏就像塞林格笔下那有高能孤独症趋向的孩子。

4 岁的一天，李海鹏和别的孩子在街上乱跑，远远地见到背对着自己正在和另一位老太太说话的姥姥。他从小由姥姥带大，跟她很有感情。他从离姥姥大概十米远的位置慢慢走近她，然后一言不发走掉了。“我其实特别想叫她，但是不会嘛。怎么办呢这事儿？我也想表达一下，但就是不会。”

他害怕和人打交道，不懂得扑到亲人怀里讨人喜欢。更多的时候，他就一个人玩儿。

初中时，李海鹏觉得自己作文写得好得不得了。他的作文还被选入《海峡两岸中学生优秀作文选》《中日中学生作文选》。他因此读了来自日本和台湾的学生写的文章。看完，他很受震撼。他们写的都是真话，相比而言，自己写的就是瞎话。写得真比写得好重要太多了。

这件事情给他的印象如此之深，按照他的话来说，是因为“我生气了”。

李海鹏很讨厌上学，接受《智族 GQ》采访时，他说，如果不是为了让父母满意，早就辍学回家写小说去了。

高一的一天，李海鹏逃课去图书馆看书，偶然翻到《人民文学》上一个比他高一级的同学的一篇文章。文章里写到作者和朋友看弗洛伊德的书以及他们很喜欢梵高的画。

那天，李海鹏几乎是气冲冲地走出了图书馆。“他才比我高一年级，但是弗洛伊德我没看过，梵高我也没看过。因为觉得不如人嘛，当时我是很生气很生气的。”

李海鹏曾经就是一个这样生性敏感、性情好胜的男孩。《今天》的记者郭玉洁采访他，他说中学期间开始看 T.S. 艾略特的《荒原》，因为他看到书上介绍说他“最难懂”，而且是现代派的“开山宗师”。

对中国社会系统性的无奈

从辽宁大学中文系毕业后，李海鹏在报社和杂志社都工作过。

2001年，他来到了北京。为了养活自己又看上《南方周末》有良知、有才气的传承，而且能跳出新闻的框框，他开始在《南方周末》做记者。

2003年6月，他撰写了《举重冠军之死》。这是一篇被《南方周末》内部看作特稿开山之作的文章。

《举重冠军之死》关注的是被举国体育制度压榨之后又遭遗弃的举重冠军才力的命运。李海鹏找到才力的家人、同事、邻居和所有可能接触过他的人，尽力搜集一切细节还原才力的最后一天，甚至是才力在生命最后一天的早餐食谱也被详细列出。这篇文章一出来，传媒界才普遍意识到纸媒报道有这么广大的创作空间。

也因为这篇文章，他为业界所认可。而此前，李海鹏根本不认为记者这个行业可以被他人承认。

2005年6月，黑龙江宁安市沙兰镇发生水灾，这是一个官方说辞中所谓泥石流和山洪导致一百多个孩子“意外”去世的悲剧。然而，李海鹏并不这么认为。他用事实无声地说明是镇政府和镇派出所的失职和学校某些老师对待警告的轻慢等原因最终导致了这起悲剧。

《沙兰镇水灾》最终没能在《南方周末》刊发。这样的事情时有发生，每次李海鹏心里也会难受一阵。“情绪会很受影响，挺着就好。”

2008年汶川地震，李海鹏来到北川采访。“沿着禹龙干道从老城走到新城，尸味之浓重，使我就像在重重幕帘中行走。以前我听同事讲过他们在东南亚海啸之后的见闻，说尸体都摆在海滩上，望之令人绝望。这回我算体会到了。”2008年末，他在一篇专栏中回忆。

“好好睡觉，不要做噩梦。”采访完的晚上躺在床上，李海鹏在心里反复提醒着自己。“那个时候，光是噩梦的预期你就会觉得很恐怖，因为那个场面确实太过分了。”

当记者的这些年，有机会去报道矿难、水灾、地震、飞机失事这样的重大新闻，虽然让他在特稿写作上越来越为读者熟知，但同时也给他留下了一定程度上的精神创伤。他唯有写完报道，忘记它们，再继续新的报道。

百分百小说家

2007 年底，正在筹备《第一财经周刊》的伊险峰邀请李海鹏加盟。李海鹏不好意思拒绝朋友的邀请，作为一个折中方案，他答应在《第一财经周刊》开设一个专栏。李海鹏撰写这些文章的目的是重申“常识”，正义、智识、艺术和灵魂。

专栏一写两年多，2010 年，出版商把他在《第一财经周刊》写的一些专栏文章和散见于其他杂志的专栏文章整理出版了一部合集，以其中的一篇文章的题目为书名，叫做《佛祖在一号线》。

读者对这本书评价很高，夸他文字风趣，视角独特，行文优雅从容，读起来畅快淋漓。书也卖得很好，就在今年 9 月还出了新版。

李海鹏却不以为意。他把里面的 68 篇文章叫做“68 个小粪球儿”，说这本书是“不重要的合集”。他评论最近新出的版本说：“一些不重要的小文章，居然卖了好大一堆，又出了精装版，沐猴而冠。不好意思，羞愧难当”。

“《佛祖在一号线》到现在为止可以说是好评如潮的一本书，但我自己对它肯定是一点也不看重的。”李海鹏说，“而且那东西也没什么价值。我不可能因为书卖得好就再写一些。”

此后，李海鹏宣布他永久性地不写专栏了。当年 9 月，李海鹏出席《智族 GQ》的年度颁奖盛典，获颁“年度专栏作家”。他在博客中调侃“既然我以后再也不写专栏了，那么这个奖就算作终身成就奖好了。”他认为自己写的只是文明社会赖以生存的常识而已。他是作家，专栏只是他的副产品，他希望自己能够花时间去写更有价值的东西。

有读者问他为什么不喜欢《佛祖在一号线》，他回答，“很显然，我潜藏的态度是我喜欢大家对《佛祖在一号线》的喜欢，但我如此有前途乃至不能用普通的标准衡量自己和自己的书。”与其说这一回答流露出他的野心，倒不如说是他基于对自己的了解而说的。

“百分百的小说家”，这是李海鹏对自己的定义。

依照李海鹏的想法，他的兴趣是第一位的。他不希望为了满足媒体的需要写作，多少钱都不成。“我的体验是，如果你始终在做你不感兴趣的事情的话，继续下去是很困难的，对于你的精神是很损耗和疲累的事情。”

绕了好大一圈，李海鹏终于回到了自己的羊肠小道上，2010 年他出版了第一本小说《晚来寂静》。

“刚开始写的时候我期望它比《佛祖在一号线》好十倍，现在看来做到了。”他在博文中写道，“但是最开心的还是，终于有一段时光我没有虚度，做了想做的事。”

2012 年初，应朋友之邀，他接手《人物》杂志担任主编。一个月中集中投入一个星期的精力在他看来尚能接受。

有时版期紧，他就和记者、实习生们一起熬夜，睡办公室的沙发甚至地板。他说，“好的杂志应该是生活陪伴品。《人物》暂时没有做到，希望将来能够做到。”

站在虚假和放荡自由的中间

Q 您觉得《晚来寂静》中的夏冲和《麦田里的守望者》中的霍尔顿像吗?

A 说像，肯定是有像的地方，但其实并不是特别像。霍尔顿本质是个率真的小孩，他能够通透世俗所有冠冕堂皇的说法，看到事情荒诞的本质。在这方面，霍尔顿是个小天才。他经历了一切，回想过去的时候，突然开始思念每个人，对于过去他讨厌的一切，那种热热闹闹的人间生活，他有怀念，最后他与这个假模假式的世界达成情感上的和解。霍尔顿完全是个小孩。所以他的性格只是稍稍偏离正常，性格特征不是反世俗叛逆。

跟霍尔顿比，夏冲更内向。夏冲对正常的世俗社会和成人世界的抵触，要比霍尔顿强烈很多倍。霍尔顿是“我不跟你一块儿玩，你这人是个混账东西”这样，像青少年群体里的比较边缘的小混混。夏冲是“我不大想跟你来往，但是再看见还是可以跟你说几句话”这样，实质跟这一切完完全全是隔离开的。

夏冲的和解并不能算和解，他只是回到正常的社会当中，把过去的那些想法放下了。但是放下过去的想法可不意味着就已经和解了。

李海鹏

李海鹏在《晚来寂静》的自序中说这本书“写的是从1976年毛泽东逝世到2008年北京奥运会之间，一些人的欢笑、泪水、梦幻与孤独”。

它没有遵循传统小说的固有模式：线索、发展、冲突、高潮、尾声。它只是带着作者自己的记忆，这一点那一点地讲主人公夏冲由孤独少年长成一个孤独青年，像一只蝉看着皆为利来的攘攘熙熙，甩出一串戏谑的鸣叫。

Q=《青春报》

A= 李海鹏

Q 少年夏冲拥有怎样的精神世界？

A 夏冲的特征是有一个强大的内在世界，而对外在世界非常抵触和反对。他是一个很激烈的人，但这种激烈并不表现在跟这个世界拼了，而是把内在世界变得更加激烈。霍尔顿所有的冲突在于他跟其他人打交道造成的冲突跟他的历史老师、同学、他喜欢又嫌弃的姑娘，等等。他最反对的是假模假式。明朝张岱那派反理学，讲人性的一群人，最终凝结为一个人物贾宝玉，都是天真率真的代表，霍尔顿自由自在的求真天性跟西方文明道貌岸然的直接冲突非常剧烈。

夏冲相当程度有点接近西方的天主教小说家格雷厄姆、格林、诺里亚克笔下的人物。天主教存天理灭人欲比中国的道学传统有过之而无不及，有强大的道德感召力又没有真正的可实践性。如果我是个天主教教徒，在道德上就要成为一个极高的楷模，这不能做那不能做。但关键是人这个动物没有那么好，或者说，没有自以为的那么好，于是就出现很多问题。像《十日谈》里越是道德高尚的教士，他的行为越是滑稽可笑、龌龊不堪。

仍然有一部分人是特例的，他有自己天性，非常反对天主教道学的东西；但是他又没有走向《十日谈》里放荡自由的生活。他有另外一种很强烈的道德力量在心里。

既然人的一极是假的，另一极是放荡自由的，那我站中间，跟你们不一样，自己树立一个我的道德，这就是夏冲。这是另外一种人，特别少数的，而霍尔顿和贾宝玉只是属于其中一极。假设社会的主流道德是个宗教，他是站在旁边的叛教者，“我不跟你们站一块，但是我觉得我也需要一个宗教，那么我就自己立一个”，这种人当然觉得很痛苦，他跟霍尔顿们最大的不同就是能够忍耐着。

Q 沉醉在个人世界中的母亲乔雅对夏冲的精神世界有什么影响？

A 夏冲受他母亲自尊心方面的影响很大，他有高度自尊的人格。乔雅对自己自尊心的底线定得很高。自尊心的底线降一点其实挺好，别人也这么活着：往左，混呗；往右，就彻底不管你们了呗。这在某种程度跟贾宝玉的要求是一样的：你让我用功读书，我不，我就想跟这些姑娘一起玩儿。人天性就是这样，其实挺简单，按天性来，不也挺快乐的。

夏冲不是，他有一个非常高的人格期许。我对我的生活有一种非常强烈的需求和设计。我觉得这事非常丑恶，我就不跟你同流合污，这是一个道德期许，只有高自尊度的人才有。

Q 有不少书评认为，《晚来寂静》是一本自传性很强的小说。您跟夏冲在一定程度上是不是很像?

A 小说最重要的不是取材于哪儿。小说取材可以很多，自己的故事、别人的故事、用一个历史事件、写一个完全凭空建立的世界。比如《追忆似水年华》基本写的都是真事，毛姆的《人性的枷锁》也是取材自身。所以像不是问题，最重要的是看最终有没有到达应该要到达的地方。

Q 小说最重要的是什么?

A 小说是一个时间的艺术，像一个旅程一样，你写下第一句话的时候，在头脑里就要想好后面怎么去重现想象力；当最后一句话结束的时候，审视你有没有到达你的目的地。小说最重要的是通过一个人的故事来重现古往今来所有人的故事，有没有写到人类本质性的一面，有没有长久的价值。

Q 您说要写“关于人灵魂的小说”，这本书是怎么表现人的灵魂的?

A 从两个方面，行为和关注点。语言是可以说谎的，因为人在表态上可以装假。人只有行为不说谎，所以人的灵魂就在他的行为和关注点当中。这个小说是第一人称和第三人称交替，当第一人称出现时，所有小说的情节都意味着当时的夏冲头脑中的过去世界。在小说中有3000字左右写夏冲一个人骑自行车下着大雨，其间他想了些啥。小说写了3000字，对于夏冲，他记忆了3000字，这就是从他的行为透视出他的内心世界。人的记忆是有选择的，他那时想到的东西不管对读者重要不重要，至少对夏冲来说是重要的。

（原载于2012年12月23日《青春报》）

王军　我爱北京，也爱它给我的痛苦

卢雪纯　贺嘉钰[1]

2009年11月23日 第59期
责编/美编 卢雪纯 贺嘉钰
城记
本报邮箱：cyuspringnews@126.com B3
王军的城市记忆
"我爱北京，也爱它给我的痛苦"

王军

新华社主任记者，1991年毕业于中国人民大学新闻系，1993年开始对梁思成学术思想、北京古城保护及城市规划问题做系统研究。著有《城记》《采访本上的城市》。

2003年出版至今，《城记》再版9次，到现在，仍是最著名的"城市书"。

11月19日，天气微寒。背着大包、一袭黑衣的王军出现在记者面前，不失儒雅与谦和。他刚从北京档案馆厚厚的史料中走出，"当记者有时要有点侵略性"，刚刚落座的王军就把记者的录音设备挪到自己跟前。

—

Q=《青春报》

A= 王军

—

[1] 卢雪纯，《青春报》2008级成员，香港浸会大学硕士，现供职于伟达公关；贺嘉钰，《青春报》2008级成员，中国社会科学院研究生院硕士，北京师范大学博士生，现供职于北京师范大学国际写作中心。

Q 写作《城记》，您花十年时间收集资料，半年成书，写它的最初想法来自哪里？它产生的影响您是否设想过？

A 就是好奇。我当初就是好奇北京城墙怎么被拆掉了。当初不是传连故宫都要拆嘛，觉得这事很重大很复杂很可怕，应该有人去记录，于是开始调查。我们现在面临的是人类历史上最大规模的城市化，我不能对这个事毫无感觉。写《城记》花十年是必然的，资料量太大了。很多人关心它，但它又是个比较敏感的话题，你必须拿出站得住脚的史料，不能编故事，要用事实说话。那时我连要找毛泽东的想法都有！有些记者的路走不长，在于他没有把多年的工作摆在一个平台上，零敲碎打很可惜。我是把这么多年的工作摆在北京城旧城改造的平台上。

有人说这本书是坏书，我觉得这是他的信仰问题，这没有办法讨论，要是学术问题我们可以讨论。所以你说它唤醒了什么，达到什么预期，我可不关注这个。司马迁写《史记》会在乎什么结果吗？他知道它会被印出来吗？我平时也劝新华社的很多老前辈，要以“活着看不到这本书的出版”的信念来写书。我就是怀这种信念把《城记》写出来的。

Q 在您的写作过程中有没有遇到阻力？

A 最主要的还是自己坚持，能不能很专注，能否找到最好的来源。这本书涉及到一些敏感、痛心的话题，一开始没人会向你完全袒露。林洙老师（梁思成的第二位夫人）一开始虽接受我的采访，但也是在好多年后，在她对我充分信任时才把梁思成的工作笔记拿给我看。我很反感有的报告文学，跟编小说一样，不交代来源，这很糟糕。

Q 有什么遗憾是《城记》没有表达的吗？

A 还有很多档案我没有看到。就像我在《采访本上的城市》中写到：“写历史的人，包括做新闻的人，我们最大的痛苦就是想还原全部的事实，但这不可能实现，但我们必须保持这样一个姿态。”当我到北京档案馆，看到有几万卷档案我想看，就觉得我这辈子完蛋了。因为这辈子是看不完的，你看不完，你敢说自己的工作质量有多高吗？

Q 您是否会一直关注城市建设问题?

A 会的。一个人一辈子恐怕只能做好一件事。一种文化最重要的载体有两种：一种是文字，一种就是城市、建筑。城市和文字一样，在积累中演进着文明。城市包含着文明的密码，我们要破解这个密码。一切形而上的东西在城市中都变得形而下了。

Q 您喜欢北京吗?

A 我当然喜欢北京，也包括它带给我的痛苦。现在，我人生的一半是在北京度过，对它已经有种家乡的感觉。我试图读懂它，我的写作就是在尝试把它呈现出来。

Q 您对北京的感情与刚毕业时有什么不同?

A 认识论有句话：“当你感觉到它的时候，你不能深刻地认识它；当你深刻认识它的时候，你才能深刻地感觉到它。”我现在对北京的感觉就是第二种状态。去年我到美国国家建筑博物馆做演讲，当时我展开两张地图，一张是曼哈顿，一张是北京老城区。我说这两个城市是一样的，因为它们的路网惊人的相似。在这个平面上，曼哈顿长出了摩天楼，北京长出了四合院。它们的路网很密，都能给穷人提供生存的空间和可能。一个城市的伟大之处在于它能给贫苦人提供有尊严生存下去的机会，北京城就做到了这一点。一个城市的伟大之处不在于它的立面，不在于楼盖得多高，而在于它的平面，人性化尺度是人类城市重要的遗产方式。

Q 这本书中您更多的是呈现一段历史，作为一个梳理者，那里面有没有您的个人观点?

A 当然有，所有的写作，都包含着作者的观点。作为记者，我的态度是把真相揭示给读者看，这就是我的观点。我觉得读者之所以喜欢这本书，是因为我在平衡报道，而不是灌输。

我用开放式的写作、平衡的报道来给读者呈现一个关注历史的角度。这出戏中毛泽东是一个角色，拆粤东新馆的包工头也是一个角色。书中只有三个地方我做了封闭式的结论。第一是半个多世纪以来在老城上盖新城给我们今天的交通、环境带来了什么负面影响？第二是"梁陈方案"未被采用是否因为国家没钱？当然不是，拆老城是更花钱的。第三就是梁思成为什么要搞"大屋顶"？他对现代主义一直是那么执着，怎么突然在那一刻变了，而搞民族形式。这跟"梁陈方案"有关系，这个方案用现代主义手法做，后来，中央行政区要在故宫周围盖，他欲控制高度而不得，只能寄望于"大屋顶"为保全旧城天际线，所以，这也是不得已的。当时很多人不理解，认为他这是学术上的倒退，所以对这点我一定要做一个封闭式的结论。

Q 要是北京当时采用了"梁陈方案"，现在的北京是什么样呢?

A 去巴黎看看就知道了。巴黎有很古怪的建筑：蓬皮杜艺术中心、玻璃金字塔……但老城区保存得非常完整，虽然她带着老贝的钻戒（指贝聿铭为巴黎卢浮宫设计的玻璃金字塔），一个进口的蓬皮杜艺术中心，但一看就知道这就是巴黎。老城就是它文化的母体，也是它文化的容量，他的母体保存得很好，容量就很大，而我们的母体都被拆没了。也许一个央视大楼就可以定义这个城市，它就没有容量来接受新的东西。谁都不能定义巴黎，任何东西进去都只能让巴黎这个少妇更加妖娆。而北京呢?

Q 您所坚持的新闻理想是什么呢?

A 我大学的毕业论文题目是《新闻自由——社会良性运行和协调发展的基本保障》。当时院长给了我A+，我是抱着这样的想法来到新华社的。"新闻自由"是个常识，我在坚守这份常识，于是把它做成我的两本书。很多人说我的书是敏感题材，但我跟很多做敏感题材的作者书写方式不一样。我不使用暴力的语言。中国的很多事就是一碗豆腐和豆腐一碗的较量。两拨人都是一种人，但是呈现方式不同。

Q 写这些书您是否觉得自己肩负社会责任感？您觉得今天的环境乐观吗?

A 当然乐观，因为我还在工作，只要我还在做，就永远抱着希望。这不是什么社会责任感，只因为我是个记者。

Q 您在大学时疯狂看书，您说看书不是为了获得终极真理，而是为了提供选择的可能。

A 对，我觉得看书就是和智者谈心。你不是垃圾筐，不要抱着觉得自己很弱智，要看看智者会给我怎样的答案的想法来读书。

Q 《城记》给大家提供了什么选择的可能？

A 我给大家搭了个桌子，你可以在上面摆杯子，大家可以坐着聊天。新闻界有一句话："打擦边球。"我看到的很多悲剧就是：为了打擦边球而打擦边球。打到最后就只有四条边，里面是空的，外面也是空的，但就是这四条边成就了无数"英雄"。《万历十五年》这本书就写了一帮文人和一个皇帝的故事，有的文人故意冒犯皇帝以获得道德的至高点，然后把名声当商品，这也是一种"擦边球"心态啊！其实，桌子里面有做不完的事情呀。

我希望我的这两本书是搭了两张实实在在的桌子。很多领导人都是我书的忠实读者，其实书的内容不乏对他们的冒犯，但是他们看到了我在追求事实本身，我不是拿事实当板砖，当凶器。

Q 您认同别人将您定义为学者型记者吗？

A 不认同，我只希望做个记者。如果是百分之百的记者，我希望我们国家有个法律来保护新闻自由，我们不会定期收到通知，被告知哪些东西不能报。

Q 您怎样看待中国教育？

A 太糟糕了。成年人对幼小心灵的集体屠杀。成年人不知道生命中什么重要，所以搞出一套他们认为的成功来强迫孩子。中国教育的错误在于泯灭孩子对世界的好奇心和他们产生问题的能力，用模子把他们造得一模一样，把孩子变得很功利。

Q 您是怎么教育儿子的？

A 教育的过程就是不断把他还给他自己的过程，我要在他 18 岁时把他彻底地还给他自己。他要玩具时，我会拿两个给他让他挑，从小让他自己做决定。但要让他明白做出的选择会承担一个什么结果。当他知道不学外语没办法跟外国小朋友交流时，他主动告诉我他要学外语，因为这跟他的生活发生了关系。生活，让孩子拥有生活，这才是教育最重要的东西。而我们现在的教育似乎不供应，甚至是在毁灭这个。

（原载于 2009 年 11 月 23 日《青春报》）

汤计　9 年追问呼案，我亦生死煎熬

张铭洋[1]

汤计与呼格吉勒图的父母在一起

[1] 张铭洋，《青春报》2016 级成员，中国社会科学院大学媒体学院在读。

2016 年 12 月 22 日上午 9 点，北京市西城区新华社招待所，不大的单人间内，行李箱被整齐地放在墙边。桌子上的笔记本电脑处在待机状态，旁边放着一摞资料。汤计来北京出差的这几天，就在这间屋子里工作。

汤计，新华社内蒙古分社编委、政文部主任、高级记者，是呼格吉勒图案的最早报道者。

初见汤计，他没有穿外套，上身是墨绿色的针织衫，下身是黑色的休闲裤，脚上穿着一双卡其色的登山鞋。他一米八三的身高，身材很壮，有着浓厚的北方气质。

怕我找不到地方，他专门从楼上下来接我。他主动与我交谈，语气很是亲切，让我很快放下了最初紧张的心情，开始了我们的话题。

“汤计不接就没戏”

2005 年 10 月 23 日，呼和浩特市公安局将作案 21 起、奸杀 9 名女子的赵志红抓获。在审讯中，赵志红交代了他于 1996 年 4 月 9 日在呼和浩特第一毛纺厂家属区公共厕所内奸杀一名女子。但是，早在 1996 年 6 月 10 日，该案件的“凶手”呼格吉勒图就已经被枪决。

儿子被杀了 9 年，现在却又冒出了一个杀人犯，呼格吉勒图的父母李三仁、尚爱云听到消息后四处奔走，想要为死去的儿子讨回公道。经人介绍，他们找到了内蒙古河洋律师事务所主任何绥生。何绥生觉得自己的能力不足，向他们推荐了新华社内蒙古分社的汤计。“新华社的汤计不接那就没啥戏。”何律师说。

汤计和何绥生并不认识。但由于对“党的好干部”呼和浩特市委书记牛玉儒、包头“恶棍警察”李建华、“王木匠”诈骗案的报道，当时的汤计在内蒙古司法界已经有了名气。呼格吉勒图父母通过新华社资料室的李萍找到汤计，将儿子的情况悉数告知。汤计向公安机关的朋友核实了消息之后，接下了这个案子。

“我觉得应该反映，如果这个孩子 18 岁真错杀了，那是多大的事啊，人命关天。这跟我们新华社的职责也有关系，（我要）正确履行好新华社记者的职责。随后请示社党组，这么大的调查，触动公检法三家，一旦翻案了，必须请示。我们党组是好的，（说）干，总不能杀错了人。”于是，汤计在 2005 年 11 月 23 日写了第一篇内参《内蒙古一死刑犯父母呼吁警方尽快澄清十年前冤案》。第一篇稿件反响很大，内蒙古自治区政法委在 2006 年 3 月成立了“呼格吉勒图流氓杀人案”复查组。8 月，复核得出结论：“呼格案”确为冤案。

不能烂尾

—

2006 年 11 月 28 日，“杀人狂魔”赵志红案突然开庭，因为案件涉及隐私没有公开审理。但赵志红的 10 起命案公诉机关只起诉了 9 起，单单漏掉了呼格吉勒图案。赵志红当庭指出了这个问题，审理因此中断。

汤计意识到问题的严重性，在 12 月 8 日发出了第二篇内参《呼市系列杀人案尚有一起命案未起诉让人质疑》。就在第二篇报道发出不久后，12 月 20 日，赵志红从监狱里递出来一份“偿命申请书”，希望内蒙高院彻查此案。“还死者以公道！还冤者以清白！还法律以公正！还世人以明白！”赵志红在“偿命申请书”里写道。

“当时他要递的早我还能（和第二篇内参）叠在一起，但我一看单独出来了，我又觉得很重要，就请示社里。我一想就这么发吧，社领导也通过了。到总社领导也通过，又批了。”汤计一字不改地写了一篇情况反映《“杀人狂魔”赵志红从狱中递出“偿命”申请》。上述情况反映引起了相关部门的关注，呼市中院对赵志红的一审被暂时“休庭”。

2007 年，汤计写了《死刑犯呼格吉勒图被错杀？——呼市 1996 年“4.09”流氓杀人案件透析（上）》和《死者对生者的拷问：谁是真凶？呼市 1996 年“4.09”流氓杀人案件透析（下）》，形成“大内参”，在更大范围内扩大了事件的影响。《瞭望东方周刊》的总编辑与汤计联系，于 2007 年 2 月 1 日在该杂志刊出《疑犯递出“偿命申请”，拷问十年冤案》，这是呼格案第一次在体制外公开发表。

汤计说：“第一篇没有公开的原因是当时没确定，尽管又出了个凶手，但没有确定是不是真的。到我第二、第三篇内参，已经是确凿无疑的一起冤案了，政法委已经调查结论出来了。所以我就公开发表了。”

案件的公开发表在社会上引起了很大的反响，越来越多的人开始关注呼格案。2007 年 11 月 28 日，汤计根据自治区人民检察院检察长邢宝玉的意见，写出《内蒙古法律界人士建议跨省区异地审理呼格吉勒图案件》。如今，呼格案并未到外省审理也得到了平反。“现在看来我这个想法错了。”汤计说，“呼格的父母坚持在内蒙审，内蒙有健康的力量支持着，拿到外省就完了，人生地不熟，这些健康力量就没了。”

2008 年，内蒙古自治区政法委、党委领导人更替，呼格案转入了“无人触碰”的低潮。

2011 年 1 月，胡毅峰升任内蒙古自治区高级人民法院院长。胡院长在担任内蒙古自治区政法委常务副书记的时候就是呼格案平反的积极推动者，他上任无疑为呼格案带来了曙光。

为了给呼格案的平反提供一个“抓手”，汤计在

2011 年清明节与分社青年记者林超、邹俭朴做了一期“新华视点”电视节目“十五年冤案为何难昭雪”，在优酷网上播放。之后《凤凰卫视》等媒体的介入使呼格案在网上成为热点。5 月 5 日，汤计和林超在舆情达到顶点的时候写了一篇舆情反映《呼格吉勒图冤案复核 6 年后陷入僵局，网民企盼让真凶早日伏法》。

2014 年 11 月 16 日，汤计和邹俭朴再次写了一篇《“呼格吉勒图案”舆情持续发酵网民呼吁尽快再审》的文章。

2014 年 11 月 20 日，内蒙古自治区高级人民法院立案庭庭长暴巴图代表高院向呼格吉勒图父母送达立案再审通知书，呼格吉勒图案进入再审程序。

2014 年 12 月 15 日上午 10 点，内蒙古自治区高级人民法院就此案的进展召开了发布会。发布会上，新闻发言人李生晨宣布呼格吉勒图故意杀人罪、流氓罪的事实不清，证据不足。对辩护人的辩护意见、检察机关的检察意见予以采纳。对申诉人的请求予以支持。

值得一提的是，内蒙古高院的赵建平常务副院长代表胡毅峰院长、内蒙高院向呼格的父母致歉，送了 3 万元慰问金。

高院送达再审的通知书的时候，汤计以为自己会哈哈大笑，事实上却是哭了。“这个事我高兴啊，其实坦率地说体会到大悲和大喜的关系，过去跟自己没有大悲大喜的事，没想到通过呼格家这个事体会了。”

他说，“大喜不是笑，原来是悲。就觉得这 9 年（2005-2014 年）啊，你看着这么简单，别说他们家了，对我个人来说，这 9 年也经历了人生生死煎熬。2013 年我发现自己得了结肠癌，在北京做手术。手术以后过完国庆去上班，呼格的父母去看我，我当时也知道他们为什么来看我。

“那时领导们该走的都走完了，换地方的换地方，假如说我要是撒手，也能平反，但是会艰难得多。所以说当时我向分社汇报，把所有的工作都推了，我做的唯一的一个采访就是他。我觉得我一生写了这么多新闻，不能搞得烂尾。我马上就退休了，就要告别我的心爱的新闻工作岗位了，所以说绝不能让它在我退休前烂尾。我把所有的工作都推掉，集中拧这个案子，就是想在我退休前画个圆满的句号。对呼格的父母来说了个心事，对我来说，作为记者，不能留下遗憾。”

没有他们我会孤单

—

2006 年，赵志红写了“偿命申请书”后，看守所的一个警察怕递不到上层，就违反纪律将一份复印件交到了汤计手里。这份申请书恰恰很关键，汤计的情况反映都到了北京得到了批示，内蒙高检的检察长还没有看到原件。检察长邢宝玉给汤计打电话问：“给我的东西怎么到了你那里了？”汤计回答：“说明你那有梗阻啊，我这复印件到北京转一圈回来了，你的原件还没看见，你看看是不是有问题。”一个多小时以后，邢宝玉又给汤计打电话说：“对不起，问题出在我们这，我看见原件了。”出于对这个有正义感的警察的保护，汤计从没在任何人面前提过他的真实姓名。

汤计说，这 9 年，许多人都和他并肩战斗。当时的内蒙古刑警总队的总队长李铁峰，内蒙古政法委督查室主任姜言文，自治区检察院检察长邢宝玉，公安厅副厅长刘尤福，刑警总队的副总队长孟凡涛，刑警总队的打击有组织犯罪的支队长皋凤存，巴彦淖尔市中院院长李建平，呼市公安局的副局长赫峰，内蒙古高院的院长胡毅峰、副厅级审判员萨仁等都给他留下了深刻的感触。

“我觉得赫峰是个英雄，他是秉承了他父亲和他大爷——打日本鬼子解放战争参军的老革命——这种心里装着老百姓的基因。胡毅峰和赫峰都是‘红二代’，胡毅峰的父亲曾经是内蒙古第二任高院的院长，也是内蒙古自治区副主席，是当时从苏联回来的布尔什维克，老革命。他们这一代孩子从小受红色教育，对老百姓有天生的亲近感，从父母辈传下来的关心。为啥我说我强大，就是我后面站着这么多同志。我很感动很踏实，没有他们我自己会觉得孤单。”

呼案比聂案阻碍小

2016 年 12 月 2 日，最高人民法院第二巡回法庭对原审被告人聂树斌故意杀人、强奸妇女再审案公开宣判，宣告撤销原审判决，改判聂树斌无罪。

聂树斌案与呼格吉勒图案有许多相似之处。汤计说，总体上，错案的出现还是办案观念的问题。办案人员一开始就先入为主，认定他们就是强奸犯。呼格吉勒图去报案说发现了“女厕所的女尸”，警察就会觉得：女尸在女厕所，你是怎么看见的？于是没有任何证据就把他锁定为杀人犯。按照办案程序，强奸会有精斑，可以云做 DNA 检验，但是当时并没有检验，精斑后来也遗失了。

在呼格吉勒图的 7 份口供中，3 份是不承认犯罪的，4 份是刑讯逼供的结果。聂树斌案也是这样，他每天上下班都路过案发的那片玉米地，出于男孩子的好奇，聂树斌总是问警察案子破了没有，凶手落网没有等问题，警察起了疑心，就在没有任何证据的情况下认定聂树斌是凶手。聂树斌在连续突审的前 7 天没有口供，甚至不承认的口供都没有，这就十分令人起疑。

聂树斌案的真凶王书金先于呼格案的真凶赵志红落网，聂案在 2005 年 3 月 15 日由《河南商报》公开报道，题为《一案两凶谁是真凶》。而呼格案第一篇报道是 2005 年 11 月 23 日汤计写的第一篇内参，在更晚的 2007 年 1 月 9 日才公开报道。但呼格案在 2014 年 12 月彻底平反，而聂案却到了 2016 年 12 月才平反。

汤计分析，两案的不同之处在于：第一，内蒙古政法委积极组织落实中央和自治区党委关于认真复查呼格案的批示，自治区党委、政法委、检方法官共同组成复查组，认真复查，还从国内请了测谎专家，痕迹专家协助复查。而河北省的相关人员却对聂案的复查不积极。第二，呼格父母的手里有一审的判决书，能够申诉到法院。而聂案的案卷被人为整理过，多处被抽掉作假，当初聂树斌的父母不认为自己的儿子有罪，因此没有收下判决书，律师手中的判决书在退休搬家时弄丢了，河北省高院也拒绝把判决书交给聂树斌的父母，这就延长了聂案平反的时间。第三，内蒙古施加于呼格案的阻碍大多数来自内蒙古高院，其余大部分都是积极推动复查的健康力量。而河北省的阻碍相对多样复杂。这就造成聂树斌案的平反比呼格案迟了 2 年。

“就这么点要求？”

—

汤计在启动再审之前，并没有去过呼格的父母家里。汤计担心自己在监督别人的时候，别人也在监督自己。他怕到了呼格家会被“有心人”照下来，写出类似“汤计和呼格的关系”之类的文章，对案件的平反不利。

2014 年 12 月 15 日呼格案平反的时候，所有的媒体都在集中报道平反过程，汤计却写了《朴实的一家——记呼格吉勒图的父母兄弟》一文。文中写道，案件引起广泛关注的时候，美联社、路透社都联系呼格父母要求采访，他们没答应。

“他们很朴实，他说我自己家的事，别闹。立案再审时高院不开庭公开审理。我就找呼格的父母把情况说了，呼格的父母也没什么文化，就写了几个字：同意法院不公开审理，但要求根据法律公平公正审理。他们连赔偿多少钱都没说。法官看到了说这也太简单了哇，就这点要求？老两口说是呢，只要公平公正的审理。法官自己也流泪了，法官觉得儿子让人错杀了，他们还不提什么要求，觉得对不起。

呼格的妈妈挣 1700 元，爸爸挣 2300 元，两人加起来4000元，两人挣的还不到我的三分之一，可是，当知道立案再审的时候特别高兴。幸福不幸福不是钱多少，而是一个家庭的氛围，老少同堂。其实每一个人都应该有这种快乐的精神，去享受生活。我想我写《朴实的一家》，就是要让大家看一看什么叫幸福生活，我们应该这样生活。”

10 万奖金的去处

—

汤计现在做了一个叫“汤计典频”的自媒体，2016 年 12 月 15 日腾讯的“听我说”直播中，“汤计典频”是唯一受邀的自媒体。汤计认为，从移动客户端出现后，报纸逐渐消亡。因此，他萌生了做自媒体的想法，另外也希望能在退休后，用一种全新的方式做新闻。

2015 年 1 月 22 日，新华社给汤计记了个人一等功。迄今为止，汤计还是新华社唯一荣立一等功的人。“其实做呼格案报道的不是我一个人，是新华社一个团队，只不过是这 9 年多我坚持的最久，背后还有编辑们、领导们，后来颁奖给我也很幸运。”新华社规定奖两万，总社破格奖了汤计 5 万元，分社也参照总社奖了 5 万元。汤计用这 10 万元和中国红十字会联合成立“汤计人道传播基金”和“汤计人道传播新闻奖”，奖励中外记者，使中国的媒体文化走向世界。

“我觉得钱不重要，拿到钱我就想这几年新闻太艰难了，艰难就是由于新闻媒介手段的日新月异使得我们这些传统媒体很艰难。我也在想，一个汤计能打几个钉，我也退了，如果我能拿这笔钱呼吁更多的人支持，应该出一百个汤计一千个汤计，人人都能按新闻的良心和操守去关心国家和社会那是个啥样子。”汤计打算今年上网众筹，二三月份由中国红十字会举办一场新闻发布会，在每年的记者节前后颁发奖项。

坚持到最后的两个人

—

2016 年 1 月汤计出了一本书——《职责与真相：汤计新闻从业感悟》。汤计用新华社老社长郭超人的话对“记者”的职责作了阐述：“多数人能想到能做到的，你想不到做不到，你不能当记者；多数人能想到能做到，你想到了做到了，你能当记者，但不一定是一个好记者；多数人没想到没做到，你想到了做到了，你就能成为一个好记者。”他说：“我是那种守得住的记者，为什么我能把每一个重大新闻做完？我成功就来源于这个精神：把它坚持做完。呼格案印证了这一点，参与报道的媒体很多，揭露出来以后，能坚持到底的坦率说就两个人。一个是我，我是最早报道的，从 2005 年一直坚持到结束。第二个是谁呢？北京《法制晚报》的朱顺忠，他是从 2008 年介入进来的，也是坚持到最后。”汤计说，每一个新闻事件不是一篇稿子就能报道得完的，而是要连续报道、深度报道、从不同的角度追踪，这是他走到巅峰所拥有的精神。

书的封面上，汤计双手合十，目视远方。这张照片拍摄于呼格吉勒图案再审结束宣读判决书时。“当法官宣布撤销两个判决书、呼格吉勒图无罪的时候，我很自然就做了这么个动作。我心里念：阿弥陀佛，这个事落地了。”

做记者之前，汤计打过排球，做过石油工人，当过干部。后来他考入了中国新闻学院，才算是正式踏进这行。他觉得，在天津的大港油田的那一段时间，对他以后的观念产生了深刻的影响。

2016 年 7 月汤计因公到天津，顺路去了一趟大港油田，他离开这里已经将近 40 年。过去的厂子拆了，汤计走过去，看见一对退休工人。对方认出了他就是“70 年代那会儿瘦不拉几的白净的老打球的”。

他没来得及跟所有当年的师父们见面，到了当年他做新闻的启蒙之地大港油田石油报社，看到当年的报纸资料，他感慨，“是石油工人的精神一直锤炼着我走到今天：做老实人、说老实话、办老实事，这个始终伴随我一生。我人生观价值观世界观形成的时候，正好在石油系统工作，那时正好是‘大庆精神大庆人’‘学习王进喜’。无论怎么变，石油工人那种天当房、地当床的精神一直在我身上没有变。”

汤计说，一个好记者一定是一个好人，有同情心，有正义感。否则，“呼格案我是做不下去的。”

（原载于 2017 年 2 月 27 日《青春报》微信公号）

蒋方舟　不做天才

胡佳音[1]

蒋方舟

7岁开始写作，9岁出书，12岁成为专栏作家，16岁当选中国少年作家协会主席，现已出书11本。2008年，她被清华大学破格录取，2012年大学毕业，任《新周刊》副主编，2013年7月起在湖南卫视主持《我的中国》。

她今年25岁，当作家8年，当记者6年，当副主编近2年，当主持人近1年。年少成名，备受争议。如今，她选择不做天才。她是蒋方舟。

---

[1] 胡佳音，《青春报》2013级成员，英国爱丁堡大学数字化社会理学硕士。曾供职豆瓣，现为浦睿文化品牌经理。

不矫情、不哀怨、不卖萌
不依赖男人，并且不期待依赖男人

—

2007 年 12 月，蒋方舟坐火车来到北京，在“清华学堂”里参加自主招生。那时，她高三，心甘情愿地把自己洗脑成了一个考试机器。少年成名的骄傲已经褪去，她全部的内心世界就是那不锈钢杯子上贴的励志话语——“吃得苦中苦，方为人上人”。

2008 年 7 月，她收到清华大学的录取通知书。同年 8 月，她收到《新周刊》杂志从广州寄来的聘书，聘她为特约记者。从此，她在清华学新闻，在《新周刊》做新闻。

大学期间，新闻学院的蒋方舟没有参加校园媒体，也没有加入学生社团。那时，作为特约记者的工作已经够忙了。她大约每月交一篇稿件，偶尔去外地采访。

现在，她一年中一半时间在京，一半时间出差。一年约有 130 个小时在飞机上。去年 9 月，蒋方舟的母亲也到北京“投奔”她。她打趣，每天出门工作时，都觉得自己像远古男人出门狩猎觅食，为了家里的女人和孩子。她在朋友圈里写道，“要努力努力地工作，照顾好身边人，让他们过上有尊严的生活。”她现在每天休息 7 小时，醒来就工作，没什么娱乐。读书，也是工作的一部分。

什么算成熟？她心里有个标准：“三观稳定，情绪稳定。有一份自己喜欢的事业，具有能够有尊严地活着的挣钱能力。对于周围朋友和亲人来说是温暖而可靠的存在。不矫情、不哀怨、不卖萌。不依赖男人，并且不期待依赖男人。”不过她说：“我现在也没入臻境，只是刚刚摆脱幼稚的状态而已。”

她在早些时候已经意识到：父母提出的人生建议，是最保险的，不是最好的。她认为父母的参照系，也不过是“别人家的孩子”，所以视野比较狭窄。父母的提议，也是基于自己的人生经验，不希望孩子走自己走过的弯路。然而，有些弯路是一定要走的，要不然即使生活在安全温暖的环境中，也不会甘心。如果人生的抉择都是父母来做，自己很容易就会对生活不负责任，或者推诿，不会太有闯劲和冲劲。所以父母的建议，不必太听从。有些坑是一定要自己跳进，才知疼痛的。

蒋方舟跳进过很多坑里，比如年少出书，众人哗然；降分考取清华，被议论纷纷；对这些争议，蒋方舟就一句回应——“一千个人心目中有一千个哈姆雷特。”

要有一个纯为兴趣不为谋生的职业

—

蒋方舟说自己最欣赏的记者是何伟，他写过《江城》《甲骨文》《寻路中国》，现在埃及为《纽约客》供稿。“我觉得他能长时间地呆在一个陌生的地方，用自己的目光去描摹，用自己的笔法去叙述。而且他选择的地方都是正在产生急速变化的国度，他的耐力和敏感性都挺让我佩服的。”

她所理解的记者，是离事实最近的人。一名记者需要具备好奇心强、洞察力好等多种条件。但最重要的是，他要正直、勇敢，能在面对权力和强势时，有着不说假话的勇气。蒋方舟谈起自己职业心得时说：“一个人除了赖以为生的职业，一定要有一个纯为兴趣、不为谋生的职业。不能让职业吞噬自己，记者也是如此。”

2008 年 9 月，蒋方舟成就了一段继钱钟书之后又一以文学才华进入清华的佳话。可是她没有去中文系，而是选择了新闻系。蒋方舟说：“中文不是靠学得来的，我希望更多地与社会产生联系；我在高考结束后去了一趟北川，那时刚过汶川地震，我觉得自己亲眼所见和新闻报道的差距甚大，所以我想做一个能够更准确传达事实的记者。”

蒋方舟说自己是个不够勤奋的记者，而且也不知道怎样才能成长为一个成熟的记者。她说：“传媒人要对采访对象、所在媒体和读者负责。”也就是说，既不能歪曲采访对象的意思，同时又要保证报道风格符合任职媒体的调性，还要诚实准确地向读者传递信息。她说她基本达到了自己定义的“传媒人”的要求。

不卑不亢可以表现在写作上，不必在采访中锱铢必较

—

采访黄永玉时，因为先生耳朵不好，必须大声问问题。所以，蒋方舟整个人蹲下来，搭在沙发边儿上。

“我觉得很多新的记者会有一种概念，采访就是质疑、挑战。但是我自己的理解是，在最简单的层面上，你去采访，本身就是打扰他人的生活，所以不要采取一个挑战者的姿态。聆听是一个更为可贵的品质。”

蒋方舟采访中也曾遇到五花八门的问题，诸如时间有限，采访得不深入，报出来的东西不出彩；采访对象临时放鸽子，或者脾气不好，不真诚，不愿多聊；自己对选题不感兴趣，功课没做好，问题没提好，白白浪费了 1 个多小时的采访时间……有一次她去采访一位国画画家，提前准备不足，还被对方批评太过外行。

采访姚明的时候，原本说好 1 小时，结果对方临时变卦只安排了 15 分钟，话题也被限制，她感觉非常挫败，节奏被对方控制。这次教训教会她保持内心的不卑不亢。她认为，这种态度可以表现在稿件的写作上，不必在采访中锱铢必较。

我告诉曾轶可，
你成功后会有很多假朋友真敌人

—

在做新闻的这几年里，蒋方舟觉得《新周刊》的执行主编封新城在她的成长道路上起了很大的作用。2007年，她还在读高中。封新城偶然在《凤凰卫视》上看到一个谈话节目谈到她，对她产生了兴趣，就带着摄影记者张海儿从广州飞到武汉来采访。采访完，觉得她很有意思，于是聘这位刚刚高中毕业的女孩做了特约记者。蒋方舟说："在我对自己的能力还诚惶诚恐的时候，他就对我的潜力非常信任，所以我很感激他。"

蒋方舟做的第一篇新闻稿是专题"透视90后"。她带着一个摄影记者去长沙，采访对象是正在参加"快乐女声"的曾轶可。

她在手记旦回忆："我是因为曾轶可而看'快女'的。上周，我去采访曾轶可，这算什么呢？哦，伪'90后'对话真'90后'。我对她讲了特蕾莎修女的话，你成功之后，会有很多假的朋友、真的敌人。这话还有后半句是'可你还是要成功'，我并没有讲完，小曾姑娘已经很诧异了，说：'啊？不会吧！'我一边写对曾轶可的专访文章，一边看电视上直播'快乐女声'，刚好看到小曾姑娘被淘汰了。我的文章也写完了，我也不会再看'快乐女声'了。"

蒋方舟说："这是我的第一次采访，全程啰嗦结巴，还要端出理性专业的样子。"因为写作的关系，她是一个主观性很强的人，总喜欢判断一件事、一个人是否是好的、道德的、正义的。但是在报道中又不能展示太多主观性的东西、个人化的东西，得尽可能客观。

蒋方舟每天看《纽约时报》《纽约客》《经济学人》的文章。她说不出属于自己的、特别满意的报道，不过对于人物的采写，她倒觉得自己擅长得多。"人物特写主要就是花时间。采访前，几乎要看对方所有的资料和之前的采访。采访时，不要害怕对方的厌烦和不耐烦。另外，尽可能多采访他周边的、熟悉的人，全面把握"。她说："我每次写稿的时候，都报着'以后对这个人物的采访，都无法超越这篇作品'的心态。"

在《新周刊·超能女人别册》上，蒋方舟写道："大家看到的是履历，觉得你是一个很超能的人。或者觉得你的人生是开着外挂的，但是你这一路自己走来，就知道其实不是那么简单，也有很多困难，也遗留了很多问题，或者在一些路段上走得也很缓慢。所以'超能'是外面人对你的评价，但是自己来看，觉得自己一步一步走的脚印还是看得到的。"

她说："一步步脚印就是一篇篇稿件，从最初的诚惶诚恐，问不出问题，到现在面对一个陌生采访对象的自信，这些都是进步。关键是要不断地看好的采访、好的稿件，要有'超越自己'的意识，这样才有进步的方向，不会停留在原地。"

（原载于2014年4月13日《青春报》微信公号）

刘万永　做有硬度的新闻

胡佳音　石晨钊　卫诗婕[1]

B 校内深度
THE SPRING NEWS
青春报
2014年6月27日 第96期
校园汉服引领民族风
校园网改革未完待续
刘万永：面对理想 忠于现实
□本报记者 胡佳音 石晨钊 卫诗婕
文锋：罗彩霞事件

刘万永

刘万永，第十二届长江韬奋奖（2012）获得者。现为《中国青年报》特别报道部副主任。中共十八大代表。被同行称为“藏獒”记者，被网友称为“有血性的好记者”。代表作品有《公安局政委女儿冒名顶替上大学》《一个退休高官的生意经》等。本文内容源自刘万永面向《青春报》成员的一次专题讲座。

---

[1] 石晨钊，《青春报》2013 级成员，现为中国社会科学院大学硕士研究生；卫诗婕，《青春报》2012 级成员，中国人民大学法学院在职硕士，现供职于《智族 GQ》杂志报道组。

交锋“罗彩霞事件”

事件链接：

2004 年高考，罗彩霞 514 分，王佳俊 335 分，均未达到本科录取分数线。在时任隆回县公安局政委的父亲王峥嵘的运作下，王佳俊用罗彩霞的身份冒名顶替进入大学就读。2005 年，罗彩霞考取天津师范大学。

新闻线索不是特供的

—

2009 年 4 月 28 日，刘万永在网上看到了一个帖子：近两个月前，天津师范大学的学生罗彩霞发现自己的身份被高中的同班同学王佳俊盗用。在父亲王峥嵘——时任公安局政委的操纵下，王佳俊以“罗彩霞”之名被贵州师范大学降低 20 分补录。

“当你接到这样的采访任务时，首先考虑用什么方式能够第一时间到达现场，到达后要如何联系采访对象。此外需要准备好录音笔、照相机、采访本、零钱、身份证和记者证，出发前对案件有一个清晰的归纳会使你的采访更得心应手。”刘万永说。

“好的新闻线索并不是为你特供的，如何发现并且迅速做出判断，是决定一名记者平庸与优秀的关键。”罗彩霞案历经一年陷于停滞，刘万永决定在一周年之际做出追踪报道，写审限的问题。所谓审限即公安、司法机关处理案件必须在规定期限内完成，是人民法院审理案件必须遵守的期限。一审审限一般为 6 个月。媒体无法判断判罪轻重，但能判断程序问题。“根据相关的法律规定和这个案件的实际进展，我可以写得你无可辩驳。”

“罗彩霞事件中”刘万永的时刻表

时间	事件
4月28日	发现网帖
“五一” 假期期间	朋友十年砍柴和刘万永说起了这件事的一些内情
5月4日	选题通过
5月4日 14点10分	到达天津站
5月4日 15点	到达天津师范大学（罗彩霞所在学校）
5月4日 18点40分	采访罗的两名同学及副书记（曾见证王佳俊父亲王峥嵘找罗彩霞协商过程）
5月4日 20点35分	从天津站返京
5月4日 22点	到达报社，补充采访王峥嵘
5月5日	《中国青年报》以《公安局政委女儿冒名顶替上大学》为题独家报道了“罗彩霞事件”

如何跟法院打交道

—

很多政府部门都有接待媒体采访的处室，公安局有政治部，法院有研究室，检察院有办公室（政治部）。

刘万永先致电主审这桩案件的法官，即审判长，询问案情进展。审判长以“不能确定他的身份”作答。

“以‘我不能确认你的身份’为由，实际上可能是拒绝我的采访。”刘万永判断。

他提出将自己的身份证、记者证传真过去以证明身份，却遭到拒绝。刘万永认定，审判长不愿意接受他的采访。“但你不能就此放弃，也许你可以碰上一个表达力非常强的审判长。”

“我只想问一下罗彩霞案进展到哪一步了？”刘万永追问。

审判长说：“我们有规定，电话里不能讨论案情。”据查，确实有相关规定。

“话说到这，基本可以判定：从审判长这，我是得不到消息了。”

根据规定，如果想要采访审判长，需先找法院研究室的人员申请，刘万永拨通了该法院研究室的电话，对方非常客气地给出回应：“好，我跟我们领导汇报一下，回头我们再联系。”

“这个时候，你面临着一个陷阱。”

“回头联系很可能意味着不再联系，这时一定要做到进退有据。是你跟我联系还是我跟你联系呢？如果你跟我联系，我把手机和办公室电话留给你。我的手机二十四小时不关机。如果我跟你联系，那你告诉我，你今天下午几点下班？”

对方回答：“我会跟你联系的。”

刘万永说：“行，那我等你电话，你几点下班？”

“五点半。”

下午六点，仍然没有电话打来。“我心里的一块石头终于落地了。即使没有拿到任何东西，我的稿子还是能写的。”2010年5月5日，他推出了自己的追踪报道《罗彩霞身份信息仍未恢复 唐昆雄被追加为被告》。

“我知道了。”

2009 年 5 月 4 日，在回京途中，刘万永意外接到了天津师范大学副书记的电话，对方希望在报道中隐去自己的名字。“当你的采访对象对你提出这个要求的时候，你怎么回应？”

有同学回答：“我认为要与他分析署名的利弊，说明署名给他带来的危害并没有想象中那么大，但是如果不署名的话会削弱报道的真实性，不利于事件的解决。”

“就是你署名对我很重要，但是对你没什么影响，是吧？”刘万永问。

“不，是给他分析署名的利弊。”学生答。

“他说我不要好处。”

台下一片笑声。

刘万永接着说：“他会说‘我不是为了出名，要不你给我用个化名。’”

“如果报道用真名会更具有影响力，能够帮助罗彩霞解决问题，对他来说是良心上的安慰。”

“这里我们先不谈良心。”刘万永笑着摆摆手。

接下来的 3 位同学轮番献计，“可以先答应他，但最后还是署名”，“先尽力说服他，如果说服不了，就看谁能给他压力，然后继续挖下去。”

刘万永开始点评同学们的答案，“分析对他是没有说服力的，他觉得你报道真实性强不强与他关系不大。但是也不能像那两个同学欺骗、恐吓人家。”

在这不到 20 分钟的提问时间里，同学们爆发笑声 9 次。

讲台上，刘万永尾音上扬地说：“那我下面来讲讲我是怎么对付的啊。我觉得经验宝贵，你们可以记到本子上。”

“副书记提出要求后，我说：‘我知道了’。但是‘我知道’并不代表我一定要按你说的做。后来写稿的过程中，我也在斟酌这件事，仔细想了一下，不匿名对他没有太大的影响，而且明确交代消息源会更好，最后还是署了名。”

有些影响是始料不及的，所以无论如何分析对他是没有说服力的，更不要欺骗对方。不要轻易地向采访对象作出你不可掌控的承诺。

克服无力感更为重要

对真相审慎而敬畏

—

“对于真相，我们应怀抱审慎与敬畏的态度。”这是刘万永经常提及的一句话，作为调查性报道记者，应该谨慎对待每一个消息来源、每一个细节，保证写下的每一个字都有来源、有证据，证据能够形成完整的证据链。在保证真实性的同时，努力提高文本质量，用好的语言讲述好的故事，让新闻的生命力更持久。

2008 年，刘万永做过一篇有关季羡林藏品丢失的调查报道。报道初期，确实有相应的信源提供了相应的证据，证据链条貌似非常完整。然而，随着事件的进一步发展，他才发现一些证据是存疑的。

“如果当时经验更加丰富，我就会发现证据中可能存在的问题。”这篇报道在当时引起了很大的反响，刘万永称之为“刻骨铭心的教训”。

做调查性报道，记者往往要付出很多心血和汗水才可能掌握核心的证据。最初当记者时，刘万永认为，“拿到证据就等同于得到了真相”。但随着时间的推移、事件的发展，他逐渐发现，“我们掌握的事实并不一定是事实之全部”。他总说，“我现在不敢奢谈真相了。”

如果离开，请站在一边鼓掌

—

16 年来，刘万永结识了一批出色的调查记者，是其“人生的一笔财富”。“为了心中的那个梦想，他们奔走在一个个新闻现场，面对恐吓临危不惧，为获证据随机应变，虽屡遭挫折却无怨无悔，努力把真相呈现给受众。”他说，“新闻背后的故事远比新闻本身精彩。如果你曾经加入过记者的行列，如果你离开了，请站在一边鼓掌。”

复旦大学张志安在《深度报道从业者的职业意识特征研究》中写道，“调查记者队伍平均从事新闻工作 8 年，从事调查报道约 5 年左右。40%‘不打算继续’从事调查性报道，30%‘不确定’，‘愿意继续从事 1 至 5 年’的只有 13% 左右。”

做记者时间越长，越能清晰地知道自己能力的界限，与道德化和悲情化相比，克服无力感更为重要。

“不管有多少人失望离开，总有人满怀理想地进来。”前一段时间，几位知名的调查记者辞职的消息也引起了一些讨论。学界经常批评一些记者存在自我道德化和自我悲情化倾向，这确实值得注意。“因此记者需要大家的理解和支持，才能在比较孤独的路上走得更远一些。”

刘万永的不少报道推进了案件的进程，不仅改变了当事人的命运，更在一定程度上影响了国家有关部门的政策制定，推动了制度建设。尽管如此，在他看来，记者经常会因现实状况而倍受打击。报道之后，几无反响。甚至“有时连记录都记录不了。”辛苦写的稿子因为一句话或是一个电话被毙掉。“一开始总会很气愤，但要意识到，总有别的可做的新闻。”刘万永说，记者要直面中国这个大环境，“遇到好的不要洋洋自得，遇到坏的要仍保理想，不忘初心。”

据说，华盛顿气象研究所的墙上有这样一句话：当我们做对了，没有人会记得；当我们做错了，没有人会忘记。

当记者也是如此。“你报道对了，读者很快就会忘记内容，甚至不知道是谁做的。一旦你做错了，三五年后，还是有人拿出来说。”

香港记者评价大陆记者：他们想改造社会的想法特别强烈，对工作期望值太高。

刘万永觉得，记者的定位应该是：事件的记录者。在面对新闻时，像政治家一样敏锐、像军事家一样有冲劲。至于问题能否解决，不是记者个人能做到的，也不是一份报纸能做到的，甚至不是我们的权力机关能做到的。

“只有摆正心态，才能在孤独的路上保持内心的平和。”最后，刘万永赠给听众一句话，“面对现实，忠于理想”。

（原载于 2014 年 6 月 27 日《青春报》）

刘刚　连线高手

朱星宇[1]

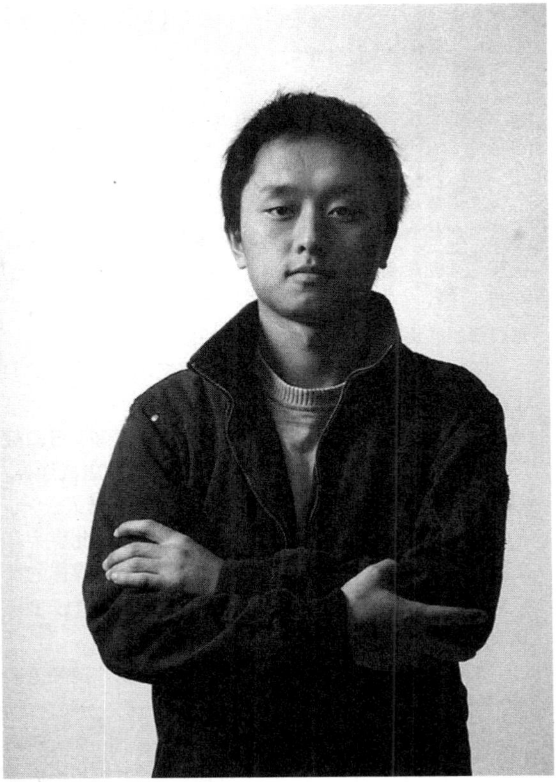

刘刚

刘刚，调查记者出身，历任《新京报》新媒体内容中心副总监、社会新闻部副主编、深度调查部主编。现为《新京报》视频主编，“我们视频”执行制片人。

---

[1] 朱星宇，《青春报》2013级成员，英国伦敦大学数字媒体专业MA硕士，现为南方都市报创意工场视频编导。

2014 年 11 月 13 日晚 7 点左右，刘刚从实习生马金凤处得知，“天涯论坛”上有一条爆料线索，内容控诉当地一位公职人员射杀其母。当晚 10 时左右，《湖南一公职人员打猎射杀村妇被刑拘》发稿，全国独家。

“看到这条线索初步核实属实后，我立马做了分工。”刘刚首先安排一名实习生联系爆料人，即被射杀村妇家属。另一名实习生，负责联系事发地湖南衡东县高湖镇羊角村的村干部及别的目击者。刘刚直接联系官方。

“如果这两个小时内，我们只是采到村民或死者家属，说村妇被公职人员射杀，没有其他渠道尤其是官方消息证实，这条稿子不能发。”所幸，刘刚联系到当地宣传部门后，对方安排县公安局一位负责人接受了他的电话采访，证实嫌疑人是衡阳市食品药品监督局蒸湘分局一肖姓公职人员。13 日晚 10 点，新京报网发布了这条快讯。

14 日当天，刘刚连发 4 篇快讯，跟踪事件发展进程，披露了被射杀村妇家庭背景、遇害现场情况及该公职人员系非法持枪等更多细节，引起社会广泛关注。

“采访过程很艰难，要问出一些细节，比如有多少人被拘留、收缴了多少把枪支很难，官方不愿主动公开这些信息。”第一篇快讯末尾处，说明现阶段的处理情况是：“目前多人被拘，收缴多把枪支”。

第二天，刘刚打电话继续追问，有多少个人被拘留，收缴了多少把枪。

“那位官员一开始不愿透露更多细节，我跟他说，这已成为社会热点，网络上对枪支的数量争议很大。我打比方，一群人上山，只有一个人带枪打猎，不符合常理。”当地官员随后才透露，并非一把枪，拘留也不止一个人。

在一点点的追问下，他得到了更多的细节，前后共发布了 11 篇独家消息。

公职人员打猎射杀村妇事件发生在 11 月 9 日，截至 13 日刘刚第一篇快讯发稿时，当地官方并无正式通报。7 天后，在媒体广泛报道之后，官方才作出正式通报。

“我问过当地警方，如果没有媒体报道，此事会怎样发展。”刘刚说，一位当地官员私下告诉他，媒体的报道给当地造成很大压力。报道当晚衡阳市委书记作出批示，要求公安机关依法严格执法，纪检介入调查。

如果没有报道，此事很难进入公众视野，案子仍会继续办理，但在各方面的压力下，进展会慢于引起社会关注度后。

射杀村妇事件最终以涉案人员 1 人被捕，9 人刑拘，1 人监视居住告终。此外，还推动衡阳市展开缉枪治爆专项行动，在接下来长达半年的时间里，全市范围内收缴枪支，为鼓励市民提供线索，奖金由 100 元提升到 2000 元左右。

而这，只是刘刚负责的“新京报新媒体即时新闻小组”海量快讯中的沧海一粟。

徒儿

“即时小组非常锻炼人，也只有这样的平台，才能有赵吉翔这样一个月出上百篇稿子的奇葩实习生。”《新京报》深度部实习生韩雪枫这样评价道，“在这个团队里实习，三到四天你的名字就能登上腾讯之类的新闻门户头条。”

不过，赵吉翔觉得，自己的工作状态并没有那么夸张，“我个人对发稿量不怎么在意，觉得能学到东西，把稿子质量做好才是最重要的。”

赵吉翔说，在“即时小组”里实习，虽然做的工作和以前的实习一样是新闻采写，但信息采集和传播方式都与传统媒体不同，对效率要求高。

“依靠《新京报》这个品牌，我们可以去纯粹地做新闻，没有别的担心，只需要客观真实呈现一切。”赵吉翔说，这是国内市场化媒体最大尺度了。

每天上午 10 点到岗，晚上 9 点走，赵吉翔对这样的实习生活已习以为常。与 2014 年 8 月初加入“《新京报》即时小组”时已大不相同。

赵吉翔回忆，他是在 7 月末看到新京报新媒体招聘实习生的消息的。

那时，刘刚刚转入新媒体，收到赵吉翔投的简历后当晚便邮件回复并电话沟通。“我想象中的刚哥是一个满脸大胡子、身材有些发福有啤酒肚、浪荡不羁的形象。”8 月初他到《新京报》报到，见到刘刚时，发现与想象的反差巨大。“没想到他是个面容清秀，发型简练干净，有张娃娃脸非常面善的一个人。”

韩雪枫对刘刚的第一印象，是他在深度部实习时第一次与刘刚合作做稿。

“我那时刚去，还放不太开，他就哗啦啦跟我说了许多事，怎么突破啊，记者怎么自我保护啊什么的。我当时就觉得，这人是个好人，热情。”熟识后，韩雪枫更愿意说刘刚是一个非常认真、乐于提携后辈的人。

在“即时小组”的实习经历也给了赵吉翔这样的感受。

实习生加入后第一个月主要负责监控网络热点、寻找新闻线索，也在这一过程中逐步培养新闻敏感，从协助到独立采写成稿。

刘刚从不给具体的时间限制，因为了解到“即时小组”的实习生都是真正想要做出好稿子来的，急也急不来。

但他会在平时做选题时提醒实习生应该如何操

作，在实习刚开始的时间里，每晚下班前还会和实习生分享一个他自己的经历或故事，谈一谈其中的经验教训。

“刚哥这样从业多年仍然充满激情的记者很少见。与他共事，很快就会被他感染。他的处事风格、职业品行都已经深深影响了我。”赵吉翔评价。

韩雪枫印象最深的是刘刚曾对他说过的一句话：“你来《新京报》实习，不是来端茶送水的，实习生不需要唯唯诺诺，这里没有这个传统。”韩雪枫说，在《新京报》没有实习生收快递或整理录音，每个人都在拼命做稿子，拼命锻炼自己。

“像我这样之前完全不懂新闻的人，在这里实习后，也基本什么样的稿子都能尝试着写一写了。”艺术专业的韩雪枫因成为“湖北钟祥高考监考老师被殴事件”的爆料人而与新闻交汇，后辗转进入《新京报》实习，从此一发不可收拾。

“在这里有太多让你觉得自己不足的人。永远都有人在某一方面给你压力。”韩雪枫说，有的人文笔特别好；有的人特别会突破，三言两语就把电话那边的官员给搞定了；有的人脉特别广，分分钟找来有用的采访对象，“牛人实在太多了，你会觉得自己是个渣渣，必须要更努力一些才行，在《新京报》大楼里，整个人都会自然而然的紧张起来。”

紧张、时效、争分夺秒是“即时小组”的共识。

“以前我们通过报纸发布消息，周期是24小时，而现在争分夺秒，通过电话和网络迅速采访，不断压缩采编和审核周期，力争又快又准第一时间呈现热点消息。”刘刚这样描述“即时小组”的工作模式。

但刘刚依旧认为要做“扎实的新闻”，必须到现场去了解情况。

“以前并不是人人都有我在现场、我是记者的意识。而现在通讯工具发展迅猛，人们的新闻意识也提升了，对即时新闻做连线采访来说非常有利。但往往需要交叉多方的采访才能保证其真实性，而更深层次的东西，真正的问题，需要你去现场。”

从业近十年，刘刚始终在前往现场的路上。

上路

2005 年 10 月，刚刚大四的刘刚签下江西一家省级都市报，入职经济新闻部，转正前的 3 个月，他跑遍了南昌的大小农贸市场。

“当时对新闻都不太懂，现在回头看，这是我做记者的一段职业经验积累。”在跑经济线的过程中，刘刚学会了“异地新闻本地化”，他的本科论文便是对此进行利弊探讨。

虽然在经济口做得不错，但刘刚志不在此，他有一种冲劲在经济报道口无处安放。

2006 年大学毕业的时候，刘刚跳槽到江西另外一家省级媒体，开始跑城管线。

在 2007 年初开始走上调查报道之前的半年时间里，刘刚跟着城管掀过摊子，拆过违章建筑，还遇到过暴力抗法。提起这些往事，刘刚说自己那时还不够专业，比较冲动。

“第一次跟随城管现场拆违，有人拿镰刀、砖头要砸城管，我冲到前面去，拿手挡着那人的镰刀，大喊，不要动手！不要打人！”

凭着这股冲劲，2007 年刘刚加入了报社的特稿部，他的采访范围从南昌扩大到江西全省，工作一年半，刘刚跑过了江西 99 个县市中的七八十个。建立起自己的资源网。这让他后来辗转来到北京后，仍能在做王林事件和当地官场新闻时在江西有所突破。

在特稿部，刘刚真正踏上了自己的路，也遇上了对他的职业生涯产生重要影响的“九江农民含冤投江案”。

“这件事影响了我新闻价值观的形成。”在九江案中，农民工黄金虎在工地搬运钢筋的时候不慎砸伤了旁人的眼睛，进入司法程序后一审法院判决黄金虎需赔偿 1.7 万元，二审后法院改判由雇佣黄金虎的公司承担医药费用。

但二审改判的判决书没能送到黄金虎手上。

一审判决后黄金虎回到老家，由于不知道二审判决结果，一直担心有人来向他索要赔款，背负了极大的精神压力，终在 2007 年 5 月 8 日晚，写了一封凄凉的遗书后投江自杀。

“我去了现场，看到他在江边留下的密密麻麻的五行脚印，他从岸上走下去，走回来，再走下去，反反复复，能想象他当时的内心斗争有多么激烈。还有那封遗书，非常的凄凉。”

事后证明，刘刚的这篇报道不仅揭露了当地法院的程序漏洞，也在一定程度上帮助了这个屡遭打击的家庭，报道发出后，有公益律师替投江农民申请到了 5 万元的国家赔偿。

黄金虎的妻子蔡春梅织了两双保暖鞋辗转送到刘刚与那名公益律师手中。

“这件事让我很受震撼，也让我对我手上的笔的价值有了更深刻的认识。”

急转

—

2008年，刘刚选择离开。“在地方，干扰和压力太多，做舆论监督很困难。”

年初，他跳槽到东莞一家新创办的都市报，采访范围扩展到全国，也参与采访了许多重要的事件。

比如2008年的四川汶川地震，他作为报社特派灾区一线记者赶赴北川，在灾区呆了半个月，做了许多一线的采访。但是，之前所面对的地方局限仍然存在，一次他在东莞得到内部人的爆料，有人用工业双氧水做泡椒凤爪，当时正值三聚氰胺曝光不久，食品安全问题备受关注。

刘刚应聘进入该泡椒凤爪制作工坊，暗访3天，拍摄了很多照片做证据。但是，由于一些原因，这篇稿子最终也没能公之于众。

2009年6月，刘刚离开东莞，北上，入职《中国新闻周刊》。

在场

—

2007年10月底，还在江西工作的刘刚去赣州兴国县出差，去法院采访当地一个信用社贷款诈骗的案子。

“我当时发现那儿的公检法当天好像特别的忙，但没有意识到可能发生了什么。”在回赣州的路上，刘刚发现警察已经到处设岗，并拿着通缉令对过往行人挨个比对，“一问，才知道，兴国县发生了8人越狱事件。”

刘刚当晚第一时间向领导报告，但领导层面认为这涉及公检法，最好不要报道。

刘刚又通知了南方报系，也没有得到积极的答复。

最终刘刚只能在自己的博客上披露此事，而当时刘刚博客的影响力远不及他现在粉丝过万的微博、微信公号，没有引发社会关注。而媒体公开报道此事，已经是一个星期后的事情了。

也就在这时，刘刚对《新京报》上心起来。

“11月初，我看到关于越狱事件的报道上了新浪的头条，那是《新京报》记者的独家报道。”刘刚密切关注着《新京报》的跟进报道。

这一次越狱事件，《新京报》连续做了15篇跟踪报道和两篇深度报道，采访到了被越狱犯人打伤住院的狱警，了解到了越狱逃跑过程的细节。最后一个越狱者马志强落网后，《新京报》记者到了他的老家，采到了他的人生轨迹。

“看完这些报道后，我对《新京报》深度挖掘的能力，追踪报道毫不松懈的态度，有一种真正崇拜的心情。”刘刚说，其实早在2007年就向《新京报》投过简历，无奈当时能力不足，“人家还看不上我”。

“离开江西时我有一个想法，就是让自己的报道上新浪头条。如果一直在地方工作，一年到头也不会有这样的机会。”刘刚在《中国新闻周刊》做过永州枪击案、拷问跳桥秀等事件的报道，积累了足够的经验后，终于在2010年入职《新京报》。

入职不久，刘刚便投入《20年寻妻洗冤记》长达半年的采写中。

“当事人罗开友联系上了我，我们花了半年的时间，寻找被判定已在20年前被他杀害的前妻。”最后罗开友在天津的一个农村找到了前妻李培香，洗刷了罪责，刘刚用一万余字对这20年的洗冤路做了报道。

2012年刘刚报道河南南阳母女跪访总理事件后，早在2009年便因滥用职权罪被判拘役却一直在任公职的原派出所所长孙永远被“双开”。如此种种，不胜枚举。而这些案件中所暴露出的司法程序漏洞，也令他反思更多。

“我们在学校，在办公室，在电脑电视前，看到的不是真正的中国，真实的中国需要你走出去，去山上、去现场、去一线。”十年的采访路让刘刚觉得，现在人们所面对的是两个中国，有北上广繁华的一面，也有云贵川山区里的凄苦。

2012年，刘刚独家报道贵州毕节5名孩子在垃圾箱中闷死的事件时，去了孩子原来生活的苗寨，拍摄了一组照片。

“都是土坯房，家徒四壁。”在采访中刘刚了解到，在这些全家年收入两三千元、没有计划生育限制的少数民族家庭里，死去的5个孩子生前从没拍过照片，因此连遗像都没有留下，“我在那里看到的是，一个家里有五六个孩子，父母出去打工，孩子们就7岁的带5岁的，5岁的带4岁的。”采访中所见到的情景给他留下了非常深刻的印象，他也因此更坚定地认为：“我们的工作需要去现场，去记录现实，去报道真相。”

刘刚运营的微信公众号“刘刚在路上”推送过数篇《连线采访技术贴》，介绍怎样在第一时间找到采访对象，但文章最后刘刚都留有这样的备注：电话和网络采访只是各种采访技巧中最原始单一且只能起到辅助作用的采访方式之一，我依然推崇新闻人应该第一时间去到现场。新闻是靠脚跑出来的，不是靠打电话问来的。只有越逼近现场，离真相才越近。

（原载于2014年12月23日《青春报》微信公号）

杨潇　故事之中自有宇宙

卫诗婕

TA04

青春报 百期典藏

2015年1月1日 第100期 青春报

贾玲 / 路阳 / 刘慈欣 / 杨潇 / 彭兰 / 王自如 / 何伟 / 杨东平

业界

杨潇

杨潇
故事之中自有宇宙

初冬的子夜时分，杨潇走进办公室。刚结束 12 月刊的制作，开始准备元月刊，加班开夜车是他的常态。长年写作，他的颈椎和背都出了些问题。

今年 10 月，杨潇离开老东家《南方人物周刊》，到《时尚先生》任副主编。他说，“在一个 confort zone 呆久了，想尝试不同东西。”

从蚁族唐家岭漫游到昂山素季的府上，杨潇写过敏感的政治人物，也写过在大城市漂泊的文艺女青年。有网友评论他写蚁族的文章有魔幻现实主义的美感。他说，中国本身就是个魔幻的国度。而他自己就生长在一个具魔幻色彩的地方——厂矿。

子弟

1958 年，毛泽东在军委扩大会议上说：“还有那个原子弹，听说就这么大一个东西，没有那个东西，人家就说你不算数。那么好，我们就搞一点。”

于是，在湖南南部的一个城乡结合部，杨潇的祖辈和一大群被认为是“根红苗正”的年轻人被召来，在这里落地生根，他们的“厂矿”由此而生。

杨潇这一代在厂矿长大的小孩习惯自称“子弟”，这种称呼多少隐含了一些排他的优越感。同时，也意味着一种划清界限的割裂感。

从地域文化的角度看，厂矿是一座孤岛。四周被农村包围，可厂里的生活却与农村几乎绝缘——从户口、生活方式到方言。厂里人都是城市户口，厂矿内的设施一应俱全：大到电大、医院，小到幼儿园、新华书店。厂矿的人不说当地的方言，有着自己的一套方言体系，他们的语言是一种融汇了各地方言特色的普通话。

子弟们不属于自己祖籍上的家乡，也不属于生活的这片土壤，这种感觉在杨潇的心中尤甚。

1997 年，国企效益不好，厂矿职工纷纷南下打工。杨潇跟随父亲第一次去了深圳，“住在岗厦附近的工棚里，被深南大道的花花绿绿震得目瞪口呆。”那时他下定决心，一定要“考出去”，大千世界正引他去游历。

后来的他的确如愿，从南开大学中文系毕业后，他选择当记者，这个职业方便让他“四处旅行”“认识世界”。

2011 年，杨潇受朋友张洁平之托，为《亚洲周刊》供稿，写一写自己家乡的“厂矿”。适逢梁鸿的《中国在梁庄》出版，杨潇深受启发：从小生长的故土，那个年代独有的祖辈记忆，身为记者的自己却从未认真审视。于是，有了《子弟》这篇文章。

“这是一个现代人的处境问题，从前我们有宗族、宗教等可以依赖，后来我们有了‘单位’——无论如何你总是有所依托，而这些东西都在纷纷瓦解……”他反复强调故乡的意义，不仅是地理上，更是精神上的。

“在这不可知的年代，你需要不断返回地理上的、精神上的，或许根本不曾存在的那个故乡。”

墙倒之后是什么

杨潇将自己 7 年来在《南方人物周刊》做的国内题材的特稿集结成册，取名《子弟》。封皮的作者简介里有一句话：“着迷于转型世界里的失重故事。”

“失重”一词是一位前同事读了杨潇的特稿《另一个国度》后提出的表达，这篇特稿讲述了一个东德女人的故事：柏林墙倒之前，她对自由社会有许多美好的期待，可墙倒之后接踵而来的问题使她失落。“你会珍惜自由的可贵，可是自由是有代价的，也并非每个人都能承受自由，当自由扑面而来，有人就会失重吧。”杨潇说。

2013 年，杨潇被选为尼曼学者赴哈佛大学进修。这是一项殊荣，每年除美国外，仅从世界各国中挑选 12 名新闻工作者参加该项目。

带着“想见很多人，想做很多事”的愿望来到哈佛，杨潇进行了系统的学习，他形容那是一个建立书架的过程：“你收获了很多好东西，可能一时间消化不了。没关系，将它们放在那，等有一天再次提到，能有一个线索去把它拿出来。”

尼曼学者每周二有个名为“sounding”的内部交流，每周由一位学者上台做展示，45 分钟演讲，45 分钟 Q&A，主题通常是讲述自己的新闻从业生涯，也有许多人会讲起自己的家和国。杨潇的美国同学们会把曾祖父的照片翻出来，“一个个都很英武、漂亮、放松”。这总让他感慨，自己这一代中国人，不要说祖父母辈，就是父母那一代的照片都寥寥无几，有的也多是证件照式的拘谨。这正是中国这一百年动荡的烙印吧，“你会觉得颠倒过来，美国这么一个年轻的国家，一个家庭的历史可以直观地追溯到曾祖父时代，而在中国这么一个历史悠久的国家，可视化的家族历史通常就浓缩在两代之间。”

杨潇生于 80 年代早期，小时候仍是用粮票邮票的计划经济时代。而现在，他和他的美国同学一样用 iPad，看 CNN，读《纽约时报》。“可是终究不一样的。你想象我们这一代在成长过程中压缩了多少时空，跨度有多大。”

新一轮的转型接踵而至。杨潇认为，“从商业或者科技的角度来说，虽然纸媒的地盘正在被蚕食，但其实打开了更多空间。”

回忆最初当上记者的那几年，他形容自己“精力充沛，有一双痒痒的脚”。2008 年 5 月的一天，大雨滂沱。在北川和绵阳采访 10 天交完稿后，杨潇坐大巴去了二郎山那一头的海螺沟。因为地震的影响，他是当天唯一的进山者。从二号营地步行至冰川的尽头，又独自下山，徒步 30 多里反而越加精力充沛。对比一位西方同行描述的贝鲁特双重生活：白天在枪炮声中采访发稿，晚上在“中东巴黎”的酒吧里宣泄行乐。对杨潇来说，海螺沟的山路就是贝鲁特的小酒馆。

“这正是含有毒性又叫人上瘾的新闻业。”杨潇在新书中的序言中写道。

杨潇愤不愤

—

朋友眼中，杨潇是逻辑思维的典型，冷静、克制。可做了个测试，显示他是标准的形象思维，感性。阅读杨潇的文字，不难感受到一种细腻与温柔。

但他骨子里或许也有一股劲儿。北京奥运会前的anti-CNN、家乐福事件，在杨潇看来是一种盲目的爱国热情，出于一种比反感更复杂的情绪，身为体育迷的他“莫名其妙”地拒买奥运会的门票。

徐晓被带走，他深感愤怒；深夜工作结束，他上网搜索徐晓事件的信息，又在朋友圈发了状态“杂碎们再次刷新了我的想象力”。

大学毕业后，杨潇曾任职新华社，几年后，愈发感到自己“正在被熨平”。通过《南方人物周刊》的试用后，杨潇奔向南方报业。

谈及“南方报系”这四个字，杨潇显得有些激动。“不知从何时起，南方报业变成了‘南方系’，一个报业成为一个系，一个‘派系’，被贴上各种标签，我觉得挺没意思的。”

2009年，杨潇和几个同事去母校南开大学做交流，讲座上有人提出一个观点：人民日报是左，南方报系是右，谁也不比谁强。

“这话是狗屁，你不能模糊地凭感觉判断。”杨潇有些气愤，“你得回到两边发表的稿子，只看稿子，客观、专业与否，有没有足够的信源，等等。你模糊地谈理念，自以为平衡，其实就是一团浆糊。”

讲座结束，一个来自天津师范大学的女生对他说：“杨潇，你好愤（青）啊。”杨潇不语，觉得很悲哀：你才18岁，这个年龄如果不愤，年纪大一点得变成啥样啊。

他笑一些人的无知，在他看来，一些总说南方报业“右”的人，可能连什么是“右”都搞不清楚。“我认为，南方报业的很多同行，在自由社会恰恰是一个左派。”杨潇说。

杨潇认为，长篇报道形式的困境是全球面临的问题，但媒体人在不断地尝试，用多媒体方式讲故事。他自信长篇报道或将迎来复兴时代，“只要写的足够好，总会有人来读。”

《南方人物周刊》主编徐列评价他，“只要‘杨潇们’还在坚持写作，那么纸媒的价值依然可续”。同行们评价他的文字“独步武林”“优美舒服”。显然，文字已成为他的门槛。

“文字对你而言会是个武器吗？还是只是工具？”

“十年前我会期待用文字来改变一些东西，现在只觉得它对我来说是一个安身立命的东西。”

他保持记日记的习惯，觉得“写下来就舒坦了”。他也坚持琢磨写作，把它当做一个可以磨练的技术活。

有人想做国师，有人想做诗人。他说，介于二者之间，他只想做个记录者。

（原载于2015年1月1日《青春报》）

谢梦遥　特稿江湖的侠客

陈展羽[1]

[1] 陈展羽，《青春报》2016 级成员，中国社会科学院大学媒体学院在读。

南上北下

—

“现在的生活，确实是我梦寐已久的生活。感谢过往的一切经历，它们终究让我回到北京，重新出发。消失在空气里的只是声音，不会是记忆，闭上眼睛，脑海中的香港依旧是暖暖的色调。我知道，我会在下一个春天泣不成声。”

香港和北京，是谢梦遥人生里绕不开的两个城市。

2008 年谢梦遥从中国政法大学法律系毕业后到香港城市大学读研。毕业后他去了香港 NGO，负责个案诉讼的他对记者这个职业产生了兴趣，他希望他参与的案子能被报道，觉得舆论可以让事情有神奇的扭转。“我觉得做记者特别有意思，所以接触了很多记者，开始对新闻感兴趣，进而对特稿产生兴趣，觉得它不枯燥，把新闻写得很有意思，后来我就会想，我自己是不是也可以写。”

他开始投简历找记者工作。一开始是想在香港找，在一直没回音的状态下他把范围扩大到内地，包括北京、广州的很多报纸。2011 年底，他从香港来北京。当时《财经天下》正在创刊，机缘巧合，他进入《财经天下》，遇到张悦。后来谢梦遥称她为“引我入门的人”。

在谢梦遥眼中，当时的《财经天下》有很多《南方周末》的牛人及一些商业类媒体出来的资深编辑，这一起点对他的职业生涯很有帮助。

2013 年谢梦遥回到香港并供职于《亚洲周刊》，在那发表了一系列大稿，包括马航 MH370 坠毁事件、校园辩手以及“占中”系列——《战场在中环之外》《战场在中环》、《激流》等。“占中系列”是他最喜欢的系列之一，“（它）让我感觉我在写一个大事件、大时代，我不是在写一个锦上添花的东西。”

在香港特殊的舆论环境下，谢梦遥做了很多感兴趣的、可能在内地做不了的敏感题材。但逐渐，他感觉到了在香港做新闻的局限和不足，特稿和深度报道收不到读者的回音，政治题材“没什么大的可写的故事”，失落感让他“想回到大陆去写更多有意思的故事”。

2015 年 6 月，他开始考虑下一站去哪儿。权衡得失，这个僵局直到 2015 年下半年他采访优步团队才被打破。他发现那儿很多人都是跨领域在工作，大多数人完全是去另一个地方，过上另一种生活。“当时我是去成都采访，然后那些员工很多都是从北京、上海来的，甚至还有美籍华人，我觉得那个故事给我挺大振奋的，人不一定要扎在同一座城市里，你可以去你想去的地方体验你想要的生活。”

2016 年 2 月谢梦遥又回到北京，供职《人物》杂志至今。

“老子是叶问”

谢梦遥是个爱拖稿的写作者，还时常会因为拖稿被罚款。

他微博曾总结自己写稿慢的重要原因，不能容忍某个词出现两次，所以“愈加”要改成“更加”，“抽身而退”取代“撤离”。写万字长文，琢磨用词尤其费时。

不仅在下笔用词上琢磨推敲，在故事的挖掘上谢梦遥也是倾尽心力。

2017 年他的《横店群演：光影世界、阶层落差与明星梦》在知乎上被很多人喜爱，有人读后专门去搜索了记者名字，看了他的全部文章。但谢梦遥说这是他最遗憾的一篇故事。“本来设想的是我自己也去住一段时间，我自己也要穿群演的衣服，也要演，用第一人称视角去写。我还买了睡袋，因为那里的环境是比较恶劣的。甚至我还买了隐形眼镜，因为怕所有人都不带眼镜只有我戴的话会突兀。”他写过很多有名的系列文章，比如关于嘻哈乐、德云社。他习惯把一个领域挖掘到最深处，“你在一个领域里越挖越深，你做的越多，你就越懂它，就更轻松。”

谢梦遥的微信公众号叫“特稿痴迷者 2”，里面分享他的一些旧稿以及动辄上万字的采访提纲。前《每日人物》记者、谢梦遥的朋友卫诗婕说，“他还给单位内部开过业务讲座，毫无保留地把他的方法论和积累分享给所有同事，在这个过程中发现他真的非常勤奋，他所搜集的资料，做的目录和整理，非常细致全面。”

这种对特稿的痴迷体现在生活的很多方面，他会在做任何阅读时吸取养分，包括电影歌曲、广告文案甚至一些说唱歌词，然后把其中可用的东西内化到自己的稿件里面，“这不是一种能力，这其实是一种自然的反应，当你对这东西真的喜欢的时候，你不需要强化自己去想什么，这就是自然的投射”。

在他的微博里搜“特稿”这个关键词，出现 74 条内容。他也丝毫不会克制对特稿的热情，“我很热爱特稿，谈论它就是很自然的东西，不是刻意营造出来。”

他形容选题是自己的“藏品”，“藏在手机备忘录里，经常在半夜打开咂摸一番，想想什么时候能干掉它，就像完成一次谋杀，然后划掉那个名字。”

他的微博上列出很多他想做的选题，他似乎有永远使不完的劲儿。和谢梦遥一起做过报道的《人物》实习生魏雨帆用“赤诚”这个词形容他：“当时我们一起完成采访后在车站等车，他当时正在愁静安区老色狼的那篇稿子怎么写，怎么安排主线、文章脉络，你会发现他的思维很活很跳跃，他讲起采访经历的时候那种场景的画面感特别强，讲得就很有意思，更别说写了。他一边聊一边思考，说：‘如果我要写这篇稿子我会怎样怎样写，一定要把它写得很漂亮’。这点还挺触动我的。感觉像一个匠人在打磨自己创造的东西，不允许有瑕疵。”

过去一年，这个匠人去了 10 个地方进行采访，完成了 17 篇报道。他手头经常有很多选题同时推进，“一对一不过瘾，老子是叶问，一个打 9 个。”

一个看武侠长大的人，一个曾经将武侠世界诚信、忠义、不伤妇孺当作少年时信仰的人长大了会是什么样子?

有的人磨平棱角，做大千世界里模糊面容的平凡人，心里已经丢了江湖。谢梦遥是另一种，“采访和写作就像内力与外功，江湖需要人脉，这里如是。遭遇同题就是一次夺宝行，千军万马，靠着硬家伙取胜。”

他身上有那种少年人的傲气，锋芒外露。

他似乎不会自谦。做横店的稿子，他自夸：“基本可以确定了，我这稿子写出来，同行可以不用写横店了，白费功夫。”说起做嘻哈，他说：“我觉得我就是那个天选之人，过去所有的生活经历都已经帮我做好准备了，编辑部里我应该是最有资格做这个的人。”

他对自己的文章有不加掩饰的自信，会说自己的稿子“牛逼”，明白地说自己不会接受读者建议，因为觉得毫无用处。

他会在社交媒体上公开吐槽一些稿件或者一些人，并且十分真实，不加隐藏。微博和朋友圈基本是一致的，微信也没有分组，“想说什么就要说出来，不应该刻意。”他的微博充满对生活、自我和写特稿的反思，经常半夜两三点发朋友圈和微博说业务，写他对稿子或者采访的一些观点和理解，还会经常在朋友圈“直播”写稿进度。

他很喜欢用“战士”或者“侠客”形容记者这份工作。他形容一遍遍打磨采访提纲这个过程为“出征前的士兵反复擦拭枪身”。他喜欢篮球，听嘻哈，爱相声，经常和朋友出去撸串，爱酒，像个纯粹的少年。但同时，奇异的是，他身上同时还融合有那种成熟的谦逊和随和，包括一种直白的可爱。

《智族 GQ》记者卫诗婕这样描述她印象里的谢梦遥：“如果不认识他，光看那些文字，你可能会以为这是个很犀利的人，但是实际上生活中他呈现出极大的反差。他会非常友善地和那些真正尊重他的人讨论业务，而且每次谈话都会显示出对做特稿的虔诚。我毫不怀疑他是因为发自内心的喜爱才坚定地一直写下去，没有别的杂念，他其实是个很纯粹的人。在他主动开启的话题中，百分之八十以上都是讨论业务的。”

一次在上海参加澎湃办的非虚构写作坊，甄选40个左右的学员去参加一个3天的培训，主办方请了一些非虚构写作领域的优秀前辈去讲课。卫诗婕去了之后非常惊讶地发现，谢梦遥居然也是学员，她个人认为他的履历和作品完全有资格当讲师，但是他居然报名来学习，“我觉得这是非常谦卑的姿态。而且他也很认真地听。课后还会和我们交流感悟”。

虽然不接受读者建议，但他会在编辑改稿的过程中，非常开放地听取意见，也会坚持他认为对的东西，和编辑讨论、争取，他说：“这是个拉锯的过程，我觉得是一个往好的方面发展。”

自负和傲气，谦逊和随和，这两种完全不同的特质，在他身上最后融合成一种打动人的纯粹和真实。对特稿的纯粹，对生活的真实。这种真实和纯粹，让他的尖锐和锋芒为人所接受。

前一段时间，谢梦遥经历了一个挺好玩的事儿。他早上第一次醒来时是10点45分，然后接着睡觉，开始做梦，那个梦里的情节至少持续了三四天，发生很多故事，所以当他再次睁眼的时候觉得应该已经睡到下午了，然而一看表才上午11点半，也就是时间才过去了四十分钟。他觉得很神奇，“你让我40分钟去想这么多事情我也不一定会想的出来。”

白驹过隙，数十年如匆匆一梦。再醒来，他不再是高中时代周记被语文老师们传阅的优等生，不再是骑着机车的不羁少年，不再是中国政法大学校园里唯一留着爆炸头的hip-hop man，也不再是夹着公文包做法律咨询的循规蹈矩的职员。

而是32岁的谢梦遥，特稿江湖里的侠者。

（原载于2018年6月21日《青春报》微信公号）

萝贝贝
我希望“严肃八卦”是个真诚的东西

申森　张慧钰[1]

萝贝贝

萝贝贝，原名张自言，毕业于南京师范大学新闻传播学院。原为《Vista看天下》娱乐版记者，2014年，因创建公众号“严肃八卦”一炮走红，她致力于以严肃的态度挖掘娱乐八卦，形成了独具特色的“深扒体”。

[1] 申森，《青春报》2014级成员，曾供职字节跳动，2020年赴澳洲读研；张慧钰，《青春报》2014级成员，现供职于北京头条易科技有限公司，从事媒体广告工作。

八卦是人类的天性

—

“如果你们的老师有香艳的恋情你们会关心吗？”

“会！”

“如果你们有两个同学有地下情了，你们会关心吗？”

“会！”

在北京大学的演讲里，萝贝贝用两个简单的问题，向听众证明：人类的天性是喜欢八卦的。正是这种需求，为“严肃八卦”的发展提供了一片沃土。

如果不是朋友的催促和支持，现下排名前十的娱乐微信公众号将失去唯一一个个人运营的账号——“严肃八卦”。2014 年 6 月 24 日，时任《Vista 看天下》杂志娱乐记者的萝贝贝，在个人公众号上发表了第一篇文章《严肃八卦的第一发：被遗忘的黑历史》。自此，“严肃八卦”正式进入人们视线。此时，这个订阅号仅有 3 个用户。

萝贝贝坚持不做任何推广，她觉得兴趣相投的人自然会关注，“我坚信用户和我一样”。创建公号一个星期后，“严肃八卦”就拥有了 500 个粉丝，两个月后，萝贝贝迎来了第一篇阅读量 10 万 + 的文章——《王珞丹袁姗姗陈妍希，为什么这些女主角遭人恨》。时至今日，可能萝贝贝自己，也数不清到底写了多少阅读量 10 万 + 的文章。

娱乐新闻好写，也很难写好。萝贝贝用“严肃”与“低俗”这两个词来形容自己写的“八卦”。正如她给公众号的认证：“严肃八卦，一种灰常严肃的低俗”。

“‘低俗’更多的是一种调侃吧。”她说，其实她从来不认为“俗”是贬义，“埋头做研究的老教授听说了专业领域里某人有八卦，也会抬起头来看看。”这是她从业以来的经验。而在解释“严肃”二字时，她又变得严肃起来，“我只是把我知道的、有依据的信息写出来，那些捕风捉影博眼球的东西你当然也可以写，不过那又有什么意义呢？”

2014 年 6 月 24 日，“严肃八卦”发布第一篇推送

曾经跟着萝贝贝实习的吴芷洁，回忆起帮她做一期叶剑英家族关系图的情形：她一次又一次地比对图片上的人脸，图片一换再换，把每一个环节都仔细确认过，最后还是决定用本尊微博上发的照片。

八卦背后的价值观

—

萝贝贝在北大做演讲时，充分展示了她“毒舌”的一面，类似“汤唯拍完《色戒》以后就有很多男的感叹：‘哎呀汤唯以后怎么嫁得出去？’我觉得他们也很可笑，因为人家本来也不会嫁给你这样的人啊！”

她在2014年的新年纪念文《新年快乐》中明确提出：“我一直觉得娱乐新闻没有低俗的原罪。大家都关心，那么八卦是不可避免的需求，只要表达方式得当，同样可以有价值观。”

和一些时时刻刻根据读者需求调整内容的公号相比，萝贝贝很是“任性”：“我不会为了迎合读者写文章。”女性主义是“严肃八卦”的立足点之一，针对娱乐圈里的性别歧视，萝贝贝总会鸣不平。她讥笑韩寒，声讨王思聪，以笔为枪，文章里毫不掩饰不满。

“长期以来，娱乐新闻当中存在许多的问题，港台娱乐新闻中的一些词语很烦，性细节很低俗，这种视角是非常令人生厌的，其根源是性别观点。比如，认为女人和男人在一起是为了钱，如果老女人和男人在一起，就会说是生擒笋盘；男权主义把女人和性的关联看成是很猥琐的，认为女人有欲望是很脏的，但他又吹捧这种欲望。我一直很认真地在纠正八卦新闻中关于女性的一些不好的表达。”

萝贝贝还强调在娱乐事件中要写出其背后的文化意义，在《铁打的玛丽苏，流水的男神》一文中，她从韩流明星盛行的现象着手，解读5000万人的韩国如何变成男神策源地。她不以俯视的眼光批斗疯狂的粉丝，也不仰视名人，坚持以平视的态度去观察分析。

希望做个真诚有趣的信息提供者

—

跟着萝贝贝实习的时候，吴芷洁对她大工作量的高效率十分惊讶，“一些很细小的八卦她平时都在留意，有在做功课。你问她一些八卦她都能认真地回答你。”萝贝贝曾在微博中说自己“能自然而然记住每个烂剧的吐槽大全。”

“严肃八卦”的第一篇文章开头，她说：“我经常在某个八卦出来之后惊呼一声当年不是什么什么的吗？但是有人告诉我，大部分人的记忆像鱼只有七秒。”

“既然现在很多‘零零后’连‘艳照门’都不知道，读考有了解的需要，那我就把这些线索列出来给大家。’她把做娱乐新闻比喻成做菜，“食材不好，你就只能往菜里不断加浓汤来提味，但这样就混淆了食材本身的味道；食材好了，你再适当调味，做出来的菜才是佳肴。”强健的记忆力为她储备了生活中的“食材”，到了“做菜”的时候，再辅以逻辑的“浓汤”，就炖出了菜肴。

“严肃八卦”现在每天发四条或五条推送。和萝贝贝合作过的孟大明白曾经发文说，做娱乐新闻久了，会自动忽略一些他觉得大家应该知道，事实上大家不了解真相的新闻。萝贝贝觉得这并不是问题：常看网络评论反馈，可以挖掘出很多被忽视的信息。萝贝贝的公号稿子基本上都是当天完成的。她辞去了《Vista看天下》的工作，因为“只能有很少时间给纸媒写稿”。

萝贝贝只希望“严肃八卦”可以成为一个真诚的东西，没有太多考虑它未来的样子，“写新闻写专栏终究不是文学作品，没有什么伟大的。只是希望在话题热潮过去之后能有其他理念留住”。

（原载于2014年11月18日《青春报》微信公号）

柴璐　新闻是我感受世界的最好方式

吕蕊[1]

THE SPRING NEWS

A04　人物　2014 年 6 月 27 日　第 96 期　青春报

柴璐：
新闻是我感受世界的最好方式

□本报记者 吕蕊

柴璐，中央电视台新闻频道、中文国际频道主持人。因主持《海峡两岸》为大众所熟知，被外界称为"海峡两岸美丽使者"。

2014 年年初，随着央视名嘴李咏、崔永元等人纷纷"离巢"，作为主播的柴璐对未来又将会如何选择呢？

---

[1] 吕蕊，《青春报》2013 级成员，巴黎国际摄影学院硕士，现为旅法艺术家，在巴黎为时装品牌 Roksanda 担任助理。

使者

—

2014 年 4 月 20 日，柴璐作为“代班”出现在新闻频道《共同关注》栏目的主播台上。历史就是这样凑巧，7 年前，柴璐作为主播第一次亮相时也是个“代班”。

那时，央视四套的《海峡两岸》节目主播变动，领导准备在新华社、国际广播电台等媒体找到一名报道台湾新闻的资深记者作主播，一时人选难觅。为了正常录制，柴璐作为“代班”走上主播台，“领导说你先顶顶吧，等找到合适的人再说，这一顶就留了下来”。

录制之初，柴璐将《海峡两岸》形容成一个蛋糕，“他们想要一个这样子的蛋糕，我做了另外一个样子给他们”。自 1999 年 11 月加入《海峡两岸》，8 年的记者和编导经历让柴璐在录节目前坚持修改提纲和稿子，由于和当时的编导团队思路不同，柴璐改的稿子对编导团队后期制作节目产生了困扰，引来了团队的抵触。“好的主持人需要把内容揉碎了讲给观众，坚持改稿子是我的原则。”渐渐地，柴璐的稿子得到制作团队的认可，磨合了近几个月后，改版后的《海峡两岸》走上正轨，收视率连续在中央电视台中文国际频道位列第一。

《海峡两岸》涉及台海问题，较为敏感，所以节目一直录播。那时，柴璐每天早晨起来的第一件事就是想选题，然后，打开电视，东森新闻台、中天综合台，一个一个地看，接着 10 点多去台里录第一场节目，下午三四点录第二场节目。最多的时候，柴璐一天录四、五场节目。

在柴璐的记忆中，2008 年“3·22 台湾地区领导人大选”是她进入《海峡两岸》以来最为紧张刺激的一次体验。

“那天我值主持班，中午就化上妆等，眼睁睁地看那一张张票唱出来。”傍晚 17 点半，马英九领先 150 万票稳赢，战胜了来自民进党的对手谢长廷，全组成员才松了一口气。录制新闻时，节目组发现没有预定演播室，当机立断，让柴璐在合成机房里出镜，顺利完成。

2008 年，柴璐在《海峡两岸》已工作 10 年有余，对两岸关系的发展已有深刻的了解。

“台湾的过去就是大陆的现在，台湾的现状可能就是大陆未来的一部分。台湾对于现在的大陆具有借鉴意义。”谈及《海峡两岸》，柴璐说它就像一个使者，让台湾民众更加包容大陆、了解大陆，让大陆人民学会欣赏台湾、学习台湾。

自 2005 年国民党主席连战访问大陆，两岸之间的界限慢慢被打破：春节包机、大陆居民赴台旅游、自由行等杂文的出台让柴璐对未来的两岸关系持明朗态度，“从 1949 年到 2005 年，从 2005 年到现在，两岸之间发生了很多我们不敢相信的事情，所以我们也要坚信未来也会发生一些我们现在不敢想象的事情。”

台湾人的纯良

—

“在那种推挤的情况下，你还是感受到一些民众内心的纯良，你怎能不爱他们呢？”回忆起 2008 年 11 月 5 日晚“陈江会”时被台独分子围堵的那一幕，柴璐说。

当时，台湾国民党主席吴伯雄在台北晶华酒店宴请海协会会长陈云林及其率领的海协会协商代表团，作为大陆随行记者团成员之一的柴璐在台湾晶华酒店门外采访时，遭到了“台独”示威游行分子包围。

“你可以体会到示威人群对你的冲击力，这种冲击力是在大陆不曾有过的。我当时在《海峡两岸》工作了快 10 年，我很清楚这些人是什么样的人、为什么来、他们的目的是什么、他们的本来面貌又是什么，那个场合的他们其实不是真实的他们。”

“台独”分子包围中的那句“她只是记者”、人群拥挤时台湾警察低声对她讲的“对不起”、过海关时机场工作人员的那句“不好意思，让你在台湾受惊了”，这一切都让柴璐被台湾感动着。

“如果说陕西是我的第一故乡，那么台湾就是我的第二故乡。它在我心里的地位不可比拟。”

这片土地，柴璐已踏上过七八次。深入体会，柴璐发现台湾人十分注重细节。“台湾的朋友来看你，都会带着伴手礼，不论是一个本子也好，还是一支笔也好，都会让你觉得特别贴心。”曾经她应邀出席台湾朋友的饭局，自己穿着运动装，但是发现朋友却是西装领带，十分周整，“我很失礼，以后但凡有这样的邀请，我都会先问对方穿什么”。

印象深刻的还有一次是去台湾做为期两周的专题拍摄。当时正值夏日，工作车需要在山里开很久，燥热难耐。同行一位台湾的年轻摄像晚上工作结束就在掌中宝上下载电影，第二天放给大家看，“他非常细心周到”。

前不久，《海峡两岸服务贸易协定》的签订掀起了台湾数百名学生和民众的“反服贸”浪潮，艺人陈升甚至发表言论称，等大陆人学会上厕所关门的时候再谈统一。柴璐说，这种不好的现象确实存在，但“你要相信它是会变的”。

低迷期

—

成为《海峡两岸》主播之前，柴璐在央视做了8年记者。

1998年，柴璐在央视黄金档节目《中国报道》栏目组“打杂”。

作为实习记者，她学识尚浅，很难驾驭选题，所以只能帮编导做些琐碎的事。每到午饭时间，柴璐就和其他实习生跑到公主坟街边的三轮车跟前，蹲在尘土飞扬的马路边，和附近工地的建筑工人一样，吃5块一份的盒饭。

1999年9月，柴璐从北京广播学院播音主持艺术学院毕业，正式加入央视四套的《中国报道》栏目。

最初，她和同届的朋友一起租住在地下室里，空间逼仄，没有独立卫生间，方便基本靠“桶”解决。更窘迫的是，即使这样的容身之处不久也被关闭。当时的柴璐并没有足够的钱支付高昂的房租，“无家可归”的状态持续了几个月，“我的行李就放在朋友车子的后备箱里，每天下班后，我给朋友们打电话，谁方便我就去谁那里住”。

生活上的漂泊倒没给工作带来困扰。同年11月，柴璐正式加入了筹划改版的《海峡两岸》团队。当时，《海峡两岸》只是一个一周播1次，1次15分钟的“边缘”节目，整个团队不过十几人。

柴璐原本是作为主播加入，不料试录两期后，领导指出她“形象过于甜美，不符合这样严肃的政论性节目”，“那个时候每天都在批陈水扁，批两国论，找这么个小孩去主播，开玩笑呢”。于是，柴璐成了出镜记者。

作为记者的第一个工作任务就是和一位摄像大哥去杭州采访：5天时间，3期纯外采节目，一期15分钟，不论是节目素材还是出镜，时间都必须在一个小时以上。初出茅庐，她心里没底，硬着头皮带着摄像大哥，在杭州台办主任的陪同下，走访多地，采访到一切自己认为可以用的素材，回到北京。

“你身上没什么价值，你对这个节目毫无贡献可言，在那个平台，大家只注重结果。”回到北京的柴璐，全身心投入到片子的编辑当中，可是当她真正进入编辑室，却发现自己连编辑机怎么开都不知道。她请求编辑室的看门大姐教她开机，才认清哪一个是录带，哪一个是素材带，如何打点，如何录制，“当你进了电视台，没人教你如何采访，如何写稿，编辑机要怎么使用，怎样打点，都没有，这要你自己学”。

15分钟的片子，演播室加嘉宾，从下午两点到凌晨3点，柴璐自己摸索着编了15个小时，成品出来，却因达不到播出要求被毙。晚上，柴璐坐在马桶上哭了很久。

这样低迷的工作状态持续了两年多，这段时间里，柴璐每次分到的选题质量很差，工资很低，不仅生活窘迫，专业技能也没有提高，“我十分迷茫，找不到留在北京的理由了”。在省台和北京之间权衡，柴璐找到了留下的理由——在北京念书。2002年，工作之余，柴璐进入清华进修MPA（公共管理硕士）。

“没有什么事情是白做的。”4年后，当初那个连编辑机都不会开的新人已成长为《海峡两岸》制作团队的主力编导，这个节目在全栏目中的收视率也已跻身三甲。

“我当时的想法是竞聘副制片人什么的。这8年，总觉得机会来了，但都破灭了，所以看得很平淡，说不定哪天它就又出现了。”

难产儿

1992年，西安远东公司的播音员陈浩去柴璐的学校办事，当时柴璐正在校园广播站播音，陈浩立刻被喇叭里传来的声音吸引，托校方找来柴璐。这个穿着红夹克“长得很好看”的男人第一次让柴璐了解到北京广播学院这所“《新闻联播》主持人的学校”，并主动为她辅导播音。

1994年，柴璐带着两年的准备参加了北京广播学院的面试。第一轮是隔着桌子对着老师念稿子，这一轮刷掉大半考生，柴璐顺利通过；第二轮是在广播电台的录音间对着麦克风念稿，录音间外面的老师打分。前两轮，柴璐都是前两名。

最后一轮，西北五省的考生都必须去兰州电视台面试，三试是录像，考生需要坐到主播台上正式播音，但老师发现，柴璐总是坐不正，所以这次她没通过。不久，柴璐被医院诊断出患有先天斜颈。

柴璐是难产儿，脖子上一块肌肉轻微失去弹性，手术只有30%的把握，柴璐坚决选择动手术。破釜沉舟。复读一年的柴璐决定再考广院。

没有任何广电系统的背景、外形并不是十分出众，再次走上这条道路难免遭到旁人质疑。按照柴璐弟弟的话说，姐姐属于扔到人堆里就找不到的那种人。但柴璐的母亲却一直支持女儿，她认为女儿是最优秀的。

第二次考广院的场景，柴璐已经记不清了，只记得自己穿过1000多个考生聚集的大操场，去找自己的考场。“当你把注意力收回来，停留在自己身上，我要怎样，我能怎样。可能那个力量会更大。”

那一年，柴璐的专业和文化考分均是全省第一，以全国专业最高分90分的成绩走进了北京广播学院播音主持艺术学院。

初入北广，柴璐所在班级40多人，虽然专业有高下，但是各有强项：有的入校前就拍过戏、广告，有的频繁参加各种社交，有的长相出众。这让军训后一度胖成“小包子”的柴璐压力巨大。

为了大三的上镜课，柴璐开始锻炼、节制饮食，这让同学刮目相看。一次跳远课，穿着大衬衫的她得到了同学的忠告：柴璐，你太瘦了，后背都是一条条肋骨。此时的柴璐，从当初入学的110斤减到了94斤。

播音系新生都要纠音，从简单的aoe开始到单字、单词、四字词语，还有配套的口部操，调整学生发音的唇齿力度。柴璐每天早晨6点多起床，去南操（学校南边的操场）练声，念学校发的发声教材，大概7点开始朗读英语，吃过早饭，赶去上8点的课。“从大一到大四，基本上坚持每天练声的人就只有那么几个，我就是其中之一。”

柴璐大学时还有一个很特别的习惯：每天晚上都会用收录一体机收听一档叫《子夜诗会》的广播节目入睡，节目内容是新中国成立以来的资深主持人朗诵的诗歌，积累了不少诗歌素材。后来，柴璐和同学们合作创作的《百年恩来》获得齐越诗朗诵大赛一等奖。

15年的媒体从业经历，让柴璐感到真诚的珍贵，“稿子也是有感情的。当你内心不真诚的时候，你是很难去打动观众的”，她说，一个人如果要让自己的内心生茧，不是难事；而一个人若能自始至终保持内心新鲜、狂热却非易事，“新闻是我感受世界的最好方式，如果这个岗位不嫌弃我，我会继续做下去。”

（原载于2014年6月24日《青春报》微信公号）

吴虹飞
不想当摇滚主唱的记者不是好作家

褟智君

吴虹飞

吴虹飞，来自广西的侗族聚居区，清华大学环境工程和中文系科技编辑学双学士，中文系现当代文学硕士。先后任《新京报》《南方周末》《南方人物周刊》及香港《阳光时务》记者、特约作者。写了14本书，说了很多话，网上关于“阿飞姑娘”的传说形形色色。她出版的访谈录《这个世界好些了吗》，得到了白岩松和马晓春九段的高度赞赏并欣然作序。

15年前，她刚刚做音乐，被称为身份复杂的工科民女，曾经是前酒吧歌手、没落诗人、节奏吉他手、读书报记者、网站娱编、中文教师以及艰深文学史研究者。现在，她是一个无所事事的人。“村上春树说，消磨时光是一种天分。很显然我具备这样的天分”，她自嘲。

“我们一起来酿酒吧，用你的血我的骨头，在酒酿成的那一天，我将死在你怀里。”

吴虹飞在清华校园里的时候就开始了音乐创作。《粮食》这首歌是在校广播台做的，当时给她弹吉他的是李健。有歌词是这样的：“我们一起来酿酒吧，用你的血我的骨头，在酒酿成的那一天，我将死在你怀里”。录完歌，吴虹飞非常激动，觉得自己的歌终于要在校广播台播放了。但后来，校广播台觉得这首歌风气不正，非常消极，所以没播。“可能自己负能量太大了，所有遇到我的人都灰飞烟灭”，吴虹飞说。

在音乐里，吴虹飞不需要讨好别人，只做自己。1999年，吴虹飞创建了幸福大街乐队，乐评人李皖认为：“幸福大街用祭礼般的仪式把自己升到了接近天空的那个高度。”2014年，继她创作的唱片《再不相爱就老了》在2011年获得“华语金曲奖”4项提名及最佳编曲奖后，《萨岁之歌》再次获得“华语金曲奖”提名。

19岁时，吴虹飞创作了《嫁衣》，这首歌让大家知道了她的名字。这首歌的关键字是毒药与死亡，她尖叫般地唱着“妈妈妈妈看好我的红嫁衣，不要让我太早太早死去，一夜春宵不是不是我的错”。在这个绝大多数人听着刘德华、张学友的年代，《嫁衣》的横空出世，震刺着人们的耳膜。

有人说她另类、奇葩，有人说她心理阴暗，甚至有很多人在网上搜索“吴虹飞是怎么死的”这样的词条。对于人们的讨论，吴虹飞哈哈大笑：“他们经常有报纸说，啊，快看！吴虹飞又唱歌了，害得音乐节都办不下去了。吴虹飞唱歌高音就像处女叫床，低音就像手机没电。然后我觉得，哇塞，我好棒哦！一个人能把歌唱成这样，我好喜欢我自己！”

“一个人如果唱得难听还唱了15年的话，我觉得真的就是一种精神病，就是一种偏执狂、强迫症。或者我真的就应该去看心理医生，我一点都不想自杀，但是我每天都跟自己说我一定要活下去。”

吴虹飞唱压抑的爱情，乏善可陈的生活，她对这个世界，充满了疏离感，她也被城市和教育修改得面目全非。然而，侗族大歌无疑是清凉治愈系音乐。“我竟然有幸听到这些美妙的天籁之声，与之为伴，就觉得万般幸运。”于是，吴虹飞出发了。她在朋友的帮助下，花了一年时间，做了50场侗族大歌的演出，他们走了起码一万公里。在解决了食宿和路费这些庞大的开支后，收入大约有20万，吴虹飞把钱发给了歌队的成员，让他们回家养孩子、买化肥。

吴虹飞喜欢侗族大歌的真实与自由，对一些“挂羊头卖狗肉”的事情义愤填膺。从小会侗语的吴虹飞，希望侗族大歌是纯粹的，有着“行歌坐月”的美好，有着侗族民间故事《珠郎娘美》般的原生态。

“我有一个梦，依靠我所知道的侗族歌师和音乐知识，做一个侗族人的音乐剧，关于一个民族的史诗，春夏秋冬，生老病死。她一定要独立于整个文工团民族歌舞的系统。它必须是本能的，自由的，原生的。它一定要像一个梦一样，热烈，美丽。”吴虹飞在《侗族大歌》一文中写道。

吴虹飞的好友覃仙球这样评价她：“阿飞是一个天真而又富有智慧的人，她的智慧并不用于谋生，而是用于音乐、艺术、文学、人性的思考。”

“其实我们生活的这个世界是非常的险恶”

吴虹飞擅长人物报道，能把一个无聊乏味的人写得不那么无聊。在《南方人物周刊》任职期间，她采访了海岩、汪国真、李云迪、李谷一等名人。但她写的《狷狂黄健翔》发表后，引起了黄健翔本人的不满。黄健翔认为该报道有编造的成分，有对他本人诋毁的成分。直到现在，吴虹飞对这件事情都想不通：“我到现在都不明白黄同学发生了什么。为什么啊？到底？！”

2006 年，《南方周末》职业规范委员会启动调查程序，对该报道操作的整个业务流程进行了解和核实后，发表了一份“黄健翔报道真实并非不道德”的声明，肯定了吴虹飞的报道内容真实，是一组质量较好的新闻报道，但也指出了工作中的一些瑕疵。

吴虹飞做记者主要是跟文化人打交道，但她也是一个特别爱打抱不平的人，有时也会为一些可怜的人出头。“云南省某部门的部长就跟大家说我做假新闻，说我炒作，因为我那时候在做一个少女卖淫案，这个案子我大概做了半年，我真的做了充足的准备。”

这是一个复杂的案件，一名小女孩被指控卖淫，而她的父亲被指控容留他人卖淫。吴虹飞采访了案件

“我当然不是高中最出风头的师姐啦，我连高中文艺汇演都没机会演啊！”

的相关人员，包括这名小女孩以及她的家人、最早报道这件事情的《云南信息报》的记者，发表了《是卖淫，还是诱供？昆明少女疑似卖淫案的罗生门叙事》一文。

“其实我们生活的这个世界是非常的险恶，除非你有很高的工资，不然你千万不要做记者，因为我每次做这种案子，心里都会非常的崩溃。”吴虹飞说。

吴虹飞在《南方人物周刊》工作了7年。她说，她是很用力的，非常卖力气地试图融进去，试图被人接受。实际上，她在离职的时候哭了，觉得非常舍不得。说起离职的具体原因，吴虹飞开玩笑地打比方：“领导让我走的。他7年没见过我，几乎，我们是异地工作，我在北京，他在广州总部，相互不了解，他比较内向，我也是。跟夫妻分居一样的。日子久了，有一个人就受不了了吧。”

高中时代的吴虹飞在学弟学妹眼中也是充满了传奇色彩的。在南方的这座小城里，除了因为考上了清华大学，吴虹飞还有一些“事迹”是“出风头”的。

“吴虹飞在高中的时候是一个绝顶聪明的女孩子，但是她也不是一个很安分守己的女孩子。不管是她放老鼠到同学抽屉啊，还是高考之前摘学校里的果子啊，她都有份。”吴虹飞的高中英语老师说，吴虹飞在高中时并不是那种很乖很听话很遵守纪律的好学生，但她聪明且博览群书，有自己独到的爱好。

“她在愚人节的时候捉弄过班主任，捉弄过我，在我背后也贴过写着‘BEAT ME’的小纸条，你说她是乖乖女这是不太可能的。”老师也拿她没办法。“但是她一学习就非常专心，你在旁边做什么都无法干扰她。她就是这样一个动静非常分明的学生。很多活动都有她的份，但是学习起来，哪怕外面有地震火灾都不关她的事，她就是这样的一个人。”

吴虹飞的朋友《南国早报》的记者李岚这样评价她："她是个有趣的人，才华横溢，思维敏捷，可是有点小抑郁、小疯魔。她是一种天才型的人，她的家很乱，衣服袜子乱飞，口红掉在床底。她喜欢研究历史、宇宙。她就是这么一个无厘头，就是艺术家。"

11 月 11 日出生的吴虹飞，曾说过自己和陀思妥耶夫斯基一样孤独。她写过一首诗《在我死后，请不要向我道歉》，里面有一句话是这样的："在嗜血的世界里 / 没有什么是海枯石烂 / 永垂不朽"。

吴虹飞说话的声音非常温柔，可是她的文字却十分锋利。她在博客上发表了很多文章，有她对这个社会一些现象的批评，有些，也写出了她的孤独。

（原载于 2015 年 3 月 10 日《青春报》微信公号）

夏龙龙　一只写非虚构的毛毛虫

师晓炜[1]

TB02　沉默与发声　2017年4月20日　第113期　青春报

高墙七年 | 躁动 | 夏龙龙 | 安稳 | 高产

夏龙龙，笔名“虫安”、“夏龙”，1990年生人，19岁时因持械抢劫入狱7年。2016年开始发表非虚构故事，迄今近30篇。他的监狱故事广受欢迎，在2016年12月公众号“地平线NONFICTION”发起的“国内非虚构原创榜”小型投票中，他的作品《逃过无期的少年杀人犯》位列榜首。

夏龙龙会一点拳脚功夫。　图片由本人提供

一只写非虚构的毛毛虫

□本报记者 师晓炜

“高产母猪”

愿阅尽山川湖海的夏龙，也终能囿于厨房与爱。

责编/美编 师晓炜　校对 贺千雪

---

[1] 师晓炜，《青春报》2015级成员。

2016 年 11 月的一天，夏龙龙去网咖上网。此时，他已经出狱一年多了。刷完身份证开机，刚坐下没多久，进来几个警察，直接把他摁倒在桌上。他被带到派出所，验尿、搜身、查阅手机。

检查手机时，警察看到了他在网易“人间 theLivings”公众号上发表的作品，非常惊讶。“如果不是看到了那些故事，估计还不会当天晚上就放我呢”，夏龙龙说。

重获自由后，夏龙龙在“人间 theLivings”发表作品，使用的笔名是“虫安”。“父母望子成龙，我现在想龙这个物种也不太好，奸邪淫恶的，我也不想腾飞，就做个安分的小虫子吧，安分平安一点”，他说。

从 2016 年 8 月 18 日第一次发表故事《刑期已满，我投奔了狱中大哥》到 2017 年 3 月 15 日，他已经在这里发表了 16 篇非虚构故事。同时，他还以“夏龙”为笔名在另一个非虚构写作平台“真实故事计划”发表了 10 篇。其中《如何正确地捡肥皂 | 监狱生存指南》阅读量超过 5.5 万，是阅读量最高的一篇。

在此之前，“虫安”不安。1990 年出生，他在牢狱里度过了 19 岁到 26 岁。他戏谑地介绍自己是“牢里蹲大学七年本硕连读，目光在高墙之内延伸、捕捉，每一帧都是动人的故事”。

“高产母猪”

夏龙龙文章的评论区分外热闹。因为发表的文章多，粉丝喊他“高产母猪”。有人每次都抢评论区的沙发，只为说一句“我说高产，你说……”开始时他经常假装生气，开玩笑怼回去，比如“你们让我产生了二次犯罪的冲动”“跟我到放风场来一下”。后来也就默认了，“挺好的，至于为什么这么叫，你去问读者去”。

夏龙龙非常喜欢用的表情是迷之微笑脸。他觉得这个表情可爱、淡定、迷。他在朋友圈里发表了很多健身和打篮球的动态，还有和朋友们相聚的照片，称之为“傻逼们”，发过几张自拍，附的字是“纯种傻逼”。

看了他的作品，有人觉得他的文风和他的人一样，有时欢脱逗趣，不像个有沉重过去的人。“文风？我写文章首先是写给自己看的。写完了，我自己觉得不错，想说的话七七八八了就可以了”，夏龙龙说。他有写日记的习惯，“长久以来最好的倾听者就是我自己。”

在狱中，他写了 60 万字的作品，色情和暴力宣泄是主题。他说那些都是为了满足自己的意淫。虽然那些字迹没有见光，但他认为写作过程很重要，用文字表达情感的习惯便是借此养成的。

刚出狱，夏龙龙对自己的作品心里没底。直到他偶然看到了一篇非虚构作品《被魔鬼附体的恋人》，讲的是一个男孩对植物人女友不离不弃，后来女孩家人却发现她就是被男孩打伤的。“那时候我就想，诶？像这种真实故事，我知道很多呀。”由此，夏龙龙开始尝试非虚构故事的写作。

第一次给网易人间工作室投稿，他的作品没有立即被采用。“我写得特别冗长，大概有 1 万多字。还是按过去那种和自己对话的形式，以一种很自由的状态写的。”后来编辑和夏龙龙交流，说故事题材很好，但是要注意紧扣主题。夏龙龙接纳了，把故事修改到 5000 多字，最终发表了出来。有了经验，他慢慢知道了非虚构故事要怎么写。“无关紧要的东西就不要去提嘛。”

夏龙龙的作品中很注意细节的处理。比如精确的时间和很有画面感的描述。

《沉在石灰池里的秘密》中，对于卢管教检查石灰池的场景，夏龙龙是这样描述的：“池里飘着断木和废弃的麻绳，池面一浪一浪泛着稠稠的涟漪。浸在水中半浮着的断木被吹到了池边，而那根废弃的麻绳却一直浮在中央左右摇摆”。

这个故事是他在看守所听来的，讲述者描述了当时的画面。“我来把它作为故事表达出来时，会做一些符合常理的推断。比如讲述者提到那天刮风，那么浓稠的石灰池里肯定会有涟漪。如果有个人告诉你，我朝水里扔了一块石头。作为故事如何来做文学性描述呢？我想我可以这样描写：平静的水里激起一股浪花，一块石头从他手心窜进了水底。”夏龙龙说。

如果有一下子想不起来的事情，他也会去找和想写的故事有点关系的狱友，大家一起回忆。

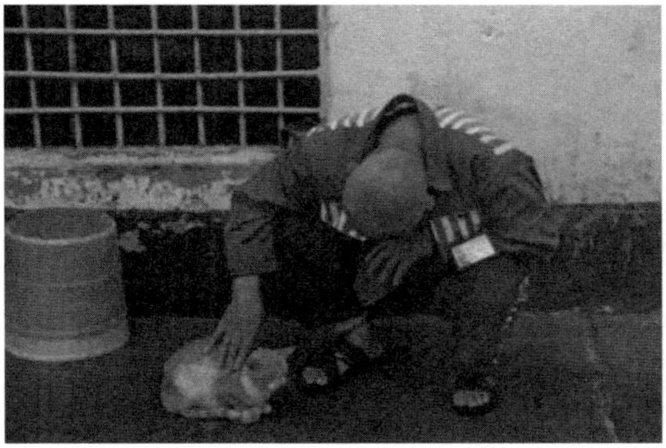

寂寞是铁窗之内最重的惩罚

虽然能写会画，但他觉得自己不是文艺青年，“有选择的情况下，我更愿意做些庸俗的事，偶尔要装逼的时候，会去书店、咖啡馆，会有一两把不会弹奏的乐器。大多时候，我还是关注那些普通大老爷们喜欢关注的事情。”

残酷青春

在夏龙龙最初几篇文章下面的评论区，有许多人更好奇他自己的经历。好奇这样一个“能写出逻辑清晰、结构紧凑的文章，文笔细腻理智还有些温暖”的人，为什么进了监狱，还一蹲就是七年。

后来夏龙龙写了两篇关于自己的故事，一篇是《不是监狱驯化了我》，还有一篇是《通往监狱之路》。夏龙龙读的高中不是重点学校，但因为他初中时的顽劣，他的父母觉得有学上就值得高兴。

但他的高中生活没有像父母期待的那样度过。《不是监狱驯化了我》中写道，“可我不是一般的差生，从来不顾忌脸面，也不贪图试卷上的高分”。

高二那年，一位女同学要转学了，他想送她一部手机，于是小心翼翼地向家里开口要。母亲不同意，“一天到晚头昏得你，还买手机？把成绩单拿过来！”夏龙龙再不敢出声。后来他鬼迷心窍，晚上摸进同学的宿舍，抓起对方的手机就跑。被发现后，他被学校劝退。

2008 年，夏龙龙已经辍学一年多了。父母忙着帮他找工作，而他却和一帮“活闹鬼”（南京话，小痞子）混在一起。活闹鬼里有个人叫杨峰，是一家酒店的保安队队长。晚上打烊后，他就约夏龙龙等人到酒店偷吃偷喝。他们还和酒店的仓管员徐姐混熟了，徐姐帮他们应付物资盘点。后来酒店经理发现了，把徐姐和杨峰的工资扣下来，还开除了他们。

杨峰和夏龙龙年轻气盛，坚持要报复经理。他们在网上花 190 块买了一根电棍。那天晚上杨峰负责接应，夏龙龙戴着口罩和墨镜站在经理家楼下。他本来想打经理，结果只等来了他的老婆。

“我们两个站在狭小的巷道内，四目对视，我一个箭步窜上去，掏出电棍就戳她的脑门。我慌慌张张，没按电棍的开关，经理老婆反手揪住了我的衣袖，电棍被打落在地。我给她脸上来了一拳，女人一个趔趄，跌坐在地上，她人中开裂，血淌了一地，双手还使劲揪住我的运动裤。她的女儿闻声从屋里冲出来，七八岁小姑娘，对着我跺脚哭喊，周围的邻居也开始下楼，我捡起经理的包，窜出了窄巷弄。”包里有 11700 块，是酒店当日的营业款。

夏龙龙被判刑 10 年 6 个月，那时他只有 19 岁。

出狱后他说，“我从小受到的教育都是否定，做什么事情根本就不会考虑后果。在没有承受这么大的代价之前，对于代价我早已钝化了，无所谓。”

后来他明白了，欲望是没有错的，只有有欲望才有生命力，但因为从小缺失合理表达欲望的教育，他用了错误的方式，伤害到了别人。

七年罪与罚

—

高墙内的 7 年中，夏龙龙认为最难熬的是看守所的 4 个月，从 2008 年 12 月初开始，他在那里等待判决。看守所里的生活模式是吃 3 睡 5 干 16 —— 吃饭洗漱整理内务 3 个小时，睡觉 5 小时，干活 16 个小时。劳动任务是搓二极管和剥大蒜。搓二极管就是用手把二极管的两根铁丝搓直。每个地方的饮食都不一样，最有名的是水上漂，菜汤上面漂一点菜叶。有的地方允许点餐，但卖得很贵，一头猪要卖 2 万块钱，一勺红烧肉 50 元。

他写的《在看守所里扳倒一个毒枭》就是看守所里发生的故事。

夏龙龙所在的看守所等级意识非常强烈，犯人主要分四等。第一等叫红犯子，都是“关系户”，是受管教干部特殊关照的红人；第二等叫顺犯子，充当红犯子的打手，做事讨喜；第三等叫水犯子，是人数最多的普通犯人；第四等叫灾犯子，是最倒霉的那类人，要么得罪了红犯子，要么犯的罪受人鄙视，比如侮辱尸体或者奸淫幼女。

在看守所，号长看上了夏龙龙脚上一双新运动鞋，他没有痛快地上供，得罪了号长，沦为灾犯子。他不再享有睡木板床的资格，只能睡在地上。好不容易等到看守所开荤，唯独他和另外一个灾犯子周雄没有分到肉，“我们一人端着一碗白米饭，看着那些油汪汪的嘴巴，馋得想哭”。晚上别的犯人都睡了，他们俩还在不停地搓着二极管，因为号长放了话，干不完不许睡觉。

最让他们害怕的是，那时犯人群体有相互狎辱的恶习。为了避免遭受侵犯，他俩偷了号长放在枕头里、视为精神寄托的儿子的照片，周雄把它藏了起来。号长震怒，他们被顺犯子毒打，之后夏龙龙被按在便坑里洗头。“鼻子里呛满尿垢。一瓢又一瓢凉水在我头顶上浇淋”，他这样回忆起当时的感受。周雄坚持不说照片藏在了哪里，和号长说，“让我们以后的日子好过一点，走的时候肯定会把照片还你的”。最后号长选择了妥协。

就这样，夏龙龙和周雄摆脱了灾犯子的身份。

2009 年的春天，夏龙龙被投改到南京浦口监狱。在入监区经过两个多月的入监训练后，因为有美术特长，他被分配到了文教监区。文教监区属于一个附属的分监区，没有独立的监区楼层，所以文教的犯人就寄住在直属的各个监区。因此夏龙龙在入监监区、出监监区、高危监区等几个监区都住过，这让他接触了许多不同的犯人，了解了不少故事。

监狱里有各种工厂，服装厂、箱包厂、机床厂等。刑期长的犯人因为有时间学习，一般会被分配做技术含量高一点的工作，比如机床厂的一些工作。刑期短的则会从事密集度高一些、更容易学会的工作，比如制作服装箱包。

文教监区和老残监区、伙房监区同属非劳务监区，没有劳动任务。文教监区起辅助监狱教改工作的作用，狱警会把一些自己不想干的事情，比如归档等文字性的工作交给文教监区的犯人。这是一个相对宽松的监区，很多犯人都是关系户，大部分是落马官员。文教监区大概有 20 个人左右，最多的时候也只有 34 个人。

文教监区有图书馆，出于无聊，夏龙龙在图书馆中看了不少书。他说自己看了 500 本，但唯一一本从头到尾看完的是《肉蒲团》。在狱中，他写作，画画。“主要是找点事做，用这种方式和自己说说话。文艺的动机归根到底就是自我情感的表达吧”，他说。

与此同时，夏龙龙也慢慢成长为一个老犯，“怎么保证自己不受欺负？让自己变得可怕，可怕的方式有很多种，总而言之就是让别人知道你不好惹，比如如果你有个管教做靠山，犯人们就不敢惹你。”

在他的作品《那个强抱女演员的包庇犯》中有这样的叙述，“虽然这个短刑犯长得很高大，我和谭晋元还是决定对他进行一些必要的教育，让他懂些规矩。我们把他带到水房，那里是监控盲区。为了向他展示实力，我叫来了一起锻炼身体的狱友。”

之所以要教育短刑犯，是因为监狱里的犯人都有三联号，三个犯人互相监督，一人违规，三人遭殃。短刑犯们无需减刑，不怕扣分，吓唬他是为了避免他违规违纪导致夏龙龙和谭晋元减刑受到影响。

“大环境是怎样，人就是怎样。原始狩猎的时代，再善良的男人也要学会杀戮”，夏龙龙说。

如果希望在狱中过得好一点，他认为应该重点和监房组长、线长、管教搞好关系。“监狱里面是犯人管犯人，没有什么准确清晰的结构。”而管教平时接触得很少，他只要先发展手下几个有力的犯人，其他的交给那几个犯人就可以了。管教自己直接去管的话，一来没有这么大的精力，二来也会有一些人身方面的危险。

从 2013 年开始，监狱管理尝试往更文明的方向转变，积分考核制度被更加严格的落实，强调以高负荷的劳动来获取减刑的机会。

“现在所有的人都在干活，每天的生活都是如此，熬成老犯也不会有什么改变”，他说。

在相对宽松的文教监区服刑，他是幸运的。

2015 年 8 月 3 号，夏龙龙经历了第 4 次减刑，提前 3 年 10 个月走出了监狱大门。

他说，他在狱中想到的重获自由之后最想做的事情，是做爱和吃肉。

脱离昨天

—

出狱以后，夏龙龙做了很多的职业尝试。开始时他想混社会，就去找了自己之前的一个狱友“满意哥”。《刑期结束，我投奔了狱中大哥》讲的就是满意哥的故事。“也不是瞎混，主要他比较有权有势，我想规避风险。”

但他发现这个当初无锡金三桥市场的菜霸，如今却把关注点都放在了家庭之中，他只能另找出路。后来一个社会人物介绍他到咖啡厅工作，有些人会到那里去赌博，他担心这样的环境会让他走老路，就结了工资，开了一家手绘 T 恤店。现在他在南京的一个事业单位找到了一份工作。

他在《处男杀》中写道：“刘洋洋自考报的专业依旧是食品质量与安全，可就算他考上博士后，他的刑事案底决定他不可能获得一份和专业相关的工作。”当谈到刑事案底对就业的影响时，夏龙龙说，“任何刑释人员如果和用人单位坦承自己的案底或者被查到有案底，被拒雇或者裁员的概率，我个人猜想应该在百分之八十左右。”

而他之所以会在网咖突然被警察摁倒带去派出所，也是因为他刑满释放人员的身份。当记者问，那些有前科的朋友，是否遭遇过这种突击检查，夏龙龙连说“多的多的多的”。去宾馆开房也一样，说不准刚进房门没多久，警察就会找来。他了解到，这是因为地方派出所会定期追踪核查刑满释放人员。在网吧、宾馆等需要用身份证登记的地方，刑释人员一刷身份证，报警中心就会闪红灯，这时候就有可能被抽查。“现在社会宽容度还没有那么高。我们作为一个特殊的群体，还是有一定的危险性在吧。”他说。

夏龙龙的狱友们出狱之后，基本还是在混社会。犯人里面有一句话，劳改命。刑满等于是放假，放完假再回去。

“这个服刑的过程虽然叫改造，但还是惩罚的成分多，改造流于表面”，夏龙龙说。

而他决定，再不去干任何有风险的事。父母经历漫长的煎熬，现在对他唯一的要求就是不要再进监狱。拿到第一笔稿费，夏龙龙第一次给母亲买了礼物，是一个金色的小吊坠。他说现在和父母关系挺好，但“这个好不是你想象的那种好。父母只不过接受了我的一切，坏也是儿子，好也是儿子”。

关于未来，夏龙龙说，“对于我这样拥有过极其痛苦的昨天的人来说，每一个脱离了昨天的今天都值得庆幸，所以未来也显得不那么重要了。它还能好过今天吗？它还能坏过昨天吗？”

他在朋友圈发过一个粉丝留言的截图，最后一句话是，“愿阅尽山川湖海的夏龙，也终能囿于厨房与爱”。

夏龙龙说，这句话特好。

（原载于 2017 年 4 月 20 日《青春报》）

秦博 《人间世》背后的蹲守者

莫铭湘[1]

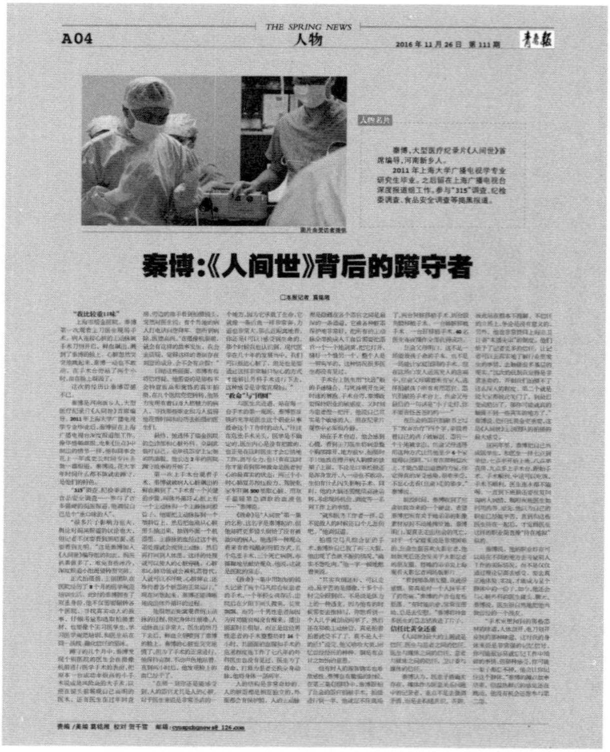

THE SPRING NEWS
A04 人物 2016年11月26日 第111期 青春报

人物名片

秦博，大型医疗纪录片《人间世》首席编导，河南新乡人。

2011年上海大学广播电视学专业研究生毕业。之后留在上海广播电视台深度报道组工作。参与"315"调查、纪检委调查、食品安全调查等揭黑报道。

秦博：《人间世》背后的蹲守者

□本报记者 莫铭湘

---

[1] 莫铭湘，《青春报》2015级成员，现为中国人民大学新闻传播学院硕士研究生。

患者心脏的血在他脸上凝固

—

上海市瑞金医院，秦博第一次观看主刀医生现场手术。病人连接心脏的主动脉被手术刀剪开后，鲜血溅到了秦博的脸上。心脏忽然突突地跳起来，秦博一动也不敢动，在手术台旁站了两个小时，血在脸上凝固了。这次的经历让秦博震撼不已。

秦博，河南新乡人，大型医疗纪录片《人间世》首席编导。2011 年上海大学广播电视学专业毕业后，秦博留在上海广播电视台深度报道组工作。像电影《聚焦》中的情节，他和同事会花上一年或更长时间专注做一篇报道。秦博说，花大半年时间什么都不做就去蹲守，是他们的特色。

“3 · 15”调查、纪检委调查、食品安全调查……参与了许多强硬的揭黑报道，他调侃自己是个“重口味的人”。

“很多片子影响力也大，舆论对揭黑报道的议论也大，但记者不仅要看到黑暗面，还要看到光明。”这是秦博加入《人间世》编导组的初衷。揭黑扒粪做多了，难免有些冰冷，深度报道小组渴望转型突破。

正式拍摄前，主创团队在医院经历了 8 个月的医学规范培训生活。此时的秦博拥有了双重身份，他不仅需要辗转各医院寻找真实动人的故事，仔细考量和选取拍摄素材，也要像个实习医学生，学习医学规范培训，和医生站在同一战线，融化信任的坚冰。

蹲守的几个月中，秦博发现个别医院的医生会在摄像机前进行医学手术的表演，把原本一台成功率很高的小手术说成是风险高的大手术，以便在镜头前展现自己高明的医术。还有医生在过年时查房，旁边的助手看到拍摄镜头，突然对医生说，“有个外地的病人打电话向您拜年，您所到病除，医德高尚。”

目睹这些画面，秦博将信将疑。他需要的是那些不会特意拔高和掩饰的真实拍摄，在几个医院兜兜转转，他努力发现有着人格魅力的病人，寻找那些职业和为人值得他花费时间和经历去拍摄的医生们。

最终，他选择了瑞金医院的急诊部和心脏外科。全副武装好自己，也给机器穿上定制的防菌服。他长达两年的医院蹲守故事开始了。

第一次旁观的是一台心脏手术。“手术有一个关键的步骤，叫体外循环，心脏上有一个主动脉和一个主静脉两根管子，他要把主动脉接到一个塑料管上，然后把血液从心脏里头抽出来，抽到外面一个机器里，主静脉的血经过这个机器处理就会流到主动脉，然后再打回到人体里。”这样的处理可以使人的心脏停跳，心脏和心肺功能会被机器替代，人可以不呼吸，心脏停止还维持着各个脏器的正常运行。”

他想近距离观看剪主动脉的过程，便把身体往前凑。人动脉血压非常大，医生的剪刀下去，鲜血立刻喷到了秦博的脸上。秦博的心脏也突突地慌了。不过他保持了克制，不动声色地站着。两小时后，他发现脸上的血已经干了。

“在那一刻你还是能感受到，人的器官尤其是人的心脏，对于医生来说是非常圣洁的一个地方，因为它承载了生命，它就像一条活鱼一样力道非常大。”

救命与团圆

—

站在手术的第一现场，秦博想反映医生这个职业救人性命时的动人。“往往在危重手术关头，医学是不确定的，医生内心是没有把握的，也正是在这时医生才会忘情地工作，拼尽全力，也只有在这时你才能看到那种救命是医者初心的最真实的状态：两三个小时心肺复苏按压接力、驾驶私家车狂飙500里取心脏、用双手温热紧急调取的血液包……”，秦博说。

《救命》是《人间世》第一集的名字，秦博起的。不过，他将更多镜头留给了没有被救回的患者。他选择一种观众看来有些残酷的剪辑方式，5个危重手术，3个死亡病例，赤裸裸地呈献给观众。这就是医院的常态。

《救命》一集中用短短的镜头记录了两个马凡综合征患者的手术，一个年轻女孩存活，出院后在夕阳下回头微笑，长发飘飘。另一个男性却因肾功能衰竭没有醒来。播出的画面时长很短，而实际上，这位男性患者的手术历时16小时，画面的血腥和手术的危重程度连工作了七八年的外科医生也没有见过。医生为了救命，打算为患者更换全身动脉，他将身体一剖两半。

人的结构是非常奇妙的，人的脏器都是相互独立的，外面都有保护膜，人的主动脉隐藏在各个器官之间，是最深的一条通道，它被各种脏器保护得非常好，把所有的主动脉全部换成人工血管需要把器官一个个剥离，把它打开，缝好一个缝另一个，整个人是一劈两半的，这种情况很多医生都没有见过。

手术台上医生用“快进”般的手速缝合，与死神展开生死时速的赛跑。手术台旁，秦博既要保持职业的敏感度，又时刻为患者捏一把汗。

站在手术台边，他会感到心慌，看到主刀医生将病患整个胸部撑开，地方很窄，拍摄时手只能放在撑开病人胸膛的铁架子上面，不论是口罩松脱还是浑身发汗，一动也不敢动，不能有什么闪失影响手术。同时他的大脑需要高速运转，考虑现场机位、调度等。

拍摄完马凡综合征的手术，秦博给自己放了两三天假，他出现了食欲不振的情况，“确实不想吃肉”。

“其实最辛苦的是摄像，十多个小时完全跟到底……你想，看到一个人几乎被剖成两半了，然后还在那换主动脉管，真是拍着拍着就受不了了，真不是人干的活！”他哈哈大笑，现在回忆，倒有点甘之如饴。

但有时候理性还是战胜不了感性。第三集《团圆》中，跟拍焦俞的器官捐献手术，到一半时，秦博忍不住离场了。两台肾脏移植手术、两台眼角膜移植手术、一台肺脏移植手术、一台肝移植手术，40名医生连夜操作全部获得成功。

焦俞父母明白，这不是一场能救孩子命的手术，也不是一场能让家庭团圆的手术。但在这场白发人送黑发人的悲剧中，焦俞父母瞒着所有家人，捐献了孩子所有有用的器官。器官捐献的手术台上，焦俞父母最后的一句话是“小子走好，你不要责怪爸爸妈妈……”

在焦俞的器官捐献书上写下“放弃治疗”四个字，亲眼看着自己的孩子被解剖、器官一个个地被拿出，焦俞父母用这种方式让其他至少6个家庭得以团圆。

前段时间，秦博收到了焦俞姐姐寄来的一个硬盘，希望秦博把所有关于她弟弟的影像素材原封不动地拷给她。秦博明白，要真正走出焦俞的死亡，对于一个家庭来说是非常困难的。焦俞生前喜欢“火影忍者”，他死后，姐姐还会发关于“火影忍者”的朋友圈，替她的弟弟去上海观看“火影忍者”剧场版影片。

看到那条朋友圈，秦博很感慨。“那真是抹平不了的伤痛。”秦博把特鲁多医生的墓志铭放进了片子：有时能治愈，常常在帮助，总是去安慰。

信任比黄金重要

《人间世》最大的主题就是信任，医生与患者之间的信任，医生与媒体之间的信任，患者与媒体之间的信任，卫计委与媒体的信任。

秦博认为，医患矛盾确实存在，媒体作为医患关系问题中的记录者，重点不是去强调矛盾，而是去构建共识。否则，彼此站在根本不理解、不信任的立场上，争论是没有意义的。

另外，上海市卫计委给予了记者更多的信任，让记者去触碰很多基层的现实。“否则我们拍摄不了这么深入的程度”，秦博说，信任比黄金更重要，这是《人间世》主创团队拍摄的最大感受。

这两年里，秦博把自己当成医学生，和医生一样7点到单位，7点半开始上班，8点半查房，9点多上手术台，跟拍手术。手术顺利，中途可以吃饭，手术不顺，连水都不能喝，一直到下班前还要反复问讯病人病情，嘱咐夜班医生用药等。原先，他以为自己的职业已经挺辛苦，直到和这些医生待在一起后，才觉得医生的职业简直像“待在地狱”。

秦博说，记者要去真正地体验、实战，才能成为某个群体中的一份子。如今，他还会与心脏外科的医生碰头、聊天。医生很自然地把他当作一个过去的战友。

“手术室里闻到的那些器材的味道，人体剖开、电刀划开皮肤的那种味道，这对我的身体来说是非常强的记忆信号。你可能很容易就忘记工作中琐碎的事情，但那种感受，你可能一辈子都忘不掉，他会让你记住这个群体。”秦博说，若有机会，他还想参拍第二部。

（原载于2016年11月26日《青春报》）

白继开　世间最怕是违心

龙韵一

白继开

白继开，《北京晚报》资深摄影记者。

他生于新疆，1989 年考入哈密师范学校，在哈密地质中学做了 6 年美术教师。1998 年就读北京电影学院摄影学院，毕业后进入《北京晚报》。

你哪能就这么被困在一个地方

—

生在哈密的白继开，酷爱冒险。19 岁时，他带着 1000 块钱第一次独自过三峡到武汉背包旅行，这次碰触外部世界的经历在他心中播下了闯世界的种子。

1998 年他考入北京电影学院，到了北京，“立马就感到，一切都不一样了”。在北影，他遇到一位特别的老师。上课时，他问老师，课本是什么。老师回答，“我的这门课，你觉得什么是课本什么就是课本。”他顿时觉得来对了，这就是他想要的生活。

在北影读书，第一年费用是他的存款，之后就开始由妈妈负担，快毕业时，他着急了，“我得找地方落脚，挣钱呀！身上积蓄都花光了”。他参与了同学策划的一部电影的拍摄，与男一号搭戏，担任摄影助理，管吃管住 10 天 2000 块。“你可别小看这 2000，它让我生存下来。”

后来，有一次聊天，同学说，“我看你也不适合干这行，你哪能就这么被困在一小块地方。”他听从同学推荐考虑进媒体。当时的《北京晚报》，要进去可不容易，哪怕只是做个临时工。到晚报第三天，他完成了第一个正式采访，头版照片配发图片说明，主任及上面的领导都满意，他就顺利留下来。那时，他还没有跟报社签定任何协议，“这是双向选择，愿意你就留下，当时就是挣点稿费活下来。”

后来有别的报社来找他，说你在北晚连个正式身份都没有，不如到我们这里来。他说，“我来这儿了，我喜欢这儿的团体，这儿的氛围，开心就好，何必换来换去？钱和身份不是最重要的。”那时没有北京户口的他连竞争正式编制的资格都没有，但他尽心工作，10 年后与报社成功签约。

你看他又跑了！

在老主任手下的 8 年，他收敛性情，努力学艺。直到 2008 年报道汶川地震时，他突然感到生死无界。“那么多生命就那样消失了。然而我喜欢的东西呢？我曾经是多么喜欢旅行啊！现在呢？我有多久没有出过门了？”多年积累他已有足够的资金和能力，从此，他开始满世界乱跑，一发不可收拾。

后来，老主任离任，新主任尊重他的意愿。“对我影响最大的就是这两个主任了。第一个引导我走上这条路，让我看到了需要很努力才能达到的高度。第二个主任松开了我脖子上的缰绳，实现了我的个性化发展。

现在，他已经实现了理想中的工作、旅行、家庭融为一体的生活方式。一方面他为报社提供专题摄影图片，仅 2016 年就有 80 个专题摄影报道，“这个量是很大的，连我自己都惊讶了。而且有一半作品是我喜欢的，也很不容易”。

另一方面，他接受了多家自驾网站的约稿，稿酬往往较高，可以提供更多旅资。“这些约稿是我很感兴趣的，能写得开些，对知识储备的要求就很高了。”这些作品往往取材旅行沿途的人文轶事，“一边旅行，一边发现一些细节，然后对这些细节深入调查，就可以拓展自己的知识面了，还可以完成稿件，但这要求极高的敏锐度”。

世上本来就没有人应该对你好

—

旅行途中，他的天性得到了释放。他最喜欢的地方，就是云南大理和梅里雪山。《梅里转山》是他近期一直在写的作品。“我认识的大理，不是游客眼中的大理，是大理人眼中的大理。”

第一次见到大理，就觉得特安静，他立马就喜欢上了。1991 年，因为梅里山难知道了梅里雪山，2012 年，他第一次来到梅里雪山脚下。之后，他经常去，有时发呆，有时转山，有时捡垃圾，“5 年来，我去了梅里 10 次”。梅里雪山是一座神山，藏传佛教的圣地，转山路落差大，很多深“V”的山路，全程 200 多公里大部分靠脚走，有几段路有公路可以搭车。转山过程中，他曾右膝受伤。晚上，有时有客栈住，大部分是在路边草丛里搭个帐篷，或在茶棚里住。吃的主要是藏民用青稞面粉做的糌粑，就是放在口袋里的青稞面团，“其实很干净，是没有污染的”。

沿途他会发现一些传奇的村庄、小路、人文风情，这些都是很好的素材。比如他就曾记录了一个只有 4 户人家的小村庄的历史与现状。

“一年我有一半时间在外面，很多时候去梅里，就是自己一个人飞到大理、丽江或香格里拉，再租车或坐车去梅里，有时只是对着雪山发发呆，喝喝茶，从不同的角度看看梅里。梅里对于我来说，更多就像一个老朋友，是一个可以让我安定下来的地方，对它可以说有一种依恋。”

让他痴迷的地方还有罗布泊、可可西里以及黑戈壁的无人区。那里广袤无垠，而且一旦发洪水就会特别可怕，地面的水坑和砂石都是潜在的危险。相比已经穿越过 4 次的罗布泊，他以为黑戈壁没什么可怕的，所以准备并不充足，“当时内心是膨胀的”。有一次，车快没油了，可以走一个 200 多公里的来回加油，也可以直接往前走到达下一个加油站，但其间的距离是未知的。他决定往前走，“安全地加油多无趣啊！”结果，走一半没油了，好在他们很幸运地碰到了一个修路队，才得以脱困。

一路上，车一次陷在沙地中，一次掉到水坑里，花了个把小时才推出来，洗车时车身满是泥泞，洗了50分钟还没有完全干净。许多人难以理解，觉得这么危险安全没有保障。他说，“人活着就是危险的。你在城里难道就不危险吗？依我看那更危险。我每次到类似黑戈壁的无人区，就会特别嗨，遇到各种困难时，就会特兴奋，这就是我要的。我就这么一个人！”行驶在茫茫沙漠中的一辆车形单影只，他说：“孤独是一种享受。人生有多少次能独自面对茫茫戈壁？”生活中，他也会有孤独和烦恼的时候，就像刚拍电影时导演欺负他是新人，对他诸多刁难，“困难就是生活的一部分。你烦有什么用？世上本就没有人应该对你好的。你要去面对，去解决”。

旅行中，他也完成了记者生涯中最满意的作品：关于抗战之路——滇缅公路的系列报道。滇缅公路他4年走了4次，两次全程，两次半程，先后做了两次报道。第一次去时还见到一些抗战、修路的老人，尤其是当时的南侨运输物资的机工。第二次去时，很多人已经去世，只能采访他们的后人。

整个采访中最困难的就是交通、气候和战乱。缅北的雨季交通不畅，雷雨交加还伴有洪水，但他们很幸运地等到雷雨停息的间歇飞了过去，在当地华人的帮助下采访到一些缅甸修路工人还有几位在世的抗战老兵。滇缅公路中国段在政府反复挖路翻修之下已经损失殆尽，“他们把老路换成水泥，毁了老路造一条新路，就像毁了遗迹造一些假遗迹”。这一系列作品，他命名为《消失的滇缅公路》，它记录了滇缅公路的前世今生，让更多人了解了这条路的现状，留下了它消失前的最后容颜，也算了却一桩心愿。

马上出发，去找虫洞

很多人羡慕他，觉得他这种生活遥不可及。但白继开觉得，你觉得遥不可及，是因为你什么都还没有做。

他看完《星际穿越》，在作品中写道，“人们会觉得理想和现实之间有巨大的差距，但其实它们之间存在一个虫洞，就像把宇宙空间弯曲一样，通过虫洞你就可以迅速到达宇宙的另一端，就像你可以迅速实现你的理想一样，而这个虫洞，是你自己放置的”。他觉得，出发是第一位的，最困难的是迈出第一步，如果怕困难总是犹犹豫豫，那你永远也到不了虫洞的另一端。

他的这种行事风格，也渗透在对 8 岁的女儿阿宝的教育中。他不会给孩子报一堆培训班，“独木桥上人都这么多了，干嘛还要挤呢？我跳水里游过去不行吗？”

对女儿的教育，他更注重在实践中体验。他带女儿去世界各地，在雪地上、赤道南北端让她感受不同地理空间，切身体会到地球是圆的。去伦敦游玩时，女儿问，牛津大学和北大哪个好，他回答：“两个学校是没有可比性的，他们的历史、人文、观念都有差异，对学生的要求有差异，北大只要成绩好就肯定可以上，但牛津更注重综合素质与能力。”

在回伦敦的路上，他们不知道眼前的火车是不是要坐的那一列，旁边还有两个来旅游的国人也有同样的问题。那两位不好意思问路，结果，他立马走上去用他仅能掌握的几个英文单词拼凑出个句子，让司机明白了他的意思。随后又叫女儿问司机发车时间，女儿英语比他强。他们确定这列车就是要坐的车，但那两位国人却不相信，说他们肯定错了。他带着女儿上车后问，“你觉得谁对？”女儿说，“肯定我们对，我们问的司机呀。”他用这个例子告诉女儿，要大胆与人交流，学会独立思考。

他从不支持“养儿防老”的观念，“这对孩子是负担，孩子是一个独立的个体”。同时他也不想再要二胎，认为这样会挤占自己的私人空间。“我是自私的，孩子家庭不是人生的全部，我不隶属于孩子和家庭，但前提是我肯定会把家里都照顾好，否则我有什么资格去旅行？”他的妻子十分理解他，也从不拴住他。

野要刺激，宅要情趣

在他人的眼中，他非常特立独行，并且挺善良的，“七分野，三分宅”。

野就是到处乱跑。他不喜欢江南水乡，觉得缺少西北、西南的大气狂野，没趣。这些年来他走遍了每一条进藏线，专门喜欢挑不好走的线路，“就因为它够烂，够刺激，有挑战性嘛！老老实实的公路提不起我的兴趣”。

说到宅，他内心里还是个很具有艺术气息的人。他的家中有两个顶楼的露台，在上面他自己种了一些菜，养了一些花，还给家里12岁的猫留一个封闭的露台住。他擅长做饭，而且做法与众不同，比如牛腱一般都是煮的，但他非要煎，觉得这样才有趣。平时常常自己做凉皮，用不同的面粉可以做出凉皮不同的口感。在家中，他喜欢品茶，看看老电影，有时玩篆刻，车上总是放着一些经典影视剧的原声音乐。每次旅游后他都会整理旅游的经历，会写旅游的第一手心得，制作摄影日记，一年365天，一张照片代表一天，一共365张。“有意思，现在看到这些照片就能知道当天发生了什么。”

他还很早就痴迷天文摄影。10岁时，一次偶然机会，他通过经纬仪看到了上弦月表面的环形山脉，从此爱上了天文摄影。“其实我对摄影本身不感兴趣，我感兴趣的是摄影能记录美好的东西，历史的进程。”他喜欢拍摄银河、彗星、月亮，还有飞机从月亮表面驶过的样子，他称为“抓飞机”。拍摄银河时，最难的是调焦，“你要一点一点地挪，往往一毫米都不到的距离，直到星点拍实了。”他不拍星轨，“拍星轨技术含量太低，没意思”。

纪实摄影，他喜欢抓拍，厌恶摆拍。在新闻事发现场，他极其反感记者一窝蜂堵上去狂拍的场景，讨厌对着人脸拍，“尊重，做记者最起码的是尊重。”他往往是用长焦镜头和一支35mm定焦头，拍摄大的场景或抓拍。也有一次，在对北川地震的报道中，他认识了一个受灾的家庭，耗时4年完成跟踪报道，“与他们成为朋友能深入地了解他们的想法感受，做出来的东西是有温度的，不是冷冰冰的。”他认为做记者首先要有认真的态度，再就是要宏观地考虑问题，对一件事要多角度、多层次的思考，有足够的敏锐度，同时还要有丰富的人文地理知识，关注生活中的细节。

有两句话，他特别喜欢：“乏味的人生最可怕，光明的未来是个悲剧。”“你觉得理智做的事情未必是对的，每个感性的决定都是有原因的。世间最可怕的事就是违心。”

（原载于2017年3月6日《青春报》微信公号）

在场

Part2

有人在场
有人诉说
然后才有
万众隔岸观火

潜伏

铁瑾[1]

2014 年 3 月 8 日上午到 11 日晚上，我介入马航 MH370 客机失联报道 4 天，起初在后方收集信息，后来在丽都饭店的乘客家属区潜伏 3 天。这里，不谈报道，只谈身心考验的过程与感受。

3 月 8 日　母校有事，一路忐忑

8 日早上，从微博中获知消息，完全没想到，这事儿会到现在这番波诡云谲的地步。有经验的老记者一出事便直奔机场，我负责盯紧互联网。中午，公布乘客名单，我正在按年龄段和国籍统计人数时，接到命令：“你出发，飞机上有几个你们学校的老师”。

我一路赶往中青院，同时电话求证。打通王东成老师的电话时，他正在丽都饭店的失联乘客家属区。他说，谢谢关心，中青院 3 位老师乘坐与马航共享航班号的南航客机平安返京，“但我们的 9 个驴友可能出事了”。

随后，原校学工部的李庚老师询问我，能否查到乘客身份证号，因为她在名单里发现了一个熟悉的名字——校医务室退休职工王淑敏，不仅出生年月对得上，爱人名字也对得上。我倒抽一口冷气，把护照号发给李老师。想再问王东成老师的尼泊尔之行回国细节时，他已关机。在现场的同学说，“手机没电了，老师心情也不好”。到了晚上，他的微博接连出现“肝肠寸断”“放声大哭”等字眼。

3 月 9 日　情绪感染，几度落泪

9 号一早，我去丽都饭店替换蹲守一宿的记者，进场前，她交代我不能以记者身份示人，因为，昨天有个别无良媒体伤口撒盐，家属恨不得见记者就打。

我跟学校离退办负责人樊老师联系，她当时正在赶往丽都的路上，托付我，先以学生身份登记为联系人，如果有消息，第一时间暂行亲属之责，在采访之余，及时向学校告知进度。

8 点 40 分左右，第一次见到马航商务总裁 Dr. Hugh Dunleavy，他没有架子，说话时注视对方，态度真诚。回答问题时，即便已有人问过，也会耐心解释。我问他，能否尽快把机上乘客的护照号和身份证号相对应，以便家属确认，防止重名造成担忧。他后来回话，“这得中马两国政府协商，已经向上面反映了。”

10 点，他通报，飞机失联已超过 30 小时，马航对此持悲观态度，请家属做好心理准备。

话音未落，满屋哭号声，还有一位中年妇女倒地。我第一次受这样的震撼，眼泪唰地流下，意识到这回摊上大事了。在几近被挤倒的桌子前，我赶紧把一两小时内的情况总结出来发给了报社官方微博的编辑。

[1] 铁瑾，《青春报》2009 级成员，现供职于北京新媒体集团旗下的北京时间有限公司，任原创采访中心高级记者。

11 点多，又一次信息更新，还没找到飞机，Hugh 承诺，一经确认位置，将立即安排家属前往事发地，所以，可以开始准备办理护照签证了。这时焦急等待无果的家属情绪激动，马航工作组和台湾佛教慈济基金会的志愿者已经紧张工作，但现场还是嘈杂混乱。我到屋外透气，正巧遇到了王校医的甥外孙小白。

晚饭时间，多国搜救毫无进展，家属脸上现出无助和绝望。有一对姑嫂抱头痛哭，我上前递上纸巾，嫂子竟紧紧攥住我的手，开始倾诉：她爱人为给妻子“妇女节”惊喜而提前回国，接机的妹妹没等来人，却等来噩耗。嫂子一直说：“我不要这种惊喜，我要人。”一台湾志愿者蹲在地上抱着她不住安慰，而我边听边哭，一点儿也忍不住。

再次见到 Hugh 时，眼里全是红血丝，有记者问他多久没休息，他说，“两天没沾枕头”。那一瞬我鼻子一酸，心想，他也不易。他向记者回应以理解和同情的眼神，很是 gentleman。

交完稿，又来了一个单子活，折腾到凌晨两点多。我感觉到，家属已经把我视作自己人了，我不能按原计划跟个别人坦白身份了，接下来的两天，只能顶着精神分裂的痛苦将错就错。

3月10日　马航信息“神发布”

—

10 号早上刚到家属区，又看见虐心一幕：《凤凰卫视》屏幕前，一位嫂子倒在小姑子怀里哭肿了眼睛。已经撕心裂肺等了两天，“你哥要是回来，他对不起我，要是回不来了就更对不起我”，说着从手机里翻出丈夫和女儿的合影。陪在她们身边的，还是台湾志愿者，半跪在地上一遍遍重复“请你坚持住，我们一起祈祷，亲人会有心灵感应的”。我又泪奔。

白天，马航试图依照承诺，以每两小时一次的频率更新信息，但没能完全实现。一方面，来自吉隆坡的消息不准点；另一方面，家属的不满情绪逐渐爆发，破口大骂甚至拿矿泉水瓶砸人的状况频出。我提心吊胆，觉得随时可能出人命。好在，尚存理智的大多数每回都及时喝止这些过激行为。事后，那些失控的人们也回过神来：如果简单粗暴的方式把人家吓怕了，露面就会越来越少。

家属的心情我完全理解，因为屡次听到“没进展”，他们怀疑马航甚至马来西亚政府有意怠慢，也因为完全不知被动等待要到何时，加之真假难辨的消息层出不穷，他们时而重抱渺茫希望，时而又陷入无边绝望。身处这样的环境，谁都不可能无动于衷。

9 号、10 号两天，总共睡了不足 10 小时，多次惊醒，心里的压抑来自两方面：一是我一直陪伴小白，感同身受；二是我还带着工作任务，虽没硬性要求，可总得写稿，现场打探信息及时记录得偷偷摸摸的，给后方打电话也要背着人，担子也不轻。

家属对马航的不满情绪一天重于一天，谴责包括几点：一是，没及时汇报客机失联的精确信息，错过黄金救援期；二是，信息更新不到位，重复的总是“说了和没说一样的屁话”，关键问题答不出；三是，工作组效率低下，食宿安排都没妥善解决。作为一家五星级航空公司，马航此次表现出的危机处理能力，确实不如人意，也与级别不符。

至少三件事处理得很蠢：

首先，工作组来得太晚，官网虽然声明致歉，但让心急如焚的家属等到半夜才见到活人。

其次，工作组里能熟练运用中文的仅十几人，效率低下。8 号当天，马航官网发了 6 份声明，后两份迟至晚上 9 点仍无中文翻译。发言人的女翻译，也很不专业，不能精确译出一些高管重点强调的词汇，家属误解步步加深。

最后，信息发布的时间和频率多次不固定，逐步让人丧失信任。从 10 号开始，是否更新、何时更新，家属无从得到正式通知，只能互相打听猜测。通报信息时，马航也不提前透风，唯一的先兆是志愿者开始摆凳子。常常是，毫无征兆地，几个发言人一进屋就开始说，家属听见声音过去，或是看别人起身跟着走，能听着算幸运，听不着算倒霉。有时候，家属还在问问题，4 个伙计站起来扭头就走。不给人起码的尊重，火上浇油。

3 月 11 日　身份尴尬，不敢言说

11 号再来已是熟门熟路。这是客机失联第 4 天，家属情绪渐渐平稳，工作组和志愿者的工作也更有秩序。这一天，后方的指示是，硬新闻没啥可拼出彩的，寻找不同报道视角，展现人文关怀的东西。

家属规模从起初不足百人发展到 300 人以上，形成一个庞大特殊的群体。这么多人长时间同处一室，有利有弊，好处是精神上同病相怜互相扶持，弊端是情绪感染效果明显，一两个挑头的就能轻易引爆全场情绪。

比如，事发首日，有记者提问时措辞不慎，次日，有家属发现自己照片曝光，微信群一片叫骂，污言秽语不堪入耳，还发出“记者滚出去”的声音。诚然，个别无良记者采访失当，但也别一棒子都打死。

家属区原则上不允许记者进入，但还是有不少蒙混过关的，而依据神态、言行，有的家属能看出谁是记者，同行相互也知道，只不过心照不宣。

我在 3 天里接触的近 20 位同行，无一伤害家属，很多时候还在帮忙。比如，向马航高管提问时，有记者给语言不通的家属充当翻译，但家属似乎不怎么领情：“前排都是记者，占地方，抢问题，我们都没机会说话。”这也让人寒心。

我问小白，这几天有没有失当行为刺激到他？烦我吗？他摇头，“没有，你还帮我忙了呢。”不过，无力感一直存在，曾打通哥哥电话的那位家属，应该知道我的身份，问他能不能说说拨通音的细节，一句话给我噎回来：“告诉你有啥用？你能找着？”还

有一种羞耻感来源于，家属想找媒体时首选外媒，老外记者没法像中国记者一样混入家属区，只得在门外眼巴巴地等，同行说有家属一开门就主动招呼他们采访。因为他们知道，我们未必能真实完整地把他们的声音传出去。

原本我打算找个合适时机，主动跟家属代表亮明身份，动之以情打动他们接受采访，因为至少我从一开始就没有冒充家属，坦白说是中青院毕业生，不仅一直陪着王校医的甥外孙，更没做过伤害其他家属的事情，所写都是倾听和观察，从未刻意打扰。可思忖半天，最终做出一个胆小的决定：不暴露，以防被围攻。

这天下午又因为个别媒体曝光家属照片，酒店保安的看守更严，连我这已经混了个脸熟的也被请了出去。一琢磨，暴露原因主要是出出进进打探消息太频繁，以及没沉住气，紧随一位犯了高血压的家属进休息室看她被120救治。

我与前来提供心理援助的专业医生交谈了近一小时，一来疏导自己憋屈的负面情绪，二来寻找写稿素材：家属要如何获得、又能获得何种心理疏导，以及每当心理危机出现，相互之间能给予哪些帮助？好在医生乐于帮助，我一举两得。虽然稿子见报篇幅小，但出于个人原因，我特别感谢他。

另一个感动之处是，台湾志愿者的安抚和服务，始终让人心中暖流激荡。跟家属说话时，他们俯身或蹲身甚至跪地，一边紧握家属的手，一边念叨“我们一起祈祷”“请你别放弃”“请你坚强”。我没数过一个人端着盛放茶水、点心、水果的托盘每天来回多少趟，但不超过10分钟，总会看到熟悉的身影和笑容。所以，每一次我都真诚道谢，偶尔也附加一句“辛苦了”。9日中午，他们还曾专门准备15份清真餐食给回教徒，从那时起，我记住了这五六十人共同的名字——台湾佛教慈济基金会志工。

还有一件值得欣慰的事：在失联报道的媒体群里，在坚守职业伦理和客观真实两个原则上，大家有强烈共识，且团结协作。比如，相互提醒千万别乱拍照引来家属敌意、彼此通知何时何地会有发布会，以及求证家属转述的信息是否准确。尤其是12日，为核对塔台和飞行员最后通话的多个版本，多人探讨许久，反复听录音，播发不精准信息的同行认识到失误后，也立即在后续报道时纠正。这种态度，让我受益良多。

（原载于2014年3月15日《青春报》微信公号）

当你隔着屏幕和报纸感伤，我一直在现场

张琬茜　苏行　张赫[1]

这一年，神经缩紧，艰难喘息；这一年，疑惑，恐惧，挣扎，能量失衡。

上海外滩的绝望，柴会群的公开起诉，穹顶之下的争议，深度报道的困境，长江之星的沉默，天津塘沽的动荡，离职潮的汹涌……

还有很多。融合共存，揭黑反腐，卧底天通苑，揭露高考替考，成立非虚构写作联盟……

新闻记者，不会因为一样东西恐怖就去畏惧它，不会因为一样东西危险就去躲避它，不会因为一样东西死去就去神话它。

11 月 8 日，致敬。

变动、灾难……每一个细微的变化都是记者的选题；闹市、灾区……每一个现场都是记者工作的地点。回顾过去，是为了更好地前进。

上海外滩踩踏事故

2014 年 12 月 31 日 23 时 35 分，正值跨年夜活动，上海市黄浦区外滩陈毅广场东南角通往黄浦江观景平台的人行通道阶梯处发生踩踏事件，造成 36 人死亡，49 人受伤。《南都周刊》记者郭现中亲历这一幕，他在手记里写下：

“绝望的哭声响起来，只是没传出多远，就被外围成千上万不明就里的市民的新年倒数所淹没，‘5、4、3、2、1，耶！！！’遇难者遗体也在这嘈杂里被迅速带离了现场，只留下一地的鞋子、围巾和依然在闪闪烁烁的发亮牛角头灯。新的一年就这样来了。”

Q **人群开始陷入混乱的时候您第一个念头是什么？**

A 是记者的职业敏感救了我自己，在人群开始拥塞，并且压力越来越大的时候，我已经感到一种强烈的不安，这个时候恰好一个朋友打电话给我，我很明确地跟他说，我说人太多了，我担心会发生踩踏。但那只是预感，预感并不总会应验的，所以当我发现了我旁边的垃圾桶，并且评估后觉得自己应该可以上去的时候，其实只是本能的想要离开。但我没想到的是，我刚刚爬上去，下面的踩踏就真的开始了。

[1] 张婉茜，《青春报》2014 级成员，现供职于海南日报；苏行，《青春报》2014 级成员，香港岭南大学硕士；张赫，《青春报》2014 级成员，现供职于智美新媒体营销策划有限公司。

Q=《青春报》

A= 郭现中

Q 从这件事出发，您认为记者的价值在哪里？

A 车祸、火灾、地震、刑事案件，虽然我的职业生涯里无数次面对死亡，但是如此近距离眼睁睁地看着死亡发生，还是从未有过的。看着那么多年轻鲜活的生命在拼命呼喊或者挣扎，有人已经要窒息，甚至发不出一声求救，可是人潮汹涌，周围巨大的声浪里，更多的人却浑然不觉。我那时候也一样是蒙的、傻的，带领大家一起喊往后退也好，记录也好，都只是本能反应。

这个问题涉及到了记者的职业伦理，可能永远都不会有一个定论。但如果事后来看，记者一般情况下都只是新闻事件的见证者，那么你的本职就是做好记录，传递现场事实给更多想知道的人道。但是如果记者本身也是参与者——虽然这是极小概率的事件——可以救人或者良性地改变事件走向，还是应该先放下相机，暂时忘记记者的身份。

柴会群官司

—

2015年1月12日，《南方周末》记者柴会群——震惊社会的“缝肛门”和“走廊医生”事件报道者、首例中国医师协会投诉媒体记者案中的被投诉人、提起名誉侵权诉讼案的原告方，诉中国医师协会及其法务部主任邓利强、央视记者王志安等人公开言论侵害其名誉权案在北京市东城区法院开庭。2015年6月10日，名誉侵权案第二次开庭。

Q 打官司对您的工作有什么影响？

A 因为坚持要打官司，我这一年多来一直没办法正常工作。写的稿子发不出来，报的选题也通不过。被毙的稿子有三个，分别是关于最高法信访的、赴美生子的和深圳港大医院的。选题毙的就多了，大概有十几个。

Q 有没有想法改行或者不做医疗报道了？为什么？

A 没有。我喜欢记者这个职业。我做医疗报道是履行自己的职责，我在履行职责中受到了不公正对待。我如果放弃，就是对这种不公正的放任。那些处心积虑整我的人会更加肆无忌惮地对待其他同行。

—

Q=《青春报》

A=柴会群

深度报道陷入困境

2015 年 5 月 18 日，《京华时报》内部宣布裁撤深度报道部。25 日消息在业内小范围流传，次日被证明属实。深度报道从 2003 年到 2013 年的“黄金十年”已经过去。

Q 报道困境形成的原因有哪些？

田 对深度报道技术把握不够是造成国内深度报道总体水平较低的原因。深度报道，特别是一些调查性报道和解释性的报道是要有相当强的技术要求的，但是这方面的专业人才不多。

王 深度报道困境的形成，大环境有很大的原因。对一个报纸来说，财经新闻或者地方新闻，它可能会有大量的广告收入或者说它能起到一个和对方沟通、维持关系的效果。在日报的系统里，深度报道部是最没有直接经济效益的一个部门。传统媒体受到新媒体的冲击时，最先裁撤的可能就是没有直接经济效益的部门。

刘 深度报道从 2003 年到 2013 年的“黄金十年”已经过去。许多做深度报道的媒体人选择离开，待遇不是深度报道记者转型的主要原因。深度报道的大环境目前是存在问题的。做批评性报道、做调查性报道、做揭露性报道，都面临着很多困难。

Q 深度报道记者应具备哪些素质？

康 首先，记者应该掌握社会规律，在社会各层面有一定的人脉资源。人脉资源，一方面可以让记者了解社会的各个层面的信息，便于他们对变化产生第一反应。另一方面，记者对社会前进的方向有合乎时代要求的价值判断。第二，保持审视、清醒的态度。舆论是一种社会公器，任何形式的舆论都是一种社会公器。媒体是其中一部分的公器，是媒介，任何人都是媒介，从这个角度讲，任何人都是一个媒体。合在一起就是一个大的媒体集群，时代造就了优胜劣汰适者生存。

—

Q=《青春报》

A= 田科武（《北京青年报》常务副总编辑）／王恺（《三联生活周刊》主笔）／刘万永（《中国青年报》全媒体协调中心副主任）／康少见（前《京华时报》深度报道部主任）

卧底天通苑

2015 年 5 月 18 日，《新京报》的报道《地铁站外的隐秘“江湖”》引起广泛转载。半个月的时间里，《新京报》记者孔晓琦用摆摊卧底的方式，揭开了北京地铁天通苑北站周边摊贩云集，小巷内有不明身份人员收“保护费”，站前广场商贩向“市场办公室”每月交数千元摆摊费等乱象。

Q 您在卧底调查的过程中，更多地把自己当作记者还是摊贩？如何在这两个角色中切换？

A 整个过程分几段。当你看到这个爆料的时候，你要去和爆料人联系，当然是以记者的身份去了解，脑子里就开始想，该用何种方式操作选题。我最开始想，是不是摆个摊之类的，真正开始摆摊了，肯定就是摊贩的身份。每天出门前，我找来最旧、最破烂的衣服，把袜子剪破，往脸上涂油，或者到小区里找土往脸上涂，显得脏一些。因为（天通苑）那个地方的小贩确实是处在比较贫困的状态，要是我打扮成一副大学生的模样，肯定就不像摊贩。出门的那一刻我就告诉自己，要从语言、神情、动作各方面像个摊贩。那一刻我不是记者，是摊贩，我所做的一切就是融入。

记者如果做暗访，做什么题就要伪装成什么人，首先要像，像那个你要伪装成的人。后来我还伪装过从外达来看病的、推销的，还有假扮家长，但是回家之后要学会总结，把一天看到的东西记录下来，这就又返回了记者的身份。针对天通苑这篇稿子来说，其实很多时候我会产生一种怀疑。蹲点时，我就觉得自己是个小贩，每天在那儿生活，想着怎么把东西卖得更好，怎么和旁边的人打交道，蹲了几天后，衣服上有一股被我戏称为“屌丝”的味道，一股农民工的味道。

Q=《青春报》

A= 孔晓琦

沉没的“东方之星”

—

2015年6月1日21时30分许，重庆东方轮船公司所属旅游客船“东方之星”轮在由南京驶往重庆途中，在长江湖北监利段突遇龙卷风发生翻沉。6月5日，“东方之星”出水已经完成，现场集结大量救援人员。19点34分，《长江日报》特派记者陈卓从搜救现场发回夕阳下“东方之星”扶正起水后救援人员集结静默的照片。6月6日《长江日报》头版，在《夕阳之下，一如你从未离开》的通栏大标题下，这幅照片占据了大半个版面，非常醒目。

长江日报

明起进入高考时间

夕阳之下，一如你从未离开

昨日19时15分“东方之星”扶正后起吊出水

预计5小时持续近一天，最大限度保护逝者尊严

让阳光抚慰我们的哀伤

6月6日《长江日报》头版

Q 在灾难性报道中，作为一名职业摄影记者，应该抱着怎样的心态去报道？

A 灾难性的现场多是非常惨烈的，从业十多年亲历了很多，从汶川地震到舟曲泥石流，再到这一次的“东方之星”，做为职业的摄影记者，首先自己要具备良好的心理素质和身体素质，不要因为现场的惨烈和超负荷的救援报道工作导致自身心态出现问题，需要冷静的观察和思考。现场和救援过程只是报道拍摄的一个部分，而且绝大多数读者是不愿直面这些惨烈的画面的，你要关注和现场相关的人、物、景以及细节，能够找到更多人文关怀的角度、令人温暖或痛心的细节来拍摄，尽量减少出现尸体和过于惨烈的画面。

—

Q=《青春报》

A= 陈卓（《长江日报》摄影记者）

高考卧底替考

—

2015 年 6 月 7 日，《南方都市报》卧底调查组通过卧底高考替考组织，揭露了江西南昌高考替考的问题，曝光了跨省团伙利用种种手段替考牟取暴利的犯罪行为。

Q 卧底调查的过程中，最困难的环节是什么？想过最坏的结果吗？

A 最困难的是在枪手和卧底记者角色转换中，把偷拍偷录的一手信息及时传给后方。在跟枪手打牌聊天时拍到了所有人的正脸侧脸，还拍到了部分枪手的身份证和准考证，高考前夜替考组织情况有变，我又套话套到了很多重要细节，在厕所左手左脚堵门右手手机打字敲了近千字，传录音时手机停机了，半小时失联，后方以为我暴露被抓，随时准备破门捞人，好在卧底报道组总指挥信任我，停留了几分钟，我才终于充上话费，微信报平安。后来我继续敲字传录音等材料，卧底报道总指挥也担心再出事，勒令我赶紧睡觉“不睡杀了你”，我央求再等等，把我认为重要的信息都反馈完毕才放心了。我从没想过有最坏结果，进了替考组织卧底就不能暴露，而且要取证完整，不能出任何差错前功尽弃。

Q 报道出来后，您的生活有受到什么影响吗？

A 新闻同行前辈有所肯定赞许，但我爸妈亲戚好朋友直到我出了公安局报平安了，也还后怕，担心遭到报复。尽管中央最高层乃至公安部、教育部都批示了说要严查，但在此期间我们卧底调查组还是收到威胁信息，车胎被扎坏，事后替考组织也恐吓我说拍了我的身份证，知道我的家庭住址信息随时可以报复，这时候我才第一次有所惊慌，我不担心自己，但怕父母出事。一个月后我妈还说以后别搞这些，危险，只是我爸一如既往支持我，只说，下次再有卧底的事，提前说一声，让我们心里有数。

—

Q=《青春报》

A= 吴雪峰（《南方都市报》深度新闻部记者）

天津塘沽爆炸

—

2015年8月12日晚23时30分左右，天津滨海新区瑞海公司危险品仓库发生特大爆炸事故。13日凌晨4时，《新京报》多位文字及摄影记者已到达爆炸点核心区。当天，一线记者编辑发出原创新闻92条，《新京报》紧急调整版面，做出两版报道。

Q 您曾多次进入核心爆炸区，离现场越近，离危险也越近，犹豫过吗？在您看来，"奋不顾身"是摄影记者身上必备的标签吗？

A 我是当天晚上赶过去的，凌晨3点多到的核心区。之前不知道爆炸破坏那么严重，也不知道有那么危险的化学品。进去时没想那么多，只想着尽快拍到最核心的画面，另外，别被"抓了"，别被清理出核心区。有文字记者从核心区出去时，被要求删除手机上照片的情况，也有同城媒体的摄影记者遇到这个情况。在核心区，被删除相机上照片的事情都会发生，跑突发久了，对这类事情就会有所防备，各有各的方法。另外，我们报社特别重视即时新闻，我们往往一边拍，一边往回发图和视频。在出去前，核心的、比较满意的图肯定已经发回去了，过封锁线时就比较安心。

天津爆炸核心爆炸区(《新京报》记者尹亚飞/摄)

作为一名成熟的摄影记者，不应该叫"奋不顾身"，而是要去自我考量、评估安全。有一句话是这么说的："没有任何一张照片值得你去搭上自己的生命"，但是该承受的危险还是应该承受。还是那句话，保护好自己，才能拍到更多的好照片。没有任何一个摄影记者，包括每年牺牲那么多记者，知道某一个采访或某一个瞬间会牺牲生命，他/她还会愿意那样去做。很多采访是有风险的，风险是常态，要靠自己将这个风险降到最低。

—

Q=《青春报》

A=尹亚飞（《新京报》摄影记者）

Q 做逝者报道应怎样平衡新闻专业主义和二次伤害的边界？

A 天津港公安局消防支队政委张少峰的儿子，在电话里婉拒了我的采访后，通过手机号主动加了我微信。如果口气尚可，采访时，可以简短解释一下为何要做这次报道，然后再问对方是否有时间、有意愿。如果当时没时间，应主动询问对方何时有时间，然后配合对方时间并在约定时间打去电话。一些能让对方时刻想起家人已遇难的词语，一些带有强烈情感的语句，尽量不使用，替换成更为柔和的词语。如最常会使用的“生前”，这不是时刻告诉对方“他死了”？“他生前最爱吃什么？”换成“他最爱吃什么？”也会更好。采访时，家属情绪一旦打开，可能会有人觉得，最佳采访时机到了，赶紧抛出更多问题。我倒不这么认为，我觉得，点到为止就好。继续还是停止，是新闻专业主义和二次伤害的边界所在。

—

Q=《青春报》

A= 杨锋（《新京报》深度报道部记者）

Q 您是最晚从现场撤出的记者之一，当时您在朋友圈里说告别一座城市，回到原点。在您看来，原点意味着什么？

A 我的理解是《新京报》，或者是北京，或者是一种回到日常的状态。每一次报道结束后，确实都会有这样“回到原点”的感觉，比如我做江西替考案报道的时候，在江西待了 5 天左右，找不到突破口，整夜整夜失眠，最后好不容易发现医院和招考办之间是存在问题的（这些人最后也被处理了），回来的时候我顺路去逛了岳阳楼，心情特别好。对我来说，原点可能是一个平稳不焦虑的状态。也可以这么理解，每次回到原点后又重新出发，然而一直在路上，只是有的路难走，有的路好走。这条路好不好走，有做报道的难易程度，还有生活状态等，也许路本身就难走，换了谁都难走。

—

Q=《青春报》

A= 杨斐然（《新京报》社会调查部记者）

Q 您曾做这样的比喻：“当我乔装打扮、挖空心思好不容易抵达核心现场时，抬头发现终点已经有记者在，他们正和核心人士把酒言欢、谈笑风生。我认为后者才是高级的采访。”在您看来，如何才能做到后者？

A 我觉得这种高级的采访取决于记者的两个积累，一是专业知识的积累，它不仅仅指记者的新闻业务，除了本业外，一个高级的记者还应对某个行业某个领域有专业的研究和积累，具体到天津爆炸事件上，如果一个记者对于我国危化品领域之前就有研究，抵达现场后就能在纷繁复杂的信息中，很快找到抓手，揪住核心；其二，一个高级的记者还需广泛人脉尤其是高端人脉的积累，它的重要性对于一个重大突发事件的报道不言而喻。

—

Q=《青春报》

A= 谷岳飞（《新京报》深度报道部记者）

Q 您曾在手记里提到“爆炸视频发出的那一刻，我抱着枕头哭了”，为什么？

A 我觉得每当大事件发生的时候，无论是编辑还是记者都是比较容易兴奋的。越兴奋的同时，情感的防线就越脆弱，至少我是这样的。可能之前是很紧张地在发布视频，但视频发出后，神经稍微不那么紧张的时候，我看到前方记者发回的消防员遗体的图片时，我知道这些好像人间炼狱一般的图片是不太有可能公之于众了。那确实太惨烈了，因此我哭了。但这样的场景会有很多人不知道，我也会很遗憾。

（原载于 2015 年 11 月 8 日《青春报》微信公号）

—

Q=《青春报》

A= 朱自洁（《新京报》动新闻工作室视频统筹）

Part3

我们四处打探
为了击穿信息密壁
我们刺破分歧
为了寻找广阔和解

袁蕾　我们让导演负载了太多任务

刘蕴馨[1]

2014年5月8日，《南方周末》以3个半版的容量推出了记者袁蕾对张艺谋、陈道明和巩俐的采访报道《“中国电影太大了，我一个人带不歪它”：脱胎换骨张艺谋》《我是冯婉瑜，我知道我在讲我的故事》和《陈道明：愈合历史留下的斑斑伤痕》。这是《归来》在全国上映前，国内最早的全面对话主创人员的报道。出于对报道整个过程以及袁蕾个人观点的好奇，《青春报》记者对话袁蕾，请她讲述对影片及其创作者的个人看法。

Q 你看《归来》是什么时候？当时有什么样的反应？

A 上映前我已经看了，在采访完了以后我又去看了。第一遍看的时候，是内部场，声音和音效都还没有做好。当时一看完，我就觉得肯定会有很多的评论说，张艺谋为什么没有强烈地反思文革，而是用温和、感性的人性的故事来阐述这部电影。一定有人会指责张艺谋避重就轻，这是我的第一个判断。

这是我比较喜欢的张艺谋的影片，它看上去不像是张艺谋“归来”，因为他以前大部分的电影都不是这个类型。它更像一个法国式电影的小品，演员不多，场景不多，整个故事没有太强烈的起伏和波澜。故事的推理是靠人与人之间关系的日常变化来推进的。

Q 你为什么觉得会引发对张艺谋的批判？

A 《南方周末》曾经做过“批判张艺谋”，实际上梳理的是张艺谋的被批评史。张艺谋自己也说过，骂张艺谋几乎成为文革后大家干得最齐心的事。

当年，张艺谋拍完《红高粱》，受到推崇，很大一部分原因是知识分子“有话要说”。回看他们的评论文章，能发现一些人一边捧张艺谋这样的第五代导演，一边批判以谢晋为主的第四代导演。打压第四代导演，也就是谢晋派导演。在中国，“捧”和“批”很多时候都是有潜台词的，也是有目的的，不能简单说“目的”是好，还是坏，这是个中性词。

有另外一批人，想要反对这些知识分子，于是也借用了张艺谋，简单理解，批评张艺谋等于批评那些知识分子。于是就形成了，“张艺谋＝知识分子”这个逻辑。

---

[1] 刘蕴馨，《青春报》2013级成员，美国明尼苏达大学双城分校大众传播硕士，现供职于明尼苏达州 Asset Marketing 公司。

Q=《青春报》

A= 袁蕾

于是张艺谋就成了一个符号，推动他、表扬他、批评他……都已经超出了电影的范围。当知识分子认为，张艺谋没有成为他们想要的代言人时，张艺谋和知识分子也结了梁子。你可以回看《英雄》《十面埋伏》等影片上映的时候，有些影评人直接会写：“我不会去看张艺谋的电影，我可以想象这是一部 XXXXX 的电影。”所以，批判张艺谋，其实和张艺谋的电影已经没有太大关系了。

张艺谋的《活着》，至今被大家久久难忘，除了影片质量之外，恐怕夹杂了不少被禁的因素。拥护《活着》也就变成了抵制禁忌。

《归来》改编自和文革相关的《陆犯焉识》，又有《活着》被禁，而《归来》能够公映，可以想象，人们势必会“借题发挥”。我的一个 80 后同事朱晓佳说，为什么要张艺谋去反思文革，搞得好像文化大革命是张艺谋发动的一样。

Q 你觉得《归来》在感情上有没有爆发点？

A 没有，张艺谋以前的片子都是大开大合，色彩浓艳，人物情感泛滥，这次他明显在收，不会爆发，没有一个爆发点。我不认为弹钢琴那一段是一个爆发点，他其实一直是在压抑，没有能够让情绪爆发，情绪爆发会得到舒缓，但《归来》只有压抑。

Q 你觉得《归来》有没有打动你的地方？

A 这个片子我觉得至少是不差的，叙事很稳。这是哭泣题材的作品，文革是一个惨烈的题材，每个经历过的人都能讲述无数让你触目惊心的故事，张艺谋用人性的温情来处理，一是因为在我们现行体制之下，他不得不这样；二是用这个手法，也用得比较高级。

Q 你在采访张艺谋之前做了哪些准备？

A 我在采访之前都非常紧张，我会搜每个人的资料，虽然可能我很了解他了，但是我还要对照他的生平、作品、事件的时间表，尽可能地看对方的访谈、视频，以及重要的评价他的文章。当然张艺谋所有的电影我也都是看过的。

Q 你对张艺谋的看法在这次采访之后有什么变化？

A 没什么太大的改变，张艺谋是一个嬉皮笑脸的人，只是长得苦大仇深，他有自己的想法，是一个专注电影的人。

他是一个很好的谈话者，他不会逃避问题，也不会躲避问题，你和他谈任何问题，他都能给你一个很迅速、很准确的回答。他不是一个和世界同步的人，《纸牌屋》是陈道明推荐他看的，新媒体是乐视教给他的，所以他会弄不清楚“长尾理论”，以为是“常委”。

Q 你对张艺谋的采访是如何展开的？

A 我见到张艺谋的时候，我拿了一份我们刚刚出版的、关于文革标志性人物宋彬彬的文章给他看。我们聊起了文革，他也说了另外一个文革的故事：有一个小孩和他爸爸一起告发他妈妈是反革命，红卫兵当着小孩和他爸爸的面把他妈妈捆走了，他们甚至可以听到孩子的妈妈被捆绑时骨头发出的声音。他和我交换了这件事，这样我就不是提问的一个状态，而是互相交流的状态。

因为我知道文革是我的一个重心，张艺谋是经历过文革的人，而且这是一部文革的片子，大家讨论的重点都是文革，所以我先和他讨论的是这件事情。

Q 你提到有些人觉得《英雄》把中国电影带上了“歪路”，“歪路”指什么？

A 你要想社会怎么理解，我是一个媒体人，我要替大众提问。大部分人认为《英雄》这样的大片把中国电影带上了“歪路”，但也有人认为这是中国电影产业化重要的部分。这个所谓的“歪路”，很多人有不同的理解，比如说追求现实化、追求刺激、少了现实主义题材或者少了人文关怀，说白了就是不像张艺谋做的事情。

从我的理解是各司其职，你是一个历史老师，你有责任把历史的方方面面讲述给学生听。你是一个医生你就要去治人，这是你的本职。对于一个导演来说，本职就是拍大家喜欢的电影。大家不喜欢也行，但是他拿着投资人的钱拍出来的电影没有人看，这有点牵强和过分吧。

我曾经也是一个愤青，也觉得张艺谋怎么这么过分。现在我平和了很多，张艺谋作为一个导演，他拍电影，干了伤天害理的事情吗？他掌握着公检法这些权力吗？他超生也得交钱，说白了，他也是一个老百姓，只是知名度很高而已。很多人都认为他应该拍摄现实主义题材，他理所应当应该担任起现实主义题材的创作，甚至扛起导演之外的大旗，当他拍摄《英雄》《黄金甲》的时候，大家觉得他这是“背叛”。这不也是一种绑架吗？如果人是有自由的，他在没有伤天害理的前提下，我们无权干涉他的任何自由选择。

Q 观众可能觉得他是在逃避现实。

A 一个导演怎么才能被叫做不逃避现实呢？大家都在把张艺谋无限扩大化，让他负载了很多东西。但其实他就是一个导演，他的本职就是拍电影。你不能指望一个导演来改变现实、改变社会，如果有这种功能很好，如果没有，他也没有什么过错。没有人去指责拍《蜘蛛侠》《星际迷航》的导演是逃避现实，因为美国有讨论现实的地方， 没有必要让导演来身兼职责。

如果中国缺少这种阵地，那不是导演的错。你说贾樟柯也要拍商业电影，为什么不可以呢？中国的导演承载了太多的任务，又要拍电影，又要给大家上思想品德课，还要给讲历史，还不能讲错了。

Q 这次采访中有什么新的发现吗？

A 我印象比较深的情节就是电影产业网络化的问题。我当时在设计问题的时候就想到这一系列的问题，我对电影和互联网的结合很感兴趣。

现在所有的电影产业从业人员都在关注着互联网，而且张艺谋加入的是一个号称自己做的是互联网下的电影的公司。到底什么是“互联网下的电影”，这是产业化的问题，乐视的老板张昭在不停地用专业术语，但没有说出让我觉得信服、有逻辑支撑的东西。每个人都对互联网时代下的电影产业何去何从跃跃欲试，但到底怎么实现，大家其实都不知道。

陈道明是个自由自在、不问世事的人

—

Q 你采访陈道明前期怎么准备的？

A 陈道明的片子我在很早以前就几乎全部看了。我的采访方式是我看很多的资料、设计所有的方向和问题，但是到现场以后，这些东西对我来说都是不重要的。我甚至不看所谓的采访提纲、采访本，因为我知道我有一个大概方向。采访最重要的，不是你要问完你列好的提纲，而是要知道你的方向，同时打开对方的话匣子，只有双方都有一个坦诚的、互相能听懂的交流状态，才可能完成一篇好的采访。

Q 您采访前对陈道明有哪些好奇的地方？

A 我个人没有太多的好奇，我有的更多的职业好奇。我更在意的是陈道明自己、家人和文革之间的关系。他的父亲，因为他对自己的隐私保护得很好，大家隐隐约约能查到一点点资料，事实证明，网上说的陈道明父亲的名字都错了。

陈道明、他的家庭和文革的故事，是我想知道的，那时候每家都有自己的故事，陈道明演的是一个知识分子，而他的父亲也是一个知识分子。他在访谈里也说了，从小里说，这是纪念父亲，从大里说，是祭奠中国真正的知识分子。

Q 大众眼中的陈道明是个比较倔强、心直口快的人，你在采访之前对他的性格做了哪些心理准备？

A 我和陈道明接触过，几年之前他来我们报社参加我们的中国梦活动，我们进行过比较随意性的聊天，互相交换了对于活动的看法。这次去采访他，也因为都是熟人了，我不需要额外地猜测他的个性，我知道他是什么样的状态。不过这一次有一点特殊，因为我们是带电视拍摄的。如果带着镜头，演员会有天然的表演感，他在说话的时候有不自觉的舞台化。他的停顿、留白，都是有表演的气场，但这不是不够自然，反而是他最自然的时候。

Q 你觉得陈道明是一个什么样的人？

A 他自己说过一句话："大家都在齐步走的时候，我可能在散步走。"陈道明就是一个普通人，就是一个演员。是一个生活在当下，自由自在、不问世事的人。我们周围有很多这样的人，他可能也关心社会，但是他更希望生活中出现的是美好的东西。他是一个演员，会看到行业很多问题，他也会提出自己的观点，也想要解决这些问题，但是解决不了，他也只是一个演员。

—

Q=《青春报》

A= 袁蕾

Q 对话陈道明，为什么从“批判张艺谋”开始？

A 我之前没有准备这个问题，因为在现场的时候陈道明问了我看片子时候的情况，所以就提到了张艺谋，有时候挑别人话头刺激对方，因为对方会反抗，但是前提是这个问题是一个真问题。

Q 这次采访后对陈道明有什么新的认识吗？

A 没什么太多新的认识，他的知书达理、对于文字的纠结、对于文字的强迫症、对于文学的喜好，他和演艺圈保持着距离。我不知道大众知不知道，但是我是知道的。没有什么超出我的想象。

他在这次的访谈里还说了“狠话”，他说：“一个人未必一生都要在做好事，不做坏事就可以了。”他以大众明星的方式告诉你们这样是好的，也许看完电影或者报道后，有一段时间大家能想到“我不能做坏事”，至少这一段时间这就是一个好事。他在可能的范围内试图、尽量地传播正能量。他也是在给自己敲警钟，任何人都不是完人。

Q 陈道明有提到他觉得自己这次参演《归来》有哪些遗憾吗？

A 遗憾肯定是有的，任何的作品都不是完美的。我们没有太多地谈论这个，但他提到了电影中眼泪的几种层级，喜极而泣是最高的层级，但中国电影从剧本到演员，一直到导演都没有这个能力。所以，只能是感动、愈合的眼泪，现在的社会也需要这个。这个说法我觉得对于大众来说，可能是一个新鲜的说法。

Q 你觉得陈道明在《归来》中非常轻易地原谅了告密的女儿，这是不是不太现实？

A 这也是我在文章里采访他的，我当时问你女儿如果也背叛了你，你会怎么办？这是一个残酷的问题，他的逻辑是：不让自己去假设不好的事情。巩俐的回答说一定会原谅，因为毕竟是自己的女儿，毕竟在那样一个历史时期。但是其实她不是亲历者，亲历者你说要去原谅，这是一件最痛苦的事情，这是一个两难。为什么文革对人们造成了这么大的伤害。因为它扭曲了人性，你都不知道你该不该去原谅你的孩子、亲人。这是给人最深沉的伤害，历史摆在那里，你回避不了。它的可怕，是鼓励人性本恶的一面，人们没有敬畏、缺乏信任、没有信仰……这个影响不光影响至今，恐怕还会影响很多年。

巩俐用表演来思考，不太善于表达

—

Q 采访巩俐前对她有哪些了解？

A 我知道她是一个非常直来直往的人。她接受的采访很少，她不爱和人说，她要求对话的环境绝对的安静，对方是看过电影的、是有的聊的。她希望访问者能够了解她，哪怕是质疑她。

我也是看了她所有的影片、文字资料。我分析了她的影片、她选的角色，哪一些是在你逻辑范围之内的，哪一些是在你逻辑范围之外的。

她可能不会像张艺谋、陈道明那样用语言进行思考，她是一个用表演来思考的人，不是太善于表达。

Q 巩俐哪些角色是在你逻辑范围之外的？

A 比如说是《最知女人心》，是翻拍好莱坞的一部电影。我不知道她为什么会演那个片子，这个片子实在太烂了。我不意外刘德华会接这个片子，因为刘德华是个工作狂，但巩俐不是工作狂，她是一个看剧本的人。她为什么会选了这么烂的东西，不是我逻辑范围内的。她接《归来》是在我的逻辑范围之内的。

Q 你觉得巩俐哪些角色塑造得很成功？

A 她的角色大部分是跟着张艺谋在拍，很多审美也就是张艺谋的审美，很难说她自己单独地塑造了什么，她更多把自己放给了张艺谋。她展现自己最多的就是在《秋菊打官司》里，因为那是她照着母亲来演的，她妈就是一个上访户。

Q 你怎么看待巩俐这次的表演？

A 大部分的时候演员呈现的是导演的东西，我们更多的时候看到演员在银幕上完成角色。但那是工作，但并不是把自己呈现出来。巩俐很入戏，真正入戏的演员其实并不太多。这里面分两种情况，一种是演员本身可能觉得这是一个工作，觉得自己何必入戏深；另外一个是有很多剧本挺烂，你入不了戏。冯婉瑜这个角色，是值得她研究和入戏的角色。

很多场戏，她也是一次通过，因为有一些情绪深入和爆发的戏，是无法再来一次的。

—

Q=《青春报》

A= 袁蕾

除了人名，电影和小说完全是两个独立的东西

—

Q 你觉得这次采访有什么遗憾的地方？

A 我觉得时间永远不够，如果能聊几天几夜那一定是最舒服的状态。时间越长久会越了解，我肯定永远觉得时间不够。我是有方向的人，我知道什么东西是真问题，我不是说一定要把所有的方向全部都弄完，我能够收到对方他想说什么，某一个话题阐述深了，比面面俱到更加重要。

Q 在网络上，你采访陈道明的那篇文章《陈道明：愈合历史留下的斑斑伤痕》被很多人都转载了，大家给的评价也很高，你当时采写的时候也觉得这篇稿子会很成功吗？

A 我真的不觉得和陈道明的采访有多好，虽然很多人都说好。比起采访陈道明的对话，我更喜欢和张艺谋的对话。张艺谋的开放度，他所关注的点会非常多，很多东西都可以和他聊。但是同样，他们身上是有价值的。这个价值我可以学习、可以传递、可以了解。

Q 你怎么看待《陆犯焉识》和《归来》之间的关系？

A 几乎都已经改变了，无非就是留了名字。甚至只有陆焉识留全了，冯婉瑜的名字都改了。已经完全是两个独立的东西了，只是他们留有一样的气质。

Q 有些观众可能会觉得《归来》没有原著《陆犯焉识》那么丰富、有血有肉，你怎么看待观众的这种失望？

A 你如果是一个《陆犯焉识》的粉丝，你做任何自己的判断，这是你个人的，没有对或者错。无法去评价。如果你是不了解《陆犯焉识》，因为电影以后对《陆犯焉识》有了兴趣，去看了这本书，了解了文革，那《归来》给了你一个契机，让你去知道这段历史，这也是好事。

—

Q=《青春报》

A= 袁蕾

Q 你对那段历史有什么印象?

A 我对文革没有实际、直接的印象，但我看到的文革内容太多了，真实的故事、人们的口述还有史料。文革有非常多的面，真实的、荒唐的、温情的甚至恐怖的。有姜文写的《阳光灿烂的日子》，王朔说文革是一个非常热血的时期，每个人认识都不一样，但都是有局限的。文革还可以有更多的东西，但是最重要的东西是一个文革的题材终于在中国的大银幕里出来了，它就不会成为一个禁区了。

Q 你的朋友圈里对《归来》的评价是怎样的?

A 分成两极，大部分的文艺圈、企业家圈还有电视圈都是比较喜欢《归来》的。媒体圈也分为两派，有一部分也觉得挺喜欢的，另一部分觉得没有深刻的反思，做得不对。更多的知识分子肯定是不满足的。

（原载于 2014 年 6 月 9 日《青春报》微信公号）

张寒　记者如何突破采访与写作

孙静茹　王宇航　史欣怡　江钰莹整理

我今天讲的题目叫《记者的武器》。大家在说起自己是职业记者时，不是特别理直气壮，可能会想，现在是自媒体时代，是否还需要专业记者？这也是我经常考虑的问题。虽然现在我不在一线跑，但还是想问一个问题，如果需要专业记者的话，这个记者应该具备怎样的专业素质？

我下面的举例，想告诉大家这个时代可能还需要专业的记者，专业记者可能具有其他自媒体人和写作的人所不具备的本领。

我列了专业记者具备的三种武器，对于专业的记者来说，这三种是非常非常重要的，第一个是判断力，第二个是突破力，第三个是细节力（即对细节的感知能力）。我当了十年记者，觉得这三点是我记者生涯里最重要的三点。

张寒

《每日人物》主编、原《新京报》深度报道部副主编。代表作有《隐秘“大师”王林的金钱王国》《从撞人到杀人——药家鑫的蜕变》等。

专业记者要有判断力

—

首先，专业记者要有判断力。王林这个事情刚刚开始的时候，大家都不知道王林是谁，只知道在网络上有一张照片，照片里有马云、赵薇、李连杰、芦溪县的一个官员，以及王林。这张照片传到网上的时候，我发现很多网络社区在评论这个事情，但那时候没有专业的记者介入（报道）。看到这个照片时，我就在想，王林到底是谁？王林到底为什么会有这样的照片传出来？大家都知道，90 年代气功大师占据了很高的地位，但是过了十几年、二十几年后还有这样的事情出现（就很值得思考了），所以我最终选择做这样的人物，写出《“隐秘”大师的金钱王国》。

其实做这个报道之前，我和主编对这个事没有一个清晰的判断，在网上搜不到王林其他任何资料，大概觉得王林这个人是可做的，但是担心他不接受采访，他十几年没有在媒体发声，可能是拒绝采访的姿态。另外一个就是我们对王林所知甚少，不知道他背后到底有什么样的东西。

这些在去之前都是零，但最终我还是选择去，因为我有一个判断的依据。大家都知道，《新京报》做过很多大师的报道，包括劝大家吃绿豆的张悟本，我们发现，每个大师后背后，都会有一个社会生态，他之所以突然出现在公众面前，可能就是隐藏在背后的、非常深的社会生态。第二个判断依据就是明星效应。中国非常有名的商人、明星，同时出现在他身边，我相信大众对他是好奇的。第三个就是直觉和警惕。做记者时间长了，一定会形成这样的直觉和警惕，对自称“大师”和过度吹嘘自己的这种人都会有警惕，这种警惕不光是对他吹牛的警惕，还有对他背后可能不为人知的官商和他自己财富运作的警惕。有了这三个判断，我们出发去了江西，在没有任何手段的情况下寻找王林。讲这个故事是想告诉大家，专业记者要有判断力，这种判断力是对新闻日积月累的判断后形成的判断依据。

决断是判断的叠加

—

三次地震虽然我都去了，感觉自己没做出什么样的稿子，但确实给我了很大的启示——当你到一个重大突发现场时你一定要有决断力。汶川地震我去的时候，应该是地震发生三四天了，那个时候我做记者不到三年，发现自己有选择恐慌，觉得所有都是新闻，我看到了所有的悲伤，但我不知道怎样寻找故事的出口。

我当时去的是北川，我有一同事应该是第一时间就赶到了那个地方，所以他处在一个非常有力的地位，会觉得所有故事都向他涌来。我在那个时候处在慌不择路的状态，最终我选择去青川，因为我听了一个青川的故事：青川有一个特别偏远的村子，这个村子完全损失，整个村子都沉下去了。后来有消息说，这里的村民可能被移民到浙江，我觉得这应该是一个好故事。当灾难发生时，就像圣经里说的重新寻找家乡的故事。

我需要做一个选择，是留在受损最严重的北川，还是去一个遥远的地方。最终我还是选择去青川，因为这个故事值得我去冒险。后来他们没有去浙江，而是去了四川广元市。我跟着他们坐着卡车一路从青川到广元，看他们如何到一个新的村子里分地分房，如何和村民建立联系。我觉得这是一个挺不错的故事，因为我可能选择了别人没有看到的视角。

另外一个就是像钉子一样扎下去，到一个现场时你可能很慌乱，可能觉得自己的选择不对，但当你像钉子一样扎下去，一天两天地扎下去，你会发现故事向你一点一点地走来。

还有一个是愿赌服输。雅安地震，我第一时间赶到受损最严重的芦山。当时记者分配任务，选择待在芦山还是怎么样。那时候宝兴还没有人走进去，所有救援队伍也没有走进去。我要选择是留在相对比较严重的芦山，还是去完全未知的宝兴。后来我选择去宝兴，我知道我有两个结果，要么获得大新闻，要么丧失时间的成本，最后我还是花了二十多个小时的时间进去了。走进去和我之前的担心一样，宝兴确实没有芦山那么严重，更多可能是交通原因大家进不去。后来我在那个地方待了下来，因为那个地方记者相对少，我可以去寻找一个属于自己的故事。

三次地震给我的启示是记者需要决断力，决断力也是判断力的一种，决断其实是判断的叠加，当你做出这个决断的时候，你需要愿赌服输，需要寻找自己的故事。

如何突破核心信源

—

另外一个我觉得很重要的也是大家一直在说的突破核心信源。基本上发生重大事件时，大家都会发现谁先找到核心信源，谁就能够得到最好的写作素材。

我举两个例子，第一个是寻找药家鑫。最近发生的四川师范大学事件，大家最大的较量是谁能找到核心信源，谁先找到四川师范大学杀人孩子的父母，谁先找到他的同学。当时药家鑫基本也是这样的状态，我去的时候这件事还没有发酵，只有当地的报纸报了一则很小的消息，我看到这个，也遇到和四川师范大学同样的问题，我没有办法找到药家鑫的核心信源，因为这个事情一出他的父母就跑到了外地，他的同学、老师给我的也都是非常表面的东西。

后来我在网上搜百度贴吧，发现有一个人说了一个关于他非常有细节的故事，我推断他和药家鑫应该很熟，但私信他不回。了解到那个人是同性恋，我就找到了西安最大的同性恋社区，到上面搜到一个相似的ID，继续发私信，可他还是不回。我的时间特别紧，没有办法，我就根据他的ID去全网搜，后来我想到那个时候天涯还是比较大的社群，就拿他的ID去天涯上搜，非常非常偶然，他在天涯上回了别人的一个帖子，留了自己的qq号，我通过那个qq号找到了这个人。

其实寻找核心信源时有时候需要运气，有时候也需要开动脑筋。寻找王林也是同样的状况。我们找了当地媒体和一些与王林相熟的房地产商，他们都告诉我，王林不愿意接受记者采访，也不想被媒体报道，我没有办法，只有去当地找王林。找到芦溪的王府时，我其实是非常紧张的，如果第一次去找他，他不让我进门的话，我可能没有办法去展开报道。很幸运，王林那天让我进去了，也才会有后面的几次对话，包括对王林徒弟的寻找。

所以有的时候，突破是很难的事情，而且是贯穿整个生涯的，不会因为你前一次突破了，后一次突破就会更容易，它可能就是提供了一些经验值。所以对我来说，专业记者的能力是突破的能力。

让核心信源说话

突破除了找到核心信源，还要让核心信源说话。让人说话其实有无数种方法。当年赵作海被冤枉坐牢坐了 11 年，最终他杀死的人又回来。当时全国的媒体都往这边扑，我还和赵作海保持着非常好的关系，第一时间和他做了对话。后来他开始从他们家的小院子里往外赶记者，但他会绕过我，因为最开始他刚刚出狱，在整个人是懵的时候，他选择信任我，因为我给了他更多的信息。

首先我对赔偿、对监狱里的情况有了解，我之前进过监狱聊过天，这是我和他对话的基础，他会觉得我是知道里面是怎么回事儿的。其次，农村的老人会非常记挂自己的儿子，在他出来之前，我就知道他儿子在北京打工。后来找到他儿子的电话，和他儿子通了话，大概对他儿子的情形比较了解，等我见到赵作海的时候，就告诉他他儿子在北京的情况，他会觉得我对他不是攫取的行为，我和他进行了信息交换，或者说我们是可以聊的状态，所以后来我们有很好的关系。包括后来一两年再做了几篇赵作海的稿子，从最初给他建立的这种信任感（起到了很大帮助）。

第二个是我的老领导刘炳路的例子：采访张在玉，她是佘祥林的妻子。当时这个事情出来的时候，所有人都想采访张在玉，觉得她本来是被佘祥林杀死的人，但是后来她又回来了，大家肯定都会特别想知道张在玉是怎么想的。当时张在玉大门紧闭，不接受任何记者的采访。后来是刘炳路在墙外喊了一句话："张在玉你知道吗，所有人都觉得是你害了佘祥林。"随后张在玉就直接让她哥哥把门打开了，她说："你们这是胡扯"。就这样，采访的大门也打开了。

其实这是一种刺激的方式，当你击中她最深的要害的时候，当她发现是自己让丈夫白白坐了十几年牢的时候，她的愧疚感是很严重的，她其实也一直在寻找一个机会把这种愧疚讲出来。

第三个讲"隔空打牛"。以周正龙为例，很多记者都说过周正龙是一个非常难采访的对象，他属于"我拥有核心信息，所以我可以随意驱使你们这些记者"的状态。当他入狱又出狱后，我们想去采访他，做一个"周正龙出狱"，然而有一群记者在那里被周正龙深深侮辱了。比如他会说，我出一个谜语给你们，谁猜出来我就接受谁的采访。但当我们记者猜出来之后，他又会说，我不接受你们采访。大多类似这种状态。后来好多记者都撤了，我也特别想撤，因为我觉得他真的挺侮辱人的，经常会当我在田地里和他聊天的时候说："你过来，你把我们家地里的草都给我除了，我就接受你的采访。"

后来我就思考，怎样才能使周正龙不再以这种戏谑和侮辱的形式跟我们说话。我就跟他聊："你现在最佩服的人是谁"，周正龙给了我一个名字：刘里远。当时所有人都说周正龙拍虎的照片是假的时候，刘里远教授坚决站在他的一边，因此周正龙和他建立了一个非常亲密的关系。

其实周正龙出狱两年后还坚称他拍的虎是真的。后来我给刘里远打了一个电话，把我想做的东西，以及对周正龙的态度跟他进行了很长、很深入的沟通，于是当天晚上他就给周正龙打了一个电话。第二天我再去找周正龙的时候，他的态度立刻变了，他说："你是刘里远教授信任的人，那我也信任你。"然后我们才终于进行了一次比较正式的采访，打破了那种状态。

因此，“突破”也是一个记者核心的竞争力，突破核心信源，突破到让核心信源讲话。另外一个突破就是，提问是一种武器。我一直觉得一个记者的好坏，很大程度是建立在提问的好坏的基础上的。我们都知道，很多名人都经历过上百个记者的采访，在每一篇采访中我们就能看出每个记者采访的功力和视野。

我之前采访过中国驻美大使周文重。我有一个深刻感觉，外交官是特别善于打太极的人，如果他已经答应接受你的采访，你会突然发现，提问变成了你们中间的一道坎。我记得当时我们有这样一段对话：“周大使，你能不能谈谈你的外交风格是什么样子？”

“我们的外交风格就是周总理树立的‘不卑不亢’的外交风格。”他很警惕。其实这是一个无效的回答。

“我明白你说的继承老一代的外交官，但我想知道你个人的风格是什么样的。”

“作为个人，我就秉承了老一代外交官流传下来的这种风格。”

我们的对话陷入了僵局，我可能得舍弃这个问题，但我喜欢刨根究底，于是又追问，“你作为新一代驻美大使，不应该有一些个人特色吗？”

“我的特色就是爱和美国人打交道。”这又是一句废话。

后来我换了一种问法：“之前我看过很多人对您的评价，说您是‘全副武装的美式逻辑’的一个人，您同意这种说法吗？”

这是一个闭合性的问题，回答只有是或否，但他却问我：“你能告诉我美式逻辑是什么吗？”

我们俩又纠结在这，我跟他解释美式逻辑，过程中又提到了美国人喜欢听故事。缺口从此打开。他同意美国人的确喜欢听故事，而他也很擅长讲故事，最终我们才有了这样一个标题——《前驻美大使：说服美国人要多讲故事》。其中很多东西都很官方，但起码我找到了一个大的标题。因此，提问对记者来说是一种非常好的武器。

敢想，是一种美德

还有一种突破力是敢想，这是一种美德。PPT上的这张照片是内蒙古越狱犯，我们只比警察稍晚一点到达现场，就在他们被击毙的当场，我们的摄影记者拍到了这张照片。

刚开始去做内蒙古越狱犯（这个选题）的时候，大家都在想，我们要是能抓到越狱犯就好了，其实是开玩笑。但我们就想，怎样在第一时间赶到现场、还原现场，因此我们循着越狱犯的逻辑，也根据一些公开的报道，发现越狱犯其实是在一个范围内兜圈子。于是我们包了一辆车，到了越狱犯曾要水喝的村庄守着，一直守到第二天天明，听到警笛，我们就跟着警车，来到了越狱犯被击毙的现场。这张照片当时获得了《新京报》突发新闻报道的金奖，因为它非常原生态。

关于敢想是一种美德的第二个例子，是利用自动取款机漏洞取走几十万巨款的许霆。我们找到一个相似的案例，在云南也有一个“许霆”，他真名不叫许霆，而叫何鹏。他当时已经坐了八年牢，没有广东许霆那么幸运，因为网络没有那么发达，他被判了无期。

我们知道这个线索后就想去做（这个选题）。当时有很多记者比我更早知道这个线索，他们选择去采云南最高院、何鹏父母，但我就想，为什么我不能去监狱直接找何鹏，跟他进行面对面交流。我跟何鹏父母商量，以他表妹的身份来到监狱。由于监狱的特殊性，我们事先没有进行沟通。但他很聪明，见面之后，我说：“何鹏你最近怎么样？我从北京来看你了。”我们进行了一个眼神交流，他就明白了。我们俩以非常快的速度做了采访，大概 20 分钟，我问完了我所有的问题。挂完电话之后我就知道，这篇稿子成了。

我记得当时云南省最高院还给我打了电话，因为他们觉得《新京报》是真的敢想，会想到直接进监狱。其实后来想想，这件事也没有那么难，只需要跟他父母事先沟通好，凭借这个身份我很迅速地做出这篇稿子。因此对记者来说，敢想也是一种美德，永远不要给自己设限。

细节，决定稿子的不同

—

第三种能力是细节的感知能力。大家刚刚做记者这一行的时候，会觉得细节无伤大雅，但其实决定每一篇稿子不同的地方正是细节。

我曾经做过一篇关于器官捐献源的稿子。有一种职业叫器官协调人，是劝说死者家属捐献死者的器官以及角膜（角膜不属于器官）。高中荣就是专门从事这项工作的人。他告诉我一个细节，角膜捐献者的家人可以和受捐者见面，但只能见一面。大家基本上不说话，只是用显微镜看一下，受捐者眼睛哪一块是你曾经的亲人的角膜。我当时就好奇，在显微镜下看到的角膜究竟是什么样子的，高中荣很奇怪我的问题，说没有印象。

后来我问了好几个器官协调人，以及一些眼科医生和家属，但他们的印象都不深。最终我还是问出了这个细节：在显微镜下隐隐能看出，一圈暗青色状如尼龙丝的线，那是补过的痕迹。这是亲人的角膜唯一能显示的方式。我觉得“一圈暗青色状如尼龙丝的线”这个细节，对我来说是非常重要的，写稿子的时候，没有这个细节我就不能够写下去，因为描绘家属和死去亲人连接的这一时刻，是需要去浓墨重彩表现的。并且如果有这句话，读者会生成更深的情感色彩。因此，细节需要我们不断去寻找、判断，什么样的细节是读者想要的、能接受的。

第二个例子是药家鑫那篇稿子。很多读者后来问我为什么在开头要去渲染药家鑫的那双手，这是我在采访时特别深的印象。每个人在跟我提药家鑫的时候，都会提到他那双手。药家鑫是弹钢琴的，而他被判死刑是因为他用一把刀捅了被自己撞倒的人八刀，因此我觉得药家鑫的手很重要，在稿子里是一个意味深刻的意象。

因此我去问他的每个朋友，药家鑫的手到底是什么样子的？他手部有没有一些小动作？他平时是怎么去保护他的手的？其中一个朋友告诉我，药家鑫每天都会在手上擦很厚的护手霜，包括他坐着的时候会五指分开，摊在桌面上，这是他弹钢琴的职业习惯。所以最终我把这写成了开头。我觉得意象型的细节对读者非常重要，抓住这个细节，它就会在读者脑海中不断闪现。

第三个是写马加爵父亲的开头。马加爵事件过去5年后，我到他们家做采访，一走进去，我就很受感染，因为5年之后，马加爵家就像没有人住一样，我觉得马加爵的父亲对外界封闭的状态就是一个很好的意象。所以我在开头描绘：一扇门被砖头结结实实地堵上，几乎只在夜里打开，窗户当然也是紧闭的。这样就让读者对这种封闭状态有一个鲜明印象。

细节的最后一寸，要直击深处

我还想谈一下细节的最后一寸，也可以说成细节的抵达度。武侠片常有这样一个细节：一拳打到眼前一寸收住，然后再发力，这样才能做到真正的稳、准、狠。我们常说这篇文章细节好，那篇细节不好，不好就是因为达到最后一寸就收住了（没有再发力）。在这里举几个我觉得勉强达到最后一寸的例子。

第一个墓碑的例子。我的一个记者做一个知名登山者的报道。那个登山者在登山时被流弹误伤，死在山上。记者去采访他的朋友，问现在最想为他做什么，朋友回答最想为他立一座墓碑。采访到这里就结束了，稿子拿回来以后我就问这个记者，为什么不问他会在墓碑上写什么。因为一个朋友对他的印象，一定会写在墓碑上。众所周知，墓志铭很短，因此一定会写最深刻、最想表达的话。问出了想立墓碑，却没问想在墓碑上写什么，其实就是没达到细节的最后一寸。

第二个秋天的雨的例子。当时云南泥石流，一个小学被泥石流淹没，一半小学生都被泥石流淹死。泥石流发生的时候是 8 点多，那些孩子正在上语文课，我就问老师，你们上的课文是什么，老师太过惊慌失措，已经不记得了，我最后问了出来，当时上的课文是《秋天的雨》，我就写进了稿子。这也是一个巧合：泥石流的发生正是因为前阵子连续阴雨，我觉得写出最后那堂课的名字，会让这篇稿子更能打动人。

有一个父亲说他的孩子很爱画画，画的特别好，我就问他孩子最喜欢画什么。父亲不记得了，就去翻孩子以前的画作，发现很多都是挖掘机。因为当时云南有很多挖掘机，这个孩子就特别喜欢。令人唏嘘的是，这个小孩因为泥石流而葬身，最后正是被挖掘机挖出来的。我亲眼看到了挖掘机把这个孩子挖出来的一幕。试想如果我当时没有问这个问题，也就不可能有这个细节。

所谓细节的最后一寸，就是能击打到读者内心最深处的东西，对它的把握也是记者最重要的能力。但实际上，细节很多时候不是被找出来的，而是被设定的。长期经验告诉我们，在采访之前就要明确自己要的细节是什么，要细微到什么程度，只有这样，才能有意识地去追问，你知道哪些是不能被忽略的。

总结一下，我主要谈了记者的三种能力：判断力，突破力，细节力。我认为这是记者的看家本领。现在很多自媒体涌现，如果你还把记者当一门手艺，或者认为公众还需要记者的存在，那么这三种能力就是需要不断磨练的。

变与不变

现在是一个内容为王的时代，所有的记者都说要转型，所有的媒体都在转型。下面是《波士顿环球报》的故事。电影《聚焦》得了奥斯卡奖，大家都对他们充满了崇拜，但实际上，这个得过 20 项普利策奖的《波士顿环球报》历经了亏损、贱卖。在我看来，改变确实已经发生，危机已经到来，对于传统媒体来说，已经到了一个危急的时刻。我这段时间的经历也告诉我，传统媒体并没有死，但传统媒体的渠道已经死了。

关于传统媒体的内容与渠道，我现在在做一个叫“每日人物”的公号，有一个特别强烈的感受，就是好的内容从来不缺市场。但你要知道，你能在这个市场上得到什么，如果你有内容没有渠道的话，实际上就失去了资格。

我原先在报纸做深度报道就经常会遇到这样的事情，辛辛苦苦做出来一个特别牛的报道，第二天也铺天盖地，对这个事件也有非常大的推动，但实际上，随着报纸广告的慢慢下滑，报纸本身其实获益不多，包括新媒体。“每日人物”的第一篇文章叫做《天津消防员母亲试管再孕》，这基本上是一篇独家报道，在业内也有很好的反响，被腾讯转载后也有上千万阅读量，但实际上“每日人物”只收获了一千个粉丝。我们的出差成本、记者的打磨成本都是非常高的。但对我们来说，只有一千个粉丝在这里。所以我想告诉大家的是，内容与渠道，是需要去调整的。

第二个就是技术驱动与手工作坊，这是我最大的一个感受。当我到了头条之后，我才发现，技术驱动已经到了什么样的状态，包括头条做平台的方式。我记得原先在传统媒体的时候，可能大家经常会说“我觉得应该是这样的，我觉得应该去做这样一个专题”。有时候拍脑袋是一种自大症。每次产品经理都跟我说，我们还是要 AB 测试一下。所谓 AB 测试就是把用户当成小白鼠，A 类小白鼠去做这样的改变，B 类小白鼠不做改变。那我们再看数据，如果 A 类的数据更好，我们再尝试去做这样的改变，这就是产品意识。我在和技术人员、产品经理交流的时候，我觉得他们是把这个东西放在系统的层面去想，而不仅仅是说“我觉得这个东西不错，你去改一下”，可能在某种程度上它不错，但可能打破调性。

第三就是高速公路与汽车。其实头条像是一个高速公路。大家都知道，高速公路体量是非常高的，它其实就是在搭建平台，而我更想做的是在高速公路上开车。这就是平台与个人生产力（的区别），个人生产力永远也达不到平台的高度。最后我说的是：“高速公路非常好，但我更适合做一个开车的人。”这其实也是对大家的启发——你到底想要什么。可能有时候一些新媒体或者非常大的公司，处在一种非常好的上升势态，但它做的东西是不是你真心想要的。

另外一个就是读者和用户。现在做“每日人物”的时候就有一个很大感触，关于路人甲与朋友，到底是我把这些东西印在报纸上，读者爱看不看，还是我们要和读者成为朋友。基本上就是一个“你好，再见”还是“大宝天天见”的区别，抓住痛点与自 high。

我们曾经有一篇 10 万 + 的报道叫《余秀华，你终于离婚了》，当时粉丝还只有几千，报道出来后迅速达到了 10 万 +。当时我们就觉得抓住了大家的痛点，大家对余秀华的了解，对离婚、情感，包括她个性的一些解读。后来我们还做了一篇叫《炸裂诗人》，只有 1000 多的阅读量，其实就是自 high。如果这个人身上没有让人感动的东西，或者你没有把它挖掘出来，让用户感知到你真诚的东西，其实就是一种自 high。

还有一点是信息和调性，其实就是更要提供事实，更要提供调性。对我们来说，做一个公号要给读者提供独特的气味和信息。否则大家只是满足于从你这里得到一个信息，对你其实是没有认知的。

Q 关于《药家鑫的蜕变：用弹钢琴的手杀人》这篇报道，作为一名记者，记者自己的观念是否一定要与社会舆论的观念保持一致？

A 这篇报道后来也受到了很多质疑，包括所谓洗白的质疑。我不会去关注，但社会舆论肯定会对我有影响。我可能更多的是遵从我采到的事实，然后去做这篇稿子。当然，人物稿件很难做到完全客观，因为你必然会对人做出自己的判断，我只能尽量让判断变得更客观，并传达给读者。

Q 现在很多记者都从传统媒体转到新媒体，您又是出于什么原因转去做“每日人物”？为什么没有继续在纸媒做下去？

A 我做了十年记者，这十年是我最开心的十年。后来我生了宝宝，很难再在一线做下去。大家都在说转型，都在说外面发生了什么，我想出来看看外面发生了什么。我看了后发现，外面确实发生了很大的变化，但对我来说，我更擅长、更喜欢的，还是这个东西，所以我又重新去做“每日人物”。但我又希望它和传统媒体不完全一样，能够有一些更适应这个时代的东西，所以我就从《新京报》跳到头条，再出来做“每日人物”。

Q 做深度报道的时候一直在路上，是不是会很累，基本的稳定的生活不太可能？

A 深度记者是挺累的。但更多的不是累，是你永远不知道下一步会有什么样的事情发生，没办法给自己大块的时间。而且碰到重大灾难的话，不管你是男生还是女生，不特别拼的话什么也得不到。当你做完了一件报道之后，会特别有成就感，可能会有一个间歇期，自己去协调。反正我在《新京报》那十年觉得很幸福，也没有觉得多累，如果不生小宝宝的话，我还愿意一直做下去。

—

Q=《青春报》

A= 张寒

Q 您觉得现在和之前在《新京报》的感觉差在哪里？

A 有很大的差别。原先《新京报》印在纸上，固定的几十万份，我只要做到稿子写得足够好，影响足够大就可以了，其他的不用去想。但现在一个标题也要想很久，大部分时间都在想怎么让别人去点开这篇报道。可能你的粉丝并没有你想象中的那么多，你要想怎么让它传播，在传播上面我会想很久。另外，当它是一个公号的时候，可以玩的东西很多，比如视频，就是新鲜感，我可以去尝试不同的东西。

Q “每日人物”的人物是怎样挑选的？怎么把握他的社会心理和热点？

A 我觉得很大部分是经验。我们团队里像我一样做了十几年的人还有很多，大家其实对新闻有了一定的熟知。我们更难的是突破，我当然知道这个是社会热点，我也知道这个社会热点怎么操作，但在这个社会热点之外我们也可能会关注一些商界人物、明星，怎么样用我们这种报道方式去报道一些明星，这反而是我们要做的，就是突破我们原有的框架。

Q 如果那么在乎阅读量和点击量，会不会为了迎合受众而影响稿件的质量？

A 我觉得找一个平衡吧。我会很在乎阅读量和点击量，但我也很在乎稿件的质量。而且我知道，质量才是真正能把粉丝吸引过来的最关键的手段。如果你只是为了迎合受众去做一些鸡汤，一些在市面上比较能迎合读者的东西，那就可能不是我做的，我的优势就不在了，我只能用我的优势去吸引别人。

Q 选题明确以后会对采访做一些预设，可能对采访有一些影响，您怎样看待这个预设？

A 我觉得拿到一个选题之后你一定对这个采访是有方向的，重要的是你在采访过程中发现是错的时候你要及时调整。没有预设的话你到现场就是一团乱麻，如果有，你发现这个预设偏了，你对这个事件理解不对，那你再去修正就好了。如果我在采访过程中对这个逻辑理得差不多了，那写就是组织材料的过程。

Q 会不会因为过度关注细节而煽情？

A 其实细节是最要求准确度的，有的时候你很难去把握细节的表达和煽情的区别。但对很多专业的从业者来说，还是能把握这根线在哪儿。另外我觉得，当一个新闻事件发生后，很多维度是不一样的，比如动车事件，一个维度是去调查真相，另外一个维度是对情感、对人的关注。我们不能因为一个维度的缺失去批判另一个维度。只不过站在国情的角度，大家可能因为一个维度的缺失去批判你在细节上的纠缠，但实际上不是这样的，错的不是写作者。

Q 这意味着国内的报道，尤其是灾难性报道，更多的取向是情感方面的吗？

A 不是，我觉得是写作者在碰到灾难的时候，第一时间的反应是去寻找真相。

Q 您能否解读一下“追捧式追问”？

A 我曾经说过，有一种追问叫做追捧式追问。当你采访一个明星时，你所有的追问都是在捧他，这样的话你没办法得到一个回答。比如说“你为什么演得那么好呢”你其实就是在给他搭架子，让他回答“我其实是这方面好……”做人物采访，有时候你需要和采访对象做一个情感体操，让他慢慢敞开心扉。可能有些人会比较骄傲，你需要捧他几句，他会很高兴。但其实在进入采访的时候，一个很骄傲的人也不愿意得到的全是奉承，这样对他来说其实是一个简单的重复。

Q 如果唯一的核心信源不愿开口，那怎么办？

A 只要做记者，就会碰到很多次放弃。如果核心信源不开口，就只能放弃。但方法有很多，如果不开口，我们可以通过人劝，或者了解他不开口的原因。通过他不开口的原因，针对他不开口的理由，一点一点去突破。但实际上很多时候仍然会碰到这种情况，不管怎么样就是不开口，那就没办法，只能放弃。

Q 人物采访中，如果当事人不愿意公开一些事情，不公开对报道来讲又是很大的缺憾，但公开可能会对当事人造成一些负面影响，应该怎么办？

A 具体问题具体对待。如果他对我说的这些事情对人物的性格、这篇稿子的呈现效果有很大的影响，我还是会选择写。因为他对我说了，而且知道我是记者，就要承担一些东西。最终还是会以采访和采访最终想要达到的效果来权衡。

Q 您提到会“平衡稿件需要和负面伤害”，请问您是否做过暗访？

A 我们在《新京报》的时候，对北京新闻可能有彻底的暗访，比如说暗访猪肉事件之类的。但在深度报道部出差的时候我们更多做的是半暗访，可能会隐藏自己的身份做一些事情，但不会从头到尾都是暗访。

Q 您的很多采访是中国社会的民生百态而不是做一些名流大咖的采访，为什么会选择做这样的采访？您采访时是否有遇到危险的情况，是如何解决的？

A 第一个问题，我觉得是一条路顺下来。我进《新京报》的时候就是做一些社会新闻，主要是北京的一些突发事件。后来我去了深度报道部，基本上跑重大突发，相对来说我很喜欢重大突发带来的那种突破感和刺激感。另一个就是我在写重大突发时也会写一些小人物，把他们在中国土地上的生活写出来，我非常喜欢。我也挺想采访名人的，只不过机会比较少。

第二个问题，我基本上好像还没碰到过什么危险，最大的危险也就是采访地震的时候有一些余震，吓唬一下。包括跟踪什么的，相对来说都是政府部门做的更多一些，所以没有碰到什么更大的危险。其实记者这个行业没有大家想象的那么危险，最大的危险其实是你报道之后带来的危险。如果你的报道真实准确，基本上来说不会有那么大的风险。

Q 如果您报道出来之后有一些人说这个报道不利于他们，私下里会不会要求封锁？

A 这个会有的，但是相对来说在这种环境下，曝出来就已经是一个巨大的胜利了，保证你拿到的料是真实的，就不会有太大的风险。

Q 如果当事人不接受采访，对他身边的人采访做出来的报道那算合格吗？

A 我觉得看深刻程度。我们可以在市面上看到很多这样的采访，就是核心人物不接受采访，有各种各样的顾虑，他可能就在舆论的风暴眼。我觉得如果对身边人采访挖掘的程度够的话，也是一个合格的稿子。当我没有办法采到本人，如果从其他人那里还原出一个还不错的人物形象，我觉得这是一种本领。

Q 对于官员打太极的情况，怎样敲碎他们的面具？

A 我觉得很难，因为首先官员是特别难采的，让你采访简直是一种恩赐。我觉得我采访他们更多的是进行信息攫取，很难进行人格化。第一你发不出来，第二我对官场不是那么熟悉，我需要他直接给我一些信息，信息是很难去掩饰的。

Q 您怎么看报道的后续报道?

A 我们很难保证我们的新闻报道出来之后对他们产生的影响，有些影响可能是我们也无法预料的。但一般来说，如果有一个重大事件，我们会在报道后做一个回访，我们想看一下当事人经历了不管是舆论冲击还是事件冲击之后的状态。我们以前也会做一些五年回访、十年回访去关注他们的状态。

Q 您报道过很多灾难事件，看了那么多会难受吗？会如何自我调节？

A 会难受，但确实是已经习惯了。我觉得更多的同情是对个人的同情，我不会去想他们受了这么多伤害内心会怎么样，有时候曝光真相是对他们最大的同情，可能会让他们解决很多事情。我觉得汶川地震比较明显，记者可能心里也会有一些创伤，但是在中国，大家基本上就是慢慢把这些创伤吞掉也就完了。后来有个心理咨询师，说我是重度，应该调节一下，我没有调节，后来也没什么事。

Q 您从事记者这个行业获得了什么？为什么觉得快乐？您对自己怎么评价？

A 我觉得记者特别快乐的一点是你永远不知道下一步会发生什么。而且你不断地接触不同的人，从不同的人身上获取信息，你可以写出改变别人命运的东西，我觉得这非常快乐。我记得刚做记者那几年我特别受不了在北京待着超过一周，那时候就觉得不断接触新的人会非常开心，也不断在进步。这十年里我对自己最大的评价是：我成为了一个专业、职业的记者，我的采访和稿子不会被批评不专业，这就是最重要的。

（原载于 2016 年 4 月 25 日《青春报》微信公号）

何瑫　如何在采访中破冰

朱星宇

《智族 GQ》为丁俊晖拍摄的写真

2014 年 3 月，何瑫为了专访丁俊晖，看了两三百篇文章，跟人家混了半个月脸熟，终于让丁俊晖卸下防备；

7 月他临危受命，在 3 周内完成《赴美产子：没有乡愁的移民》，也为读者展现了赴美孕妇真实的生活状态和整个产子机制的运行；

11 月，他采访唐家三少写就的《网书大亨》把一个网络作家对生活的精确掌控呈现出来。

那么，《智族 GQ》记者何瑫在采访中如何破冰？

跟丁俊晖混了半个月脸熟

何瑫在《控制》中写道：“丁俊晖在球台前总是一语不发，面无表情。结合他在场下持续多年的沉默寡言，人们常常以为，这是内向孤独的表现。但他本人却说，这是一种长期存在的误读。”

《智族 GQ》的主编将采访任务派给何瑫时说，丁俊晖必然有其他媒体尚未挖掘到的东西。如果他是大众以为的那样内向，他可能在其他行业成功，但在竞技体育这样一种成王败寇的行业里很难，但是他做到了，在个人项目里完全靠自己的力量做到最好，这种反差是说不通的，值得深入挖掘。

采访一开始遇到了很大的阻力。种种原因，《智族 GQ》无法满足丁俊晖方面上封面的要求，采访搁置。“其实这时候，我可以放下这篇稿子不做。但我仍然对丁俊晖是怎样的人感到强烈的好奇。”何瑫与丁俊晖的女友、曾同为媒体人的张元元协商，希望用诚意打动她。

“我告诉她，我读了关于丁俊晖的两三百篇报道，花了很大精力来了解他。我相信我的稿子写出来后应该是非常扎实的，会有别于之前的其他报道。”张元元不松口，何瑫退了一步，问可否参加丁俊晖在京时参加的各项活动，保证只是观察，不会打扰。张元元同意了。

半个月左右的时间里，丁俊晖在北京的各项活动何瑫都会去现场。“第一次去时跟他打一下招呼，他只是礼貌性地回应。但见得次数多了，混了个脸熟，他也就会跟我聊几句了，后来还会主动跟我打招呼。”最后采访的时候，丁俊晖在他面前的状态非常放松。

除了“混脸熟”外，何瑫相信在采访前他们为杂志拍摄照片时，也赢得了丁俊晖和张元元的好感。其中一张照片里，丁俊晖身穿格子西装，坐在椅子上双脚腾空，表情轻松地抛接着三个台球，正契合“控制”这一主题。张元元说，这可能是丁俊晖拍过的最好的一组照片了。拍摄结束后她立刻要了摄影师的手机号码说，“明年拍婚纱照的时候我希望能请你来。”

“这样子，我们之间的信任关系就建立起来了，之后的采访也就非常顺利。”一般杂志的人物专访，会在照片拍摄后的拍摄场地，如化妆间等地方直接进行。但何瑫觉得这样没有谈话的氛围，可能做不出好的采访。而这时张元元主动提出，可以去他们家楼下的咖啡馆谈。

“那的确是非常好的选择，有谈话的氛围，又是他很熟悉的环境，更有助于我们的采访。”而更令何瑫意外的是，在到达咖啡馆后张元元主动提出自己要去旁边的商场逛一逛，告诉何瑫和丁俊晖说你们随便聊吧。

在多次参加丁俊晖在北京的活动后，何瑫知道，张元元在丁俊晖面对媒体采访的时候一直都在他身边。“所以我知道，他们是真的信任我了。”何瑫觉得，在这次采访中丁俊晖真正地放松了，显露出了他真实的一面，“他在熟人面前是很放松的，也会说出一些很自信，很有霸气的话”。

第一次清晰地认识到人脉的重要

回想起在洛杉矶罗兰岗市“孕妇一条街”所见到的情景，何瑫连说“太魔幻了”“没有亲眼见到是想象不出来的”。在异国一条不足50米的街道上，全都是中国女人，全都是大肚子。在世界上任何一个其他地方都难得一见这样的景观。

决定去洛杉矶调查采访“赴美产子”前，何瑫对它能否被称之为现象还心存疑虑。这个选题他曾在2013年年末上报，当时发现身边有一些朋友做出了赴美产子的选择，但对这件事本身缺乏了解，加之担心这个选题只关系个人生活选择，太软，所以当时没有做。

今年在筹备《智族GQ》最重要的九月刊时，原定的选题在7月末突生变故，而按照要求，应在8月15日之前完成杂志的全部内容，只剩半个月的时间，何瑫想起了这个选题。

“一开始我只打算在国内采访一下去过美国产子的孕妇，但是主编还是告诉我说，就算只剩半个月，也应该把稿子做扎实，应该去趟美国。”时间紧急，在没有任何资料准备的情况下，何瑫通过微博找到了一个月子中心的老板，“这样子我过去后不至于无人可采，稿子是可以做的了。”很快，何瑫赶到了洛杉矶，这个宣传称“气候好，华人多，从签证到产子一条龙服务”的地方。

“我到了洛杉矶后，才知道赴美产子在这里已经成了一个非常完整而庞大的体系，甚至细分到有人专门负责给孕妇安装中文电视。”这已经不仅仅是个人生活选择的问题，它已成体系，众多的中国人在美国土地上赚中国人的钱。

采访中，何瑶还是遇到了巨大的困难。对月子中心的采访，如果是非熟人介绍会面临两种情况，一种是月子中心希望能打广告，和记者说许多天花乱坠的东西。一种是处在灰色地带的月子中心希望多一事不如少一事，拒绝采访。不管怎样，他都得不到真正有价值的东西。

采访孕妇则更困难。在朋友的介绍下何瑶采访了文章中的孕妇“孙宁宁”，她一开始也犹豫，但看在朋友情面上，加之记者承诺保护她的个人信息，她最终接受了采访。

“当她对你产生信任感后，会愿意聊很多，包括她怎样乔装混过海关，她在月子中心遇到的问题，等等。这几个月对于她来说是刻骨铭心的，也是五味杂陈的，一方面她生下了有美国国籍的宝宝，但另一方面她也的确吃了很多苦。她有倾诉的欲望。”最困难的就是怎样“破冰”，让对方对你产生信任。

“以前也知道记者往往需要靠人脉来取得采访的突破，但这是第一次让我有如此清晰地感觉的——全部的采访对象都是朋友帮忙联系的。没有别人的帮助这篇稿子做不出来。”何瑶不会开车，在洛杉矶很不方便，也是朋友或朋友介绍的人开车带他在洛杉矶的众多卫星城之间往还。

何瑶在半个月的紧迫时间里完成了这篇稿子。与此前关于此现象的“专家解读式”报道不同，《赴美产子：没有乡愁的新移民》呈现了赴美孕妇的生活状态和整个赴美产子链条。回头看这篇稿，何滔说，“在当时的情况下我已经尽了全力了。但如果能再给我三四天的时间，我能把稿子写得更有逻辑一些。”

写唐家三少的《网书大亨》刊登后，微信公号“世相”转载，其中谈到唐家三少与南派三叔的对比“一个健康而清晰地建设生活，一个混乱而深刻地建设生活。”

“健康而清晰，不是指唐家三少的作品，而是指唐家三少对个人写作的规划与安排。”何瑶说，唐家三少对自己要写什么有非常明确的规划，写作对他而言，与更靠灵感来写作的南派三叔不同，是一件非常有条理的事情。

“你和他聊他的文笔，他会兴致不高。他更乐于讲自己从不断更，自己有良好的写作习惯。”唐家三少已经因连续 96 个月不断更拿到了吉尼斯世界纪录，在登上中国网络作家富豪榜第一位后，现在的他仍然每个月 20 天坚持写作。唐家三少的书房，让何滔印象深刻的是，两面墙的书架上摆满了他自己的书，甚至还有很多放不下装在袋子里搁在一边。

何瑶还感受到了唐家三少对时间的精准控制。他在 9 月中旬约访唐家三少，告诉对方采访安排在本月内就可以。电话那边安静了一会儿，应该是唐家三少去查看自己的时间安排，然后告诉何瑶在九月末的某一天某一时刻过来采访。

除此以外，“网书大亨”的掌控欲还体现在金钱方面。“起点”大部分签约作者都选择分成制，按照读者付费与网站分成，而这位“起点”收入最高的网络作家始终坚持买断制。他希望知道自己写多少字拿多少钱是明确的。

唐家三少有很强的自我认同感，何滔认为，唐家三少属于自我推广意识和能力都非常强的。他也采访了其他一些网络作家，很多人都认为网络作家是一种屌丝化的、蓬头垢面宅在家里的形象，甚至有些人耻于让别人知道自己在写网文。

“但三少他的成就感很强。”这位网络文学的领军人认为，主流文学界、严肃文学界对网文的批判是不成立的，“你属于严肃文学起到教化的作用，有审美价值，我也尊重。但人都有放松消遣的需要，我满足他们的需要我也是有价值的，不要用你们的价值观来衡量我。”面对“脑残”“小白”一类的攻击，他早已不为所动。

“他会很直白地说出‘天赋异禀’这样的话。”已经登顶中国网络作家富豪榜的他也会对何瑫抱怨自己没能被排入中国作家富豪榜，因为按照实体书出版所赚金额，他也能夺得榜首。

“一般人也许会谦虚，但唐家三少会直接地说，我就是比他们赚得多，为什么不能排入中国作家富豪榜？”何瑫觉得很难界定这是一种坦诚还是面对媒体时的包装，他将它写入文章，由读者自己来做评判，“也许会有人觉得他很坦诚，也许也会有人想，这孙子太狂了。”

（原载于 2014 年 11 月 25 日《青春报》微信公号）

林珊珊　与黑帮教父谈心

师晓炜

《时尚先生 Esquire》以高位价格售出了特稿《黑帮教父最后的敌人》的影视改编权，导演陈昊义初读文章后深受触动，当即决定要联系作者买下改编权。

我们邀请这篇特稿的作者——《时尚先生》专题总监林珊珊，分享她《黑帮教父最后的敌人》的采写经验。

采访约有 10 次

—

Q 你之前有一篇采访潘志勇先生做成的特稿《香港往事》，为什么会想到要把他与癌症斗争的故事再次做成一篇特稿呢？

A 这是两篇不同类型的稿件。2012 年《南方人物周刊》的方迎忠老师挖掘了这个题材，我们当时听了都很兴奋，应该说这种题材普通记者是很难接触到的，方老师有着多年深厚的积累才能挖掘到。当时对黑社会是怎么运转、如何兴衰很好奇，那也是中国新闻报道中的空白领域，所以《香港往事》更偏向于在叙述人物故事中注入更多的社会性时代性信息。

2014 年底我去香港做另一个采访，就去看望了潘先生。我们吃饭、叙旧的过程中他说他癌症复发了，跟我讲了他抗癌的事情。他觉得自己可能没有办法战胜癌症，癌症会一直与他共处。我就问他有没有碰到过这么强劲的对手，他说没有。我很感慨，他年轻的时候其实是把身体交付了出去，可以说是以身体的搏斗换来了他的江湖地位。到了晚年，却要去面对不可避免的疾病、身体的衰老甚至是死亡的可能。所以希望可以聚焦到这个人物的内心，就他暮年某一个阶段的内心状态写一篇特写。

同时因为电影《古惑仔》上映 20 周年，我们策划了一期《江湖渐远》的专题，就将他的抗癌故事写成《黑帮教父最后的敌人》，作为专题里的一篇。其实他身体的衰老也是有某种象征性的，是江湖文化的远去，也是一个时代的远去。

Q 你之前就《香港往事》采访过潘志勇，说服他再次接受采访是不是会容易一些？

A 对，2012 年的时候因为有方迎忠老师带我去采访，潘志勇对方老师很信任，所以当时也是比较顺利，是一个比较正式的采访。报道出来还被一些香港的媒体转载了，可能也引起了比较多的关注。第二次采访，信任感比之前又增加了一步。

—

Q=《青春报》

A= 林珊珊

而且他比较希望我写他的抗癌故事，因为他有很多抗癌心得，希望自己的事情可以帮助别人。他一直希望自己能够做一些对社会有价值的事情。

Q 实际的采访过程是怎样的？

A 大概是 2014 年 11 月，我在香港待了一周，当时还在等另外一个采访，同时基本每天都约他出来，他有时间就出来，见了有两三次。然后我就先返回深圳，再回去香港，又在一周里见了他大约三、四次。2015 年初，我专门去香港拍摄、采访，可能又聊了三次。总之见了很多面。我看了一下，录音有将近 30 个小时。

虽然有些时候是在闲聊，有时是去看医生，有时是在路上，和他去见一些朋友等。我们的采访并不完全是坐下来聊的，有时候我会陪他去做一些事，就是断断续续地聊，并不是说非常正式地、主题很明确地采访，基本上就是像聊天那样。

Q 你写作的思路是什么，想要表达什么样的主题？

A 可能所有采访都一样吧，得到的东西是支离破碎的。你要以什么样的方式把它给串起来就很重要，是难点所在。打个比方，他会讲到他抗癌、与小弟的事、与同门的关系等这些碎片，所以会有一条线，就是他治疗癌症的过程、他患了癌症之后的变化，把这些当作变化的一环。也不是纯粹写他抗癌的过程，我把这种过程放在了一种回忆中来写，接受采访时他也是处在不断回忆的状态。所以我会以一个老人不断地回忆往事，把过去勾连起来这样的方式，将很多碎片写出来。

这篇特稿的结构其实比较简单，想要表达的是一个黑帮江湖大佬暮年的感受，呈现他面对病痛的状态、他的衰老，然后淡出江湖远去的这样一个主题。他的感受我是没有的，所以我就要充分体验这种感受，提供一种他人没有过、又能引起共鸣的体验。

Q 这篇稿件的采访和写作中,你比较遗憾的地方是？

A 比较遗憾的是没有长时间地追踪下去，这也是过去每一个稿子的遗憾。

Q 为什么以除夕的夜晚开头呢？

A 因为他跟我讲过很多次，关于他除夕夜是怎么过的。大家都很欢乐，他独自一人面对孤独、面对病痛，这样的感受是更强烈的。

Q 你以前接受采访时说，为了知道他看到镜子中自己的感受，向潘志勇先生反复询问。为什么觉得照镜子的细节有意义可以用呢？“记起这些画面，他感

到血管鼓鼓跳着”“洗澡的时候望着刀疤”这些细节都很有感染力，你是怎么判断哪些细节有价值，需要追问的呢？

A 我希望这篇特稿的气儿是顺的，希望一直是人物在某一个空间里活动，然后在活动的时候把一些信息带出来。他一个人度过了除夕夜，然后第二天早上起来他去照镜子，他看到了镜子中的自己。我希望是可以很顺畅地写出来的。如果我直接写他的外貌，也不需要说他看到了自己，就直接说他很瘦，这样一个描写传达出来的信息量就比较小。如果是他自己度过一个孤独的夜晚，第二天起来照镜子，看到镜子中他自己的形象，然后他产生了一些心理变化，就会有更丰富的信息。这样就是一个人在打量他自己，而不是我强行进入去打量他。

判断哪些细节有意义的话，应该是依据自己的阅读体验和生活经验吧。读小说的时候，会知道哪些东西能够打动你自己，生活中也会有一些体验，你对这些体验有长时间的观察，便慢慢形成了由生活经验和阅读经验积累而成的感受性的标准。

Q 这篇稿件中出现了比较多你活动的影子，比如说深夜和潘志勇坐在香港尖东广场，比如说陪他去复诊。有些记者写稿件会避免提到自己，为什么你会选择两次提到自己呢？

A 我也没有太在意这个，只是有时候想提供一种现场感。对于这样一个传奇的人物，提供在场感还是比较重要的，因为别人可能会怀疑。

Q 可以谈谈《香港往事》的采写过程吗？与《黑帮教父》有什么不同呢？

A 其实每个稿子比较重要的就是你一开始想写一个什么样的故事，往哪个方向写。比如《黑帮教父》，我一开始就想写一个抗癌的故事，可能就会着重去询问他的感受。而《香港往事》是以一个人来反映一个时代。两篇是不同的思路。

做《香港往事》那个稿时，我查了很多资料，采访的时候会对他们的帮派是什么样的、机构是怎样运转的、规则是怎么样的有更多的好奇。所以通过那篇稿子你会了解一些黑帮文化、黑帮政治。在《香港往事》中，潘志勇个人的状态被冲淡了，成为了一个讲时代故事的人物。

《香港往事》通过一个人的故事说明了黑帮是怎么回事、怎样运行的、经过了什么发展历程，然后香港社会的政治经济文化是什么样的，为什么会提供黑帮生长的土壤，到后来又经过了什么样的变化。

《黑帮教父》这篇，我可能没有非要把时代的东西放进来，反而这个人就被强调了。个人的故事讲完了，其他的时代的东西也会形成一种情绪带出来。

“黑帮教父”向往另外一种人生

—

Q 潘志勇是一个比较会表达自己的感情或者感受的人吗？我觉得他形容自己的濒死体验，“体内像藏着压力包，越胀越大，即将爆炸把身体撕碎”，还有他从死亡线上回来时，说“像追杀的人冲撞大门，你拼命顶住，你知道，松手即是丧命”这些句子是非常的生动形象的，这是他的原话吗？

A 压力包的那个比喻他讲了两三遍，那时他觉得自己快要死了，是死亡之前的感受。他讲了很长一段，让我觉得很神奇，这可能也是没有经历过病痛的人所没有的感受。

追杀那句话是我对他的话的一个简洁表达。我特别想知道他特殊的体验是什么，他就跟我讲，大概就是像以前被追杀时，会把那个门捂得特别紧，但你知道，一松手你就会被砍死。这可能是他过去的经验，所以他就把这个东西挪过来了。我觉得还挺独特的。

一个让我印象深刻的细节是，他在濒死边缘的时候，以第三人称对自己说，你是胡须勇（他的江湖别名），你是超人。这和他一向的价值观是很吻合的，他就是信奉强人的一个人，不是轻易妥协的人。有非常深度的自信和骄傲。

所以这是一个处于冲突之下的故事。几年前我就知道他得了癌症，那时候他以为他战胜了癌症，处在一种比较得意的状态。而且我当时觉得讲述一个黑帮老大抗癌的故事是不刺激的，应该写香港的往事、江湖的往事才重要，才刺激。但我 2014 年去跟他聊的时候又觉得这样一个信奉自己、信奉强人的人，碰到了他没有办法克服的一个敌人，面临着不可避免的衰老，而且有可能会死亡，我就觉得这个故事本身是有张力的，比较能打动人。

Q 从一些细节可以感受到，你和他的关系是不错的对吗？今年 2 月的时候潘先生病逝，你对他有什么样的评价呢？

A 应该也是都给对方留下了比较好的印象吧。我第一次去采访他的时候，因为没有接触过黑帮人物，以为他们很凶。但是他不是，他跟我说他特别敬重文化人，他自己也写诗、写文章。第一次见面，他很准时就出现了，而且特别有礼貌。

2014 年底再去看望他，那一次聊得特别愉快。刚好是他生日，我们就在一个餐馆吃饭。有人在弹钢琴，他说刚好弹钢琴的那些曲子都是他非常喜欢的曲子，就讲了他唱这些曲子时的一些感受。其实他是很敏感、细腻的人。从我稿子里那段他和医生对话的细节你就可以看出来他非常敏感。

我很少评价别人，更多是以故事的方式去感知，很少判断。其实你心中对他是有认知的，但是是以故事的形式去认知的，没有抽象出具体的词汇去评价他。因为我觉得抽出几个词汇去评价可能不够准确。但是我可以感受到，其实他自己的内心是很渴望得到社会认可的，希望能够有一种社会价值的。他并不是我们印象中没有文化、毫无追求的黑帮人物。他心中有一些遗憾，还向往着另外一种更美好的人生。

其实他还挺好玩的，有一点孩子气。这个也是比较意外的。你有时候会发现他笑得很开心，他和他的小弟在一起，你也都觉得他们都很开心，所以我觉得他们从性格上来讲是有单纯一面的，会享受生活中一种特别简单的快乐。当然他们有黑帮残酷的一面，但是他们也过着很日常的生活，他和小弟之间也有点像爸爸和小孩。

得知他死讯的时候会觉得很叹息。说他是一代英雄也好，一代枭雄也好。

故事讲不好，削尖脑袋卖版权没用

—

Q 你是一个喜欢影视的人吗？因为感觉这篇稿件画面感真的很强，之前的《少年杀母事件》也是这样，您在采访手记里提到了开头是画面组合，接着拉出时空距离，然后分了几个场景，还有视角的变化。这有一种编剧的感觉在里面，你有想过向这个方向发展吗？

A 我一开始并没有很明确地说我要以影视的方式去写，每一个人感受世界的方式不太一样，可能我感受世界的方式是带有一点画面性质的吧，但是我也不知道，是不是读图时代的人就都这样呢？

我没有特别考虑过做编剧，文字相关工作我都挺感兴趣。我不是很有职业规划，我会自然地把机缘巧合交到我手上的事做好（机缘巧合也包含着你凭着兴趣特长走到某个区域），做好之后，以后的事就再说。我现在的岗位是编辑，有强烈写稿冲动的话可能还会写稿。做编辑也不是刻意选择的结果，当时缺人，本来以为只是临时顶一顶，但发现编辑也有编辑的乐趣。

Q 之前《少年杀母事件》和《线人》都有人询问，希望购买改编权，为什么搁浅了呢？为什么《黑帮教父》成功了呢？

A 当时想要拍《少年杀母事件》的导演因为个人问题，没有再继续。《线人》的改编因为通过审查比较有难度，也没有继续进行。而且之前电影市场也没有现在这么火。

《黑帮教父》改编权的出售可能是有恰好的时机。恰好陈昊义导演喜欢黑帮的故事，他正在寻找一个故事，恰好现在电影市场很繁荣。

然后一个趋势就是电影对真实故事的需求越来越大。市场繁荣的时候，内容的重要性会更加凸显。我最近接触了一些电影人，他们共同的感受是，现在找一个能写好故事的编剧很难。因为每一个编剧自己的生活经验都是有限的，要靠编的话，有时候故事的逻辑就讲不圆，没有办法让人们产生真实感。在这种背景下，真实的故事就变成电影故事一个来源。

Q 你对这部电影有怎样的期待？可能会参与它之后的改编之类的工作吗？

A 我当然是希望它拍成一个好电影，但是我会担任一个什么样的角色，我并没有想那么多。

Q 你说过《黑帮教父》只是众多用心写的稿件之一，这会不会只是一个开头，以后还会有其他的改编？

A 确实还有一些人在询问我们其他特稿的改编，反正突然间就来了。以后会不会源源不断地有，肯定还是取决于你能做出什么样品质的产品吧。

如果你是一位编剧，写出真假参半的故事无可厚非。但是如果你的定位是记者，从事的是非虚构写作，那报道的真实性还是最重要的。

Q 李海鹏先生说新闻特稿慢慢成为影视剧改编的原料产地，这是一个巨大的市场，这个市场是要被创造出来的。Esquire 实验室是如何开拓这一市场的呢？有怎样的后续计划？

A 这个我可能没法发言。不过我倒是觉得，从一开始，我们和“电影”就是比较接近的，因为我们很强调“讲好故事”，追求人物形象饱满、细节丰富、意义深远，最终文本尽量达到小说和剧本能产生的阅读效果。又因为不能虚构，所以每一个细节、每一个动作、每一个人物反应都要采访调查得来，这样就付出了比普通报道十几倍甚至是几十倍的劳动。

付出这些劳动，不是为了改编，是为了把故事讲好。故事讲好了，改编是顺带的事。故事讲不好，急功近利，失去真实的力量，整天削尖脑袋去卖版权，是没用的。但是非虚构报道和电影故事市场需求不完全重叠，有的报道有文学价值但在市场难以变现的，我们也会鼓励做。

Q 你在大三实习时就写出了很有影响力的《少年杀母事件》，你觉得自己较早取得成绩的原因是什么呢？

A 老实说，不觉得取得了什么成绩，我觉得我只是写了一篇稿，可能很多人也能写。当时是《南方人物周刊》傅小永老师给我提供这一个很好的选题，主编徐列老师营造了特别好的杂志氛围，特别自由、温和、包容，能够让一个实习生去操作封面，编辑蒋志高老师很支持我，耐心教会我很多东西。我觉得运气真的挺好的。包括《香港往事》《黑帮教父》这种故事也是全靠题材，所以尤其感谢带我去采访的方迎忠老师，还有当时的编辑白伟志老师。

（原载于 2016 年 5 月 30 日《青春报》微信公号）

王天挺　夜行动物的猎奇之旅

水聿罗兰

王天挺

27岁，安徽人，毕业于安徽大学新闻学院，2012年8月进入《人物》杂志实习，半年后写作探索性报道《北京零点后》，引人瞩目。现供职于《智族GQ》杂志。

来北京一年多，王天挺对黑夜的了解胜过白天。他创作《北京零点后》的地方——《人物》杂志，有夜间编稿的习惯，而记者们的作息大概是这样：早晨从中午开始，采访在下午进行，天黑之后保持清醒。白天被荒废掉了，或在奔波中汲汲而逝。

《北京零点后》的10多个比较细致的面对面采访基本上发生在晚上11点到凌晨三四点之间，他在另一篇作品《夜班司机对夜长情》中提到，夜晚让人不再心浮气躁。夜间的交流亲近真实，精神空虚寂寥的人们常把他当作倾谈对象，有时也真心抱着问题，向他寻找答案。

王天挺接触这些小人物并不着意寻找苦情、悲情的素材或是强打精神的崇高。“标准就是好玩儿，大家见过的东西就弃用”，他厌倦习以为常的叙事，像只猎犬一路嗅闻着生活的各种不可思议。

《北京零点后》以密集的灵异细节和充满魔幻色彩的数据给人奇妙的阅读体验和唇齿快感，被相当多的读者视为成功范例。不过，王天挺还是觉得，自己以一篇效仿美国前辈之作得名，纯属撞上“狗屎运”。“后来我发现想做成一件事是特别不容易的，需要各方面的支持，有的时候就是运气。”

《北京零点后》刊载于去年第2期《人物》，那期杂志的封面重磅是《郭德纲思想》，当时没有多大的反响，而令人意外的是，悄无声息半年之后，刊载在后半拉专题版块上的《北京零点后》突然在网上疯传。对他来说，赞誉未免来得太快。那时，他还没从新闻学院硕士毕业，处在实习期，这篇特稿成了正式入职的催化剂。副主编林天宏在《< 人物 > 实习生逆袭入职记》中写道：“靠这篇稿子，我相信他能在国内任何一家媒体找到很好的工作。”

尝试《北京零点后》写作文体的冲动源于对《纽约时报》前记者、作家盖·特立斯作品的着迷。同事张卓推荐的《王国与权力》引起了他对这位作者的关注。诸多作品中，他最钟爱《猎人之旅》。仿写的尝试就在操作《北京零点后》的过程中实现了。

特立斯的写法，国内很多人也已经使用过。此前，《纽约时报》中文网编辑于困困曾写过同样类型的《三里屯碎片》，而现任《智族GQ》总主笔的张伟更有一篇题目类似的《另一个北京》。王天挺觉得困困的那篇比自己写得好，《另一个北京》也比《北京零点后》强，“因为他有一个很好的逻辑主线”。

在写作风格上，27 岁的王天挺虽是新秀却擅走偏锋。他比较喜欢西化的写法，因为，同样的内容，换种表述会耳目一新。“我们有的时候为什么爱看《纽约客》何伟和欧逸文的东西，是因为语言和视角上的陌生感。”

《人物》曾发起一次读者对记者的提问，有人问王天挺：“你是不是夜间活动，白天休息呢？”

他回答：“是的。但是姑娘你太天真了，你真的以为夜里是你想象的那样？当所有人都睡着的时候，有一群人就开始在纸上构建整个世界。他们写明天上证综合指数下跌 50 个百分点，明天大盘就会呈现一个向下的箭头；他们写一个姑娘醒来的时候会落枕，这个姑娘这一天就要歪着头去上班。这个世界的白天是由黑夜里清醒的人创造出来的，他们是这个世界最高的主宰者，我正是这个组织的一员。”

我问他这段“天书”什么意思，是指在夜里思索的智者统治着世界吗？

他说这其实是个玩笑，没那么复杂。我爱看科幻小说，这是我幻想的景观；白天的人们自以为主宰着自己的生活，其实他们不知道，夜里有另外一批人才是真正的操控者。

受骗上当者不计其数。

在写作手法上旁逸斜出同时又保证文本的细腻优美需要灵思和耐力。王天挺觉得文字上的摸索是一群人的事，而不应是一个人的努力。“过去《冰点》和南周的特稿是一群志同道合的人在不断尝试、争论和努力的结果，那个时候，他们树立了什么是好的文章的标杆。”

类似的思索常常是他私人阅读的成果，也没有确定的交流研讨对象。他本性并不热衷社交，“跟十几个人吃饭是件很累的事”。人类学、社会学和史学的作品以及话剧和电影给他颇多启悟。他给年轻学子推荐的书单中包括何伟（彼得·海斯勒）、欧逸文、盖·特立斯、E.B 怀特等作家，以及《罪行》《冷血》《巴黎烧了吗》等小圈子里讨论的作品，各类小说及日本动漫的语言风格都给他灵感。

新闻文本必须遵守的克制，使其很难避免形式的粗砺，这让追求文字造诣的作者常感力不从心。王天挺试着让他的作品游走在新闻与文学的边缘，杂志体裁的特殊性和自由度，提供了实验的机会，但每一次操作都不容易。

继《北京零点后》之后，他尝试了一些新的突破。比较满意的作品是《凌晨 4 点，在杂乱书堆里感受宇宙呼吸》和《夜班司机对夜常情》，前者将人置于环境中加以解读，后者用被访者的视角讲述。

Q 当初是怎么想到以我们看到的这种文体写作《北京零点后》的?

A 有一次我和张卓一起去采访于丹，她向我推荐了《王国与权力》，写的是《纽约时报》的故事。作者叫盖·特立斯。我特别喜欢那个作者，就把他几本书都看了，其中一本《猎奇之旅》是最喜欢的，那种写法就给我留下了印象。

在我之前，已经有一些类似的尝试，比如，困困的《三里屯碎片》，张伟的《另一个北京》。张伟的线索很清楚，就是北京的两面，一面是靓丽的东西，一面是很暗一点的。

2012 年底的时候，林天宏提了这个选题，就是写小人物在零点以后的浮世绘，有人文关怀的那种。但是我因为对特立斯这种写法有印象，采访之前就想好要这么写。

刚开始，我们只是很粗地把每天想写的东西写下来。按职业分类，列了一张表，里头有能够想到和搜到的 20 多个在晚上工作的职业，像夜半医生之类的。然后就看哪些人能采到，到处问，其实采访不难做。

Q 主要的精力在找人上?

A 对，好在这些人都是普通人，采访难度不大。当时林天宏老师帮我找了个很棒的摄影记者商华鸽，他认识很多人，我的很多采访对象都是他帮忙找的。林老师和刘君萍也帮我联系，比如，《法制晚报》的人就是君萍帮着找的。法晚应该是全北京唯一一家会在大半夜出去采访的纸媒，有夜线部。

一开始文章里没这么多人，慢慢做着做着不停地把人往上加。做之前，也没想到要做这么多人的，从来没有人做过。

如果用传统的方式操作这篇文章，可能三四个人就足够了，因为一个人的故事会很长。传统是这样操作的——把一个人挖透。但是很多时候，这样写出来的事读者已经司空见惯了，写出来之后无非是日子多么艰辛之类。不如换个写法，每个人只找到最有意思的那个点写出来。

交第一稿的时候，林老师觉得还可以，但内容不够丰富，于是又补充采访，加了二三十个人的故事。

Q 我数了一下，文中披露真实姓名的受访者 11 人，其他都是匿名，当时是怎样决定实名和匿名的?

A 里面的人物分好几个层次：一种是，有名有姓有故事，故事比较长；另一种是，有名字但故事很短，甚至只有一句话；还有一种是，没名字但有故事，匿名的。匿名的有的是不希望披露名字，有的内容来自网上的公开报道，我是改写了已有的故事，但没有直接采访当事人。

只要能公开姓名还是要尽可能公开的，毕竟考虑到读者会怀疑内容的真实性。我记得马尔克斯以前

—

Q= 水聿罗兰

A= 王天挺

说，如果你说天上有猪在飞，没人信，但如果说天上有 302 头猪在飞，人们就信了。

Q 特立斯这种文体的特殊之处在哪里，你能否概括一下？

A 第一是数字的运用，就是用数字推动叙事的一种写法。

第二是，有宏观的东西也有细腻的东西，画面感比较强，读起来非常顺，没有干扰阅读的东西。

第三是语言给你陌生感。学传播的一般知道“萨沃假说”，他说我们所使用的语言，决定了我们对世界的想象。举例就是，爱斯基摩人的语言中有几百种对“雪”的表达，但是我们只有一个字“雪”。

写作也是这样，当你习惯于用新闻的方式写的时候，内容显得很平庸。当你换一种西化的语言表述时，对同一事实的描述会感觉特别新鲜有趣。

城市普通生活题材其实比较难写，大家每天都经历的，你怎么写的好玩？实际上就是要注意日常经验中的细节，通常这些细节湮没在我们的感官里，我们只有经过作者的提示才能重新发现这些东西，就好像怀特写纽约城的奇妙或者是大江健三郎写东京地铁的忧郁。

Q 你刚才提到的干扰阅读的东西指什么？

A 新闻中经常会交代消息来源，目的是告诉你一个信息。那种“某某某对记者说”“据什么什么”的表述，实际上干扰阅读。特立斯的写法不是新闻的写法，类似散文或半小说的写法，他把新闻中影响阅读的元素去掉了。

新闻写作我们习惯了，有很多套路在里面，现在内容越写越一样了。但是如果你换一种语言表达同样的内容，完全可以不一样。有些内容，如果用中式语言去表述，可能就不精彩，因为大家都司空见惯了。但是，如果你换一种西方的语言对同一新闻进行表述，会觉得特别漂亮。

为什么我们看《纽约客》写韩寒、写中国，感觉会不一样，可能一方面是视角不一样，另一方面是语言的差别。我觉得，他们表述的风格就是不同的，等于是外星人看地球与地球人看地球是不一样的，他们是外国人的视角，但是我是中国人，没有办法，所以我就学他们的语言，用他们的语言来写，这样跳出来。这篇文章如果不是用西式的语言写，用中式的语言可能效果就不会那么好。

Q 你比较喜欢哪个作家?

A 单就文笔而言,目前国内没有找到有兴趣模仿的语言。

有一种语言是日化的语言,看日本动漫看得多的人都知道,非常漂亮,写成散文非常好看。《人物》最近采访过一个叫江南的作家,他的语感就是日化的,有各种动漫和轻小说的痕迹。例子很多,随便说一个叫山本文绪的女作家,就是絮絮叨叨说女性那点事,但就是有那种细腻的风格在里面。

还有一种风格在豆瓣上比较流行,就是写北漂的写法,把自己放得很低,也是很有意思的写法,特别适合小人物。今年上海的一个作家用上海话写了一本小说叫《繁花》。也有人探索民国时期的写作风格,反正看个人爱好呗。

Q 你刚进《人物》的时候,杂志社怎样训练写作能力?

A 一开始等于是练手,他会跟你说一些要求,写短报道练习写作的方法。比如,我那个时候写过一篇文章《米卢来了》,就是那个足球教练,你写什么呢?就是跟他聊天,主要是场景描写、人物的细节描写、聊天,1200 字左右。

为什么有场景描写,就是因为有很多发布会,很多讲座。你会写他讲了什么,一般会提前做功课,了解他写过什么书,但是会有场面描写。要在现场观察,然后写的时候掌握一种节奏在里面。

Q 有没有找到什么窍门?

A 慢慢习惯了,就会下意识地去观察采访对象。这是《人物》教给你的很棒的一件事。

Q 听说张伟当时也看了《北京零点后》?

A 当时我写完张伟也过来看了,他说,你这篇稿子没有“魂”,你缺少一条线把这些人连在一块。最终你想呈现北京夜里是什么情况,你没有交代清楚。我觉得我稿子最大的问题也在这里,只是设定一个时间段,把这群人堆上来了,内在逻辑缺了一条,其实缺陷很大的。但是很多人看的时候,他觉得看到了自己,就忽略了这些。他觉得好看嘛,其实稿子是缺这一点的。

Q 有道理。不过，有时候读者实际上是一种对抗性解读，并不一定非要按作者的逻辑理解。我们看书的时候，往往只是记住一些细节或精彩的话？

A 如果有一条线，结构上就更加完美了，它会给你一种整体的氛围在里面，张伟这方面比我强多了。他可能没有刻意模仿数据，我这篇主要是把数据用到最大了，困困那篇数据也用得很多。

Q 数据在文章中的价值何在？

A 数字它本质上是一个工具，不是报道的事实。在我写的文章里，它从来不是一个事实，只是一个让文章更好玩的工具。最后的重心一定不是落在数据上的，但是，这个事实是用数据来推动的。

比如，如果一个关于事实的陈述是“急救中心有23辆车”，那么我的文章中通常表述为“有23辆急救车的救护中心”，数字其实并不是我要强调的重心，如果叙述的所有重心落在数字上，就变成财经报道了，阅读上会非常不顺，它只是一个使文章有趣的元素。

Q 获得数据有哪些方法？

A 大概有这些渠道：1. 查阅《北京统计年鉴》，比如全城40万摄像头、平均每晚99人出生155人死亡、饭店入住最多的是美国人这类数字。2. 记者的计算。3. 现场观察。4. 现有报道中明确表述的。5. 一些单位的网上资料。6. 采访时看到的贴在墙上的资料（如，车队剐蹭的次数）。7. 一些数据是平均的，比如，电台主持人推拉控制钮的次数。

Q 文中说，在北京的6553个消防员中，“至少有10人以上拥有6块腹肌。”这个数字怎么来的？

A 这6块腹肌，是我看到一个关于消防员健美大赛的报道中，有张照片上有十几个消防员，其中至少有10个人有6块腹肌，于是就用进去了。

Q 文中提到夜间的修路工时说，卸载地面上的沥青温度高达130℃，如果不小心踩上去，2厘米厚的胶靴底也会被融化。“2厘米”是怎么来的？

A 这个事实是我在电话采访的时候问出来的。我问修路工沥青的温度，他说非常烫。我就问他，怎么个烫法儿？他说，以前有人试过鞋底会融化。我问他，多厚的胶鞋？他说2厘米。就出来了。

Q 关于西北郊高尔夫球场的数据是怎么来的？

A 我认识的一个朋友采访过这里，于是，我去问他，拿到了一些数据。

Q 你怎么知道“月色”酒吧里的天蝎座乐队，一周唱的最多的两首歌是《小情歌》和《我的歌声里》？

A 他们有一个单子，我留心看了一下，次数最高的歌是这两首。

Q 你觉得数字到底有什么作用？

A 数字发挥的作用不一样，有的是猎奇的让人出乎意料的。有的数字就是为了语感，整个文章的氛围，就是用数字带动叙事，去掉也行，但是要换一种写法，新颖一点。

Q 采访前你做了哪些准备？

A 当第一步是列职业名单，20 多种。查资料时，按照夜间职业搜，我还在“知乎”上问大家，夜间职业有哪些。于是，就得到了很多答案。有的职业，比如美股交易人、路灯维修员、北京天然气调度中心调度员这些，一般人没注意过他们，就会很好玩。

第二步是找人，商华鸽他认识的人太多了，事情就变得比较容易。比如，有一个保安就是他家楼底下的。医生都跟他非常熟悉。最后，大概亲自面对面的有 10 多个人，比如电台里的人。

稿件的核心不在对话，电话采访的大概有 10 多个，还有一些间接通过朋友听说的故事。另外，有些是公开报道里面的，比如，关于警察在火车站追捕危险的杀人者的情节。还有那个用蛋清把挖出来的古董碎瓷粘起来的人。

Q 要找哪类人采访，当时心里有标准吗？

A 有，我的标准是好玩儿，细节必须出乎意料。但林老师希望层次更丰富，所以加了很多不同职业的人。

Q 构思时，如何把握观察重点？

A 数有一些细节之前是有所准备的。比如，文中说，一个保安在 4 分钟里走了 375 步，这个步数，是我采访前就准备去数的。这种细节是观察出来的，是不可能采访出来的，因为有时候连他自己都不知道。但这类细节的使用是有道理的，比如，保安大半夜两三点值班，这个的步数，反映了一种寂寞啊什么的的状态。

另外，写车库里停了多少辆名车，多少个车位，这些，他也不会告诉我，但是又有一张单子贴在值班岗亭里面，我现在发现贴在墙上的单子还都挺有用的。我就拿手机拍下来了

Q 需要哪些细节，去之前已经想好了？

A 去之前，我会假设到场后，可能有哪些有意思的东西、数据。文章里有一段说，一个电台主持人在 6 年里“共触摸电台仪器的放电棒 600 多次，上下推

拉操控板上的 18 个键位无数次”。这个是我在现场数出来每天的数字，然后乘以他的工作时间算出来的。计算这个数字是我事先有准备的，因为原来在电台实习过，知道有这些玩意。

后面提到的一位“曾在电视剧中为孝庄太后配音的女士，在两个小时里有些无聊，把自己的鞋带解开 6 次又重新系上。”这个系鞋带的细节是意料之外的。当时，那个嘉宾晚间聊天的状态非常随意，系鞋带的动作频率是我观察到的。

文中有段说，一个建筑垃圾处理商知道在哪个路口甩掉城管，还知道再过 6 个红绿灯会有一个警察，这个细节是聊天时说出来的。当时，他边开车边跟我说：“你看，再过 6 个红绿灯，有个警察天天在那里”。因为警察一抓到他们就罚款，说他们加盖没加好，所以他们总是要躲。

Q 要选取哪类细节和故事，当时有标准吗？

A 这个就取决于个人的判断力。读者想象不到的、好玩的就是值得留下来的。另外，有些细节能反映人物的性格。

Q 一个人通常会采几次？

A 一般都是一次，因为关键不在采访。

急救中心的部分，我跟随他们从晚上 11 点到凌晨 3 点的工作过程。当时在前门总站跟了两趟车，一个是醉酒吐血的，另一个是孕妇。车上一般 3 人，至少一个医生、一个护士、一个担架工。我和另外 3 个坐在后面。他们给我讲了各种捣乱的情况，比如，有的人叫车是想搭车回家，有的是要送狗看病。

Q 你会花多少时间在每个采访对象身上？人家烦了你怎么处理？

A 没有不耐烦的情况，普通百姓不是大牌明星，他觉得是很平常的事情，就跟他聊呗。再者我不太打扰他们，主要是观察，不会在他干活的时候还拉着聊。另外，我猜，晚上大家都比较寂寞。后来我又做了一篇晚上的稿子《夜班司机对夜长情》。其实你要是去三里屯就知道，他们那边的人跟你想得不太一样，像酒吧驻场那姑娘，你就跟她聊，她跟普通人一样。

Q 你采访的时候他们知道你是记者吗？

A 知道，这个肯定要跟他们说的，不一定知道我是杂志的，但是知道我是记者。

Q 你问她什么？

A 没有特别的设定，就是你几点上班，你下班干什么，你上班都多长时间。她其实特别无聊，她半夜上班，凌晨下班，回家睡觉，起来就下午了，然后化化妆，准备准备就上班了。她很愿意跟人聊，她会面临各种问题，她会很希望有人告诉她以后应该怎么办。

Q 那你会怎么给她出主意呢？比如她说，你看我也不能老这样吧，我也得嫁人啊，你会怎么说？

A 这我也不知道，我就说，我们都面临一样的问题，买房啊等。聊的时候也会跟她说一些自己的情况，这样别人也愿意跟你聊更多的事情。可能在一座城市能找一个愿意认真听你说话的人也很少吧。

Q 你们完成这篇报道花了多长时间？

A 断断续续有 20 天左右，不一定每天都要采，但是断断续续的，中间都要有。有些打电话完成，有的是来自现有资料。

Q 你面对面采的有多少人？

A 十几个吧。文章里写的比较细的就是面对面采的，比如电台的那个，我去蹲了 2 个小时。我们训练的就是没事就观察，这篇稿子的核心不在采访，在于观察他干了什么。

Q 采访的时间通常是什么时段？环境一般如何选择？

A 全是工作场所。一般采到凌晨三四点回家。

Q 初稿完成后，修改的过程是怎样的？

A 数起初按照林老师的要求补充材料，添素材，找数字。《北京市 2012 年统计年鉴》，里面统计市政的数据，什么路灯、每天出生率，统计局都做好了，除非统计局自己瞎编，一般是比较准的。

其次是发现缺少一个逻辑的线索，这个问题最后也没有解决掉，只能通过过渡句来连缀碎片。不过，最后多少有了一些逻辑，如果你细看，就会发现，对职业的排序是按照这个顺序：一开始是公共服务类的职业，接下来是些纸醉金迷的行当，最后是小人物的奋斗。

最后一步是核实数据。大部分我自己看到的就不用核实了，但是如果从朋友那里听来的，我就会去再问一下。

Q 这篇报道当初刊登时并不是放在前面的，是在后面专题部分，当初是否预测到了它后来的反响？

A 一开始没什么反响，大半年后，不知道怎么的，文章传到了网上，就有人开始转。

我觉得可能就是写得很流畅，能让人读下去，节奏感强。新闻写作其实很多时候是没有节奏感的，它不是想带给读者愉悦感，它主要是告知信息，新闻本质上不是好看的，读着读着来一句直接引语，就出戏了。

Q 你为什么觉得新闻不需要小标题？

A 不是不需要加，而是看情况。长篇报道一般都是要加的，因为篇幅太长要给读者提示，否则看起来太累。

小标题其实就是提示读者这一块写的是什么，记者操作的时候也就可以先设定框架，再把材料往里面填，从工作效率来看非常高。但真正写顺畅了，一个好的故事是可以通过起承转合把小标题省略掉的。

Q 这篇作品算是你的里程碑吗？

A 现在看“墓碑”的可能性才比较大吧。更何况这篇文章缺点很多，没有大家说的那么好。一篇好文章的出现需要各个方面的配合，没有做过记者的人可能无法理解，觉得你写好不就完了。但新闻作品，不光是写的问题，从开始的选题就决定了它能不能是一篇好文章，然后还有采访，还要看人家配不配合你，时间够不够用，最后才是自己的写作怎么样，这中间的环节太多了。

记者这个行业是一个全面的行业，到最后有成就的人一定是最全面的人，采访、写作、勤奋度、吃苦耐劳的程度，我最多在写作上有点追求，这只是最容易反映出来的东西。

其实新闻作品最重要的还是采访，有时候能把一个人写清楚就不错了，我们主编和同事经常这么说，我非常认同，有的时候我觉得沉迷在技术里会忘了这些更重要的东西，需要经常提醒自己注意。

Q 写出一篇好作品需要哪些机缘？

A 很多。结构上不能出彩就只能内容上，如果采访的人不是明星，能想象到不会很差，但是也不会很有影响。很多人以为，你应该每一篇都是精品，但其实，新闻本来就是很粗糙的易碎品，其中操作不了的东西太多了。

Q 那你怎么寻找标杆？总会有一个标准在里面。

A 知道，这个肯定要跟他们说的，不一定知道我是杂志的，但是知道我是记者。

Q 你问她什么？

A 别人我不知道，我不怎么看新闻，就从文学、电影、历史、动漫什么的找灵感。

忘了是谁的研究了，有人发现新闻作品的风格是跟文学作品风格走的，比如一段时间文学作品流行概述，概述在新闻上也就流行，而文学变得爱写场景对话，新闻也就跟着变。总体上说就是一个时代有一个时代的潮流，而这些潮流又会周而复始的出现。

电影是在是很棒的学习对象，可能尤其是写特稿的记者，里面有各种东西可以学。比说《教父 1》的开头，就是个超赞的特稿开头，有场景、对话，很短的时间就把人物的性格说得非常清楚。还有更多是结构上，比如《真爱至上》、《有顶天饭店》等，影视和写作就是相互在学习，我不知道是不是这些电影也参考了什么文学作品。

Q 这个作品使你获得了哪些方面的成长？

A 一是接触很多人，我当时是实习生，刚入行，最大的问题就是沟通。李海鹏好像说，我们这行 80% 是采访，20% 是写作，如果采访得好，是不需要费太大劲去写的。现在我包括一些刚从事这个行业的同学，都有一个劣势，就是太看重写作了。

Q 你觉着自己擅长沟通吗?

A 不擅长。

Q 那为什么选择新闻这个专业?

A 因为我们那个时候文科没什么选择余地，要么中文要么新闻，中文是一个被唾弃的、没有人学的专业，我又觉得自己写文章还行，就去念了新闻系。

Q 也就是说，你平时是比较宅的。

A 相当宅。

Q 什么时候发生转变的?

A 我没有转变，我一直都很宅，这不是工作需要吗？没有办法。

Q 这个工作与你的内心需要是有冲突的?

A 可能有吧。但我跟主编聊过，他也不是特别爱说话啊，但是丝毫不影响他成为一个好的记者。成为一个好记者的因素太多了，他能看到一些别人看不到的东西，就很好。

困困以前总结过，特别外向的就是传统型的记者，他能挖出许多料；还有一种叫作家型记者，写得比采访漂亮，希望通过理解去还原一个人。我们主编就说过啊，性格跟职业没有关系，它只是一个工作，要求你够职业，再内向还是要完成，不能完不成。

Q 那你还是不喜欢和人打交道。

A 有趣的人聊起来还是很开心的。但大多数时候觉得很累，尤其是人多的时候，我觉得 5 个人以上的聊天都在浪费时间，我不喜欢跟很多人吃饭，觉得很无聊。我觉得这个是不影响工作的。当了记者也不会立即改变性格。

Q 我观察到一些好记者都是属于原本内向，但因为职业的要求学会了跟人打交道。但本性还是喜欢清静。

A 可能是这样。外向的人更擅于跟人打交道，通常也会有很棒的挖掘材料的本领，比如调查记者；但是内向的人，可能想的比较多，感觉比较敏锐，像特立斯就属于文笔特别好的，他当记者的时候没听说有什么重磅新闻作品，就是后来写书才出名的。《纽约客》里面的记者就是这样，他写着写着就成为一个专门的学者了，这是一个理想的记者的轨迹。但是中国没有这个环境，他做到30多岁了，没办法转型，想去网站，人家要更年轻的，你说你写的好，人家也不看重这个。

Q **《北京零点后》之后，哪篇文章你比较满意？**

A 没有什么满意的，就是会做各种尝试。

写韩松的那篇《凌晨4点，在杂乱书堆里感受宇宙呼吸》挺好玩的，它试图揭示环境对人的影响，换了一种写法。

《夜班司机对夜长情》也是尝试了一种很带入的写法，是以对方的视角在写。是小说的视角，里面有他的内心感受。但这些感受又都是问出来的。有人说，在新闻中写人物的心理是很假的，但那也许是因为你没问。

Q **你觉得写人物最难写的是什么？**

A 我觉得是把握这个人与众不同的地方最难。因为包括学者、明星，你跟他接触发现也就是普通人，只是在某一方面有作为而已，那他独特的地方究竟在哪里？

我人物写得很差，因为我经常只问到了What和How的阶段，更进一层应该是Why的阶段，好的记者都能走到这一步，但大多数人都忘了一个非常非常重要的问题，就是So What？ Why It Matters？这可能不光是人物采访，面对很多事情我们都需要问这几个问题。

（原载于2014年11月4日《青春报》微信公号）

谢梦遥 《相声阿甘》背后的惊喜与遗憾

张绪[2]

岳云鹏红了。与人们对相声演员爱耍贫嘴、逗闷子的印象不同，生活中的岳云鹏内向寡言，不会讨好，不论成名之前还是之后，他都依然要靠不善交际、受过伤害的自我与他人以及命运共处。

在《欢乐喜剧人》录制中，他曾泪流满面。后来，他对《博客天下》解释，是因为看到大屏幕剪辑的喜剧人之路，“所有人在台上那么卖力气”。他的声音慢慢沉下来，“我突然觉得，好难啊……好难。”

我们邀请了《博客天下》记者谢梦遥，分享《相声阿甘》这篇长报道背后的惊喜与遗憾。

不把外围采访对象当成信息补充渠道

Q 文章中以岳云鹏的成名之路为主线，还写了德云社其他人的故事，几乎是在相互对比映照中推进的，这个思路是一开始就决定好的吗？还是在采访过程中形成的？

A 文章里岳云鹏本人的正面叙述就很少，很多故事由他自己来讲当然会更好，但他很难约，没办法只能由外围来讲述。但是没关系，外围的细节来自他周围最亲近的人，我们对事实的真实程度有把握，一些故事不过是换成间接引语说出来。

一开始就决定要写孔云龙，他和岳云鹏的关系很有意义，同时进门拜师，孔云龙高开低走，岳云鹏在低谷后变红，路径是不同的，会有一个对比，两人路径的对比也会反映出一些东西。所以当时就打算把这种对比放大，甚至想要单独做孔云龙的稿子，做成阴影人物那种稿子。岳云鹏对于他有难以摆脱的影响，想写这个过程中孔云龙心态的变化。之前看过这样的操作，比如国外写第二个登上月球的人那篇稿子，在阿姆斯特朗登月之后还有一位宇航员也登上过月球，但是他一生都在阿姆斯特朗的阴影下。受这类稿子的影响，我当时就想单独做一篇孔云龙的稿子。

本来还约了小剧场的一些人，打算演出后和他们聊聊，可是出稿时间太紧迫，信息量最终也撑不起一篇单独的稿子，信息不足，最终就把孔云龙作为稿子的第二主角来写。现在回头来看这么写是对的，两个人放在同一篇稿子里，对比性会更强。

但是还是有些遗憾的，你也会发现最终稿子后部分对于孔云龙的信息没有前面多，岳云鹏前期的重要时间节点他都是参与的，但是岳云鹏成名后他的心理和生活写的有点少。

[2] 张绪，《青春报》2015级成员，现为美国印第安纳大学媒体学院硕士研究生。

Q=《青春报》

A= 谢梦遥

Q 文章中的外围采访有孙越、尚筱菊、经纪人等，为什么主要选这些人做外围采访？是事先选择好？还是在采访过程中追问细节的需要？

A 文章一开始我们就想着这样去约，其实德云社里很多人都可以单独写成故事，比如说他的徒弟。我看了他徒弟的视频，发现他模仿岳云鹏特别像，就想做“未来的岳云鹏”这样感觉的稿子，也想和他聊聊现在的相声科班和岳云鹏当年有什么区别、和他的师父的相处关系，想写一个尚未成名的小角色在这个过程中的努力和挣扎。采访后还是觉得这个料是不够的，所以决定作为素材放到岳云鹏的稿子里。

追问细节涉及到很多问题。岳云鹏的故事并不是一个全新的、完全对公众未知的故事，公众一开始是有一些了解的，一个一开始有很多不顺利、后来找到了自己的玩法最终成功的人，这是故事的主体，是可以把控的，大概的区间、时间节点都是已知的，那我们只要将细节和各个时间段里的故事填充到里面去就好，在某个时间段里他做了什么、遭遇了什么，把这些都还原出来。

还原这些东西需要大量的细节提问，外围采访提纲都是 3000 字以上的，涉及到几百个问题。

Q 这篇稿子的外围采访做的很充足，副线几个人物的故事也很精彩，对于这篇稿子的外围采访有什么经验或心得和我们分享吗？

A 我感受最深的就是，不要让外围采访的采访对象感觉他自己只是一个补充信息的渠道，这样他们会觉得不舒服。我会在采访的时候把问题对向他自己本身，这是我习惯的一种方式，问出的问题也恰好可以被用进稿子。

我在做这篇稿子的外围采访时，是很顺畅的状态，我们聊的时候都不觉得这是为别人的稿子在做的外围，让他们觉得这是在谈论他们自己。比如说，在问关于梦想的问题时，我也会问孔云龙的梦想是什么，他自己也讲了很多，这段交流其实也是彼此建立信任的过程，问到最后我自己也开始对他产生兴趣，他讲的更深，我其实也就可以用到稿子里。

建立信任之后，我就想问他对岳云鹏成功的看法，他一开始也会有一些官方的回应，祝福之类的，但是他心中其实是有郁闷的。采访快结束的时候，他突然和我们讲，2011 年岳云鹏成功之后，郭德纲问过他“你嫉妒吗？”他说他嫉妒，但是也觉得自己更适合给德云社“看家”，就是你们在稿子里看到的那段。当时我听到他主动和我们讲这个，是非常惊喜的。这样的细节故事用在稿子里会很出彩。

不把外围采访对象当成信息补充渠道，而是问他们自己的故事，这大概是这篇外围做的比较顺利的一个原因。

Q 外围信息很多的时候，如何将它们融进一个故事当中？外围采访中很多人谈到对岳云鹏的个人印象，有些评价是非常私人化的，如何取舍这些信息？

A 这个稿子的主线其实很清晰，就是讲岳云鹏成名背后的这条路，在漫长的失败里，如何经历这些最终成功。素材中只要可以对比出这个效果当然就可以用。

关于其他人对他的一些评价，并没有什么顾虑，孔云龙这几个人都是他最熟悉的几个人，不是普通观众对他的评价，对于这些评价的真实性我们是有一定把握的。

其实他身边的所有人，在我们采访的时候都会提到，虽然话术都不一样，但是都会提到岳云鹏在低谷期的时候不是一个很会来事儿的人，被冷落过，所以一些评价是可以佐证的。

但是就算所有人都说他好，孔云龙说他不好，他们俩的关系摆在这里，我觉得就可以用，这不是一个臆测的评价，是一个熟悉他的人对他的看法。

Q 进入稿子的评论和细节有没有向岳云鹏本人确认过？

A 没有，写稿时追问细节想补采，但是采访不到他本人，我就去问了他的经纪人，他的经纪人当然会对一些细节进行辩护，这些辩护我都听到了，在写的时候就会做一些权衡。

Q 岳云鹏有没有要求定稿之前看稿？他本人目前为止看了这篇稿子吗？他的团队有什么反馈吗？

A 没有要求看稿，他们团队没有把这个当成一次专访，后来我们进行沟通，告诉他们的团队我们写好了这篇稿子，想让岳云鹏来拍个封面，我们已经搭好棚，只需要他五分钟，但是他最终还是拒绝了，他们团队说这是我们自己的事。

Q 我注意到岳云鹏在微博上转了这篇稿子，他自己对这个稿子应该还是很认可的。

A 他本人其实很喜欢这个稿子，稿子出来之后照顾他生活的姐姐来找我，说他自己有一个微信公号可不可以转发这篇稿子。

其实我还是很意外的，这篇稿子里写了不少他性格里的缺陷，一般公众人物会很在意这个，不太会容忍一篇稿子里有这样大篇幅的缺陷描述，可是他自己主动转了这篇稿子，我是很意外的。

这是一次挺失败的采访

—

Q 从文中可以看出，记者当时是在《欢乐喜剧人》夺冠夜后台的，当时记者和岳云鹏有哪些互动？他当时的状态有哪些让你记忆深刻？

A 我们两次的正面采访都是在《欢乐喜剧人》的后台进行的，一次是夺冠那天晚上的群访，是我的同事梁君艳采访的，她一直守到凌晨 3 点，最后只剩 3 个记者。我的这次采访是在夺冠后的庆典之夜，一周之后了，结束后就在后台临时安排了采访，他本人是不知道这个采访的。这个我写到稿子里了，当时他知道有临时采访不太高兴，约他的人太多，结束后还有宣传视频要拍，最终说好的半个小时就只能采十分钟。

互动我写进稿子了，就是他抽烟的细节，他没有询问我们就抽烟了，这其实是一个不怎么礼貌的行为。

我印象比较深的是我问他“有些人觉得您不太擅长‘掼口’”，这种问法其实很委婉，但是他的反应让我僵了一下，他就冷冷地说“说明你看的不够多”，然后就没话了。我当时就僵在那里，没想到他会是这样的反应。这个问题我后来也问过孙越，其实是有很多为自己辩解的方式，岳云鹏的回答方式让我觉得他的性格还是挺奇怪的。

其实我那天的采访不是很顺利，回来后也和编辑沟通过，觉得自己的采访还是需要磨练，后来也反思了很多。他当时的状态给人感觉就是特别累，他似乎总是这样，第一次群访的时候也是这样，很多问题回答得很简短，而且容易烦躁，这可以很清楚地看出来。本来答应的采访时间是 15 分钟到半个小时，后来中途被打断，他要去拍摄一个视频。

我和他说：“拍完了我还需要十分钟可以吗？”

他说：“不能给你这么长时间。”

我再次争取：“就十分钟好吗？”

结果他当时就对着我说：“哥们你怎么这么轴啊！”

我愣住了，感觉不太舒服，但是他接下来的一句话让我觉得那天晚上的采访很不成功，他对导演说：“他今天晚上问的问题都是别人问过的”。

后来我自己把这个采访放弃了，视频拍完后我没有再去堵他，因为我觉得采访氛围已经很生硬了，就算采访，效果也不好，那天的状态已经濒临发作了，我想回头再约他，有一个比较好的环境再聊，可是后来就没有再约到。那天的问题并不是所有都被问过，但是他那天的状态并没有很用心思考。我自己想想觉得还是挺可惜的，或许那天晚上应该再去堵他，可能会有一些不一样。这次采访几乎可以排到我职业生涯目前为止最糟糕的采访 TOP5。

后来我自己思考过，那天采访开头的几个问题设置不好，我的运气也不好，我开始的时候问他“你会 B-box 吗？”“你会模仿别人吗？”他给出的都是否定答案，所以采访的基调就很不好。我第一个问题是稿子结尾的那个问题，“为什么会落泪”，当时他就很不耐烦，问我的同事“你们是一起来的吗？”后来我才知道梁君艳也问过这个问题，这个给他的印象可能也不太好。

但是回过头看，这个问题还是要问，他第一次的答案是“记不清了，当时太累了”，第二次问的时候，他才说出结尾那段话。我回头整理录音的时候，发现他在说这句话时的一个停顿，这个停顿特别有力量，“好难啊……好难”。

其实我自己回头不敢听这次采访的录音，觉得很失败，可能是我不太会和他交流，他对我也不算友善，在那个过程中始终没有获取到他的信任。

Q 稿子里面有很多岳云鹏过去的生活场景和片段，比如烧烤摊边谈成名期待等，这些很体现人物个性的细节和场景是如何问出来的呢？

A 有一些是网上的痕迹，包括之前其他媒体对他的报道还有他的微博，全看一遍基本就可以知道一些故事，他在某个节点说过某些话，然后再具体询问他身边的人，还原这个故事或者这句话的细节。

烧烤摊这个细节是问到了他的经纪人，我当时问他知不知道岳云鹏现在的梦想，和过去相比这个梦想有没有改变过，他就和我讲了这段故事，告诉我 2007 年的岳云鹏成名后想要出国。这是比较随机问到的故事。

Q 文章细节丰富，您前后采访了多少次才问到这么多细节的？

A 所有外围加起来 12 个小时。这个选题从定下来到出稿一共一个多月。前期一直没有约到人，岳云鹏的两次采访在 3 月份，外围在 4 月份，写了两个星期，编辑提前了一周要我出稿。

说到这个其实很遗憾，我当时已经约到了岳云鹏的姐姐，想让她具体还原岳云鹏早年比较心酸和辛苦的岁月，稿子开头对他背景的描述，还有生活细节，比如小时候只有三张照片之类的，如果可以变成她姐姐的描述会更精彩。

因为提前一周截稿，我只能放弃这部分的采访，还有从德云社出走的一个人的采访，当时都约到了，但是时间不够，其实有点可惜。

Q 文章中说，岳云鹏在生活中是一个寡言内向的人，这一点对采访产生了什么影响吗？

A 他是一个不掩饰自己的人，你可以理解成他算是表现比较真实的一个人，他的不耐烦和情绪都会表现出来，一般其他的采访对象会有点伪装，但他不会。

强化梦境

—

Q 稿子开头由岳云鹏的梦境开始写起，这是很私人化的细节，这是在采访过程中他主动提起的吗？如果不是，是怎么聊到这个细节的？

A 这是他在微博上自己写过的事情，我向孙越也求证过，那个梦境他自己印象很深刻。这个开头的灵感其实来自前段时间看的关于科比的一个纪录片《科比的缪斯》，纪录片开头从科比的梦境开始，他遭遇了梦的困境，然后切到现实中他受伤的故事，利用影像的优势把梦境场景表现得特别好，我就很想用文字试一次这样的开头，虽然一定不会有影像的效果。梦境的细节基本是他自己写的，但是我自己加了一句“他好像被困在了梦里面”，就想给读者强化梦境的感觉。

Q “苦味的纯黑巧克力”的比喻在稿子里多次出现，为什么会想到这个比喻？你有什么样的理解？

A 这个比喻来自标题“相声阿甘”，电影里有一个很重要的意象就是巧克力，我在写稿子的时候就想找到一个和这个标题呼应的意象，后来就把电影里的经典台词都找出来看了看，选择了这个比喻。

其实选择阿甘这个形象，本来是《欢乐喜剧人》给他起的，岳云鹏自己本人甚至一度不知道阿甘是谁，可能他没有看过这部电影。经过采访，我们觉得阿甘其实很能概括出岳云鹏的特征，他的忍耐力，他的坚持，还有不及旁人的天赋，真的和阿甘很像。标题也很有张力，最终就用了这个类比。

Q 文章中涉及到相声界很多专业知识，在采访之前就做了这些功课吗？了解了这些对你理解这个人物产生了什么影响？

A 这些其实都是很基础的相声常识，我是一个对相声有一些了解的人，平时会听，我的编辑是一个专业票友，他在稿子里加了很多常识铺垫，我觉得这些背景特别好。他写道“从小剧场到大剧场是一个相声演员的惊险一跃”，类似于这样的细节加进去让这个稿子背景更全面。了解这些也算是前期准备的必需，没有什么可吹嘘的。

Q 稿子里人物很多，基本是按照时间顺序来写，您是如何将这些内容串联起来的？

A 这个故事的时间轴并不是完全的时间顺序，中间也有跳回现实的，这是逻辑需要，要把一些渲染足了，才能进入故事的叙述，并不是简单的时间顺序。

Q 在这篇文章之前，表现岳云鹏的人物个性的专访很少，这篇文章信息量很充足，呈现出的人物形象也很细致了，那您觉得有没有这几千字中没办法呈现的呢？

A 我尽力将自己理解的岳云鹏写出来，我所理解的他基本都表现出来了，毕竟素材和写作时间都有限。

Q 岳云鹏不是典型的喜剧人性格，你怎样理解他的性格？

A 这个性格是很多喜剧人都有的性格。台上和台下的性格反差很大，我看到一句评论说稿子让他想到周星驰。《欢乐喜剧人》里面还有个叫佳佳的选手，其实他在生活中是有忧郁症的，当时我也想过写他，现实和喜剧世界里的矛盾几乎是很多喜剧人都会遇到的。

岳云鹏的创造力体现在他在相声的玩法上是有自己的特色的，他给自己打造的风格很受大家欢迎，你可以觉得这样的成功是偶然的，但是哪一个成功没有偶然呢？

（原载于 2016 年 6 月 3 日《青春报》微信公号）

雷磊　特稿，叩击一点回声四面

雷磊

用最小的点去折射最大面积的信息

—

一直觉得可惜的是，自己很年轻就去了南周，南周老成严肃，是需要些年纪才好与之相处的。

进《南方周末》之前，我几乎连 2000 字以上的文章都没有写过。从零开始，3 年里书写不停，毛毛躁躁，积累了一些初级的经验。跟新加入媒体行的人相比，我只是多了 3 年的工作经验而已。

说起特稿，特稿和一般的新闻写作有什么区别呢？拿调查来说，首先讲的是逻辑，这种逻辑的建立需要证据链，一环套一环，最后把整个事情和盘托出。调查提供的是稀缺信息，实质是告诉大家一个事情。相对而言，特稿传递的信息是非常广泛的，不仅是事实，还有情感、关怀，当然还有文字美感。

说是特稿，自然和平常的报道会有所区别。特稿的选题并不止于一个事件，有时是一个人或者一间咖啡馆，甚至就是鲁迅的胡子形状。

做《侣行》巴西项目策划，我看了非常多的资料，最后就想拍摄亚马逊丛林里一个叫苏瑞的部落。苏瑞部落是 1969 年才被现代文明发现的，之后一直深陷传染病肆虐、伐木者袭扰的境地，栖息地和传统生活方式都遭受威胁，人口也从 5000 人死亡到不足 300 人。现在，他们的酋长找到了谷歌地球，搞了一套科技系统，来保护自己的领地。一张照片上，酋长浑身涂着彩绘，然后戴着羽毛王冠，拿着一个苹果电脑在丛林里面巡视。

雷磊

曾在《南方周末》《智族GQ》从事特稿写作，优酷《侣行》策划人，“真实故事计划”创始人。代表作《张小龙的性暗示与孤独“华科男”的创造力》《天亮之前死去》等。

最原始的人和最现代的科技碰撞，当中产生了一个非常大的落差，激发了我的好奇心。原始人联手高科技保护家园这个故事找到了，那这个故事讲了什么呢？这其中会说到苏瑞部落的历史，遭遇现代文明，天花病毒使得他们遭遇劫难；会说到亚马逊雨林作为“人类瑰宝”遭遇的滥砍滥伐，苏瑞人的生存出现危机，他们的族人不断遭遇伐木者杀害；会说到他们为了守护传统生活方式和栖息地，摈弃恐惧学习现代文明；等等。

面上这是一个守护家园的故事，是哲学或者诗歌永远的主题。而内在，苏瑞人为了保护自己的生存和传统，必须去接纳现代文明，却又被现代文明所反噬，逐渐丧失自己的特点，这些都值得玩味。

可以看到，我想在这里以一个非常小的点打击一大片——一个故事背后牵涉的意义确实如此的纷繁和复杂。苏瑞部落的故事，就符合我们前面说的特稿选题要求。对此，李海鹏说法就更为简单：用最小的点去折射最大面积的信息。

用很多的调查手段然后去大致拼凑一个事件的框架，或者是一个事件的脉络，它并不是特稿。一个点之所以会成为特稿的点，它就是在于我敲打这个地方的时候，它会像声线一样传递到四面的墙壁，折射回来的声音，它就能够汇成一段音乐。比如说折射到这一面墙，可能就是 E 调或者 F 调，那个墙是 G 调或者怎么样，这些折返回来的声线彼此是连接或者共融的，形成一个意义的群体。假如，这些意义中有根本性关怀的东西，会更好。比如，苏瑞部落的故事所讲述的守护家园这个永恒的命题。

《南方周末》的口号叫做：在这里读懂中国。不管你们信不信，反正我是信的，因为《南方周末》选题一直是遵循这样的理念。南周选择选题的方式被称为“根目录”原则。当下中国社会矛盾繁杂，但总归来说就是几个根本性问题：体制和个人、民族宗教问题、司法独立公正、户籍制度、社会保障、教育公平、社会建设。大家可以仔细想想，南周所写的报道数以千计，但都是在重复这些问题，给这些老问题寻找新的注脚而已。读者了解了这些问题，就会对当下的社会进程有所把握。

《南方周末》的特稿选题和《中国青年报》或者《人物》杂志的特稿还是有区别的。相对南周在新技法上的拓展，中青报《冰点》则相对老牌，有着报告文学的遗迹。《人物》杂志写三里屯、写北京零点后，这是一种展现式的特稿，我觉得它并不提供一个故事或者意义。

特稿的选题最大的特征就是精巧，比其他报道类型的选题要更精巧。李海鹏写《举重冠军之死》，他的思路非常的清晰，就写这个人死前两天的生活，他就把这个点设计得非常小。稿子中有个细节很有意思：死前一天才力去打车，因为他平时不能报销，他当时没有拿发票，所以找不到那个出租车是谁。对这两天，所发生一切的穷尽，显示了他再敲击自己所选取点的努力。我们知道一个人的生活轨迹事实上很淡的，特别是一个被遗忘的角色。

但在这两天中，李海鹏想要表达的东西却不平淡。报道写到了才力作为举国体制之下的运动员一生所经历的荣耀和他的贫困，以及为了获得这份荣誉，伤病对这个人的折磨和他家庭的折磨。看完报道，你发现李海鹏其实说的是举国体制吞噬一个普通生命的故事，这是一个事关宏旨的命题。表面上，他不过展示了一个普通人两天的生活。这就是李海鹏说的，用最小的点去展现最大面积的信息。好的特稿选题是一个更小的，更精致的，更富有冲突性的一个故事。

《系统》的叙事框架是讲游戏“女王”带着一帮玩家去打了一次国战。写作框架就这一次国战的准备和过程，这个过程被写的极其清晰，当然也有很多发散。最后落脚的点却是集权系统对事物的极度控制，以及对人的欲望或者人性恶无限的放大。

《举重冠军之死》《系统》两篇稿子之所以成为《南方周末》特稿上面最好的展现之一，也是因为它是在开始的时候选题上面就已经做到了最好，最精确，最准。选题时，把各种枝叶全都砍掉，然后找到一个最小的点，这是一个减法的过程，是降低工作量的方式。有人说写特稿很难，其实这时候应该是反过去想这个题材适不适合做特稿。

小而美，不仅是南周特稿选题原则，《冰点》特稿也都是如此。付雁南写过一个《为国家让路》，讲一个老人家一生被四次移民，丹江口水库要升高水位，然后他家又要搬迁，他很开心，说“哎呀，我又一次为国家做了贡献”。付雁南就写老人四次因为国家安排搬迁，写中间他的奔波和辛苦。不停搬家的背后，是国家在发展中不停地对普通老百姓生计的打断，无休止的征发。一个驯服的普通老百姓，站在一个庞大的国家面前，那个图景一下子出来。相对之下，你就必须不停为它让路，像是恭恭敬敬站在路边上让国家车轮过去一样，这是国民永远的一个姿态。假如说不让呢？被碾得粉碎的例子应该还挺多的。我觉得这个特稿就是得益于一个好的选题。

选择精巧的点，然后以精致的笔墨去描摹对这一点的观察体悟。只有这样，特稿追求的文本之美、意象之美才有可能有根基。当你试图去描述一个很庞大事物的时候，你就会发现始终是很难把握的。这个意义上，我更愿意将《北京零点后》称之为一个散文或者是一个写作式的文章。作者在整个当中是一个观察者的角色，一直在看各种各样的东西，传递美感。

选题决定大部分，特稿尤其如此，丰富的戏剧性或者冲突，都是好选题的质地之一。在选题的操作当中，记者自己也会有这样的感受，选题如果实在是太渣，努力就作用不大。60 分的选题，你用尽全力 65 分，但是一个 100 分的选题，你用了七八成的功力，那就有七八十分。

对峙是特稿写作的方法论

—

确定特稿选题外，特稿的具体写作也是提升特稿价值的关键步骤。采访不多说，需要穷尽一切细节，当事人当天拿了什么杯子，平时穿什么样的拖鞋，头发是什么颜色的，习惯性动作都需要了解。

在整个特稿的写作当中，很多人提到的一个概念叫对峙，我想把这一点扩展开来。对峙其实有很多种理解，比如说对比，或者落差，或者简单理解为一种修辞手法。我们在中小学都学过，黑与白的对比，我们党的伟大和国民党的黑暗腐朽做对比。

对峙是特稿写作的方法论，包括整体写作上的对峙，意象的对峙，还有细节上的对峙。

在南周时，我被说成是“贵报柯南”，有半年甚至一年的时间，一直都在写杀人和自杀的事情。死亡它是终极问题，代表生命永恒的寂灭或者是一个很鲜活事物的终止，其本身就具有悲剧性或者是情绪感，或者是强烈的意象。南周写死亡，是写出一起死亡的社会原因，类似拆迁户或者是上访，或者是医疗报销没有给就死去那种。开始的时候，我不懂这些，只是一直在展现他是因什么而死的。这实际上，都是理解匮乏造成的。

展现一个人的悲伤是很容易的，书写一个人的幸福却很难。可能因为我生活在底层，对底层这种人辛苦的打拼或者各种各样的经验会特别熟悉，会有一千种方式去展现他们，对他们开心快乐的时刻却没有那么在意。也是这样的原因，大多数读者习惯悲剧。

读过一些作家对写作的认知还停留在一个非常低的水准，常常以煽情的方式去写悲剧，情绪效果会增强，但其实它是一个最差的一个方式。 回到刚刚说的，特稿要在整体写作上有对峙，就在于你不能以悲写悲。

我写过的《天亮前死去》是讲小两口的故事，妻子是患了尿毒症，四年治疗让家里山穷水尽。两口子感情好， 丈夫不愿放弃，倾家荡产也一定要把妻子治好。深情所累，妻子却认为自己拖累了丈夫和家庭，于是有一天上吊死了。出差前，编辑跟我说，不要老看着他们这一家人生活怎么艰苦，最后就是怎么死了，像是要写了一个募捐的启示一样。他让我要去多挖掘他们这个家庭，这场疾病给这个家庭带来了什么。

找到这家人后，我发现这家人最打动人的不是女主人为什么要死，而是她有很多理由要继续活下去。夫妻感情深厚，两个孩子也非常懂事，就是朴实家庭的这种感觉。丈夫照顾妻子的最后两个月，正值冬天，但他一直穿着拖鞋。我问他说，为什么只穿拖鞋？他说，妻子患病了之后脾气很大，他怕脚臭会影响妻子的心情，整个冬天就穿了一双拖鞋过去了。

我就把类似这样的一些细节，都在报道中写出来了。把所有的幸福给他们堆积起来，然后以一个悲剧的结尾，因为这个人自杀了。那么整个读者的情绪是从一个很高的地方一下掉到地下，这个情绪的中间值也是最大的。切记不能以恶写恶或者是以悲写悲，这些东西都是我们说在特稿的煽情事业当中是大忌。就像吃肉吃多了一样，不好。

越是写一个悲剧，就越是写幸福的往事，写他们生活当中最温暖的部分。换句话说，这就是特稿中整体的对峙。这个过程，写作者类似上帝，面无表情地看着地面的人，越冷悲剧就越锋利，就更能直击人心。因为这个事情本身的色彩已经足够，做太多的延伸，人为的干预只会使悲剧反而削弱。

余华在《兄弟》中，写父亲宋凡平的段落十分动人。他在一个批斗会上被人打断了手臂，满身伤痛地回到家，两个儿子看到父亲手臂晃晃悠悠的，挺好玩，宋凡平就故意垂下来让他们看，晃晃悠悠的。两个儿子也学父亲一样的，把手臂垂下来，晃晃悠悠的。于是，三父子就这样笑成一团。

读到此处，我感觉到极度震惊，作家把残酷、童真和家庭的温馨糅合在了一起，给人一种心肠寸断之感。最无辜和最残忍就这么一碰，你读到那个地方瞬间就不行了，百感交集。造成的情绪冲击是远远超过父亲回家抱着孩子痛哭一场。

这种整体上的对峙，甚至需要用喜剧一样的手法去写一个悲痛的东西，像是王刚写的调查报道《调查组要来了》。完全是用一种喜剧的手法去写上访人被关起来毒打折磨，悲凉之感却在久久萦绕在人心。这其中，你会觉得作者技法高超，毕竟笑中带泪比你痛哭一场，其中况味要丰富得多，当中更能透出人性，也更懂荒诞。

偶尔，我也会去看看韩剧，事实上韩剧编剧就经常使用这一招。比如说韩剧《豪杰春香》其实是一个很烂俗的肥皂剧，但它排二十年韩剧的第一名。里面就讲了一个贫穷、美丽的灰姑娘，一切优秀的品质都在她这个人身上，但是她又在整个故事当中是最卑微或者是最委屈的那个角色。美好的人与事，没有得到合适的命运，造就了韩剧的感人。

再就是《大话西游》，紫霞仙子对至尊宝的感情感动无数人就在于，她并非以愤怒和怨言来对待一个谎言的，而是以信任甚至是毫无原则的信任去对待一个谎言，纵然识穿也不拆穿。紫霞的思维与平常思维被拉开到一个最远的距离，然后展现给你看，就逐渐造成了情绪的张力。在特稿的整体叙事中，将情绪积压或到最后，找到缺口释放，这才是一个成功的书写。落差或者是我们说的这种对峙，是最能够造成这种情绪上张力的。

说完了特稿整体上的对峙，但这只是比较低级的追求，特稿最高级的追求是寻找到意象上的对峙。还是拿《系统》打比方，如果说曹筠武就写打四个小时游戏，而不是勾勒出集权系统意象的话，《系统》不会成为一篇成功的特稿。

前面说，写特稿要折射一幅图景，实际上就是一个意象。而就写作本身而言，意象无疑是整个文章美感的一个重要来源，甚至是文章成功与否的一个标志。

大家都看过《入殓师》这个电影，其实《入殓师》这个电影中就集纳了非常多的意象，从而触动你内心的某些东西。死亡本身就代表一种激烈的情绪，《入殓师》用一种非常冷的视角去拍这个电影，整体上就做了安排。电影内部，编剧也做了非常多的设计，比如说入殓师每天接触很多死人的尸体，而妻子正在怀孕，回到家他就能看到新生命的孕育。孕育与送别，其实对于这个人内心来说，人非草木，他会始终在进行一种情绪上的积累。

这一点要推荐同事范承刚的《深圳停电两小时》，是讲深圳一次停电两小时的一些故事。文章的开头，他先写了一个盲人，停电的时候他正在帮一个人按摩，然后“呲呲”那种电扇的声音没有了，整个屋子里面沉静了下来，燥热起来，他感到大家的呼吸越来越急促。作者从一开始就有设计，寻找这种对峙：盲人与光线的对峙；习惯了光明的妻子，在停电之后看不见，在黑暗中受到盲人丈夫的引导，从而真实地感知丈夫的不易。

还有那个坐在帝王大厦的旋转餐厅吃饭的细节，灯光熄灭后吃饭的人看到对面高楼上悬吊的蜘蛛人在外面擦玻璃。正好停电那一刻，旋转餐厅消费的富人与为生存搏命的民工相遇了，贫穷和富裕，劳作和闲适，在这个地方交汇。就停了一下电，作者就寻找到了这么多意象。

停电并不值得讶异，但作者发现了一些永恒的细节，这些细节就算抛开掉这个新闻来看，你也会觉得是有价值的。

特稿产生永恒价值的正是这些意象，以及由他们形成的对峙。生与死、善与恶、明与暗、美与丑，需要一颗特别敏感的心去注意，这些意象看似我们要表达一个新闻事件没有关系，但特稿是可以包含它们的。特稿要追求新闻事件之外，文学价值、美学价值都需要通过意象来完成。因为，意象赋予报道深度，是特稿写作对抗时间的基因。

接下来，该说到细节上的对峙了。结合上面两种对峙，我想特稿的对峙就像是编织红线的过程一样，就有整体上的，有这种意象上的，还有就是细节上的。如是将每一个线头处理得更好，就会产生撞色的效果。

细节的对峙出现在小处，甚至是一句话内。之前，我写过一个报道是讲矿工伤残的，叫《矿难的伤疤》。矿工王多权瘫痪在床 19 年了，他躺在一间冰冷的屋子里面，屋内只有炭火一直是鲜红的，这就是温度上的对峙。杨继斌的《重庆最后的文革武斗罹难者墓地》是写沙坪坝的红卫兵墓，其中一个细节是写石头墓碑旁边的小花，他只是写了一句话，其实那句话可写可不写，可是写了之后你会觉得冰冷的死亡和现实当中有一个连接，其中包含了意象和情感上的一些对应。

还有他的《冷静之死》，写警察把这个女孩子从铁轨上面抱起来的时候，女孩垂下的头发很长。平常表述中，去写警察将尸体从这个上面抱起来，随后送往了殡仪馆进行处理，是没有任何意义的。而尸体垂下长发，你会觉得那儿有一个画面，让你去想想女孩子是不是很爱美，或者她是怎样的一个人，冷冰冰的语言之外就有了温度。

“棉花很轻，大约一个只有三克左右，就像一朵飘来飘去的小云，甚至有风的时候它都会飞走的感觉。”南周记者写新疆采棉工人的生活，用到的笔调也很优美，写棉花的洁白轻柔和飘移，本来这也没什么。但是，当作者通过铺垫，将棉花的优雅和最脏、最繁杂、繁重的劳动嫁接在一起，残酷的生存一下抛到了你面前。

抓取这种内涵丰富的细节，需要作者进到一个采访现场或者见到一个人的时候，全方位的感官都要打开，对温度、光线，动和静，大和小，远近和反差，清晰和模糊，都要瞬间找到对应关系，就像你戴着谷歌眼镜一样的，能把这些信息进入你的头脑当中。当然也不是说什么东西都要去对峙，而这种对峙是和主题的表达相关的，你写这个稿子究竟是为了写什么，当你明白这些的时候，你再把你观察的这些对峙运用进来，用一个你的文章就增色不少，我觉得要用三四个的话，这个文章就完全活跃起来了。

有很多对峙甚至是一种技术上的，非常简单。《冷静之死》中，杨继斌写道：八十多斤的小女孩掉下铁轨的时候，同时一辆车身有 50 多吨的钢铁火车皮从这边经过，女孩瞬间没有了生息。你会觉得八十斤的一个血肉之躯，50 多吨重的一个钢铁的家伙整体的那种感觉，你会觉得这种死亡的凛冽感扑面而来。

特稿写作的两种逻辑框架

讲完了写特稿的基本手法，我接着介绍一些写特稿的逻辑框架。写报道中，时间顺序肯定是最简单的，就是从哪一年哪一年出生，写到他哪一年哪一年死，整个过程当中他发生了什么，或者是他做了什么事情。第二种框架就是事理逻辑，以前有什么样的原因，现在出了一个什么样的结果，这两个基本上就概括完了。

多数按照时间顺序写就的稿子为什么不叫特稿，或者没有成为一个特稿。这是有原因的。如同有人来写我，写我活过的这 25 年，从我出生开始写起，写到上学、早恋，毕业后工作。这个稿子很难好看，一个人的生命是如此的丰富，很难在几千字的报道中讲清楚。所以，这种框架是不适合做特稿的。

我给大家介绍特稿写作的第一种框架，叫做双时间线结构，我自己取名的。任何一个事情的发生是有时间顺序的，比如说胡子是从什么时候开始留的，然后一个人从小是如何长大的，怎么上学的，有时间顺序。双时间线结构，就是再给故事加一个时间框架，这个方法非常的简单，而且也容易模仿。

还是以《举重冠军之死》举例，才力一生发生了这么多事情，他的一生，他老婆的一生，还有他父母的一生，他做运动员的整个经过、荣耀，以至到后来他生活的贫困，受病痛的折磨，按照时间顺序去写就会很庞杂，枝节百出。李海鹏的天才创造就是，他给这些故事全部找了一个框架，就是死前两天的这个框，把信息全给装框里。写一点儿这一天早上发生了什么，然后说着说着突然串一下以前这个才力是怎么长大的，他以前怎么去参赛的，他以前是怎么来治病的，一直写到他死。整个故事的本身是要写他一生的长度他做了哪些事情，但实际上我们看着框架，就是他濒死两天发生的事情。

作为框架的时间线是一个虚假的设置，只是在整个叙事的一个框架而已。但以一个时间线去框定另一个时间或者逻辑顺序时，你会发现整个文章有了节奏感。因为短的时间线提升了表达效率，信息点可以编排得特别满，整个叙事的紧张感也就被带起来了。

《系统》就是照搬了《举重》一文结构，表面上我们看打游戏，是一个完全虚假的环节，虚晃一枪，只是为了为整个文章提供一个框架而已，真正要给你讲的东西藏在其间。游戏系统的庞杂，如果平铺直述的话，读者看都不会看。结果曹筠武找到了一个框架，制造出这一种紧张感，行文也更流畅了。

我在《天亮前死去》这个稿子，也使用了这个方法。通过自杀前一天的事情，把当事人的悲喜，整个家庭的状态全部装进去，然后最后一直累积情绪，累积到这个人死的那个时候释放。事理逻辑被包含在设定的时间线内了。

第二种写作的框架，叫做拼贴式写作。《震后北川的残酷一面》在我心里是无出其右的特稿，每个细节都很牛。李海鹏写地震，是从气味开始的写的，什么焦糊带甜的气味，是哪天下午怎么开始的，然后就写他在这种灾难之前人性的各种挣扎。文中的各个细节放到前面一个段落或者后面，实际上都不影响文章的质地，写作全靠作者的语感，将一个一个马赛克式的细节全部拼凑在一起的。《北京零点后》《午夜三里屯》想要模仿，但整体上并没有出来《震后北川的残酷一面》的文本之美。

拼贴式特稿中，范承刚的《深圳停电两小时》也是优选之作。

谈完了特稿的整体写作，后面我再跟大家分享几个技巧。南周内部通用的有一套广播体操作文法，可以使得文章有节奏感，更流畅。广播体操作文法的心法口诀叫做一二三四，二二三四。就是怎么来说呢？事实上，写新闻报道所有的原料无非四种——直接引语、间接引语、叙述性语言和描述性语言。叙述性语言就是记叙一个事件是怎么发生的，描述性语言是对某个具体场景的刻画。

一二三四，二二三四，“一”只出现了一次，因为直接引语的出现必须恰到好处，它会影响整个文章的节奏，或者将语感打破。其他的这些材料，就是要交叉使用，叙述性语言一直都在叙述一个故事，而没有这种描述，就像哆来咪这些音符，你只有交杂的使用才会有这种音乐感，或者说才会有韵律。

善用嫁接和闲笔的手法。记者写作一个稿子，当事人常是死了或者是不当场，很多时候是不知道当事人事发时在做什么，想什么的。这就需要嫁接。

《天亮前死去》中，写死者最后出医院大门的时候，我写道：街前的小吃摊鼓起一团团的热气，人来人往。实际上，我并不知道死者有无看见这个场景，只是我自己走出医院大门时发现那一条街那个小吃摊非常的热闹，午饭时摊点只要揭开锅盖，会有一团一团的雾气，是一个特别生活化的场景。作为固定存在的场景，死者最后一次午饭时间出医院大门肯定是存在的，我自然可以将之嫁接到行文中。

将这样一个充满生活气息的场景与将死之人最后的露面结合起来，实际上也是细节的嫁接产生的对峙。

同是这一句话，也可用于闲笔作用的说明。《天亮前死去》中，整体上是写女主人自杀这一件事，大的逻辑是她思想斗争，小的逻辑是她情绪越来越崩溃。整个过程里我扮演了上帝的角色，看着她一步步走向死亡，行文节奏非常紧张也很是压抑，一个人走向死亡的每一步，踩在地上都是有声音的。作为上帝的写作者，像是推动着她一步步去死一样。描述了一下医院门前富有生活气息的景象，会将压抑的情绪转换了一下，让读者在窒息的过程当中，有一个呼吸吐纳的间隔。这就是闲笔的作用。

还有一个小技巧叫做第二句话理论，是我们处理数据的一种方法。报道中抛数据，一般都会显得很专业，简单粗暴。事实上，这种专业是读者不关注的，写作者要更体谅读者，帮助他们理解。采访贺兰县传销时，当地相关部门介绍说他们搞了一次传销的入户调查，一万多户中查出传销就有一千五百多户。要更宠爱读者的话，一定要把这句话给点透。在抛出数据之后，我添了一句话：警察每敲开十户房门，其中一户就是传销窝点。冷冰冰的数据就具象一些了。

（原载于 2016 年 6 月 7 日《青春报》微信公号）

万佳欢　如何采访娱乐大咖

叶欣愉　王玥　张绪　王宇航整理

最难采访的三类人

—

万佳欢

2009 年至今就职于《中国新闻周刊》，历任文化、体育、人物记者，现任高级记者。代表作《冯小刚：逆流而动》《港星刘德华：撞上大时代》等。

大家可能会觉得跑娱乐口的记者是一个光鲜亮丽的职业，我们表面上是光鲜亮丽的，我的同事里有跑社会口和跑时政口的，当他们背着双肩书包，里面装着压缩饼干、帐篷、睡袋什么的去乡下、矿难现场采访的时候，我是得穿着裙子，穿着高跟鞋穿梭在东三环的各种宾馆、酒店的大堂或者是发布会的现场。这看起来是挺有意思的一件事情，但其实娱乐人物的报道是一件很困难的工作。

先跟大家分享我认为最难采访的几类人：第一类就是以接受采访为工作的一类人，因为他们的话语体系已经固化了，讲的东西都差不多，他们每天的工作就是接受采访；第二类是演技派，他们时时刻刻都想在媒体面前表现完美的自己；第三种就是官员，他们话很多，但都是套话，根本问不出来什么东西；第四种是体育运动员，因为我以前是跑体育的，这一点我很有感触，都是一些血泪史。我指的中国的体育运动员，因为中国的体育运动员从小就是在竞技体校长大，之后他们在运动队里也被管得很死，他们的表达能力很弱，话题也很少，特别难采访。

但是当我开始写娱乐新闻时，我发现我接触到的娱乐类人物基本占到了三项，他们既是演技派，又每天接受采访，同时他们的套话很多，特别是在电影的宣传期，在这个时间段里，他们的工作就是每天接受采访，这种人是很难搞的。

有很大一部分的娱乐人物他们在生活中都时时刻刻扮演着一个偶像的角色。打个比方，刘德华的本名叫刘福荣，那现在刘福荣的艺人形象刘德华演了一个叫做刘建明的角色，你因为这个角色去采访他，就会发现他讲话的方式还是刘建明式的。另外一种可能，就是你在日常生活中见到他，他也不是刘福荣，他是刘德华。

我认识一个香港业内人士，他是一个监制，在业内很多年，他说了一句话让我印象很深，他说其实刘德华最厉害的地方在于他是刘福荣演了三十多年的刘德华。然后到别的角色，他就由刘福荣演的这个刘德华，再去演别的角色。我觉得他说的挺对的。刘德华是特别好的一个偶像，我采访他是两个半小时的时间，我觉得这两个半小时真的太少了。根本看不出真实的他是什么样子的。我觉得只有和他接触了很多年的人才能知道真的他是什么样的。

如何快速打破采访僵局

—

下面我举例子说采访过程中遇到的特殊情况。比如说冯小刚。

2014 年的年末，我看到管虎的经纪人发了一张照片说冯小刚进组了，当时没有当回事，因为冯小刚经常客串，后来我打听了一下，发现冯小刚在这个电影里是唯一的男一号，就有点惊讶。我就很好奇这个事情。虽然我没有做准备，但我已经默认这是个必须要做的选题。

一方面是我好奇，一个大导演，他跑去一个剧组起早贪黑的。剧组是一个很可怕的地方，乱糟糟的，没有你们想的那么高大上。一般都是在一个棚里，或者是一个很破的地方。每天都要起早贪黑，老老实实呆一个月。我觉得这对于一个导演来说太辛苦了。好奇心这件事听起来是很个人的。但是我觉得这是落实一个选题的第一个要素。因为如果连我都感觉好奇的话，读者可能会更兴奋。所以我把好奇心作为一个标准。

另一方面就是冯小刚本人的影响力了。大家都知道在 1990 年，中国电影市场还非常不好的时候，冯小刚是第一批把中国电影带进影院的导演之一，可能不是之一，他是唯一的那一个。所以他也是一个很好的采访对象。第三点，我对他的演技还是很放心的。2015 年年初我就打听到这个片子要在 2015 年年末上映。其实要打听这个很简单，每个电影公司年初或者年末都会发布一个第二年他们公司重点上映的片单，你可以查证。我就把这个列入了我 2015 年重点报道之中。在八九月份的时候，我就跟华谊兄弟预约好这个采访时间。

为什么要这么早，他们不是十二月才上映吗？一个电影的宣传是有节奏的。一般来说，他们会在上映之前两三个月，给一些深度媒体杂志或报纸做采访，在上映前的发布会才会轮到其他媒体。

到了十月，我就开始工作了，因为冯小刚获奖了，拿了金马奖的最佳男演员。另外就是十月份我看了片子，我觉得演得很好。我就拼命去约这个采访。采访是十一月上旬，一直到十号，我绝望了。我以为中旬之前不能开始这个采访了。因为“双 11”那天，马云把冯小刚找去导演“双 11 晚会”，我以为他会彩排，所以我就约了其他工作。

11 月 10 号上午 9 点半，我突然接到电话，说下午过来采访冯小刚，给你一个小时。我在 20 分钟内推了所有采访，带着摄影师往那边赶。他离得又很远，在 798 那边。一路堵车，赶到的时候真的是大汗淋漓。整个人状态都很糟糕。

还有更可怕的事情，那里的负责人把我拉到一边告诉我：第一，今天下午 6 点导演要离开，他现在还有 6 家媒体要采访，所以我只有 40 分钟；第二，冯导今天心情不好，没有化妆。我提前进去，发现情况真得很糟糕。当时他是在接受第 3 家采访，那个男记者非常尴尬，因为基本上他问 3 个问题，冯导答一句话。我进去大概 5 分钟左右，10 来个问题，冯小刚就把他打发了。

我当时真的是“尴尬癌”晚期，也不知道手脚怎么放。我不知道怎么应付这个情况。因为如果是在宣传档期里约采访，最好约到第一家或者是最后一家。这两个是黄金位置。一般会给做封面或者会做大型报道的媒体，如果给的封面比较大就会优先考虑这个。怎么解决呢？当时我先暖了一下场。比如问他，你抽的雪茄是哪个牌子的啊，然后他没怎么搭理我。我又问晚会准备的怎么样了？他说不谈那个，暖场失败，我很尴尬。

第二个办法是跟他聊细节。因为一个导演是不想听见那么多重复问题的。一个下午 6 家媒体采访，问的问题都差不多，最多就是换个问法，所以他很烦。那个时候，所有人都着眼于一个现象：导演为什么要去演戏，所以我跟他聊细节没什么用。我问了一两个细节吧，有一个戏是他和李易峰喝酒，我听说喝了一整瓶伏特加。我问他你喝大了吗？他说我忘了，然后我说有一场追鸵鸟的戏我很喜欢，我问他骑自行车骑了多少年了，就跟他扯这些有的没的，但是他还是不搭理我，这个也失败了，所以我当时不得不拿出了杀手锏。

我就跟他说，导演，我对你有一个印象，我不知道对不对，我觉得很奇怪，也觉得很有趣，在 90 年代的时候，大家喜欢拍的都是中国的大师片，你当时拍的是商业片，那为什么等到中国市场好了以后，你又拍一些题材相对严肃一些的片子呢？这些片子可能不是那么讨喜，但是你还是在拍，可能有拍的不好的，那为什么？为什么你总是这么逆着来，逆着干活的？

这是一个很意外的现象，我就这么一说，但我发现他突然就愣了一下，他一拍大腿说，“唉哟喂，你说对了，我怎么没想到呢。”他觉得很高兴，觉得有人懂他，但是当时我不知道这对不对，但是这在事实上是说得通的，我觉得这戳到了他的某个点，他开始变得很激动，然后他的整个状态就转过来了，话也变多了，以前我问他很长一个问题，他回答四五个字，现在我问一个问题，他能回答七八九句，这已经是一个大转折了，我也很开心。甚至他也聊得开心了，他站起来，走了一圈又回来坐下，看上去很激动，当时我就觉得这个人可能是说嗨了。

其实这句话的作用，不是说我拍到了马屁，也不是说拍好了马屁，而是说我让他的整个精神状态改过来了。到最后的时候，我已经在收拾东西准备走了，因为时间已经到了，结果他站起来问我，你是哪家媒体的，我才意识到，因为赶时间，我都没有把杂志和名片给他，我出去的时候，他的宣传人员就突然对我很客气。

这一次采访经历在我的诸多采访过程中，是困惑和困难比较多的一次情况，但并不是最困难的一次。

约访找对人很重要

—

下面我想结合一些例子，向大家讲讲我们这些深度报道产品出来的过程。

首先是选题，这个选题我简单说一下，有的人可能会在互联网上找选题，但是娱乐领域基本都是靠人脉积累的，你要有半年左右的积累，才会熟悉这个圈子，才会知道哪家宣传公司做的是哪家的宣传，哪些经纪人负责哪几个艺人，你可能会需要工作中的一些积累去寻找新闻点，而不是完全依赖网络。

我 2013 年的时候采访邓超，现在邓超已经很难约了，当时他的新闻点有两个，一个是《中国合伙人》，他在电影里出演一个角色，这是我们报选题时的一个要素，就是必须有新闻点，但当时我报的时候，影片还没有上映；另外一个新闻点就是，他当时准备在北京的话剧市场做一个剧场。

还有一个由头就是，我从某个渠道了解到，他出演了曹保平导演的《烈日灼心》。那个时候刚刚杀青，听说他演得很辛苦，我天然地觉得邓超不是演那种角色的演员。他演的注射死刑的那场戏，一共拍了三次，每一次都是实景拍摄，就是从头到尾不间断。我觉得他好赞，就去采访他。后来我们这篇报道应该可以说是他所有深度报道里面比较早的一篇。

选题通过了以后，就是约访和找人。可能很多同学觉得名人对象很难找或者是普通人对象也很难找，但其实没有想象的那么难。如果你们采访的大部分是名人，约名人最快的方法就是找同行要电话，这是杀手锏，也是同行都秉承的一个原则：出来混迟早是要还的，你找过别人要电话，所以别人向你要电话的时候你一定要给。我的同事说过一句话：记者这个职业一般都很快，事情都很急，所以别人要电话一定要第一时间给他们，因为你自己也会遇到这样的情况。不要吝啬，如果你们以后有电话的话，请给我。

但是对于娱乐人物来说，更重要的是找对人。有几种情况，第一种是你拿到他本人的电话，有的导演本人电话可以拿到，会更轻松一点。对有些演员来说，就算你拿到他本人的电话，他们也不一定会接你的电话，因为他的心理预设是，他本人不负责这一方面的业务，所以你就要找到他的经纪人或者是宣传助理。明星的身边一般都会有一个完整的团队，你一定要找到那个对的人，如果你找到经纪人说你想采访，经纪人可能会嫌麻烦说我们不接受采访，直接给你挂了。

但是如果你找到宣传负责的人，这是他们的工作，他们会帮忙安排约访的事，所以如果你找到那个对的人，你很快就可以约到。另外，如果他在宣传期，一般都会接受采访，有了新片或者是有了新的节目，电影方或者节目方会把宣传交给第三方——第三方宣传公司，他们会把宣传的任务带到宣传方那里去，所以你要打听到这个电影的宣传公司是谁，打听到负责的人，这个是最快的，也是最直接的。因为宣传工作是他们更急迫的工作，他们要求有尽量多的媒体出稿。

等待时需要有技巧地争取

—

约好了人，接下来你的时间就是完全在等待，你需要付出很多等待的时间。在等待的时候你可以做点其他的事情，比如发短信什么的，所有记者都知道，发短信是讲究节奏的，短信不能发的太密集，也不能太稀疏，让他忘了你。

我想举一个例子，他叫林治波，是一个左派，后来他做了兰州大学新闻传播学院的院长，这个事情闹的很大，《中国青年报》就有一个评论员写东西骂他，然后就在网上对骂。我给他打电话发短信，但他就跟我说现在不方便，因为上面在盯，这个时候他不能说话。

那我就等，我每周给他发一条短信，过了一个多月，他说可以接受我的采访，但最好是通过邮件。当时我在山东做采访，赶紧跑回酒店，列了 30 个问题的采访提纲发给他。然后他给我回邮件说我的问题问得很有水平，他很难回答，他花了三天的时间回答完，回答一共有 7 页纸。

但是我很厚脸皮， 我给他发邮件说，对不起林老师，我们觉得您这样的地位，在我们的人物板块如果只发一篇对话的话还是太单薄，我能不能面访？我自己都有点不好意思。但是他想了两天之后就同意了，这就是我争取来的面访。因为如果是邮件采访，30 个问题回答得再好，也就是 30 个问题。面访最大的好处就是你可以追问，你可以在面访时从 30 个问题扩展到 100 个问题，每个问题再追问 3 个，你就可以拥有大量的资料，你的稿子就更好写。

如果约到了人，就要做功课做提纲，这是很重要的一环。 你需要找很多方面的资料，第一个是已有报道，你需要把已有的报道全看一遍。第二个是通过网络来找，我也听过一些同行的讲座，他们的经验是，假如你要采访李玟，你在百度上搜李玟，从第一页翻到最后一页，我挺认同这个做法的，它耗时量很大。但是我觉得会有一些方法比这个聪明一点，你搜索的时候要把其他关键词放在一起搜，假如她参加过杨澜访谈录，你就搜李玟、杨澜访谈录，或者是南方周末，这样找到的报道更准确，也会更有深度。

多看肯定是对的，有的选题需要阅读大量的书。补充几个平台：比如“知乎”，采访前搜一下知乎的一些回答，我觉得是很有趣的。它可以提供公众不同的角度或观点，采访时会觉得很有用。有的选题需要阅读大量的书，我大学时听过一个讲座，他说他每次采访经济类人物最困难，比如诺贝尔经济学家，采访前必须阅读他的所有专著。

我就记住了这点，第一次采访文化大咖——刘恒，他是作家和编剧，采访他是因为他写的一个话剧——人艺的《窝头会馆》，这是一个全明星阵容的话剧，反响很大、很热烈。当时我是一个刚入职的新人，以前一直做的是体育报道。我很忐忑，所以采取了很笨的方法，把能找到的他的所有书都看了一遍，还有网上的访谈、对谈、在大学的讲座等。我看了整整一个星期，去采访的时候还是有一些搭不上他的话，他的很多术语我还是搞不懂，所以要是不看的话就更完蛋了。

采访中应当注意的问题

—

然后讲讲我个人采访中提问需要避免的问题：

一、常识性的说法。你知道、他也知道的东西。

二、过大的问题。比如问你觉得现在的中国是什么样的。这个问题实在太大了，如果提这样一个问题给你，你会不会回答？如果一定要问这么大的问题，需要从很小的问题入手。

三、用很长的语言描述你的问题。很多记者都有这个问题，尤其是采访娱乐明星，你的问题越长，他就越容易走神。对于娱乐人物，提问真的越短、越清晰越好。

四、公众毫不关心的问题。你问的问题没有人喜欢，没有人想看。

五、采访对象不擅长、毫无交集的问题。我之前采访某明星的时候就被审了，我跟公关打交道，他说你要给我一个很细很细的提纲，明星需要一个一个地准备问题。这是可以理解的，因为有的演员需要准备。你问得越细，采访效果越好，所以我列了很细的提纲，有整整3页纸。宣传说你要删减一些问题，其次，有一些问题他没法回答，比如说我问到话剧市场的问题，宣传方说他不会这个问题，你要删掉。

我当时有点怒，因为我是自费从北京飞到上海采访，约的是两个小时采访时间，我觉得我这些问题刚刚好，这个问题没有事实性错误，但是我没有跟他争论。到了第二天采访，我还是提出了这个问题，不过明星回答得很好，因为他既然看了这个剧场，就是有心理准备的，他要把剧场的运营状态摸清楚。我觉得这是一个意外收获。

但是有的演员他是真的不知道这些情况，市场啊，经营啊，他完全没有接触过的，这样会让场面很尴尬，尴尬还是小事，不会回答也是小事，关键是他心就散了，整个人神游天外，接下来的问题拿到的答案就不会有那么好。所以最好在采前准备的时候就弄清楚，他有没有在别的场合讲过这个问题，如果你确定他有这个研究，有接触，你可以问，如果你不确定的话，可以从他的亲身经历问起。

最后一个就是那种不用经过思考就能回答的问题。他已经回答习惯了，这种问题你可以到网上搜到很多答案，你可以不用重复去问他这些问题，我觉得很无效。

找好角度是列好提纲的前提

在列问题的时候，需要考虑的就是角度。现在有隐私的明星太少了，如果还有没讲出来的东西的话，那就是他不愿意说，也问不出来，如何去呈现这个人就是一个问题。2013 年我们在做《听说摇滚来过》时，正值《我是歌手》第一季，真人秀节目里面已经开始有摇滚明星进驻，在中国主流通俗的节目里面，大家穿着很摇滚的衣服，大喊摇滚我爱你，这是以前很少有过的，我们就想借助这个苗头写一下摇滚。

但应该采访谁？如果按照那个由头去采访周晓鸥或者栾树，完全反映不出我们想要的角度。我们商量了一下，觉得中国的摇滚和社会的思潮联系是很紧密的，我们想要探讨这个问题，所以我们出了一个封面报道。

我们采访了我们能找到的所有摇滚歌手，崔健、何勇、丁武等，有的人也说不清摇滚为什么 90 年代末就不行了，我们给他梳理出了一个思路，就是他们为什么会没落到这个情况。今年《我是歌手》老狼请了很多摇滚歌手出现在舞台上，你能看到他们各种走调，他们的状态已经完全不是过去那个状态了，所以我觉得我们的报道挺有意思的。

还有一个是刘德华的报道，刘德华就更难写了，关于他的故事就更多。我们策划这个报道的由头是他演的电影《失孤》，他的话题是拐卖儿童，但这个话题很窄，我决定把他当做一个香港人来写。当时正好是港陆矛盾比较激烈的时期，我们把他放到香港人的角度，从他在 90 年代经历的事情，可以看出来香港和大陆是有联系的，所以我们从这个角度切入，包括我们后来剪的宣传片也是按照香港人来剪的。

不打无准备之仗

—

首先我想说记者的外貌很重要，不是说长得好看就能混得开，长得不好看就不能当记者。我是想说，有的人适合采访某种特定的人，而另一些人适合采访另一种。我们有一同事，长相特别无害，她就特别适合采访娱乐人物。她有一次跟秦海璐聊天，她抽烟，秦海璐也抽烟。两个人聊了一下午，这我做不到。她还跟采访对象一起去吃串，她真的很会问人，她能达到这样一种状态——我不是记者，就是一个姐们，然后聊天，聊一下午。

像我这种长相是比较吃亏的，因为我比较显小，我每次采访前一个非常重要的环节就是把自己扮老。有一次我去采访陈凯歌，带着一个实习生，他就冲着那个实习生喊“万记者，您好”。这很容易达成一种不信任的关系，他觉得你是刚毕业的，像实习生，这种情况是聊不下去的。这时我能做的，就是在前几个问题中迅速提出几个有分量的，让他知道你是专业的。

这需要付出大量准备，我要比其他人付出更多关于人物背景资料的搜寻。其实你需要准备一些正面刺激他的问题，让他想一下“我靠，我要怎么回答你”，这种问题是要有的。我觉得每一次采访都是一个博弈的过程，就像打仗，你问过去，他答回来。要想进入博弈状态，就必须要对他保持强烈的好奇心。在采访过程当中，如果你对他不感兴趣，他是能看出来的。

再一个就是要有备而来，做的非常充足。我采访过两次《环球时报》的编辑胡锡进，第二次采访出门前，我还提醒自己，手机、录音笔、提纲要带好，提纲是放在苹果电脑里，但是我忘了带电池。胡锡进在我对面吃麦当劳，我把电脑一掀开，就出现一个没电的信号，顿时懵了，好在他是个话多的人，我一边聊一遍回忆我的采访提纲。采访提纲一定要准备好，我一般都是写三到四页的问题，虽然我每次都不看，聊着聊着就顺着话题走下去，但还是带着提纲放心一点。这些都是需要注意的小细节。如果是带着设备采访，带三到四个录音设备，万一一个满了，你还有补救的措施。

下一个是要保持尊重的态度。有的记者是非常喜欢质疑的，但是质疑的时间点要掌握好。我就曾经犯过一个错误，当我还是实习生的时候，参加一个亚运会的报道，采访一个 70 年代的老运动员。老太太当年去伊拉克参加亚运会，可能是因为政治的关系，她拒绝领取组委会颁发的奖牌。我采访她时，一开始就问了这个问题，老太太很生气，说你怎么会问这个问题，然后她就哭了。之后我都在对她道歉，其实后来想想，这个问题不是不能问的，而是应该放在采访的后半段，让她完全没有戒心的时候才能问。

你不能轻信别人的传闻。别人可能把明星捧得很高，但当你见到本人的时候，你会发现他也许是另外一种形象。这时候你就要保持一种气场，我有个编辑告诉我，你写提纲的时候不能用您，应该用你，这时候你们是平等交流的，而不是你求他干什么。

要保持专业性，但偶尔也要装成半文盲。有的人，采访的时候，他就中规中矩；当你不太懂，想请他指点一下的时候，他会打开话题，跟你讲半天。这是我跟窦文涛学到的，他其实是一个很专业的人，但是他经常装傻。

还有时间的问题，你采访一个人，你必须要留出充分的时间，保证你 24 小时在岗让他联系。我采访过几次张艺谋，有一次他们给我安排的采访时间是 11 点，完成采访回到家是凌晨 3 点，我一晚上都没睡。张艺谋是晚上 8 点的时候开始接受采访的，有五、六家媒体在排队，我一直强调我要独家，他经纪人说 11 点是黄金时期，张艺谋每次 11 点的时候就会变成话唠。

尽量和采访对象单独聊天

尽量和采访对象单独聊天，这个也是蛮重要的。那次是在一个大酒店的大包间里，我采访刘德华，但屋子里一共 20 多个人，坐下的时候我就抱怨了一句，这么多人。刘德华很细心，他马上就明白了，让助理清场。如果他不讲这句话，我会使用别的办法让他清场，你们可以想象，如果我跟你们聊天和你们其中一个单独和我聊天，效果肯定是不一样的。

然后就是周边采访。你采访完对象，一定要采访一定数量的周边人员，才能出来一份完整的稿子，你采访周边人越多，也就意味着角度更多。有的人说采十几个，二十几个，我觉得这不错，但我更觉得你要找对人。我采访汤唯的时候，找了一些人，但我觉得他们讲的都是套话。后来我遇见一个中戏的同学，通过他找到了汤唯曾经的制作人，聊出了一些别的报道里没有的内容。前几年有个帖子说汤唯《色戒》被禁了之后，她就在英国摆地摊，生活很苦，这个流传很广，我问了她的制作人。他说这是假的，没有这么惨。

然后就是采访中的观察，当采访时间只有半个小时的时候，你能做到的只有观察，把一切能看到想到的都写到稿子里。以前我都是去听的，后来慢慢发现，你带着眼睛去看，会有很多东西值得写进稿子里，能让稿子更好看。一般的人物采访都是蛮单调的，但是如果你够仔细，你还是能观察出一些东西。

我上次采访林治波的时候是在他的办公室，公务员的办公室都一样，没有任何特点。但是我发现他的皮带上有颗五角星，然后我就问他，你这皮带是部队的吗？然后他就跟我说这个是哪一连的部队发给他，就跟他的性格很相关。然后我就看他手机，他又告诉我他从来不用洋货。其实这是个意外，我是先看到他的皮带才引出来的，这个写进稿子里是有效信息。

另外就是采访中的突破。我突破过一次是朝鲜的血海歌舞团来中国演出。他们唱歌剧，金正日去世前给他们布置任务说要他们创作一出歌剧《梁祝》，他们来中国求助，找到了中国浙江的小百花歌舞团。我得到这个消息的时候，他们答应我可以采访，但是表演过程中金正日死了，我就琢磨他们是不是要终止演出回国了，但是他们说要继续演完，不回去，这样的话，选题就很有趣了。

但是朝鲜方面完全拒绝接受采访，我就去门口蹲点，观察他们做什么，他们一看到外人就立马低头。我跟踪他们的翻译，还通过小百花的人去联系他们。同时，我参加了他们出席的一切活动，后来在一个酒会上，我找到机会跟他们副团长讲了几句话，后来我写了一段在我的稿子里。他们讲的当然很官方，但是写进稿子也很有趣，我觉得回答越是官方，就越有趣。

写作就是要靠练，对我来说很难，其实对所有的记者应该都很难，经常被逼到很晚还在写。

Q：娱记个人对明星的看法会不会写在文章里，是否会让读者产生误读？

A：我觉得我没有在文章里融入我的个人情感，在采访中也许可能有个人情感，但是在写作里一定不会有个人情感，我刚刚的意思是说你会对这个人有个预判，其实我每次在写的时候，都会要求自己写一个评论，当然不会放在稿子里。我带着预判去采访，其实是一个求证的过程，我觉得很少会有很好的报道是带着情感去完成的。你对他的判断和你自己的情感完全是不一样的东西。

Q：除了暖场和聊细节的方式，您还有什么办法让他们放松戒备？

A：放松戒备的一个很好的办法就是，你忘了你是一个记者，就像好朋友一样和他聊天，这样他会放松戒备。但是媒体的很多采访环境是不允许你这么做的，所以你要把握这个节奏，你聊轻松的问题要聊到什么程度，你看他差不多开心了，就可以转入正题了。明星其实很高兴听到你对他们作品的一些看法，他们也是需求这方面内容的。

—

Q=《青春报》

A=万圭欢

Q 您采访这些明星之后还会保持联系吗？

A 不会，没有你们想象的那么好，一锤子买卖。但其实有一些导演经常被采访，他们总会记得你，尤其是我的名字还很好记，他会对你有天然信任感，对下一次采访会有帮助，但是平时不会有什么联系。有联系的导演实在太少了，就算有联系也是工作方面的原因。

Q 娱乐记者总会和八卦有联系，那您觉得娱乐记者应当有怎样的定位？

A 这个问题好大，其实我不是娱乐记者，我只是采访了一些娱乐人物。我觉得娱记分好多种，比如说卓伟老师，他是我的偶像，你让我去树上蹲一天，我做不到。我觉得八卦记者的存在很有必要啊，我们还是有很多人爱看八卦的，我也爱看。但我觉得我的方向完全是一个杂志的方向，因为在一个时政杂志里面工作，不能写的太浅，你不能把娱乐人物单纯地当成一个娱乐来写，你要把他想成一个娱乐现象，一个社会学现象。你把他当成一个研究对象的话，你会觉得你站得更高一点，写出来的东西更深一点。

Q 老师您有自己喜欢的明星吗？您想采访他吗？

A 我以前是追星族，我追小贝，我也很喜欢梁朝伟，但我没机会采访他，因为约不到啊！但其实后来当我开始真正采访娱乐人物，我会发现他们和我原本的想象的不一样，他们其实就是普通人啊，我没有觉得他们离我特别遥远，他们的光环在我这里会变淡，我现在很难会喜欢一个人。会有欣赏的，但很难说去追星。

Q 如果有机会采访自己喜欢的人，您是否会紧张？

A 基本不会很紧张吧，我说过我是一个内向的人，但采访的时候不会，我采访的时候就突然外向了，是采访型性格。我紧张的阶段可能跟你想的不一样，我一聊起来就不紧张了，因为当你发现他真的在认真回答你的问题时，就不会紧张了，就像和朋友在聊天。但是在打约访电话的时候，电话铃响的一瞬间，我会特别紧张，尤其是说第一句话的时候。已经 8 年了，我还是会紧张。我也设想过如果我采访梁朝伟会不会紧张，我觉得不会，我认为我应该担心的问题是他的普通话标不标准。

Q 娱乐大咖的外围采访怎么做？

A 每次外围采访都很困难，这些人都会很谨慎。比如说我要采访刘德华，他身边的人也都是大咖，这个时候你只能从他们身边的人下手了，一个一个来。我的经验是采一些不是名人的人，比如说冯小刚有几个经常被采访的外围采访——几个院线的经理，有时候外围采访需要动用我们编辑和身边记者的关系，凡是对你采访有帮助的，你可以发动身边一切能利用的资源去为你的采访服务。

（原载于 2016 年 4 月 18 日《青春报》微信公号）

卢义杰　调查报道入门方法

卢义杰

接触新闻以前，对调查最感性的理解，就是政府部门、司法机关的某些调查。民诉法、刑诉法、行政诉讼法，定案依据可以成为一种借鉴。

当事人陈述，证人证言，物证书证，还有一些视听资料、电子证据，鉴定意见等作为信息源，不过排序各不相同。

对于媒体来说，媒体不是国家机器，没有强制力，某种程度来说，调查虽然也是收集以上东西，但只是一种基于常识和逻辑的呈现；它们又是分散的，每一个信源如同一块拼图、一个碎片，只有拼起来才是一个事实。简单来说，调查的起源归根到底就是两句话：要去哪些现场，找什么样的人。

找到信源

—

某种意义上说，调查的过程就是找到信源，并把分析后的信源呈现出来的过程。这些信源必须根据选题的不同，做到三点：

一是信源要足够的多，大家都在说话。

二是有不同的层面，既要有主干的层面、枝叶的层面，还有社会背景的层面。

三是要有不同的证据类别，并足以形成交叉印证。现今环境下有各种各样的突发事件、热点报道，有的调查比较动态，有的则是有人找上门提供线索的，相对比较静态。但不管如何，找到符合以上 3 个要求的信源，可以归纳为 4 句话。

（一）既要走来走去，也要守株待兔

采访不只是问话，既然到达现场有时候是通过艰难突破才到达了现场，那这趟活儿的性价比应该更高些，得多跑跑现场的几个地方。最近有一个热点事件就是这样，事件其中一个环节是某公司老板被卷入债务纠纷，当时我们多家媒体都到了公司大院，老板的亲戚就在楼下接受采访。

一般公司的管理是非常严谨的，进去后不可能到处乱跑，但当时这个工厂已经是一种停产的状态，没什么人管，我们有条件到处看看。

除了现场，好几家媒体都去了这三个地方：办公室、车间、传达室，办公室发现了一个“×× 公司”的崭新匾牌，一个税务局请假单，以及公司部分账本，在车间发现一个锻造厂的匾牌，在传达室发现了电话号码通讯录，几封联名信。

这些其实都暗藏一些事实细节，比如，“××公司”查阅工商资料后发现，公司法定代表人是老板的亲戚，而这其实是融资担保的一环；锻造厂是公司的前身；这个税务局的请假单，后来得到印证，老板的丈夫是一个税务系统干部；通过不全的账本我们能看到这个公司哪些年是亏损的；通讯录自不必说，可以找到公司的很多人。

守株待兔怎么说呢？还是以刚才说的公司卷入

债务纠纷为例，后来，几家媒体注意到了该公司对面的另一家公司，也知道另一个城市有与事发公司、对门公司都有关的讨债者、知情者。

这是因为，有天傍晚，记者采访时候正好遇上外地过来的讨债者，他们把资料给了当事老板的亲属。

但那亲属比较胆小，不敢给记者，拿了就跑了。这时候两个同行看到了，一个记者比较柔和温柔，就说给看看吧，家属说不行，纠缠了很久，另一个北方记者比较强势，一把抢过来说“给我看看”，亲属急忙说看归看但不要拍照。

结果这个北方记者就重点记下了最后一页的联系方式，还给了家属。之后我们一起打了这个电话，对方让我们去另一个城市，发现了与债务有关的一些事情。

（二）既要顺藤摸瓜，也要学会做尽职调查

最简单的顺藤摸瓜， 就是如上所说的，看到了牌匾、账本、税务局请假单等物件，就想着去和对方或找人核实这个细节。

如果不主动提起，可能对方不会主动告诉你，或者故意隐瞒、不多提。又比如，在传达室发现的联名信，当地一些村民、企业联名建议有关部门 “保”老板的孩子，这说明，他们可能或多或少对这个公司有认同、肯定，很大几率上平时有往来，他们可能属于比较愿意说话的一类人或企业。

（三）既要万箭齐发，也要懂得国情和人情

当你到一个陌生环境，它肯定是铁板一块的，但又不可能每一个人都很坚固。

我们在报道一个地方的催债生态的时候，想了两个方法，第一个是托熟人问，有没有当地朋友；第二个列出做催债业务的人，然后挨个去联系，联系了十几二十家，终于有两三家说了比较详细的情况。这种事儿是拼概率的。

通过普查的办法，可以把看似铁板一块的东西撕裂开。

如果说万箭齐发是一种“普查”，国情人情就是在中国现有环境和一些人情世故的环境下，去获得一些信息。

同样是一名官员运作了一次著作抄袭，有个院士给书做了序，但这个院士从没就此事接受过采访。然后我们就想，能不能去当地把他找到呢，但是怎么找呢？我们试着百度：院士的名字，家住哪儿。这是一个很白痴的搜索方法，但竟然真的有人在说这个话题，一个贴吧里说，院士住在 ×× 山，那也是一个景区。

我们打开地图，根据常识分析他在山的哪个区域：第一，这个院士已经年纪大了，身体万一欠佳，住在山的上部显然不合适，而比较有可能在别的地方，地图附近一搜，果然发现那里有一个 ×× 大学的 ×× 山校区，这个大学刚好是以前他执教的一个大学。我们再搜索 ×× 大学加这个院士的名字，搜到大学领导今年春节还去慰问了这个院士，还有配图。

去了当地，我们发现这个学校非常大，总不可能挨个楼去找。而综合之前的信息，这是一个年纪很大的院士，他在业界非常权威，受校领导慰问，这样的人在学校肯定是受到最好的待遇。

我们就看到了学校的布局图，它既有教师公寓也有学生宿舍。教师公寓又分好几种，一种是普通的公寓，还有一种是别墅。别墅也分好几种，有的在湖边，有的在山顶上，有的在山脚下。而他作为一个受学校重视的院士，肯定是最好的位置才会是他住的地方，所以我们直奔湖边，毕竟湖边风景宜人嘛，环境也安静，交通也便利。果然，他住在那里。

其实采访多了，你会了解一些社会运行中的习惯，归纳起来，有这么几个地方其实挺常见。

比如老干部家属楼，或者老干部休息的地方，他们一个特点，就是在位的时候，憋了一肚子的话想说没人说，退休的时候，想说没人听，然后又有一些看别人看不惯的地方。他们是采访的富矿。

而在一些地方，比如说城市的彩票店、村庄的一些信息流量很大的商店和麻将店，也是会有人讨论各种各样的八卦。

同时还有一个跑突发事件很重要的点，就是医院、殡仪馆，一些死者或伤者的家属会在那里。再一个就是图书馆地方志，一些当地比较冷门的信息，会在那里出没。

（四）既要知道排除突破时的阻碍，也要会日常准备

突破时候的阻碍包括一些宣传部门的阻碍，一些公安的“执法”。

比如在西南采访一个警察枪击孕妇的事情，晚上交了稿子，到了凌晨 12 点，公安来宾馆查房了，查了两次，还有一次是派出所副所长带队，并询问几个人来、来多久等信息。

宣传部门相对“温柔”，比如一次在华北采访违法征地的事情，一个政府部门说不接受采访，我们就准备撤，下来到了大院遇到一个人，说“踩到我了”“你欠我钱”，一看就是来找事儿的；紧接着到了宣传部门，领导开始塞钱，还说“你看这个房间里面，就你和我两个人，你说你没收，谁信啊”，当然最终没塞成；再接着，我说要回京了，他们工作人员就跟我退房、送我上车，一路上试探问来了几天、都见了谁，临到车站又想塞钱，但还是没塞成。

遇到这些事情，总的原则就是，第一要守法，记者没有特权，不能违法，不能给对方带来口实；第二是冷静克制，尽可能避免肢体冲突；第三是争取到有视频监控的公共场合，或者保存好相关录音；第四还是要在安全的前提下完成工作目标。

日常准备同样重要，尤其是只做调查报道的记者，初期在知识和人际关系的积累都比较没有优势。

如长期生活在北京，一被扔到山西、江西，可能就完全没有认识的人了，这时候就要在平常做些日常准备工作，或者可以有目标地与这几方面的人打交道。

首先是各地方、各行业都有的一些维权者，如一些律师，一些访民中的头儿；其次是公权力部门，比如公安、车管、房管；再一个是一些掌握专业技能的人；还有就是同行，比如某个领域的跑口记者，某些地区比较权威的记者。还有个群体是商人，他们很能够明白一项政策得失，对商机、政治敏感，有时候他们的遭遇就是政策漏洞或是政府的问题，比如参加招投标被黑了，而他们有时候又充满力量。

如何辨别、分析

我们遇到了各种信源，这时候，你要记住三句话：第一句是他可能骗你，第二句是他可能骗你，第三句还是他可能骗你。如何鉴别，不妨按法律规定的几种证据类别分别进行探讨。

先说当事人的陈述，尤其是持反对意见的当事人的陈述。实际上，一个生态为什么不会成为铁板一块，就是因为里面有很多这种持反对因素、或者有反对理由的人，他们可能是反对某个采访对象、某股力量，也可能是反对某种针对他们的观点。如果能把握反对因素，通常就把握了调查起源、掌握推动调查的力量。但也正由于他们的反对态度，其中或真或假，会有各种各样的因素在里面，需要好好鉴别。

不妨也给这些当事人做一些分类。第一个是主动找来或被动发现的举报人同时也是事件当事人。这类群体，有时候给人的直观印象是，受到委屈的，地处弱势的，自己是坚持正义的，而他们眼中的你，是只有你可以帮助他的，你是非常完美的，或者，反其道行之“激将法”式地认为你不敢、没法帮。

其实，当一个角色与媒体发生关联的时候，尤其是反映一些历经多年的事情的时候，他们的观点和对事件的陈述是牢固的，无可厚非地会出现一些趋利避害甚至选择性隐瞒一些不利事实，这可以理解。

这些状态的直观表现就是模糊。我们要做的就是把它拆分出来，可以通过时间、地点、人物、原因、经过，尤其是各时间点，以此为节点把事情拆分清楚，追问细节。

比如，曾经有人告诉我们，说他撞死一个人，被判刑了，但其实那个人没有死。不过细问怎么撞的、什么时候撞的、怎么发现他没死，等等，才发现，事情是另一回事，原来，他撞死的叫张三，但张三不是死者的真名，而真的叫张三的那个人活得好好的。也就是说，他撞死了一个冒名顶替的人，这是另外一件事情了。

你还要注意到，他可能某个不经意的话，某个不经意的动作，很可能暗示某个关键点。

比如一个警察告诉我们，他去一个抓赌现场，然后鸣枪示警，说这话的时候，他比了个手势，还提醒我们，看，这样，然后把手做手枪状，紧贴到他的耳朵边上。鸣枪的结果是有一个赌徒死了。尽管他什么也没说，但是给我们的印象就是他是这样开枪的。后来我们才发现，这是一个争议焦点，因为当时没有枪击方位示意图，如何开枪是事情的重点。

当事人的第二个分类，可以理解为举报人的加强版，也就是律师。

律师容易给记者带来比当事人本身更高一些的信任，他们的逻辑、对法条的掌握、对证据的了解，很多时候可以给记者提供不少便利。不过也有一些时候，有的律师无意搞错一些细节，而极少数律师可能试图误导媒体。

无意搞错的例子不少，比如，一个律师为落马官员辩护，说一个被指控行贿的地点某咖啡馆，这咖啡馆在某年没进入中国大陆市场。有媒体这么写了，但后来也有媒体发现，这个咖啡馆其实在此之前是进入了大陆的，律师对这个细节没有核对正确。

第三个分类是一些职业举报人，通常，他们掌握了不少线索，也有一定法律知识，不过近年来，他们中的一部分人“亦正亦邪”，也引起一定争议。

第四个分类则是义愤填膺的普通中立者，这有，但相对比较少，有时候，有些不希望被你知道真实身份的人还会以此身份来接触你。

例如，曾有一名律师说，他希望研究某企业的工商处罚记录，就針对工商网站的公示申请做了公证，后来发现，这些记录被删除了。他给我们看公证书的时候，强调不要拍内页的第一页。后来其他媒体发现，第一页所记录的申请公证的律所，是这家企业的竞争对手，而这个找上门来的律师的真实身份不得而知了。

事实上，不管是哪种当事人，归根到底，分析、鉴别的一句话就是：对他们每句话、每个词的出处，都要核查；没核查过的，不能入稿。而核查的办法还需要靠接下来要说的几个证据类别。

第二个是物证书证。其实“物证书证”相比之下，书证更常出现，常是短信截图、邮件截图、微信截图或者一些照片。一般来说，物证书证的可靠性高于当事人陈述、证人证言，因为语言会因为各种情况主动或被迫改变，但物证书证不会。

可是，物证书证自己不会说话，有时候它看起来像是真的，但其实可能是忽悠你。你必须进行交叉求证。

再一个书证还有照片，在有时候，除非照片直接记载了某种信息，否则照片可能是最不值得相信的一种证据，因为无法知道拍摄的时间、地点。

比如，一张照片显示推土机在一个拆毁的房屋旁边，这不一定是这辆车拆毁了房屋，因为如果没有动态的视频，很难说明是停在那里、没有运作，还是确实进行了拆毁的动作。又比如，一个有聊天记录的微信截图，但如只有头像和昵称，这样的对话环境是很容易仿冒的，难以确定对话者的身份是否真实。

第三个是证人证言。无论是目击者还是利益相关者，证人证言其实是易变的，证言之间必须交叉印证，或者能够与其他物证书证、视听资料加以佐证，才可以采信。

总之，要进行交叉印证，要争取“信纸，不信人”，也要避免什么事儿都只能“信纸”的误区。

其实，证人证言也包含专家、专业机构的鉴定意见，鉴定意见本质上也是一种证人证言的表达，只不过更加专业。

这方面要注意的是，一些当事人委托的单方鉴定意见未必会被法院最终采信，很可能会由双方同意、法院委托重新鉴定，结论未必一样。所以，下笔的时候要留有余地。

最近我们一个报道就是如此，某个地方发生医疗纠纷，患者去治疗鼻炎，结果医院一上来就让人动手术，术后患者出现了一些精神问题，跳楼死亡了。

家属提供的单方委托的鉴定说死亡与医院存在间接因果关系。因为法院对此立案受理了，且家属是通过某搜索引擎的竞价排名功能找到的医院，切合热点，我们进行了报道，但明白说了鉴定意见只是单方委托的。

事后，起初不接受采访的医院果真也表态了不认可该鉴定意见，而好在报道留有余地，相对平衡，没一边倒的倾向。目前案件还在继续审理。

第四个是视频资料、电子证据，简单说就是录音和视频。这在采访中也常遇到，这时也要分析它的真伪。一般来说我们会有这么几个方式，首先肯定必须完整地把录音听下来，不能只看对方给的录音文字整理。

曾经，有一个人跟我们举报说他给法官行贿了，法官也承认了，有录音，文字整理是：“我：你收我钱了，要帮我办事儿。法官：是，好，好。”结果一听录音，法官没有这样说，只是一味打断他的话。

其次是，你要去找到录音中的这个人，或者视频里的实际地方，确认一下是不是本人、是不是真实身份、是不是实地，例如，你要找到本人，和他说几句话，即使只有“我没空”“不接受采访”这几句话，毕竟也是核实语音的一个过程，尽管它是非常粗糙的，没有经过专业鉴定，但毕竟能排除一些明显伪造的录音。

第三我们要去感受对方是否有表演的痕迹，我们遇到的事情一般都与纠纷有关，或者是请教一件不了解的事情，那么这时候，如果对话非常顺畅，你一言我一语，很和谐，那可能是有问题的；如果对话你吵我吵，逻辑略混乱，说话略磕巴，有思考的痕迹，这样的话反而比较真实的。

某家报社被起诉的时候，法院做的一个判决，可以反过来验证我们的这个理解，当时报社提供了一段记者采访某员工的录音，法院的认定是，这段录音对话自然，没有表演痕迹。

以上这些证据，有的是记者可以直接采访到的，有些则是来自于目击者、当事人、律师或者公权力部门。这当中，记者最容易接触到的且证据集中的，就是律师，律师能帮助记者提供便利。

对话的技巧

当我们去发掘各种各样的信源，并且对信源进行分析的时候，在这当中已经离不开问一些话、说一些话，这个过程也是要经历一番判断的——就掌握的信息量或掌握信息的难易程度而言，你跟他之间的地位怎么样，你所处的形势怎么样，当你处于优势、平等或劣势的时候，技巧也不相同。当然不可能每次说话之前都这样仔细分析，这更多时候是一种经验总结，总结多了，在平常的操作中就会是一个本能。

（一）双方信息状况处平等状态

首先先说双方信息状况处于一种平等或者记者稍占优势的时候。这样的情况基本很少，除非是当事人主动跟你爆料、有求于你，但这样的接触，其实对方也是比较敏感的，信任也是脆弱的。这种情况的对话比较静态，其中的技巧可以参考刚才说了的上一部分。

（二）记者信息状况处劣势状态

大部分时候，你在信息量及信息掌握程度上都处于劣势。

有这么几种原因，一是你的信息跟对方不对称，人与人之间的交流是信息互换的过程，每个人都希望跟比自己掌握更多信息的人交流，如果一个人一无所知，对方可能不会愿意跟你说太多的话。

二是他与每个人的亲疏远近不一样，你跟他关系特别远，求助就特别难。

三是这也与你希望了解的事情的大小、说出这件事的难易程度及风险有关。

我们要知道怎么去面对这些劣势。一般有这么几种方法：

第一个是装模作样，这其实隐藏自己对信息的掌握程度。

比如说，有时报道一些落马官员，经常会面对这样一个情况：对方什么都知道，而你是一个菜鸟、一张白纸。这时候你可以试着与他“装”，似乎展示了你信息量的一角，因为他也不知道你的虚实，可能对你另眼相看。

第二个办法是混水摸鱼。

在都市报的社会新闻部门，这样的方法尤为常见，简单说就是借用某种身份，或者让人产生你是某个身份的误解，然后进行聊天。其实这本质上来说，是在信息稀缺或者不易获得的情况下，制造某种与对方的“连结”。一个连结是可以变成跟他们一样的人，变成同类人，你要有和他们相近的打扮或者状态。

2013 年的时候，一所中学的学生去美国游学，飞机在美国机场出事了，幸存者被组织回国，老师告诉学生千万不能跟媒体接触。我们就想了个办法。

我们在首都机场看学生的大巴从机场出口出来了，就赶紧雇一个的士，跟上去，到达了宾馆。二层是学生吃饭的地方，我们赶紧找到一个之前曾与他朋友联系过的那个人，假说是他朋友的北京朋友，结果他信了，于是我们就和学生们一起吃饭。

这时候老师来了，说了明天我们坐哪趟高铁回学校，我就赶紧通知后方把其他票给退了——因为猜到明天他们会回学校但不知道哪个班次，我们把第二天的所有票都买了一遍。

接着他们上楼开会，我接了个电话，给耽误了，他们在哪个楼我也不知道。于是我们就问保安说老师啊，我们在几楼开会来着。他一看背着个书包，酷似学生，就“责怪”说“不听课，在七楼”。我们就上了七楼。

再接着进了刚才那位学生的房间，由于之前准备了套近乎的道具——扑克牌，然后我们就打牌，边打边问这个飞机怎么搞的，当时什么情况，边打边聊。晚上 10 点多编辑发消息问怎么样了，要签版了，我就和学生推说太困了、不玩了，然后就走了，到大厅写稿。

还有一个连结是与他们利益相关。

还是以矿难瞒报的事情为例，当时政府已经给家属第一笔补偿了，然后说你们不能接受采访，不然剩下的钱就没有了。我们就想怎么办呢，我们是一个外省人，而那是在中部的一个偏僻的地方，口音特别重，一个外地人去那干吗呢？我们这样设置了一个利益的“连结”，虽然现在看起来有些离奇，但当时还是受到相信的。

我说，我在这里上学，毕业之后在你们镇上哪个路附近开了一个店，有一天我进货，没钱了，你丈夫正好路过那儿，我跟他借了 100 块钱，他说他是这个村的，所以我是来还钱的。家属没有怀疑，我们闲聊，最后聊出了政府当天晚上就知道遇难者名单，而有的遇难者不在名单上的事情。

其实这些浑水摸鱼的角色，是你根据自身形象、性格特点去不断变换的。

你可能长得比较成熟，可以装作一个老板，一个当官的秘书，有的长得像学生，就用学生气的方法，真诚、淳朴也可以打动一些人。每一种气质都是一个优势。

但要注意两点，一是不能冒充专业人士，比如你不能说你是一个医生，别人把你带到救护现场，结果你不会救，人给治死了。

二是不能冒充公权力部门，比如说你是公检法的、纪委的，“你过来一下”，然后别人过来跟你把什么事都说了。你可以借的身份是一些民间的，合理的，不会有紧急危害的角色，在这当中也可以借助一些装备，比如工人装、头盔、扫把之类的。

这里还要补充两点，首先是说话要有分寸，符合你所依赖的身份的角色，事前要了解好背景资料和行业信息，防止被问住，同时要注意，一个真的身份也不会主动给对方解释自己的由来，别人不怀疑，你也别主动说太多；其次是下笔有分寸，对于给你提供信息的善意第三人，应该注意保护其隐私。

第三个办法是紧接着浑水摸鱼的，就是你处于快要被拆穿的劣势的时候，想着怎么“顽抗到底”。

比如为了问一个被开除官员的电话号码，我们假称是这个人的受助学生，他给过我们资助，我们来感谢他。然后，电话号码拿到了，准备走，这时候他们单位领导来了，不信这个说法，于是打电话给了那个人。结果被开除的人说没有啊。“没有吗，这学生都找上门来了。”“真的没有啊”。

这样不好办，再这样下去，我们就要穿帮了，于是我们选择顽亢到底。

“领导，把电话给我”，然后对对方说：“大哥，你不记得我了吗，你给过我多少钱呢，就在那哪儿哪儿，怎么忘了呢。”对方听了一分钟后，说：“喔，我想起来了。”领导这才信了，然后我们出门，跑了。

第四个面对信息劣势的办法，可以是尝试“多条腿”去接触你想接触的人，扩展信息面。

社会人际关系的运转其实是一个锥形的，越往上的人，越容易与和他角色相近的人说上话，一个媒体总编辑去联系某个高级别官员，或许比普通记者起初联系更受到重视，因为双方都有一定的社会资源或见识，未来也可能对彼此有个“期权”。

同时，人际关系又是有地域性、行业性的，本地人士或行业人士去联系、说服其他人，总比外人便利。对于我们刚入行的新记者来说，可能没有办法得到这样的条件，怎么办？找“中介”。

如某些驻地的老记者，某些“豪强”，一些维权者，某些与你的采访对象关系好的人，他们可能会本着对年轻人的关照、公心、私利等种种原因，替你引荐，给你一个接触上对方的机会。

（三）交锋状态

除了刚才说的平等、劣势状态，我们对话的时候，也可能会处于一些交锋状态，可能会输，也可能会赢，这时你要想到，对方可能会用什么样的方法来对付你，并且预设好你的回应和措辞。

再举两个例子。湖南的一个小县城，曾有一些领导安排子女进事业单位，我们都知道进这种单位要考试的，但他们想了一个办法：伪造档案。就是说假称自己在 A 县做过公务员或事业单位，然后通过调动，调到了老家。但其实他没有在 A 县工作过，只是个伪造的档案。

我们预想到，采访的时候那些被指向的人可能也会坚称说自己在 A 县工作，于是，在去 A 县采访、核实无此人的基础上，我们设计了问题，问他你在 A 县工作过吗，他说是的，我说哪个部门，他说某某部门，我们又问“那你能不能说几个同事的名字”，他就说不上来了，后来有的只好承认了是档案造假的。

（四）记者处于“正面进攻”状态

我们还有处于正面进攻状态的时候。记者不应该只会“坑蒙拐骗”，很多时候也要以德服人，以情感人。也可以以过去的采访案例、某个采访对象的教训，来帮人分析好处、弊端。

比如，某个系统的官员落马，此前，我们给这个系统某个部门拍过纪念视频，认识一个老奶奶，但视频一直没给，我们联系了她，给她送去视频，她看了之后挺感触，主动向我们说起他们系统有个官员落马了。

我们窃喜，跟她聊了起来，她也当着我们的面打了一些人的电话号码。这是正面进攻，以情感服人的方式进行对话。

三句“心法”

第一，做调查归根到底就是一个“人”字。

有这么几层意思，一是要懂人，懂得不同人的生存状态和交际圈，懂得人际交往的规律，人与人之间的聊天本质上是一个信息交换的过程，人一直处于信息交换的渴望，人一般不会突兀地谈起某个主题，但有时候人又会被突然袭来的某些信息击倒、服从。

二是新闻的传播经常依赖于“人”的命运，比如之前有这样的例子，同样是报道问题疫苗，某家疫苗公司的管理、进入市场等问题都被报道过了，但后来有媒体将众多患儿的病情与之联系在一起，结果关注量加大了很多。

三是人有趋利避害的特点，会先选择好回答的问题，选择对他们有利的记者，对于这个规律应该加以运用；最后人是复杂的，不是非黑即白的，有时候好的采访不是纯粹批判，而是呈现他走到现在这步背后的原因。

第二，再大的事情都能有基本原理，再大知识和选题都是用基础的“零件”拼起来的。

哪怕今天写的是一个神秘企业到非洲开采矿石最后卷入某个漩涡，这样的事情其实也是平常常见的“基础动作”积累起来的。

比如公司的股权股东甚至财报分析，比如业务过程中是否有违规招标，比如如何找当地同业询问采矿背景，等等，这些待组合的“零件”都可能在日常常规报道中遇到。这也说明要重视日常“零件”的基本功。

第三，要有正义感，但不能只有正义感。

正义感是廉价的，是容易启动的，但记者的思维应该是一个实证的思维，是类似法官的、讲证据的思维，它不是语文题的表达和描述，可能更像是一道数学题，需要去一层一层地逻辑推理，找到下一个突破口，把它解开，不然空谈正义有时候就只是鹦鹉学舌的表达。

我记得以前大一在《法制日报》实习的时候，一天下午快下班了，有一个访民找到了我们办公室，实习老师在看他的材料，访民就老看着我的眼睛。

当时我想的是好惭愧啊没法帮助他。多年后再想起这件事，隐约记得那件事似乎达不到选题的标准。新闻有自己的规律，掌握专业技巧，才能判断出一件事情能不能办、怎么办。

（原载于 2017 年 4 月 11 日《青春报》微信公号）

杜祎洁　从赌场叠码仔的故事说起

师晓炜

他是严歌苓的小说《妈阁是座城》的原型人物，而《博客天下》的杜祎洁以记者的身份写了他的故事。4 次深入采访，跟随他参加政界家宴、朋友聚会，《一个赌场叠码仔的澳门往事》从叠码仔张豫冬的沉浮，透视澳门赌业的生死搏杀，让我们看到人性被财富驱役的社会剖面。

Q 你是如何找到并确定这个表现澳门叠码仔的选题的呢？为什么选择了张豫冬？说服他接受采访容易吗？

A 这个选题的确定是挺偶然的。之前做一个文娱选题，一位受访者跟张豫冬是哥们，当时大家攒在一起吃了顿饭，我于是得以结识了他，得知不久前他以自己在贵宾厅的十年沉浮为内核，写了一部赌场题材的小说，而严歌苓《妈阁是座城》里的叠码仔原型正巧是他，便对他产生了关注。赌场里赤裸的人性交锋是一个非常粗犷和极富戏剧性的写作素材。

《人物》杂志在 8 月份出过一篇短报道《叠码仔的赌局：难以翻盘的人性》，主人公就是张豫冬。我看完后觉得意犹未尽，很多场景和故事来由没有说透，大量的细节也是对张豫冬的小说进行资料改写，没有扎下去，小说中的一些情节是虚构还是实写也没有进行核查。这么好的人物素材不应该这样浪费掉，于是我很快就通过中间朋友联系了张豫冬。严格来说，这篇报道是先确定了采访对象再进一步打磨具体主题脉络的。因为之前就结识的关系，他很爽快就答应了采访。

杜祎洁

《博客天下》记者，香港大学新闻学硕士。代表作《一个赌场叠码仔的澳门往事》《奥运背后的影子军团》《狼心依旧》。

Q 前期你做了怎样的资料收集工作呢？

A 问题的事前设计都是基于充分的功课的，我读过两遍张豫冬的《澳门往事之孤注一掷》，以及《三联文化周刊》的赌场专题、《南方人物周刊》关于新赌王吕志和以及荷官的特稿、《南方周末》关于澳门赌场贵宾厅以及博彩业式微的报道，还有蔡崇达的《澳门：3 千万种赌法》，也看了《赌城风云》、《赌神》以及美国国家地理关于澳门赌场的相关纪录片。文章的数据方面也都在澳门统计暨普查局和澳门特别行政区政府博彩监察协调局进行了一一核对。

—

Q=《青春报》

A= 杜祎洁

Q 我看到对他的性格有“敏锐、谨慎、强势、不容置疑、果决和狠劲”这样的描写，你和这样性格的人接触一开始会有压力吗？

A 我们不算是生人，中间有共同朋友，因此一上来他对我的开放度比较大，也没有很深的戒心，聊得比较畅快。他是一个对自己的想法深信不疑甚至偏执的人，重视哥们义气，有一种血气方刚的江湖脾性，这种脾性是在他对自己观点的表述中可以瞥见的，但这不意味着他作为采访对象不友好，这种果决和狠劲更多是针对他树敌或者不满的对象上。作为记者，我尽可能做到温和地倾听，委婉地表达自己的观点，难免会有观点相左的时候，但我会尽最大可能地去理解和接纳我的每一个采访对象，试图厘清他们的逻辑和立场，做到客观呈现。我并不是一个强势或者有侵略性的采访者，也不擅长硬碰硬直攻，对我而言最重要的，是同理心。

Q 这篇稿是和他接触了许多次之后做成的吗？你采访了几次呢？从选题确定到完成稿件经历了多长时间？

A 采访之前见过一次，采访后总共深入聊了 4 次，每次 3 个小时的时间。因此我也感谢对方对我的耐心。总共经历了一个多月。

Q 每次采访都是带着什么样的目的进行的呢？在什么情境下采访的呢?

A 我参与他参加的政界家宴，目睹了他酩酊大醉后和朋友在 KTV 吼唱，在他习惯会客的套房里采访过，也在后海边的星巴克以及他的车里聊过，当时他和哥们一起。他也接纳我对他进行更加全面的观察，进入他的朋友圈，看他如何接人待物。之所以聊那么多次，也是因为之前没有聚焦问题的方向，有一些无效的问题比如关于叠码仔的多层次传销结构、赌场的严密监管系统，试图面面俱到，所以之后每一次会填补更多的细节，问题范围缩减地越来越狭小，集中到他和赌客的纠葛。到第四次聊完时我把手上列出的问题全部问完了，当时编辑卜昌炯已经看过我的初稿，给出了进一步修改意见，希望我问出对方更多的心理戏，就是他对于自身身份的认知与接纳，他是否会觉得自己是一个好人或是罪人。这也是操作起来比较难的一个问题。

Q 他在 KTV 里吼唱的时候你在做什么呢？你是以朋友的身份和他们一起唱歌还是在旁边忙自己的呢？

A 唱歌的时候我就是以朋友的角色，更多的是旁观者吧。他不介意我看到他平时的生活面貌。

Q 你与张豫冬不在一个年龄段，这会影响两个人实现比较平等的交流吗？你理解他和让他信任你有难度吗？

A 年龄段或者资历深浅从来不是记者的天然屏障，平等的交流来源于扎实的采访功课和充分的同理心，这点随着入行时间的推移会理解得比较深。这对我来说不会有困难，因为我本身并不是一个非常有棱角的人，可以试图对一个多元的人群感同身受。

Q 随着沟通的增多，交流起来会不会更顺畅？你有没有感觉到在哪一刻，他开始接纳你，开始袒露心扉了呢？

A 通常当你真正试图去理解采访对象，以及你真正想要认真做好一篇稿件，他们能够切身感受得到，也会更加投入，这确实需要两人交流的时间积累，以及你本身的问题储备和设计。对张豫冬来说，因为他并不是一个字字句句小心翼翼的人，在这行的常年浸淫也让他形成了一套非常笃定的价值观和心理建设，所以他并不会耻于开口。

Q 基于他这个行业的特殊性，采访当中有什么需要注意的东西吗？

A 底线是你不能去动摇对方的朋友圈和职业发展，因为涉及政商和文娱领域金字塔尖端的一些人，对于双方达成的台面下的内容要遵守契约。因为这毕竟不是公共监督和调查报道。比如，比较关键的催债部分他不愿意多谈，轻描淡写，那也只能放弃掉。

Q 他的谨慎有在对稿件内容的一些意见上体现出来吗？

A 他没有太多意见，只隐去了几个人名和具体职位。他对稿件是比较宽容的。倒是稿件出来了之后会跟我抱怨，好多人看了报道来骂他，我觉得他对此有点疲惫和无奈。

Q 我看到在这篇稿件中有许多地方都体现着你对澳门博彩行业和对澳门的了解。你是怎么做到这种了解的呢？

A 由于客观因素限制，我并没能去澳门赌场进行现场观察，这是一大遗憾，少了一些现场性的场景描述和亲眼对于这座城市气质的观察。但同时，这些涉及赌场场景的描述是可以通过查询资料以及询问受访者技术性弥补的，文章的人物弧光更多地还是落在张豫冬本人身上。

Q 是以什么样的逻辑来组接这篇稿件的呢？

A 这是比较遗憾的一部分，文章始终在“张豫冬眼中的赌徒”和“叠码仔张豫冬”这两个逻辑中切换焦点，没有很好地细化到一个面上。初稿的逻辑是分块的，跑路、叠码仔、贵宾厅、“养猪”、对赌、式微、救赎，二稿在编辑的改动下更加紧凑。

Q 为什么以“张豫冬又一次梦见自己杀人了”开头呢？梦的细节问出来容易吗？

A 这些细节来源于对方朋友圈自述。这个放开头比较有戏剧张力同时也串联起后文叠码仔和赌客的交锋勾连。梦作为人心理的一种隐喻，可以瞥见对方的性格以及他内心深处的一些内在逻辑，甚至是他不自知的。

Q 文章中有“近10年来，他自称居无定所”这样的语句，为什么用自称这样的字眼，而不是“他居无定所”呢？

A 因为他在珠海和澳门有自己的宅邸，尽管他大部分时间是以酒店为家的。自称这样的字眼可以避免被访者自身有逻辑漏洞，记者在进行主观描述时，对一些绝对化的表述和判断需要慎重，特别是当受访者的一些自述无法进行核查的时候，用“自称”的字眼比较稳妥。

Q 文中说张豫东眼中的澳门是一种蓝色，为什么会想到让他用一种颜色来描绘澳门呢？

A 我之前预设的答案是他会回答是金色，象征着澳门的极度奢靡。我也问了他觉得澳门的味道是如何的，这些都可以勾连到他对这座城市的心理映射。他觉得是一种陈醋味，历久弥香，澳门有很多犄角旮旯的地方有着很深的历史底蕴。

Q 你写稿用了多长时间？在什么地方纠结过，后来怎么处理的呢？

A 除去听录音的时间写稿子应该也就四五天。纠结的就是文章的逻辑架构，怎么样可以把人物故事和背景资料穿插进文章铺陈里，保持一个好的叙述节奏。初稿基本上就是按照问题设计的模块去写的，后来的改动是去掉了开头的综述，而是让具体的人物形象尽快出场，用冲突性场景来吸引读者。

Q 你在文章中怎样避免一家之言造成立场不够公正？怎样平衡善恶？

A 单信源造成了稿子的立场不够立体。处理起来就落在了问题的引导上。让受访者自身去面对和解释他对于身份善恶的看法。这样可以还原出他一套自洽的逻辑，但是这种逻辑可能是会有矛盾和冲突的，更多时候事实大于观点，读者可以自行判断感知。作为写作者我本身是把自己的价值判断尽可能隐去，不作任何舆论引导。

Q 你自己最满意稿子的什么地方？为什么？

A 最满意的部分是文章最后被监管部门删除的部分。这是叠码仔身上最具有矛盾冲突性的一点：

“张豫冬希望能警戒到别人，但自身并没有彻底退出这个圈子的打算。他确信自己永远不可能跟赌徒划清界限，也不会有‘金盆洗手’的那一天”。2004 年赌王何鸿燊在凤凰卫视接受访问的一句话时常被他提在嘴边：华人血液里流着的就是赌性。

“你很难彻底离开这个行业。总有人会去赌的，赌性是人的天性。”

Q 这篇稿件有什么比较遗憾的地方吗？

A 遗憾的就是我始终没有让受访者去正面对抗他自身的身份焦虑，就是我没有在他的自洽逻辑中找到一个不那么坚固的裂缝，他的自我怀疑和心理建设，设计的问题里有些受限于当时的情境与气氛，并没有问透，比如：做叠码仔的时候内心是否有过犹疑和惶恐，具体缘由是什么？是否觉得是一种罪恶，利用人性本身的恶牟利？

最大的遗憾就是单信源，每个人在做自我陈述中都会试图美化自己，对信息进行选择性披露。这是在选题跟进的全程一直没有想明白的一个点。这篇不是群像稿，也不是纯粹的人物稿，需要找什么样的外围如何切入会使得文章更加饱满中立。这个我现在也不很确定。

Q 你对这篇稿件的价值、它对读者产生的影响有什么样的期许呢？这篇报道得到了什么样的评价？你收到的关于这篇报道的反馈是让您惊喜、失落还是怎样的呢？

A 这本身是一个周期比较长、没有什么时效性和关注热度的稿件，所以没有对读者的反应抱有期许，但是这不影响我肯定这个选题的价值。就像严歌苓在给张豫冬的书作序里所描述的：“过去三十年的中国财富创造和积累——社会大赌桌，赌桌小社会。因为敢赌，他们赢了，也因为敢赌，他们输了。”这个荒诞年代里人性对于横财与暴富的焦灼，是能反应出一个比较大的社会剖面的。

报道出来评价挺好，业内的一些资深人士对文章表达了认可，《人物》《地平线 NONFICTION》微信公众号也都转载了这篇报道，还是有些惊喜的。这篇报道对于自己采写操作的体悟上也是一个重要的分水岭。

对我来说最有趣的是一些读者的留言，你可以看到读者是有自己深切的思考和体悟的。这也是我在日薄西山的纸媒环境里工作非常大的动力。

“荒诞吗？只是还没资格接触到这个世界吧。”

“与程序赌，心理比技术更重要。”

“不论万恶到底什么是恶，恶就是恶，所谓小恶大恶没有本质不同。”

Q 你感觉做这篇稿子的过程中自己在采访和写作上有什么样的提升？

A 采访和写作都需要更加集中，不要试图去做百科全书式的报道。一个场景问透而不是蜻蜓点水面面俱到。写作的时候叙事线拉长，纵深穿插在场景交错里。

Q 你参加工作多长时间了呢？这段时间内对自己的表现有什么样的评价？觉得以后有什么地方要提升或者保持呢？

A 去年 9 月入职《博客天下》。评价就是写稿量不够，新手还是需要一个量变到质变的积累，选题能力也需要更加敏锐和细致，找寻到一些更加有意思的切口。没有遗憾的是做每一篇稿件都尽可能在当时的认知下力臻完美，功课做到足够扎实。需要提升的地方就是要进一步沉淀历史和文学领域的阅读量，对于时局保持关心，笔耕不辍，对各个维度的人始终保持好奇心。

（原载于 2016 年 12 月 5 日《青春报》微信公号）

温而厉的《冰点》叙事

张秋获　申森　严莉　王珂　孙静茹整理

该以怎样的笔触，去揭开潜藏深处的真相？该以怎样的故事，去述说整个时代的悲伤？我们询问了 4 位《冰点》“老人儿”5 个同样的问题。

Q 您觉得什么是“冰点叙事”，什么又是“冰点高度”？

卢 “冰点叙事”就是标准的特稿叙事。《冰点》的高度就是在最低度里发现高度，在最冰点里发现热点。

包 其实就是特稿的叙事，没有说要有一个“冰点牌”的叙事。现在国内很多媒体都在做特稿写作，优秀的特稿也有很多，不能说《冰点》比别人好，大家都在探索，《冰点》的特色就是《冰点》对特稿的探索开始比较早吧，《冰点》这个品牌建立起来一个重要的原因就是开始比较早，探索比较早，在特稿写作方面有一套《冰点》的一些写作规范，但是我觉得这些规范其他兄弟媒体也有，而且有很多是相通的，假设《南方周末》《冰点》《智族 GQ》和《三联生活周刊》等 4 家媒体写特稿的记者坐在一起，聊起特稿的时候，他们之间的语言是共通的。

林 “冰点叙事”应该是比较温和，温和背后隐藏的是一种力量。这也是《冰点》的一种特质，应该是《冰点》2006 年复刊后的一种特质，他和我们的几个掌门人杜涌涛、李大同是密不可分的。《冰点》是中国特稿写作的重镇，它是代表了中国特稿最高水准的一批人。本身中国做特稿的人就不多，有几个人专门做这个自然就做得很好。业务氛围、同事之间的关系比较融洽，就决定它在中国特稿史上留下一些东西。

张 我在《冰点》的时候，《冰点》有一个价值观是“温”而“厉”。温和的温，厉害的厉。它整体上是很有温度的，很宽厚的。但是它宽厚的温度不会影响它的力量。这个力量不是那种尖锐的嘲讽式的力量，是那种更巨大、更细腻的力量，那种力量会缓慢地渗透。

现在看《冰点》的文章我还能看出“冰点味儿”。《冰点》在写作上其实有一种自己独特的节奏感。我目前没法总结它，但是我知道它肯定是存在的。《冰点》整体上具有一种用具体故事来表现时代悲伤的能力，以及它骨子里的宽厚和体谅，这个其实是很难得的。它肯定是一个高度。

—

Q=《青春报》

卢 = 卢跃刚

包 = 包丽敏

林 = 林天宏

张 = 张伟

Q 您觉得“特稿之美”体现在哪儿？

卢 你是说特稿是美的。如果说它有美的话，首先是真实。而且这种真实，是所有的，所有的范畴的真实。

包 其他新闻体相比我觉得特稿之美体现在讲故事的方式、叙事。特稿特有的叙事方式，要有一个特别适合这个故事的张力的好结构，要特别适合表达的主题，其次加上非常好的语言，就是用合适的语言来展现这个故事结构。

林 文字，文字背后折射出来的东西是美的。应该让人有阅读的享受，特稿应该是让人从中读到美好的东西。

张 这是一个好大的问题。特稿是从美国新新闻主义开始传递到中国的，它和之前新闻写作的东西相比，更讲求写作本身。新闻写作重要的元素应该是事实、力量、真相、完整，等等，也就是信息。特稿在重视信息这一点不会变。但在此之外，它也重视文字本身的漂亮，这是一个比较大的区别。特稿是两个方面兼顾，除了新闻信息本身的力量，还有写作的美感。

Q 对您影响最大的“冰点特稿”是哪一篇？

卢 对我影响特大，这个问题提错了。因为我们在新闻界闯江湖的时候，《冰点》还没有呢。这个话不能这么说。年轻记者那我们《冰点》现在是五六代记者。所以这个笼统问题在我这没有答案。比较年轻的，像林天宏他们，是第三代，他的《回家》就挺好。还有赵涵漠的《永不抵达的列车》，也很好。

包 说不上来，同事包括老师写的特稿都有学习到，但是说不上影响特别大，对于我自己写的特稿来说，这个问题很难回答，因为自己写的作品永远没有满意的，特别不满意，你会觉得所有的东西都是有缺憾的。比如说大家说起来就会提起我以前写的特稿，大家会觉得比较好一些，可以提一提，比如《火车惊悚记》《无声的世界杯》。但是如果现在我回过头看，当时的写作还是有一些提升的空间。

林 想不出来哪篇特稿对我影响最大，好像没有。

张 影响很深刻说不上，但是有很喜欢的。比如《寻找林昭》，林天宏的《回家》。《冰点》有段时间发过很多好文章，那种文章就是所谓的威而猛，非常有力量，非常犀利，非常痛快。它很难说是一种有影响的东西，而是你自己认可的。你认可一样东西，就会自己愿意去做它。

Q 《冰点》的那段时期，对您职业和个人有什么意义？

卢 当然有意义了。《冰点》的事儿太多了，真的太多的事儿了。

包 《冰点》对我来说一个特别重要的就是价值观的启蒙，帮我建立一个新的价值观，教会我另外一种方式认识周围的一切，这个奠定了我职业生涯的底色，当然在《冰点》学会了特稿写作，走上了特稿写作的道路，对我的职业生涯是特别特别重要的一段累积。

林 做一个善良的人，做一个好人。离开了这个地方也应该心存善念，去关怀身边的人，关怀社会，关怀弱势群体，关怀小人物。但首先应该关怀身边的人，这东西不能光喊口号是吧，还是要做一个好人。

张 那是一个人生观和方法论建立的过程，之后不管做任何事情，思考的方式都是从那个时候建立的。包括很多审美、品味，都是在《冰点》时期成熟。之后做很多事情，哪怕是非新闻的事情，思考方式都是内化了《冰点》的写作方式的。

（原载于 2015 年 11 月 29 日《青春报》微信公号）

Billy　陈冠希随意又嚣张

石书蕴[1]

一个曾经在中国互联网传播中惊世骇俗的人，又回来了，发出一段尖锐的信号声。

他是陈冠希（四声）。

7 年来，人们似乎总在问，他真的那么有吸引力吗？

“我说不上来”A 说；

“我说不上来”B 说；

“我说不上来”C 说；

……

“门”开了，互联网的非常状态终于被点燃。好多评论在噼里啪啦地说，好多人在解压“神秘”的压缩包，好多人在网上飚脏话，好多人在期待更劲爆的进展，好多人在带着情绪看热闹。事情不可控了。“门”成为那一段时间里的系列用词。

一场道歉会后，陈冠希消失了，他的名字成为大家一提就会笑的符号。

很多人淡忘了这个人。值得确定的是，没有忘记这个人的名字和那个“门”。

从 11 月 13 日起，陈冠希又上热搜了。

一开始是预告片，“我们拍了陈冠希”，大家开始等；然后是持续十多天的 # 话题 # 发酵 # 升温 # 强化 # 井喷。

最终，由 VICE 中国制作的，一部关于陈冠希的，名为《触手可及》的三集纪录片（小标题分别为《嘻哈生意》《回到原点》《成为陈冠希》），开始疯狂传播。

冠希又回来了。

对于只了解他名字的那些人来说，第一反应就是把时间轴跳转到 7 年前。感觉像一个纪念日一样。在每年的某一天固定跳出来，纪念一下，这事儿发生过。

“他真的那么有吸引力吗？”“这究竟是什么效应？”还是不了解。

有人开始关注他的嘻哈帝国产业，这个人“居然还亲自去看衣服面料”、与人谈合作；有人开始关注他的 rap，这个人骄傲得甚至近乎自负地去录他认为很拽的 hip pop；有人说他脸崩得像本山大叔，这个人还自信得扎着小辫说出“我是纯天然，我很帅，我 50 岁也很帅”那样的话……

这人的身份标签怎么这么矛盾呢？拜托能不能活得简单点儿了？

带着问题，我们采访了本部纪录片的制作人——Billy Starman。我问他，在第三集里，陈说，我很关心中国人对我的评价。整部影片，他表现得自信、洒脱，甚至放荡不羁。但他却说，他关心评价和看法，显得很矛盾？

Billy 回复我，你这个问题问得就很矛盾，没有看明白冠希说那句话的本意，更没看明白这话背后的意思。

Billy Starman，VICE 中国制片、导演，曾制作作品《德比》系列、《我的球队打皇马》《触手可及》系列等。业余时间喜欢听音乐、DJ，是新锐电音厂牌 DoHits 的联合创始人。

[1] 石书蕴，《青春报》2013 级成员，现供职于新世相创意策划部门。

陈冠希可能是中国最没有隐私的人

—

Q VICE 为什么让您去完成这部纪录片的创作？挑战难度如何？

A VICE 中国目前有几位制片，每个人按照自己擅长的领域分工有所不同，我负责的基本以音乐、体育为主。挑战难度很大，是我目前拍过最难的一个吧。

Q 得知拍摄陈冠希，您是怎样的反应？

A 陈冠希早就该有人拍纪录片了，不是吗？以前没拍，是因为 VICE 还没有进中国。知名度高、有争议性是主流媒体对他的理解，在我们的理解里，这个人经历过年少得志、一夜陨落、卷土重来，这就已经是伟大故事的必备因素了吧。几亿个人看过他的照片，他可能是中国最没隐私的一个人，也是大众语境中最被过度消费和调侃的一个人。一定程度上他重新定义了“拍照”这件事：拍陈冠希，和陈冠希合影，跟其他明星完全不一样，对吧？

Q 在此之前，您如何看待艳照门事件？采访结束后呢？

A 对于这部片子来说，“艳照门”只是众多背景事件中的一个。我个人不反对任何人拍摄照片的自由。

Q 有一个普遍的疑问想问您，为什么陈一直处在争议的制高点？

A 因为他跟其他明星不一样吧。在中国的文化里，有一种力量是异常强大的，那就是同化的力量。这个力量的群体和来源是学校、老师、家长、同学，这力量之所以强大是因为我们的教育还是同化为主，不鼓励个性，枪打出头鸟。

Q 在您眼里，陈冠希的形象是怎样的？他说他要成为 Paris Hilton 了，这个形容很有趣。

A 在我的眼里，他和我接触过的很多外国朋友很像，或者说没有太大区别。他跟其他人不太一样的地方，一是随时随地都比较亢奋，还有就是有点童心未泯。

Q 在拍摄期间，您怎么称呼陈？他怎么称呼您呢？

A Edison/Billy。

Q 您在拍摄中采访他时问题是如何设置的？有没有您印象深刻的回答？意想不到的回答？

A 3 个机位坐定的采访是拍摄后期拍的，其他的场景都是 1 台摄像机跟随，我站着摄像机后面随时跟他聊，有什么聊什么。

—

Q=《青春报》

A=Billy Starman

Q 看过短片，对我个人的感觉是，这 3 集展现了陈的几个角色。从毫无节制的混混，到一个眼袋厚重的生意人、嚣张的嘻哈、再到一个敞开心扉的状态的呈现方式。您为什么要以这种节奏叙事?

A 他在做什么，什么造就了他，他想成为什么。

Q 您喜欢他说话的语气和表情吗？在您和他的接触中，他有什么特定的微表情或者动作吗?

A You know what I mean?

Q 有人说，看了片子觉得陈冠希至少现在过得很快乐？您的感觉呢?

A 是，因为他很知足。希望这位观众也过得很快乐。

Q 您曾说过：陈冠希是个情绪化的人，能在拍摄过程中看到表现出状态有所起伏。怎么理解情绪化？这代表真实吗?

A 如果拍摄对象可以毫无顾忌地对你的镜头表达各种情绪，那你的拍摄就成功了一半。对于一个成熟的成年人来说，情绪都是很短暂的，长久的叫情感。

Q 同时他也是您相处过最简单、镜头前最自然的拍摄对象。最简单、最自然？明星不应该是很复杂的吗?

A 这就看你怎么理解“简单与复杂”了。相对于普通人来说，冠希的生活肯定是要复杂一些，有更多的事务、关系、意外情况，但说到“做自己”这件事，以及在镜头前展示自己，那他要比我拍摄过的所有人都轻松自然。

Q 在第三部分，他说了很多次“年龄”。您觉得陈冠希老了吗?

A 35 岁不算老吧。不是我或他觉得他老了，是大众这么觉得。为什么大众会在乎这件事？因为大众把他定义为，或者期待他成为，一个靠形象取胜的娱乐明星。

Q 为什么会在文案上突出他的“I’ll show you my life, you can film everything except me f**king.”？很随性又有点嚣张。

A 是要告诉观众，这部片子里没有拍到，不用期待了。

我给这部作品 8 分

—

Q 能和我们谈谈关于您本人的基本情况吗？

A 我 30 岁，是一个会说英语的中国人，在 VICE 工作快 4 年了，拍过国安球迷、广州黑人、土豪养獒。

Q 拍这部纪录片需要勇气吗？一方面可能会收获潮水般的名气，另一方面，还可能需要面对批评，甚至更多。

A 勇气……没想过。名气……真没有，我不想出名。批评……只有我父母可以批评我。

Q 有您最满意的部分吗？“有一些很好的素材各种原因没被剪到成片里”。比如说，有哪些？有什么遗憾吗？

A 下周 VICE 国际平台将上线英文版本，会有一些不同。

Q “陈冠希早就该拍纪录片”。这是您个人的想法？为什么会这么想？和跟拍狗仔对拍那段情节很好玩。感觉陈完全当您是自己人了。能具体说说吗？

A 不光是我个人的想法吧，很多人都这么想。冠希对我们很仗义，每天的流程就是，他起床，告诉我们今天要做什么，然后就带我们一起去。（那件事）是突然发生的，在意料之外。

Q 接受采访时，您说过“看完这部片之后，喜欢的人可能会更喜欢他，讨厌他的人可能会更讨厌他。”您本人属于哪一类？

A 这个世界上可以有除了“喜欢”和“讨厌”之外的其他选项嘛？如果有，我选其他。希望你也是。

Q 从最早立项到成片上线一共花了 8 个月，用 19 天的跟拍，3 段的讲述，完成了屏幕之上的陈冠希。这个工程量其实挺大的。您个人对这部作品作何评价？

A 8 分。

—

Q=《青春报》

A=Billy Starman

Q 很多娱乐八卦号、自媒体纷纷撰文评论、分析这部片子，您对此怎么看待？

A 感觉还是粉丝比较多吧，而且每个人都很急于发表自己的观点，表达对冠希的爱或恨。这部片子在创作过程中我们留了相当大的空间，就是留给观众的，每个人以不同角度可以看出不同的东西，发掘到对自己有意义的部分。

对我来说真正有意义的反馈，是那些联想到自己的反馈。VICE 向外传达的是全新的制作内容的方式，以及提供给观众来自多种视角的思考空间。每个观众看完如果都会想一想，那我们的目的就达到了；最终会有多少个观众，更多取决于这条内容的厚度和宽度，能给多少人思考的空间。我们完成了片子的制作，也没刻意去找推广的合作方，就看看它能到达多少人吧。

Q 但有好多评论说，这部短片其实是在“造神”。

A 好啊，如果拍个片就能造出个神来，那是不是要喊我玉皇大帝？

Q 您会把自己的生活、状态和您的拍摄对象作联系吗？

A 不会。但我会想：哦，他是这么做的，我是怎么做的呢？

Q 现在通过这部片子，大家都知道制片人是 Billy Starman。您觉得这部纪录片是您的代表作吗？

A 并没有太多人知道吧。我不太在乎是不是我的代表作，我只是代表一个全球青年媒体在工作。

Q 您接下来有什么计划吗？

A 接着在 VICE 工作，10 年之后转行拍喜剧。

VICE 简单直接，不拐弯抹角

Q 7 年前大家了解镁光灯下的名人，会通过门户网站、BBS、邮件等。7 年后，可以通过微博、微信、互联网视频、纪录片等形式传播。在您看来，哪种形式的传播更好？

A 视频有影像和声音，肯定是目前互联网上最高级的一种传播形式。如果以后出现了更高级的，那 VICE 肯定愿意马上去尝试。

Q VICE 中国非常年轻，VICE 的受众也很年轻。是否正因为这种亲近感，能让 VICE 的产品懂得用什么样的语言与同龄人交流？

A 并没有太多亲近感吧。很多时候你与观众的关系是比较对立的，他们有很多要求期待被满足，但作为制作者，你不可能满足所有人的期待。你所说的"语言"是 VICE 在全球通过 20 多年的积累，打造出来的一套表达方式，那就是简单直接，不拐弯抹角。这种表达方式是可以引起年轻人共鸣的，尤其是在当代中国的语境下。

Q 很多人爱 VICE，是因为它能在碎片中凸显张力和冲突。您所理解的 VICE 风向标是什么？在这部片子中，最 VICE 的是哪一部分？您本人最 VICE 的一面呢？

A 这就是对 VICE 常见的误解之一。你所说的这些，都可以归结为"刺激"。 VICE 的真正独特在于它的观察角度和表达方式。他们不太把自己当作"权威"，不喜欢"俯视"着去"告诉"你什么东西。他们可以关注大家都忽略了的东西，也可以在大家都关注的东西上找到被忽略的点，重要的是把这些事情不加掩饰地、平等地还原出来，去刺激人们关注、思考和讨论。对于我本人来说，VICE 提供给我的是一套完整的方法，面对世界的方法。

Q 在很多喜欢 VICE 的年轻人眼里，它背负着强大社会责任和勇气。您觉得这个平台能够给年轻人带来什么？

A 千万别把社会责任推到我们身上，背负不起，办公室里也没有人是以这个目的来工作的。我们不强求任何改变，只是提供给时下的中国年轻人一套不同于其他媒体的思考方法，期待能给他们一些启发。真正可以让改变发生的，只有年轻人自己。我肯定给我儿子看 VICE，这也是在这里工作最崇高的一个理由：可以传播下去的知识，远远大于金钱的意义。

（原载于 2015 年 12 月 7 日《青春报》微信公号）

Q=《青春报》

A=Billy Starman

汪再兴 10 万＋后仍有遗憾

严莉 王宇航[1]

《博客天下》的“美丽新世界”系列报道，采访了多个知名网红和孵化器公司，历时两个多月，展现了“网红”身后的产业景观。

2015 年 8 月 26 日，上海，淘宝网开了一场“网红”现象研讨会，第一次系统梳理“网红经济”，赵大喜、ayuko、优依、陈小颖、夏夏、童唯佳、蔡珍妮在内等众多网络红人悉数亮相，他们的另一个身份是淘宝店主。

10 月，《博客天下》定下“网红经济”的选题，报道对象确定为淘宝网红，他们试图探究，“网红”为什么能够借助个人魅力改变中国经济。

有脑子的美丽是很大的价值

“美丽新世界”是《博客天下》前执行主编、商业版负责人汪再兴为这一系列报道起的名字，“《美丽新世界》是一本书，它讲述了一个虚幻又很美丽的世界，在那个世界里，人们很讨厌外表不漂亮的人。网红制造了这种梦想。”

汪再兴说，“网红经济”的选题符合《博客天下》的选题标准——趋势，而且这个趋势的背后有一个巨大的经济力量，可能是千亿级的。受普利策特稿的影响，《博客天下》经常思考《纽约时报》会怎么看待这一问题。汪再兴每周都要求记者看《SQ》《纽约客》和《纽约时报》，《纽约时报》是必看的，因为它每周都有重大事件的报道，经常阅读会对整个世界有很清晰的认知，培养准确的潮流感。

“网红经济”系列报道初定网红与中国女工、网红孵化器和网红经济链三个角度。操作过程中，记者们发现网红经济链与前两篇内容多有重叠，而明星开网店这一现象引起了记者的关注——身为明星，他们

《博客天下》“美丽新世界”专题系列报道

[1] 严莉，《青春报》2014 级成员，曾供职世禾娱乐；王宇航，《青春报》2015 级成员，现供职于北京东方优播网络科技有限公司。

不习惯身份的转变，甚至在最初非常排斥“网红”这个称呼，同时他们也认识到自己的“变现”能力没有雪梨、赵大喜这些网红强，从而产生一种巨大的失落感。

于是记者们调整选题策划，最终定下网红与中国女工、网红孵化器、明星网红、日本网红 4 个角度。

《网红女孩与中国女工》是专题报道的第一篇文章，也是主打文章，“它的故事最能体现中国的复杂面，同时也能够反映网红和中国经济之间的关系”。

推送当天，文章迅速走红，阅读量突破 10 万，这样的结果，在汪再兴意料之中，“有这么漂亮的女孩，又有写作的支持，加上中国制造业的这种立意，我觉得中国人是需要有这样的一种思考的。”汪再兴认为，“网红的身份敏感，话题性与娱乐性兼具，这点是网红选题吸睛原因之一。”

对网红幕后运营的报道，满足了人们的好奇心。以网红孵化器为例，以前大家或多或少知道网红背后有团队，有一条流水线的运营操作模式，但却不知道是如何操作和运营的，“我们（虽然没有）把那么完整、那么多有更好的料的故事告诉大家，但至少是比较清晰了。”《每个网红背后都有一条流水线》这篇报道的作者杨林说。

作为编辑，汪再兴认为稿件细节不够，用词不够讲究、文章结构不够巧妙。如果时间充足，他希望再加强女工与美丽的对比——“女工制造了美丽的物质基础，但美丽又离这群女人越来越远。一群平凡的女孩如何追求美而不得，一群漂亮女孩在美丽世界里如何为漂亮搏命。”

有脑子的美丽是很大的价值。这是汪再兴试图传达的观点，“网红拯救了中国制造业的冬天，如果没有这些网红，可能衣服只卖十块、二十块，但是有了这些网红，她们赋予了一种梦想，一种很美好的生活方式，这些衣服的价值就提高了。”汪再兴认为《网红女孩和中国女工》反映的并不是一个社会问题。而是两种女孩，前者帮助后者提高她们的生活质量。

行内人讳莫如深

—

商人要保守住网红的秘密，而记者要打破这个秘密。汪再兴说，哥伦布并不是第一个发现新大陆的人，有人发现这条航线有很多鳕鱼，会在春冬回溯。然后这些人对哥伦布说，如果你不告诉别人，我们就默认你是第一个发现的。“这群网红和她们的孵化器也不愿意去捅破这些秘密，就像‘鳕鱼航线’这种的，那我们就打开了。”

采访之前，杨林发现媒体对网红孵化器的报道非常少，有报道说，网红孵化器的老板其实就是以前在淘宝上的网红，他们做得非常成功，然后开始转型，希望可以把自己的成功经历复制到知名度低的网红中去。

杨林通过前期梳理了解到中国最大的两家网红孵化器，于是就开始约访。开始杨林很乐观，她觉得自己的报道可以提高网红孵化器的知名度，所以他们应该不会拒绝。然而事与愿违，他们对采访非常抗拒。

杨林了解到，这两家网红孵化器的老板曾经是关系非常好的朋友，但是各自开了孵化器公司之后，两人成为竞争对手，关系就变得很微妙。当杨林打电话给其中一家网红孵化器时，他会很谨慎地说自己不想接受采访，如果接受采访，部分商业机密就会传播出去，给竞争对手机会，另外一家网红孵化器也是如此。

“约访大概花了半个月的时间，一直在碰壁，打电话也好，发微信也好，发邮件也好，一直是非常含糊地拒绝采访。所以前期的约访大概就花了将近 20 天的时间。”杨林说。

起初，杨林约了 4 家孵化器公司，他们都拒绝采访，有 3 家是直接跟老板联系被拒，一家是跟他们的负责公关联系被拒。直到第 5 家孵化器公司，才勉强约到。

约访波折不断。孵化器公司的老板说自己的公司是一个低调的企业，不想接受采访。杨林向老板说明了自己做的是商业报道并不是八卦报道，而网红孵化器是网红经济重要的一部分，同时杨林向老板表达了自己对网红、网红孵化器的看法：网红是一个健康的群体，对经济有一定的影响，而网红孵化器对网红群体起到了规范的作用。最后，杨林对老板说明了自己拿到联系方式的艰辛。一开始老板说等她来杭州再说，但是在杨林的“步步紧逼”下，老板终于同意让杨林去他的办公室找他。10 月末杨林跑到了杭州去会面。

“我印象特别深刻，周六给他打电话，他说你到杭州之后联系我，然后我给他发短信，说我打算周日去杭州，问他周一有没有时间来聊一下。他说可以，周一晚上 7 点钟左右，他会从外地赶回来跟我聊，所以我就定了周末去杭州的车票。到了杭州再跟他联系，他又说第二天早上不一定能回的来，就让网红运营的负责人和我先聊一下，采访完那个总监之后，再约这个老板，他就突然变卦了，我又被他放鸽子了，并且之后以各种方式阻挠我们报道。”

杨林说这就相当于采访的缺失，这是她最大的遗憾。因为老板的妻子微博粉丝接近130万，也是网红。他妻子在淘宝上也开了一家卖服装的网店，交易额非常大，新品上架几分钟之内，就会售光。杨林原本计划采访总监、老板、老板的妻子，还有他们签约的网红，但是因为老板临时变卦，这些全部都没有完成。

在杭州的半个月，杨林换了很多家孵化器公司，适逢“双十一”，孵化器的老板也有自己的网店，所以杨林每次打电话给孵化器公司，对方都会在电话里面跟她吼，说自己现在拿出一分钟接她的电话，都觉得是在浪费时间。

杨林非常抓狂，一方面约不到人，一方面又被放鸽子。甚至连小网红都很难找到，签了孵化器的网红都非常抵触采访，她们不希望自己的“被运营”情况被粉丝知道。

文章中的网红王翔曾在微博上说过孵化器的事，在采访Lin家的时候，他承认了王翔是公司签的网红，一共签了6个，但是其他5个他并不愿意透露。杨林曾经试图用过各种方式约王翔，都没有得到回复。

采访结束之后，记者们对网红的看法也有所改观。《网红女孩与中国女工》记者李天波对杨林说，她本以为网红都是很高冷的，但实际采访会发现有两个极端：一种是像雪梨和陈小颖一样，非常害羞，不敢直视人的眼睛，手也不知道往哪里放，问十句话她能回答一两句，甚至可能有社交恐惧症；另一种是善于交际的明星网红，他们会自己说很多关于这个圈子的事。

给报道 6.1 分，给记者 10 分

—

每天打开淘宝店，汪再兴就会揣测，这些美丽衣服之下的年轻身体和灵魂都在想什么，她们的生活状态是她们照片中的这个状态吗？她们在塑造一个极其完美的生活，这在汪再兴看来是不存在的。他说，中国女孩和外国女孩是不一样的。中国女孩的美是被道德压抑的，就像小时候，女孩在青春期之前首先意识到了自己是个女性，美不美。很漂亮的女孩也会反复思考自己是不是漂亮的。“我觉得这些淘宝女孩是对中国女孩的一种解放，美丽并不是一种可怕的事情。”他觉得网红是非常理性美丽的一种人，不管是梦想还是外表，至少她敢表现自己，她们在理解美丽的价值，很具正能量。

中国网红与日本网红不一样，在日本，女孩更多的是兼职网红工作，而中国是全职，并且更加专业和商业化。所以，同样是采访网红，日本网红非常愿意接受采访，非常友善，而中国网红非常抵触。中国网红兼职没有生产命脉，因为她要形成一个产业链，背后必须有工厂，只有全职才能找到支持她们的公司。

现在网红的标配是锥子脸大眼睛，杨林的理解是，这是适应时下人们的审美。网红就是在不停地转变思想，流行的东西，网红就会去尝试，这样才能获得大量的粉丝， 而粉丝是网红经济链条中最重要的一环，它维系着网红和网红孵化公司的生存问题。

汪再兴认为，淘宝网红是一个趋势，是新经济的代表，包括电商经济。杨林也说，话题类网红需要不停地制造话题，才能把热度一直维持下去，但电商类网红不需要，因为他们有自己的经济实体，只要做得好，就可以在相对长的时间内维持下去。电商网红与孵化器公司之间的关系是一种利益导向的结果，符合经济逻辑和市场规则。

对于 “美丽新世界”的专题报道， 汪再兴给它打 6.1 分，但记者是完美的，他给记者打 10 分。

（原载于 2016 年 1 月 16 日《青春报》微信公号）

新京报　如何探访色情卡片背后的江湖

师晓炜

2016 年 4 月，一则关于“和颐酒店女生遇袭”的信息在网络上迅速传播。

《新京报》记者吴振鹏等人察觉到，女生酒店遇袭事件与卖淫团队可能存在关联。他们从酒店色情小卡片入手，经过近两天的采访，于 4 月 8 日发表《记者卧底解开酒店色情小卡片背后，不为人知的大江湖》一文，揭开了鲜为人知的一面。

快就是胜利

吴振鹏

吴振鹏，2013 年入职《新京报》，现任深度调查部记者。

Q 怎么想到要做酒店色情小卡片这个选题？

A 准确地说，应该跟和颐酒店女生遇袭事件有关。当时我们判断反转（炒作）的可能性不大，遇袭女生“弯弯”在长微博中提到，酒店可能暗藏卖淫团伙，卖淫团伙认错人的可能性很大。而她又并无直接证据证明这一点，给报道带来了空间。

Q 什么时候决定做这个选题？

A 整个报道的操作过程只有一天。6 日早上，报社领导和主编在作出判断后，认为可以挖挖快捷酒店的卖淫团伙，所以我们就去做了。其实很多热点事件，都市报都并无太多的考虑时间，快就是胜利。

Q 4 月 6 日、7 日这两天您都做了什么事情、采访了什么人？

A 除了探访，做的更多的就是找人。找快捷酒店的店主、愿意说出内情的小姐、娱乐行业如 KTV 的老板等 。当然，重头戏就是亲自约卡片上的小姐，然后见面。

Q 参与稿件制作的 4 位记者是怎样分配任务的？

A 记者赵吉翔、赵力除了探访快捷酒店外，主要负责在暗访当晚把守在酒店的楼梯间、酒店大门，观察小姐进入酒店的情况。例如，是否有其他人陪同，是否为“仙人跳”（指利用猎艳心理给人设计圈套，骗人钱财的行为）。还有另一位跑口记者李禹潼则负责找公安问一些卖淫团伙的情况。

Q=《青春报》

A= 吴振鹏

Q 3 名性工作者分别是谁采访的？接她们进房间时其他人在干什么？

A 都是我采的。另外两名老师就负责在楼道、酒店大门把守。

Q 这篇报道完成用了多长时间？

A 大概一天时间。6 日早上确定做这个选题，6 日白天记者赵吉翔和赵力分别前往市区多所快捷酒店探访，主要观察这些快捷酒店的安保及黄色小卡片派发情况。6 日晚一直到 7 日凌晨 4 点，我们都在暗访。我 7 日凌晨 5 点到家，中午 11 点睡醒写稿，7 日晚上交稿。大概 8 日凌晨 2 点多， APP 和报网上就刊登了。

2016 年 4 月 7 日凌晨，朝阳区 7 天连锁酒店（华威店）5 楼客房门口的色情小卡片

2016 年 4 月 6 日晚间，在 7 天连锁酒店（景泰桥店），色情小卡片“小妹”走出电梯

比这危险 N 倍的选题多了去了

—

Q 在安全方面有怎样的准备？

A 没有太多的准备，毕竟是在北京，如果只是一个性服务工作者和我接触见面，安全是有保证的。所以就得有人在楼道和大门把守，避免其同伙跟随进入。

Q 有应急情况的处理预案吗？

A 这个倒没有，很多时候我们都是随机应变。

Q 您觉得采访过程中比较危险的情况有哪些？

A 其实像我们，遇到比这危险 N 倍的题材多了去了，这个真不算啥。

Q 能说说采访 3 位性工作者的具体过程吗？

A 约出来的 3 个采访对象，我肯定是没有跟她们发生性关系的，这个是底线，至于具体过程，其实就是打电话、等、问。

Q 小妹和司机警惕性都很高，但您的采访对象说出来很多内幕，您是怎样在不引起怀疑的情况下套话的呢？

A 其实没有大家想的这么玄乎，见到“女王范”的时候，因为觉得她人比较单纯，就直接说我是记者了，但并不会泄露她的真实信息，只是想跟她聊聊背后的事情。当然也挺费劲，毕竟人家一听你是记者，就想立刻走了，但我说，你跟我说完，我不会让你白跑一趟，就跟给“车马费”一样吧。但另外两名女子就不太好处理了，一听我不是想做服务，就发飙了，最后好不容易才套出一些话。

Q 第一次采访那个穿白色衣服的小妹时，没有后来两次顺利，当时是什么样的情况？

A 当时我是以编剧需要获取题材为由跟她接触的，但她立刻打电话给鸡头，鸡头在电话那头就对我进行威胁，因此我也称要报警保护自己。

Q 最后稿件写作、统筹的时候做了哪些处理？

A 其实通过暗访，发现酒店存在卖淫现象，并不是我们最想表达的东西。稿件最主要想印证弯弯女士长微博中提到的酒店存在卖淫团伙这一点。尤其是北京快捷酒店跟卖淫团伙之间的关系。

Q 做嫖娼选题会不会有一点顾虑？

A 肯定会有的。一方面，舆论对记者暗访性服务工作者本来就持否定态度，因为目前在中国国内，对嫖娼持一种很分化的观点。在很多国家，提供性服务是合法的，但在中国不是。国内一些人认为客人给钱，性工作者提供服务没有太大问题，记者去曝光性工作者可能会让她们变成弱势群体。而且媒体应该揭露社会的丑恶面或者公权力的滥用，而不是去针对这样的一个群体。所以这个报道中我们并没有做关于性工作者的不好的东西，而是证实了酒店存在安保漏洞，确实有卖淫嫖娼团伙的存在。

另一方面，还会担心我们这样做了之后到底能获得多少干货，暗访的过程我们又如何让自己规避掉法律风险等。

Q 具体该如何规避法律风险？

A 因为国内嫖娼犯法，对记者采访又没有相关的法律保护。在平时的工作中，如果涉及到法律的话，我们一般都会规避风险，不去做或在不触碰法律的前提下去做采访。如果有一些采访真的触碰到法律的话，我们可能会事先和警方报备。而对于这个选题，我们没有真正去做嫖娼这个事情，没有触碰到法律，所以当时没有报备。

Q 您觉得这篇报道还有什么遗憾的地方吗？

A 第二天我也留意了下报道的反馈，各方意见都有，但总体来说报道的效果还不错，尤其是紧追热点，挖掘事件背后的事件。遗憾可能是在快和深上，我们无论倾向任何一方，都可能被人诟病。假如你真的花上一两个礼拜，打进卖淫团伙，事件的热度可能就会过去。

Q 如果还要做后续报道，您准备怎样做？

A 可能会想办法打进他们的团伙，还原他们真实的生活，想办法知道他们是怎样操作北京的这个卖淫的行业的。

（原载于 2016 年 4 月 12 日《青春报》微信公号）

果壳网　赛先生常与人性为敌

苏行　詹方歌[1]

2015 年 3 月 23 日晚，果壳网“科学人之夜”在北京自然博物馆举行，活动公布了“科学人”栏目聘任的首批科学顾问名单。果壳网曾喊出“成为中国的 Discovery”的目标，希望在新媒体时代让科学和技术的传播变得引人入胜。

果壳网的创办者姬十三在一次洗澡中想到了这个比喻，并决定用“果壳”来命名这个网站：网络是我们的果壳，然而我们在这里谈的，大至宇宙小到原子，没有什么能束缚我们的好奇。

青春报　2015 年 4 月 10 日　第 101 期　THE SPRING NEWS　文化　D03

果壳网 赛先生常与人性为敌

[1] 詹方歌，《青春报》2014 级成员、主编，现供职于博雅天下“市界”栏目。

科学传播中要有人

—

4 年前，果壳传媒在京召开发布会，宣布果壳网上线。发布会上，姬十三说：“我们的目标始终是面向公众倡导科技理念，让鲜活的科技内容走进流行文化。”

2014 年 11 月 20 日，“果壳”上传了自己的第一期视频节目《科学 Bang-BangBang》，4 个月后，果壳推出了《科学 Bang-BangBang》的访谈特辑第一期。对于果壳网来说，视频几乎是个完全陌生的领域，选择用视频的形式呈现，有果壳网自身的考量。

网络发展到今天，文字和图片太容易被复制与粘贴，为了保护自己输出内容的独有性，做视频成为了果壳一个很好的选择。而随着移动 4G 的普及，果壳通过移动端传播他们节目的机会也被大大增加。

同时，通过视频的形式，可以将科学与具体的人物形象结合起来。果壳网主编徐来认为，中国当代科学传播存在的最大问题就是没有人的形象，而人又是科学传播当中非常重要的介质。因此他们要做的就是将一个真实的人和科学捆绑在一起。想要通过一档节目积累起一个形象是不可能一蹴而就的，果壳寄希望于五年十年甚至更长的时间，去打造一个科学传播代言人。

节目播出后不乏争议。通过数据分析，果壳发现，与同类型节目的提供者相比，果壳的顶踩比非常低，即支持和反对的人数差距非常小。

徐来说，一方面，所有人在做的时候都会尽量把专业内容大众化，但科学本身是严谨的，一旦大众化就会出现偏差。所以果壳的内容会比其他提供者提供的内容更加艰深，同时也就意味着接受程度可能下降。另一方面，科学必定是挑战大多数人的常识和舒适区的，《盘点 2014 十大科技谣言》推出后，在优酷上的顶踩比甚至达到了 2.9:1，他们的工作是在与人性做斗争。

破解时间最长的谣言，耗时 5 个月

在徐来看来，相信谣言很可能是存在于每种生物基因中的普遍现象。“非洲草原上有很多角马，突然有一天角马跑起来了，很有可能是某只角马觉察到了危险的到来。而对其他角马而言，他们做的最简单的事就是跟着一起跑。或许有一些角马因为停下来察看而被狮子吃掉了，所以这种质疑的基因也就不复存在。”

人类也如此。如果有人说做某件事的成本很低，却能最大限度地规避风险，那么一个相对理性的做法就是不评判对错，先做了再说。他拿起一支笔：“如果我说，握着这根笔就能够避免被雷劈，那么你肯定会拿着，对吧？但是我要去证明这是错的，就需要更高层次的认知。所以我们要做的事就是把远的东西拉近。”

为了避免使“谣言粉碎机”变成“谣言制造机”，果壳会搜集各种各样的谣言，然后将一个谣言肢解成很多部分，将每个部分交由不同学科的专家分析，逐个击破。破解时间最长的谣言，从选题到文章发表，用了将近 5 个月。

除此之外，果壳还保证每一篇辟谣文章背后都有大量的参考文献“最多的一篇文章，我们列举了 20 多篇参考文献”。大量的参考文献不仅能够确保辟谣的真实性，更能使一些高阶的读者有按图索骥的可能。

即便如此果壳网的辟谣也很难被部分人接受 。“当你知道的越多，你就知道自己不知道的越多。”果壳网在对互联网用户的年龄层进行分析后发现，这部分人大多处在青少年时期，他们对于世界的认知不多，更愿意激烈地表露自己的态度。另外一些人只把攻击当做一个娱乐或发泄的渠道，这样白噪音会越来越大，人们也越来越难从白噪音当中去把自己的声音放出来。

说到这儿，他笑得很牵强。“对于转基因的剖析，我们的辟谣已经很温和了，但是很多人不能接受。很多人觉得你的立场和我的不一样你就是错的，你就是美帝国主义派来毁灭中国人种的！”徐来表示，果壳网在辟谣的时候已经把起因、经过、结果说的很明确了，但有人根本不看，不相信。“这挑战了他原有的认知，他就会说‘你他妈就是错的’。”

科学可以有意思

—

在徐来的眼中，科学传播的娱乐化对于科学知识的普及是很重要的。“你直接扔一个欧拉公式，你可以说你看这个公式多美啊！多平衡啊！”忽然，他话锋一转：“但我得深入认知这个东西，我才能知道这个东西美在哪里对吧？你就告诉我，这个花园真的很美，我靠，它门在哪儿呢？”

他举了一个例子，根据一个抽样调查，在《实习医生格蕾》播出前，艾滋病母婴隔离技术在美国的认知度很低，而播出之后则突然暴增。“这是你写再多的科普文章、接受再多访谈都做不到的。”

果壳网也尽量让科学变得有意思。3 月 14 日是国际 π 日，果壳网组织了“大家一起来画圆”的活动，得到了网友的广泛参与。徐来说，发起这个活动的本身就是要吸引大家来做这件事情，通过跟受众的互动促进信息的传递。让大家在科学中玩儿起来。

普及科学知识，更应该给大众讨论的机会，也给科学一个正面发声的机会：“现在有很可怕的一件事情，在科学传播界内部有人希望通过权力来推行正确的东西，来碾压错误的东西。为什么要去碾压它呢？你连跟它正面对抗的自信心都没有吗？”徐来觉得，科学界应该有跟反对者面对面辩论的勇气。“你觉得你做的事情是正义的、正确的，你就应该坦然。”

怪咖团队

—

在果壳办公室里，一群热爱科学的人走到了一起。

果壳网办公室后门有个遥控开关，曾有员工做了一根魔杖，将遥控开关放在魔杖底下。每当有人需要开门就把魔杖往地上一戳，门就开了。果壳参加世界科幻大会的竞标，并承办 2014 年第五届全球华语科幻星云奖，这些都是出于兴趣。

“这个办公室里有着各个学科的头脑，他们会常常碰撞产生一些奇妙的东西。”拇姬扬着眉，语气中透着自豪。3 月 18 日下午，徐来在微博中说：“办公室里有人喊了一句‘有环天顶弧’，一群人抄家伙就冲下楼。”因为出现时间太短，果壳并没有拍到环天顶弧的真容，徐来在微博中说“你赔！”

果壳网也能够聚集起这些科学严谨和热情的人共同发声。“比如说我们最近一直在针对《奇妙的朋友》做事情，我们有很多同事就是学动植物、野生动物保护的。他们对这些事情非常敏感。”

3 月 23 日，果壳网正式发布中国互联网行业最大的吉祥物——果壳綦江龙。这是其发现者邢立达为了纪念果壳网在知识分享上取得的成就而选取的。正在现场的徐来说自己当时都要哭出来了：“我们（果壳网）在漫长的地质年代里，留下了一点自己的印记。”

徐来能够理解很多人不能明白科学的乐趣：“子

非鱼，安知鱼之乐嘛。”果壳网经常采访国内外知名科学家，而大众在阅读这些科学家访谈时很难理解其中的内容，徐来坦言，这种访谈的受众是年轻科学家或者高阶科普读者。他举了个例子，果壳网曾经采访到曼彻斯特大学高能物理学家布莱恩·考克斯，但是这位科普偶像在国内科普圈知名度不高，也鲜有人关注果壳网的采访。但这件事却在果壳办公室里投下了一枚原子弹，“砰的一声”炸开来。“哇！我们居然采访了布莱恩 · 考克斯，我激动得尿裤子了！”拇姬眉飞色舞地说。

离钱更近

2014 年底，果壳筹得 C 轮 2000 万美元投资，姬十三在公开场合表示接下来他们要做的事 “离钱更近”了。一些果壳的死忠粉担心果壳“离钱更近”就会离宇宙更远、离严肃的科学更远。对此，徐来说，离钱更近不但不是坏事，反而是件好事。

“离钱更近”让他们有可能打造一个更完善的平台，挣更多的钱。不少人会觉得在科学面前谈钱很庸俗，但果壳认为，挣更多的钱才能让有意投入到这个行业的年轻人意识到，这个行业是有钱可挣的，只有这样，科学传播行业才有可能持续发展。

在 C 轮投资的支持下，果壳把精力投入到了 MOOC 学院的建设上。与其他提供在线教育的网站相比，MOOC 学院有一个完整的教育过程，并且可以提供有效证明，同时也对学习者提出了更高的要求。果壳有志于把 MOOC 学院打造成一个网络大学。

“离钱更近” 的同时，果壳也仍然在坚持一些东西。徐来举例说，“比如保健品的广告我们就不接，不是因为你的理念与我的有冲突，而是你本身就是我打的！”

果壳坚持不能为了让用户容易接受而伤害严谨性。“哪怕没人看，我也宁愿我的东西做得更严谨。”

如同大爆炸前悬浮在没有时间的真空里的奇点，或许一待时机成熟，现在的果壳就会像一场宇宙大爆炸，放射出无限能量。

（原载于《青春报》第 101 期 D03 版）

蒋方舟 《新周刊》如何测量时代的体温

蒋方舟演讲

戴敏洁 陈展羽 刘欢畅 贺千雪等整理

我不是个很优秀的新闻系学生。在清华时逃得最多的就是新闻系的课，差不多没有完整地听完一堂课，一般都是上一半的时候，老师回头在黑板上写字，我慢慢往后门蹭，等老师写黑板字突然回头的时候，我就在后门那儿定格住，维持一个将跑不跑的姿势，很尴尬。

我之后也会讲到，是什么时候我才和新闻系产生了一个情感的联结。另外，我也不是个称职的新闻从业人员。现在我在杂志社基本是一个吉祥物一样的存在，不太干活，偶尔写写稿、需要我“出台”的时候出台，编务做得很少，更多时候做自己的小说写作、非虚构写作。

1996 至 2001 年是《新周刊》最辉煌的时候，虽然现在不是它最辉煌的时候，但是它现在还不忘初心，在做着 20 年前的目标：坚持“测量时代的体温”。

我和《新周刊》的故事

直到高三，我已经写作十几年了。高三那年，我成功将自己洗脑为一个除了学习和早恋什么都不想的、内心非常麻木的非主流。老师给我这样一个学渣定了一个考清华的目标，那一年我将自己塑造成什么都不想，什么都不问的学习机器。

2008 年的春天，两个看起来很凶的男人（执行主编封新城、首席摄影张海儿）来武汉华师一附中找我。张海儿无意识看到凤凰卫视《一虎一席谈》的聒噪节目，我作为嘉宾寥寥的几句话引起了他的注意，引发了他想要采访我的想法。

那时距离高考还有一个月，一般这样的情况班主任是不会同意采访的。但是我高中班主任有两大特点：第一，认为自己是一个很厉害的知识分子，最喜欢的杂志是《新周刊》；第二，她很想红。所以和他们一直讲“采访我，采访我啊”。就这样，她恩准我某天下午在一个狭窄的办公室，接受了两到三个小时的采访。

我现在回看当时的采访，觉得自己是个自我意识偏差很严重的女孩子，当被问到爱情，我说“恋爱只能找一个 60 岁以上的人，60 岁以下制服不了我”。我不停以惊人的话来“取悦”他们。采访过后，他们又采访了我身边的 6 个人（父母、朋友、老师），写下了《蒋方舟：18 岁我身心合一》。在封新城心里，他认为我内心同时有两辆相向而行的火车，心理上不断年轻，身体上不断变老，火车会在 18 岁的时候相遇。

这是个很有意思的预言。

我认为直到去年我才真正实现身心合一，真正从里到外成为一个二十六七岁的成熟女性。

他们还采访了我妈，我一直都不知道我妈对我的看法，她对我的评价一直是很粗暴的，但是她在采访中说：“我女儿始终是一个怀疑主义者，她对老师、同学的意见包括书本从来都不轻易相信。她同时内心有非常强硬的东西支撑着她的世界观，这也可以说是她的癖性，天生的。她最爱的一句格言是王安石的‘天命不足畏，祖宗不足法，人言不足恤’。她的人格偶像也是王安石。”所以我是个具有怀疑精神以及对权威不信任的人，从小就是。可能是我的特质打动了他们，觉得我和他们的性格、和《新周刊》有契合的地方。

于是高考结束的暑假，我收到《新周刊》的聘书，那时我 19 岁，成为《新周刊》最年轻的特约记者。所以我在上大学之前很意外地成为一个新闻工作者。

对我来说，2008 年还有个大的转变。一方面是地理距离上的转变，从湖北到北京；另一方面是内心角色的转变。我从小就开始写作，做专栏作家，但我更关心的是身边同学的那点事情：个人情感、家庭、老师、学校，后来可能关心历史。我关心的可能是不那么社会化的事情，我看的书多是小说，尤其是经典小说，探讨的多是永恒的问题，比如爱、欲望、战争、生死。但是很多社会化的议题我其实是完全不感兴趣的，是个文艺女青年。

上大学读了新闻后，我开始对社会议题感兴趣，开始关心周围人的命运、社会趋势的变化，关心政治、经济的变化，关心权力更迭。这类的转变是怎么发生的呢？有一个很重要的节点。

2008 年，我为了考上清华，把自己变成一个学习机器，什么都不想，每天想着该怎么考好、超过别人，想着“这两分不该扣的” 。以前和妈妈聊的都是小说哲学，现在打电话都是学习。我妈还觉得我“送出去是个文艺青年，现在怎么变成一个傻子”。其实我自己也意识到，我不愿被应试教育洗脑，不愿成为标准意义的好学生。骨子里依然是怀疑主义者， 是不信任书本、不信任权威、不信任老师的人，有着这样的自我意识，所以我决定改变自己。

2008 年汶川地震，高考结束的第二天我就订了车票，偷偷去了成都、绵阳、绵竹、都江堰和北川。北川已经是满目疮痍，一个月后的现场仍然惊心动魄。

那对我改变很大，我写了文章。我急切地想一个人闯灾区，洗礼自己帮助别人，像刚学走路的时候，刚能站住就忙着挣脱母亲的手，重心向前跌跌撞撞，不多久又回到母亲那里，举起双手要抱起，就可以回家。不多久，我又能若无其事地活着，但是快乐不再是一件理所应该的事，需要请示一个比自己更大的自己，而她多半不同意快乐这件事情。

我觉得我在灾区其实并没有真正做出什么东西，没有真正提供帮助。首先我们的生活短暂联系后又分开，我又继续开始在清华过自己的生活，他们还依然留在废墟。其次当我们面对苦难，可能会发现自己很无能为力，所能改变的有限，而且你工作完成之后又回归日常生活，而报道的苦难仍然在原处，所以可能会有很大的苦闷、不信任、虚无的感觉。

但是我们会学到很多，比如说我学会了快乐不仅因自己而快乐，每个人的命运可能与别人有关系。面对他人的困难，虽然没办法感同身受，但还是需要理解的能力。再比如说作为记者，你的感知能力会敏锐很多，这是新闻工作者最了不起、最珍贵的能力。

2009 年我作为《新周刊》特约记者，进行了人生中第一次采访，采访对象是曾轶可。她当时在参加 2009 年“超级女声”比赛，我是在比赛过程中采访的她。当时我们做了一期“90 后”专题——“他们不是另一代人，他们是另一种人”，曾轶可是采访对象之一。

在我看来，曾轶可是一个很“奇怪”的采访对象，因为一般被采访的人都非常愿意表达自己对社会、对他人的看法，或是诉苦，或是分享自己的心路历程。但曾轶可不是这样，问她什么，她就说“还好吧”，或是说“对啊，就这样”，所以采访实录整理出来很怪异，我说一大篇，她回应寥寥几个字，当时我完全没有采访经验，所以是一段很尴尬的采访。但后来曾轶可把我视为圈内好友，不知道这种感觉是从哪儿来的。

虽然这是一个尴尬的采访，但也是个很真实的采访，因为曾轶可展现出来的，就是她本身作为一个忽然被关注的90后的状态。我觉得有意思的恰好在于她面对采访时的声色和笨拙。她不是一个被名利场打磨得圆滑乖顺、对名利非常熟悉的一个人，而是在选秀状态当中，忽然受到关注。所以在她身上，作为一个“90后”样本的天然状态还没有被磨灭，是一个很有意思的样本。

采访曾轶可之后，我写了一篇文章，里面说“90后是伪物种，伪物种严格限制成员，排异性极强，内部也有明确的分化。90后掌握最领先和敏锐的工具，获得最全面和前沿的资讯，他们过着最封闭最自我的生活。他们创造和掌握最难懂的语言，他们使用最贫瘠最结巴的形容词。”我的理解就是：虽然“90后”掌握很多先进工具，但他们的文化生活很贫瘠。

我现在再看这段话，虽然是七年前写的，但感觉没有发生太大变化。譬如现在很多年轻人如果离开表情包就不会对话了，因为会发现自己的形容词非常贫瘠而且扁平，这种扁平并不只发生在中国大陆，是一个世界范围内的事情，很早以前在台湾就有出现。在当时台湾人的聊天中，除了“哦、好棒、好屌”之外就没有别的词汇了。

新时代语言的贫瘠最早出现在台湾和西方社会，现在中国大陆也开始有这样的趋势——我们习惯用既有的表情包、夸张的词汇、表情和动作来代表情感，但其实我们内心的感情复杂细微。我有一百种好奇，不是一个黑人脸问号就能表达出来的。

所以你就会发现，这其实是《新周刊》的一个特点，很多文章选题策划，包括它给时代定的标语，无论是10年前、7年前还是5年前，到今天依然是成立的。说到“测量时代的体温”，我觉得我们杂志在这一点上的完成度很高。时代的体温不断循环轮回，而《新周刊》一直都比较成功地诊断了时代现在的体温，并且成功预判了时代未来的体温。

《新周刊》是一本什么样的杂志？

—

《新周刊》是一个创刊了20年的杂志，在中国不太有这样的期刊。它创刊于1997年，那一年香港回归，在中国权力体系上完成了更迭，这种更迭不仅仅指领导人的更迭，更是一种广义的政治权力更迭，从强权政治到相对开放的格局，《新周刊》的成立赶上了一个好时候：处于两个时代交界的夹缝处，堪称千年未遇之局。

我小时候读尼采的《查拉斯图拉如是说》，书中尼采有一个结论：伟大的艺术作品往往出现在两个时代变化的缝隙中，旧时代还没有完全结束，新时代也没有完全成立，在旧时代和新时代的夹缝当中，恰恰是最有生命力的年代。《新周刊》就恰好赶上了这样一个时代缝隙。

《新周刊》是一个"说人话"的杂志。1996至1997年间，杂志的封面和标题还非常正统：譬如《回望改革开放》《展望新世纪》等。但后来觉得，人讲话不会这么书面化，便采用了一系列很有冲击力的标题。

2001年做过一期《狗日的户口》，直到现在，我依然觉得这是中国期刊史上头一次把"狗日的"印在封面上。往前倒两年，我们做了一期《砸烂电视》，那时电视还是一个很受尊重的媒介，不管是在中央还是地方电视台，电视工作者都以此为荣。此时，《新周刊》提出"砸烂电视"的口号，就在短时间内获得很高的知名度和关注度了。但这和现在那些引人注目的微信公号标题还不太一样，比如有些亲戚群里经常发一些链接，都是"局长打开女下属的卧室，惊呆了"这一类标题，点进去发现并不是想象的这么一回事儿，让我觉得很可笑。

现在自媒体所谓的"说人话"其实并没有说人话，看标题以为是在传达很有普遍意义的观点，但实际上它们都经不起推敲。比如很多女生看营销号或是时尚的自媒体，里面说"女生20岁之前一定要有的5款包包"。它不给你原因，只给你简单粗暴的导向消费主义的结论，你也不去怀疑它。其实这样的结论根本经不起推敲。

而《新周刊》每一期都要经过很严密的讨论、沟通、彼此否定和自我否定之后，才会确定标题，不是单纯把脏话或是耸人听闻的词语印在封面上。

另外，《新周刊》在中国期刊上是"最喜欢总结中国"的一个杂志。现在我们的杂志有470期左右，所有封面上出现最多的两个字是"中国"。比如《wow china 奇异中国》，是这么多年来我最喜欢的一期。当时我们讨论怎么去做总结中国的图像特刊时，其中一个图像编辑说了拉康的理论：以他人为镜像时，我们才能更大可能性地看清自己。由此提出让外国摄影师来拍中国，让中国人来看外国人看中国的眼光，和中国人自己有什么不同之处，以此来修正自己。

我个人觉得这个选题非常好。后来我们就找了50个外国摄影师来拍中国，有乡村的中国、马戏团的中国和城镇的中国，在这些照片里，我们可以看到外国人看中国的眼光，和中国人看自己的眼光是不一样的。

还有一期《421中国》，阐述的是一种家庭金字塔的结构。姥姥姥爷、爷爷奶奶是4，2是爸爸妈妈，1是独生子女，讲的是这样一个家庭结构对独生子女的社会关系和个人性格的影响。

我昨天找了一些带有中国字样的杂志：譬如《中国不踢球》《中国梦》《还有多少中国味儿》《中国单身报告》《中国怎么想》《中国有多贵》《中国腰围》《丑陋的中国男人》等。由此看来，《新周刊》是一个非常热爱总结中国的杂志，虽然每次在出版集团里我们都被批评，但其实也能反映出我们媒体特别热爱总结中国的特点，是一个"中国控"。

除此之外，它还是本“直男癌”的杂志，而且是老男人的直男癌。非常油腻的、从上而下的直男癌。举几个近几年的例子：《我的故乡在 80 年代》《听说爱情还会回来》《让我们谈谈养生吧》《当你老了》，非常“中年”，都是《新周刊》在瓶颈期做的专题，它流露出的一种衰老意象，让我很不满。

为什么会出现从一开始我们的标语中所说“我们所做的一切努力，都只是为了更‘新’一点”，到后来很无聊地谈养生的地步。我觉得《新周刊》是一个个人气质非常明显的杂志。很长时间内，都是封新城本人性格的写照，譬如《爱情还会回来》因为他失恋了，谈养生是因为体检出了身体状况。创刊时他是一个 30 岁的男人，现在将近 50 岁，个人趣味也发生了很大的变化。

应该是封新城意识到了不能因为个人气质的衰老而致使整个杂志衰老，这可能也是找我加入的一个重要原因，但我在杂志社呆久了，也会被直男癌的氛围所感染。比如在杂志社，过了 30 岁的女性就会被称为“老娘们儿”，这已经没有太多性别的意味，所有女人过了三十岁就“不再是一个女性”，被人呼来喝去，在二十岁享受的所有特权和嘘寒问暖都不复存在。《新周刊》是一个非常非常“直男癌”的杂志，当大部分中国杂志向女权倾斜的时候，它依然是个很“直男癌”的杂志。

但另一方面，它又是一个很“反直男癌”的杂志。譬如曾经做过的《她世纪》系列杂志，总的标题是《男人没了》，分为三部曲：第一期《男人没了？》，第二期《如何装一个男人》，第三期《丑陋的中国男人》，第三期封面用的是封新城自己的肖像漫画。

我认为《新周刊》是一本很有自省精神的杂志，如果它代表的是一个个人，那我认为它是个很“射手座”的人——在表达观点时非常清晰决断，在自我推翻和自我否定时也毫不留情。《新周刊》很有个人气质，如果把它形容成一个个体，它就是一个在城市当中生活到 40 多岁，掌握一定话语权，看似看透一切却有一些天真孩子气，面对着中年危机，对时代有愤愤之情，还想把自己小日子过好的一个复杂且多面的中年男性形象。

谈到为什么会有《新周刊》这样一本杂志，“一群人、一个杂志、一个时代、一个传奇”，其中最重要的就是“一群人”。

回看整个杂志发展的过程，我觉得创刊至今，最重要的有 4 个人：第一个是封新城，他在去年离开；第二个是副主编周可，他是学社会学的，所以经常会用社会学眼光看社会；第三是令狐磊，他是这些人里最热爱杂志也是最懂杂志的。他和《新周刊》的缘分和我很像，大学时特别喜欢看杂志，尤其是《新周刊》，所以在读大学时他自己做了一个调查报告，调查中国所有杂志现状，分析个人看法以及对理想杂志的理解，并将调查报告寄给封新城。封新城认为令狐磊对于杂志的理解很深刻，就在他大学尚未毕业的时候聘请他为主笔，当时令狐磊 23 岁。

这也可以给大家一个启示：虽然大家现在在大学里，按部就班地根据老师的步骤学习、做事，但你成长的速度不一定要按照学校和课本教给你的速度成长，你应该放任自己的热情，把自己成长的速度提高一点点。

大学应该怎么过?

—

我小时候读过茨威格的《昨日的世界》，这本书对我产生了很大影响，里面讲到他们当时还是初中生，初中班级里所有人都非常热爱文学，私下也经常交流文学，当老师还在用红笔为他们修改标点符号和错别字的时候， 他们私下已经在讨论最前沿、最高深的，甚至大学教授可能都没看过的书。就是说，他们成长的速度远远超过了老师教给他们的速度。

这对我的启发特别大。学校提供的教育不是不好，而是这种整体的教育提供的是最平庸的速度，但是这其中肯定有人对于某件事情、某种专业有格外的热情，不论这是新闻、杂志还是二次元，他成长的速度远远超越老师教授的速度，这样的大学是没有荒废的，这种成长速度比学校教育重要的多。

我在大学经常逃课，没完整上过课，几乎每门课拿到 65 到 70 分就觉得完美，不要太高，倒数第 4、5 名，但是我每周已经在和中国最好的做杂志的人做选题。这是很大的反差，我当时在学校是很差的新闻系的学生，但却在最广的职业层面上和我敬仰的高水平的新闻老兵讨论选题。大家还有几年就面临就业，不是到了毕业半年才考虑建立，只是生存，但是人的一生非常漫长，你没办法只靠生存度过一生，这是很无聊的，只有热情才会支撑你做得更久。

无论大学还是初中，你都可以寻找自己的热情，因为有了热情，你会以更超前、更专业化的要求让自己投入很多感情，当你毕业或者 30 岁的时候资本比其他人高很多。职业化的累积比你的 GPA、社团、做主席、出国留学重要很多。

胡赳赳是我当时在办公室的第一个上司，他特别爱算命，凑在一起都能演西游记了，是“妖魔鬼怪”的一群人，组成了这样的一份杂志。我 2012 年大学毕业，那年完全不知道自己该做什么，我虽然学新闻，但却不确定我能不能干下去，还要考虑一些现实问题：该不该为了北京户口到《人民日报》、或者继续读研、出国。很多人选择出国，说出国好。当你工作时别人会问你怎么不读研，你读研他会问你为什么不出国，而当你出国时别人就会沉默，因为大家都觉得出国差不多是一个最好的、不需要解释的答案。

当你拷问自己的时候会发现，出国干什么？真有那么大的热情吗？所以大家都考研的时候我就没考研，没考雅思，也没投简历，因为我当时是工作了，差不多是等死状态。后来我就跟我们杂志主编说我不知道未来干什么。

主编说“你来我们杂志做副主编吧”，我说“好”，但是我有条件，我希望在工作的时候有自己的时间和空间考虑未来可以做什么，这可能是我阶段性的工作。这看来的确是很无理的条件。主编仍然说“好，没问题，你可以把它做一个过渡的跳板。你可以做《新周刊》副主编的同时做你自己的事，不耽误你出国、读书、旅游、嫁人，都没问题，但是职位还是你的。”他都给出这么催人泪下的条件，于是我就答应去做副主编，每天不上班，写自己的小说，就每个周去开选题会然后拿工资，过着幸福的生活。

《新周刊》是怎么做选题的？

从2008年算起，我在《新周刊》差不多8年时间。《新周刊》的选题会有几个原则：

一、基于历史感的趋势原则。

历史会有一个很大的方向，《新周刊》的很多选题就是基于对这个方向的把握。我们做过一期围观改变中国的选题，当时大V还是一个很光荣的称呼。2011年有很多公共事件在社交媒体上引起很强的发酵和问责。

比如，当时“温州动车事故”在互联网上引起了特别大的问责，很多人都追问责任应该归咎给谁，责问中国高铁发展的速度，责问这个事件的处理。当时微博有一个很强的问责机制，出现一个事情，大家都来围观，而且相信围观可以改变现有的中国权力体系。

当时国外的媒体也做了类似的报道，觉得社交网络可以对中国的政治起一个非常大的改变作用。但很遗憾，围观并没有改变中国，现在很多事情没有问责，没有人去责问这件事谁该管，谁做错了什么，是不是政府的失职。而大家就是祈福和点蜡，把很多事情诉诸情感，事故之后，死者好好走，生者好好生活。

我们做这个选题是对历史趋势的一种预测，我们预测中国的社会会因为社交网络有所改变，虽然这个预测是错误的。

二、基于市场需求的独特原则。

《新周刊》做了很多城市生活的特刊，比如《第四城》讲的是重庆，这一期卖了10万册，8万册都卖到了重庆，这就是出于销售技巧的考虑。

三、基于社会学想象力的扩展性和延伸性原则。

这也是一个对社会现象的观察和总结。当时做了一期《未富先懒》，前不久流行的“葛优瘫”，反应的是一个社会心态，我们在很多年前做过。它反映的是一些还没有取得社会意义上的成功的年轻人，不想工作，不想干活，只想瘫在家，放下手机、关上电脑，去外面走一走，然后你会发现手机和电脑有多好。这就是年轻人的心态。但是它其实是一种社会学的延展，基于社会阶层的板结，会觉得上升是没有希望的，前途是原生家庭决定的，富二代们已注定比别人起跑领先，其他人追赶不上，隐藏的是年轻人对于社会阶层的流动丧失信心，背后有一个社会学的想象力和延伸。

另外我们还做过一个“坏经济会让人变好吗”的选题，谈的是经济和道德的关系，我们理想的想法是觉得经济不好，想挣钱的欲望没有那么强，人们更应该抱团取暖、相互帮助，你对我好，我对你好，但这是一个理想的模型。

真实的模型里面，坏经济只会把人变坏，彼此之间越发地缺乏安全感。我想到之前在微信看的文章，看完很生气，题目好像是叫《你弱你有理》，这篇文章骂了很多弱势而且去求救的人，很多人觉得弱势不应该成为你去绑架别人的资本。

但我觉得这个事应该这样理解，弱者应该分为求助型的弱者和不求助型的弱者，求助的弱者会让你有讨厌感：你为什么抢夺我的资源，占用我的公共资源？但是不能因为这个就否定全部弱者，因为弱者还表现在话语权分配的不均匀，农村、城镇的人没有发声和求助的渠道，在话语权上很缺失。在这样的情况下，你依然指责他们因为弱势抢占公共资源，这是一个很不公平的事情。

当时这个文章有很多人转，因为包括我，很多人都遇到过一些因为穷而借钱不还的人，但这是个例，不能因为个例去否定你对弱势群体的同情心，这是一个坏经济带来的很恶劣的影响。大家开始指责弱者，不帮助弱者，冷漠对待弱者，给他们一个很难听的称呼，认为就是所谓的“你弱你有理”。

我们做的这个选题其实也是一个社会学想象力的模型。当时提出一个问题，两三年之后才得到回答，就是“坏经济并没有把人变好”。我们当时用了一个问号，这也是一个有意思的地方，因为我们也不知道答案，而是抛出问题，去采访专家，他们有两方面的意见，然后我们把这些想法都展示出来。

你们以后在遇到杂志选题的时候，这是一个可以考虑的思路，对这个问题感兴趣，但是没有答案，可以把它当做是一个对时代的问题，先抛出来，采访不同的人，听取不同的意见，把这些意见如实地展示出来，也许当时当刻并没有答案，但几年之后时代一定会给你回应。

四、吸引目标受众的关联原则。

《我的故乡在八十年代》这篇报道吸引的是对八十年代的情感、歌曲、电视剧、流行文化和八十年代的理想主义感兴趣的人，不仅仅是70后，也有许多80后对这些内容感兴趣。比如我是1989年出生的，但可能我更贴近“70后”，那么我也会看，也向往理想主义的氛围。再比如《95后，我们可以谈谈吗》，吸引的就是95后和他们的家长。

具体的操作上面，我们的一个专题有七八十页，连图带文，差不多会占到杂志一半的篇幅。那么这些专题的组成和形成主要通过以下方法：

1. 头脑激荡法。大家在一起开选题会，讨论这个主题，然后相互辩论，形成一个初始的框架。

2. 专家意见法。比如说谈到两性的问题，我们会采访一些专家，比如两性专家、社会学家、情感专家、作家、演员等，靠他们的意见给这个选题做一个更明确的框架。

3. 关键词法。比如说我们当时杂志上做了一个“我不是装，我只是刻奇”，那是我整个策划的一期。“刻奇”其实是一种自我感动、媚俗。比如那种“不转不是中国人”。最近在微信上罗尔写的《罗一笑，你给我站住》，大部分人转可能是因为同情，而小部分人则是基于从众、媚俗、自我感动，转了之后他的道德感更强一些，这就是刻奇。通过关键词法，当时找了5个编辑，每个编辑去编辑一个词条，关于什么样的行为是刻奇的。

4. 热点事件法。结合当时的热点事件、热点人物。具体在操作上有五个流程：提出概念、形成理论、采访对象、形成文章和形成版面。

以我自己操作的第一期杂志为例。2013年，我大学毕业的第一年。其实《新周刊》很少有这样的选题，很少有以一个人，还是以一个作家作为一个选题，历史上唯一一次。

这个作家叫做木心，我为什么会选这个选题呢？

当时看了一篇文章，几年前有两个学者，章学林和陈丹青一起去见木心，三个人一起聊天，然后木心忽然对这个学者感慨："原来你们什么都不知道啊？"感慨的意思就是，那个年代的学者从知识体系到审美，到价值体系到意识形态，都是错的或者不完整的，所以他会有一个感慨：原来你们什么都不知道。

我当时被这句话打动，粗鄙和无知是一个时代很值得讨论的问题，我们做的不是一个作家，而是以一个 1920 年生的人来看我们的时代，形成一种由他者反射出自我的效果。

这期是过年出，其他杂志都是喜气洋洋的，什么去 100 个地方办年货、春节联欢晚会多少年……很热闹的选题，我们做的是小清新淡雅一点的。别的杂志红彤彤，而我们做了一本绿油油的杂志。这一期卖得还不错，是那一年卖得比较好的两三期。

当时我提了这个选题，通过之后，一起讨论构架，比如我写开篇的文章，大约 5000 字。其他人提议说我们采访谁，首先采访陈丹青，大概做个五六千字的采访，接下来采访木心身边人，然后进行一个对照，就是采访 1920 年出生的还有哪些作家，把他们的生命轨迹和木心做一个对照。

讨论之后分配人物是个艰巨的过程，就像是老师上课说我要点名了。提到派任务，编辑们就假装看手机。不过艰难的工作还是要做，我们是专题编辑负责派任务，这一期是我提的专题，所以所有的任务都是我来派，用卖萌和撒娇的方式把任务派出去，编辑执行任务，然后一两周以后，把稿子交到我这里来。我一篇一篇地核实修改，然后盯着美编，一页一页看图，觉得哪张图不好提出来，或者可不可以换成一张巨大的图，和美编定下版面，定下字体是白的还是蓝色的，一点一点去磨合。

最后，盯着专业的校对再校对一遍，然后盯着下厂，一般是凌晨两三点左右下厂，一直到凌晨四点多的时候，所有工作才完成。大概需要 10 天左右的时间，在这 10 天，同时是一个作者，一个编辑，一个校对，一个美术编辑，还要当摄影记者，同时还要当杂志的搬运工。十天左右的过程，才能出这一份杂志，幸福感和满足感是巨大的，因为这是你完成度非常高的杂志。这是我第一个独立完成的例子。

今年我们杂志办了一个 20 周年的晚会，每个人都要发言，谈一谈《新周刊》给了我们什么。我当时说最重要的是《新周刊》给了我不讨好任何人的骨气，我自己觉得现在在媒体行业，很多时候要不断地讨好读者、权力、资本、广告、新媒体、年轻人，在讨好的过程中发现自己最重要的尊严没了。

我最骄傲的一点是没人要求我去讨好任何人，甚至包括读者，同时我也和我周围的同事说不要讨好任何人。

很多人说读者和杂志的关系是这样的：读者在报刊亭挑选杂志，他们是单项筛选的过程。但我一直觉得，读者和杂志是一种双向筛选的过程。杂志同时也在挑选读者，挑选那些价值观认同的读者，当你确定了这些人，不管是多少人就够了，办杂志是一个成本没那么高的行业，《新周刊》的好就是流动率很低，大家在一起彼此给彼此信心和尊严，彼此打气，不要讨好任何人，我觉得这在任何一个场所和工作范围内都是一个非常理想的环境。

接下来讲困境和挑战。《新周刊》当时做了一期《悲观是我们共同的信仰》，我觉得这一期很有意思，放在整个的媒体环境，我觉得悲观是我的信仰。前不久过完了27岁生日，自己生活中一个特别大的变化，那就是我觉得我老了。

最重要的一个标志就是我不再觉得一切都有答案，我在你们这么大的时候，谈到一些问题，我喜欢追问，该怎么办呢，怎么才会好呢？我认为现有的环境是错的，那么就一定会有一个好的环境，那我们应该怎么办呢？人老了的标志就是不是一切的错误都有修正的答案，错误的依然是错的，比如说我不认同自媒体是一个正确的发展方向，但是该怎么办，也许不会有答案。

在《新周刊》我特别喜欢的一个标题就是《悲观是我们共同的信仰》。对于《新周刊》或者整个媒体面临的困境和挑战来说的话，可能你们会问我这个不对，该怎么办，我觉得悲观是我的信仰。

我举几个我观察的比较明显的方面来讲，第一，我觉得从引领社会舆论到亦步亦趋，这个不只是《新周刊》也是所有媒体的问题。五六年前，我跟柴静做《新闻调查》的制片人聊，他当时已经发现了这个问题。他们做社会调查的时候做一期可能被这个社会讨论几天，那么接下来，他们再做一期，又在社会上发酵，成就感是很强的，因为我们引领了社会话题。

但是发现的一个问题就是后几年失去了领先时代的感觉，变成出了什么事，然后再亦步亦趋地去报道、去追随，《新周刊》面对的是一样的。比如《狗日的户口》，就会引起大家对户口问题的关注和讨论。再举一个最近的选题，《老男人和小萝莉》，做这个是因为前段时间微博上有个大V说什么样的女孩我都能泡到，这是一个很可笑的事情，就引发了我们的讨论，我们就做了这一期。

我觉得很无奈，原来是引领时代的人，而现在是人们讨论了什么东西然后你再跟上，往往是滞后的，因为杂志15天才能出一期，总体来说，亦步亦趋，而且亦步亦趋的速度还是很慢的。

第二个困境比较现实。我们原来的杂志叫“最新锐的事实生活周刊”，现在我们叫“最新锐的生活方式周刊”。有一个很具体的原因，当时我们杂志做了一些比较社会性的报道，比如追问中国、国家记忆，国家记忆就是包括历史上的战争，比较争议的命题。

于是《新周刊》就变成了一个最新锐的生活方式周刊。但生活方式，我觉得这件事本身没有什么新锐的，或者说这种新锐只是一种跟风而已。这是一个我们面临的现实问题，是我们不能再讨论社会议题。

第三个问题就是精神气质的老去。我们杂志其实是一个精英化的杂志，是给城市中产阶级的杂志。现在媒体的环境下《新周刊》的精神气质显得过老。但我不是特别担心。我觉得城市中产是永远存在的，虽然他们淹没在社会议题讨论里，但他们依然对社会议题有好奇。但是我觉得整个杂志行业对《新周刊》来说最根本的一个问题就回到“杂志”这两个字上。

杂志，杂是杂乱的意思，志是志向的意思，magazine 在拉丁文的意思是一个抽屉、仓库，指代的是一个非常有层次感的生活。但是现在，在中国生活本身其实是缺乏层次感，比较扁平的，大家讨论差不多一样的热点新闻，看的是一样的谁谁谁出轨……其实我们的社会生活非常扁平和没有层次感。杂志两个字本身在中国难以成立，因为我们的生活方式本身就是没有层次的。很多人会觉得现在这个杂志的时代已经过去，但我觉得这个时代在某种程度上还没有到来。因为我们整体对于生活的理解以及生活方式还没进化到非常丰富的程度，等我们真正在精神上丰富起来，杂志的黄金时代才到来。当然，它到来的时候形式是纸质的也好，在电脑上看的也好，我觉得已经不重要了。

刚刚说到整个杂志时代的困境和回到杂志这两个字。接下来我想说的是更广义的，不仅是面对杂志行业，而是面对的是整个媒体行业。我觉得在整个这个新闻行业里的一个问题，是新闻共同体的问题，如果新闻存在真正意义上的共同体的话。

新闻理想是你觉得你所在的新闻行业以及媒体力量可以改善这个社会。不知道大家有没有关注今天很重要的一个新闻：聂树斌的冤案被推翻，沉冤得雪。我一个在南都的朋友发朋友圈说：“我当时进入报纸的时候，我的师傅在做这个新闻，我的师傅进入这个报纸的时候，我的师傅的师傅在做这个新闻，我的师傅的师傅进入这个报纸的时候，我的师傅的师傅的师傅在做这个新闻。”

南都连续报道了 10 年，不断的报道。所以我说什么是共同体，这就是一种共同体的感觉，大家是被同一个目标、同一个理想、同一个力量牵制在一起。虽然我觉得现在你去谈的理想主义是一个有点可笑的词汇，但是大家身处在一个共同体的力量还是存在的。身为个人，你觉得自己的力量很渺小，但是你在一个跟自己理想一致的团体里，你感觉自己的力量是很大的，我觉得这种新闻理想的正式感是存在的。而且这种所谓共同体的力量，很多时候有个共同的敌人的时候，你的感受才会特别明显。

举个例子，我当时在清华新闻系的院长李希光老师，他其实是培养新闻发言人，新闻发言人是记者的敌人，所以我觉得他教课很怪。当时发生了一个事情：时任湖北省省长李鸿忠抢了记者录音笔，老师讲述如果他是李鸿忠的话会怎么来化解这个危机。听的时候我有点生气，我觉得，新闻的目的还是应该问到真相而不是把这件事化解。我站起来和院长吵了一架，我说不是这样的，不应该这样教学生，我特别生气。这个时候我就是有所谓的共同体的感觉。

但这个共同体的感觉会不会就此消失掉？从此步入一个世界——个人再也没有任何理想。

我觉得并不是。那天手机推送了一个《纽约时报》的新闻，《纽约时报》的销量几乎是一夜之间涨了十倍。虽然《纽约时报》很权威，但这是一个几乎快完蛋的媒体。有个纪录片讲这个，它的传统新闻从业者去干新媒体非常多，下滑非常快。为什么一夜之间销量涨这么多？很有趣，幕后推手是川普。

《纽约时报》是一个左派自由主义的媒体，他们对川普的当选很失望。后来川普和各个媒体见面，试图拉近彼此的关系。见面之后《纽约时报》出了一个报道：我们无法好好相处。虽然川普抛出了橄榄枝，但是《纽约时报》给出的答案是：我们无法好好相处。

报道中讲到：我不仅有伦理和职业上的责任去大声疾呼——你置身美国政府的最高权位是一件何等肮脏之事，我还有道德上的义务去这么做。我不是想说服任何人相信任何事情，而是为了真理、荣誉与包容而发声，我为的不仅仅是你，而是为了看穿你本质的那些人。他们有自己的道德罗盘，并且知道唯有真理之光才能照亮你所引领的黑暗方向。

所以我在感恩节这一天这样说：感谢有这个平台，因为只要世上还有油墨与像素，我便会一直咄咄逼人地紧盯着你。感谢我有足够的毅力，可以采取一种态度，永远不会把你所代表的事物视为理所成章的日常。

整个报道（实际上是公开信）写得特别好，推荐去看一下。对于最高的权力，他们是这样发声的：只要世上还有油墨与像素，我们永远不可能好好相处。

这就是一种由川普上台带来的“共同体的荣耀感”。这拯救了一个几乎快完蛋的行业，因为大家有了一个共同的敌人，这个敌人并不是川普本人，而是他所代表的那种退步。20 世纪 90 年代“左”派右派的文化战争以后，包容、平等、同情弱势的这些（观念）几乎被视为真理，在川普上台后这些几乎被推翻。这样一种历史的倒退，让新闻行业重新有了荣誉感，重新凝结成了一个共同体。

我觉得中国现在并没有真正新闻共同体的存在，但这个事情并非不可恢复或者将永远溃散、一盘散沙。当有足够强大的道德紧迫感，使你觉得我们必须团结起来，来面对一个我们无法忍受的社会标准，那么共同体的荣耀会重新产生。

大家是学习新闻专业的，给大家唯一的寄语并不是技术、专业层面，而是一个我认同的在价值观层面的作为怀疑主义者的一个信条：

“去做一个和权力、和社会无法好好相处的人吧。”

Q 高中时，你的母亲说，送出去一个文艺青年，收回一个傻子，有一种失望感。这激发自己骨子里不变的自我意识所以决定改变。你去汶川的时候，说自己从母亲那里挣脱，不多久，又重回去母亲那里，举起双手表示要抱，就可以回家。你觉得母亲在你成长中是一个怎样的角色？

A 我爸还在老家，我让妈妈提前退休，妈妈和我在北京，因为她是高中老师，特别辛苦，身体受不了。我们经历了一种关系上的颠倒。小时候是我妈让我看书，现在是我让我妈看书。我妈看一页书，我就给她五十块钱。她不看书，然后我就着急地说不能这样啊妈，要看书、学习文化知识。我们就是经过了一个母女关系的颠倒，所以谈不上抽离和回归，我变成了一家之主，一个回去教育她的人。离开我，她的精神生活可能会堕落，每天看抗日神剧。

Q 你提到“自媒体的出现是一个错误”，怎么理解？

A 不能说是一个错误，而是还没有准备好，我的措辞可能有些草率。一开始我说到《新周刊》，有段话我没有念：“西方社会用了三百年去完成的变化，中国的社会用了三十年甚至十年去完成，尤其是技术上的变化，”那回到新闻行业来说，国外的新闻行业存在了很多年，90年代的美国就有所谓的文化战争，即保守派和自由派的文化战争，争论一些根本问题。比如平等和自由之间的矛盾，它会有很多这样的争论和讨论，但回到中国，中国媒体的环境没有充分地被开发和讨论，有一些问题没有被完全梳理清楚，中国媒体真正的权威和公信力还没有完全发展起来就被自媒体给摧毁了。自媒体有两点坏处：第一、从人才来说，这是专业主义的摧毁，考虑一个非常现实的问题，一个新闻行业毕业的，为什么要做记者？为什么要去调查？很辛苦地跑新闻，十天半个月写一篇稿子，却很轻松地被自媒体拿去用，还每个月拿固定的工资，并不是因为你多写了稿你的工资就会多，可能只是年终多一两万年终奖。

记得有一个清华研究生在《南方周末》做实习记者，在富士康做卧底，因为当时富士康发生连环跳楼事件。富士康里是不能带电脑的，也没有网络，对工人看得非常紧，那这个研究生是怎么做的呢？他用最老式的诺基亚101写稿子，用短信的方式写了6000字的稿子发回编辑部，还写了好几篇，最后还几乎做到一个字也不用修改。那什么是专业的新闻专业主义？我觉得这是个特别好的例子，就是他有专业的训练，而且他耐得住寂寞，他在这个地方呆的几个月过得非常苦，用最老式的手机传递信息。在自媒体环境中，写一个特别抓人眼球的文章，很轻松地赚得广告，还有打赏，在家吹吹冷气就可以赚钱，何必在外面跑呢？所以我觉得这种摧毁对真正的新闻主义

—

Q= 现场观众

A= 蒋方舟

的人，尤其是一些调查记者是个很大的打击，因为他们的劳动价值被很大地低估了。

另外一个是价值观上，中国具有公众力和权威的新闻媒体还没有形成就被摧毁了，被多元的自媒体消解掉了，相互骂三观不正，就变成一个非常畸形的百花争鸣，所以我觉得不好说自媒体是错的，而是这个时代还没有充分准备好，很多东西很多正常模型还没有被建立就被摧毁了，我觉得这其实是一个问题。

Q 你在知乎上说，孤独、规律、专注让您保持精力来写作，媒体工作会让你常常面对现实生活而失去一些安宁专注，从而影响你的写作吗？

A 我现在的工作还比较少，特别是在《新周刊》的工作，有很大的自由。有选题我不愿意做就可以不做，就比如之前那个老男人和小萝莉的选题也让我去做，我就特别不愿意，然后我说我不愿意做，我不做，说得很霸道。有很多工作可以有选择地做，留给自己的时间、空间比较多，所以这方面干扰比较小。

其实写小说是这样，哪怕是你看到最勤奋的作家，他其实是一个持续的写作状态，但很集中的写作时间不会那么长，差不多也就是三个月到半年写一部小说，然后基本上一天六到八个小时就是脑力的极限了，所以虽然我说孤独、规律、专注非常重要，但它没法持续那么久，一天、一年，依然有大量的时间就觉得需要歇会喘喘气。连续三个月的写作时间已经很长了，当我写作休息时我就做一些媒体的工作，所以对我来说它可能是一种轻松的转换。

Q 在你看来，出版文学作品表达观点和做媒体工作有什么区别？

A 最大的区别是写自己的东西更自由。写新闻还是会有各种各样的限制，并不只是审查一方面。另一方面， 新闻有平衡的原则，比如一个你讨厌却很红的人，所以即使讨厌但还是要采访他，这件事就非常痛苦，但你不能表现出来。因此，我觉得最大的不同是，在小说的世界你完全是个独裁者，你安排谁死谁就死，和跟写《权力的游戏》的乔治马丁似的，想杀谁就杀谁，那个快乐和满足还是挺大的。所以最大的不同是在于写作的自由度上，写自己的小说可以让自己的想象力和价值判断控制，更尽情展示而不用考虑别人的意见。

我举一个比较极端的例子，艺术作品和小说是没有价值观的使命的，甚至我觉得小说家只是传达你听到的声音，即使是希特勒需要借你的笔去表达他的声音，那我觉得你也是应该去借的，是不应该拒绝的。因为艺术家应该如实地去写、去反应他脑海中的任何声音，我觉得我心目中的艺术作品是这样，它没有一个道德义务，所以像《洛丽塔》那样的作品，他看似在写一个恋童癖，却还是文学历史上非常经典的作品。但是新闻有他的道德义务，你不能把一个杀人犯写得泫然泪下，让人觉得我也会去杀人，所以我觉得小说家可能更自由。

Q 此次讲座的主题是“测量时代的体温”，你觉得测量的标准是什么，我们想测量哪里的体温？杂志最近几期有妥协的状态，我们要测量社会哪一块的体温？

A 从大的媒体环境来看，新闻自由的好处是大小媒体都可以发声，都可以表达自己的观点。虽然《新周刊》是测量时代的体温，但我并不觉得《新周刊》是一把尺子，是一种标准，它只是一种目光和视角。与其把它看成杂志，不如看成一个人的样子，一个个体的样本。在封总离开以后，作为一个个体的样本，我自己的感觉它的选择来说的话，确实出现了一种价值观上面的迷茫。原来他在杂志社是一个很法西斯的人，他说了以后大家只能听，但他离开之后你就会发现，像直播、吃瓜这种之前会否定的，如今缺乏一个有魄力的灵魂人物来否定。

所以，很多时候是没有答案的，可能灵魂人物的离开，确实带走了杂志的灵魂，但其实现在我们也慢慢意识到我们杂志社的问题，我们要找到一个新的不依赖于个人的价值体系，到现在还是一个漫长的摸索过程，难以做到每期都好，比如去年有一两期好，那今年做到三四期，就是一种进步。

Q 提起蒋方舟的名字，大家想起的第一个词语是“少年成名”？在那么早的时候就受到那么多关注，随着年龄不断增长，受关注程度可能会有所下降，那么你怎么看待成长和荣誉之间的关系？

A 我对于被越来越少人关注这件事是期待的，但不是因为觉得自己好红，而是一个人在公众之前表达的越多，进步速度就越慢。一般情况下所谓的明星、作家，越红的人公共表达自我的机会就越多，他每天、每周被采访，每个月被采访。因为创作者一定是孤独寂寞地做眼前事时进步是最快的。

我希望有一个自己的悄悄成长时间，包括从去年 12 月到今年 11 月我一直断断续续的在东京游学，在大学里有一个交流。在国外，离国内社会的热点离得很远，没有什么人认识我，但在这个过程中我有一个成长，在那个地方呆很长时间也是因为之前我太累了，那种累不是生理上的累而是心理上的累，没有进步，处于瓶颈，这一年是一个心理的放松，可以和自己呆一会，到一个别的环境当中，感觉到那种文化差异，跳出井底之蛙的状态，看到别的国家的艺术、新闻，学习过程特别快乐。所以对于名声我觉得，我从小一直想做的事一直只有写作。我不是为了成名而写作，就是为了写作而写作，成名只是写作带来的副作用而已，随着年纪越大，副作用越来越小，我越来越可以纯粹和单纯的写东西，这是一件幸运的事。

Q 你建议我们说，自己成长的速度，可以比接受到的教育的速度更快一点点。你在每个时刻都提前了一点，甚至不只一点，这是如何保持的呢？

A 没怎么保持，关键是现在我不怎么受学校教育了，没有什么价值标准了，那我现在大部分的时间比如今年的精力一般都在小说上。这种进步的速度可能更多还是别人给的反馈吧。

比如我经常写一些练笔的短篇，长篇也在写，写完给我欣赏的作家，听他们的反馈，这些小说也没有发表，只是一个练笔。所以我觉得进步的速度是靠自己埋头写，而不是不断的发表，从外人的关注中获得满足感。你们写完可以给您信任的老师改，听他们的意见，每次都能感觉到自己进步一点点，可能我现在的进步主要是在小说上，以为可能一两年之内，写出自己满意的长篇小说就是目前最大的目标。

（原载于 2016 年 12 月 3 日《青春报》微信公号）

龙泉　“什么值得吃”如何发家致富

龙泉演讲

戴敏洁　陈展羽　王婷　江村卓玛　田梓锐　郭文慧整理

演讲人龙泉，美食自媒体“什么值得吃”主理人。

今天分享的主题是新环境下自媒体盈利模式的探讨。

我讲的大部分的自媒体还是公众号。因为我自己是做公号的，我身边也都是一些做公号的人。这个题目有一个前提，就是新环境。所以我先来讲一下，我看到的、我所认为的“新环境”——也就是公众号的现状。

第一个是打开率在降低，这和去年4月微信的置顶功能有关。我用的是iphone6，它一个屏幕上只能露出8个公号，一旦一个人把他喜欢的8个公号都置顶了，那其他的很多公号是没有机会出现的。

我和很多同行探讨这个问题。从那个时候起，他们出现的状况是打开率降低了大概15%到30%。其实每个人做公号的时候都很花心思在写，但不管你是有几十万粉丝或是只有十个粉丝，微信给每一个公众号的机会都是均等的，只能露出一个小条目。如果一旦置顶，其实有很多（公众号）你都没有办法看到。这是一个很残酷的现实。

第二，获得用户的红利期过去了。因为我们是把公号做成一个商业，所以要考虑到用户增长。说两个数据，一个就是微信公号已经存在了5年，它是2012年8月出现的产品；另一个是，目前公众号的数量是两千万，摊下来平均50或者60个中国人，就有1个有公众号。当公众号数量足够多的时候，作为公众号的经营者，你要面对的竞争对手也特别多。

第三，用户很难取悦。这和基数特别大也有关系。基数有两千万，但其实可以写的东西特别少，就吃喝玩乐、美妆、情感这些，那就面临很多同质化的内容。很多内容都相似，用户就会越来越挑内容。

说到底，公众号还是一个媒体，我们在做的事情，其实就是两个字：内容。如果一个媒体没有内容的话，就不用往下想如何变现、如何盈利，内容是它变现的基础。

有用、有趣、有共鸣

我自己大概关注了500多个公众号，一部分是兴趣爱好，一部分是同行观察。500多个公众号的内容里90%的都可以归为三类：有用、有趣和有共鸣。

什么叫作有用呢？比如美妆，教你怎么化妆、怎么穿搭衣服、哪个新出的化妆品有新的功能……落到美食，比如教你怎么做菜。

第二个就是有趣，我们关注一些微博上的段子手，比如papi酱的视频，各种各样的八卦，都是有趣的内容。

还有一种是有共鸣，共鸣出现在一些情感账号里比较多。咪蒙是最大的一个有共鸣的公号，然后是新世相，还有很多各种各样的情感号。

公号变现，落到现在就是内容如何变现。“什么值得吃”这个公号，我是从2014年7月开始做的，到现在是3年多。

我们除了公众号还有豆瓣、大众点评、今日头条，全网的粉丝加起来差不多50万，公号差不多占了37万。负责人只有三个人，除了我就是两个编辑，还会有一些实习生。

我们现在做的内容主要有4个：第一个是“测评”，第二个是“吃货十问”，第三个是“密探”，第四个是“吃天下”。

规划这些内容的时候，我首先想到的事情是，我希望它变现，那我就要有用户。我在做内容的时候首先想到的是有用和有趣，因为我不是写情感或者是有共鸣的写手。

就比如说写共鸣，咪蒙会收集很多很多的故事来写。我没有那样的水平，我就排除掉这个写法。其实（我们的）这几块内容是有各自作用的，“测评”是一个有用的东西；“吃货十问”是一个有趣的东西；“密探”是我们自己掏钱去探店，告诉大家这家餐厅好不好吃。“吃天下”是汇集国外的东西，东京、伦敦、纽约等。

我重点说“测评”和“吃货十问”对公号粉丝增长情况的影响。我们做的第一篇“测评”是2015年12月份，那时候粉丝大概是6~7万。

我们当时是吃了10款淘宝上的辣椒酱，然后从不同的维度告诉大家哪一款好吃，比如拌面好吃的、下饭好吃的、适合炒菜的。这篇文章在当时有近4万的阅读量，1000多次的转发数据，给公号带来了1万多的粉丝，在当时粉丝基数下打开率超50%。这篇测评的有用之处就是，大家买辣椒酱的时候可以根据推荐选择。

我们之所以想做测评，是因为我在写公号的时候遇到了一些问题，比如“你为什么推荐这家餐厅而不推荐那一家？”“你吃的基数够不够大？”因为我也不是蔡澜那个级别的，所以我现在能做的只是，我确实吃了那么多，然后我再告诉你哪种好吃。

从2016年1月到现在，我们总共做过40多篇测评，从砂锅粥到煲仔饭，腌笃鲜还有冰淇淋，类别众多。我们会挑北京的最热的 10 家、20 家来吃。

从去年起，我们开始吃品类，比如石锅拌饭，它是一个品类。其实通过去年一整年的积累，我们发现，餐厅基本上都吃完了，而且找不到新的品类来吃了。

于是我们开始吃品牌。今年 3 月最好的一篇是稻香村评测的文章，我们吃了 108 种。那篇是我们今年第一篇 10 万 + 阅读，1 万的传播，在现在用户增长很难的情况下给我们带来了 8000 多个粉丝。

之后我们又吃了无印良品，现在办公室还有很多没有吃完的无印良品小零食。现在我们在做的还有鲍师傅、喜茶等。我们意识到其实很多品牌很有趣，口碑又好又很红。

接下来要说的栏目是“吃货十问”。这说的是我去采访一个朋友，问他 10 个关于吃喝的、非常日常的问题，日常到可能是“你爸妈来北京，你会带他们去哪里吃？”“你宵夜会去哪儿吃？”“你一个人去哪儿吃？”“你生日去哪儿吃？”……我们发现很多用户是有这样的问题的。

一开始我们是从身边的吃货朋友入手，后来提问对象越来越知名。最近我们采访的是周冬雨和蔡澜。我们也会做一些网红，雪崴、吉井忍、林壁炫、黎霹雳、西门大嫂等 。我们希望采到某个行业里比较厉害的、比较有高度的人。

2017 年第一篇 10 万 + 文章

有了内容之后该如何变现

第一个就是广告投放。其实除了自己的公号，我们也会联合其他平台一起做推广。各个内容平台是会需要好内容的，所以我们的内容经常会被其他的一些内容平台推到首页，比如说豆瓣、百度外卖和轻芒杂志等。

其实说到底，这还是一些媒体的东西。媒体变现最好的方式无非是接广告。最直接的方式就是品牌的投放，当内容做到一个不错的位置时，品牌会自己过来拓展，希望在公号上露出他们的品牌。

我们常年在“新榜” 的广告价值排行榜排25~30名。从2015年底到现在，不到一年半的时间，我接触过的品牌有近150个，吃喝类的有可口可乐、星巴克、蒙牛，还有宝马汽车、三星手机、豆瓣、航班管家，美国国家旅游局也过来找我们合作。广告投放还是基于自身要有比较好的内容，如果没有好的内容，没有品牌会愿意过来的。

接下来我想说一下广告投放的逻辑。整个链条是客户、公关公司和媒体。客户其实就是一个品牌，每一个品牌有市场部，比如说星巴克今年要推粽子了，那就要拿出一笔钱来推广。然后公关公司说那你就去投放一些媒介，因为媒介有人看，如果不投媒介的话就没人看。

然后落到媒体，媒体分传统媒体和新媒体。我们再讲新媒体，新媒体有网站、视频、手机、自媒体……公众号其实在这个链条里是最末端的。如果你的内容就一般水平，那么品牌是看不到你的。他有钱为什么不花在APP、视频贴片广告、电视广告或者是网站做呢？

第二个是自媒体矩阵。我在这个行业里大概了解到：其实很多公关公司的能量越来越弱，自媒体的能力越来越强。我看上去只是一个公众号，但是我可能拿了几百万的投资，然后招很多很多人，有很多很多能量。

那公众号可能不仅是一个公众号了。比如“日食记”，它在美食公众号里是头号，他们整个团队有六十个人，估值差不多三个多亿。它最初是由一个做视频的团队做出来的，然后不停地拍做菜。

现在它不仅出品日食记、酥饼大人、姜老刀等微博，还收购一些比较有人气的微博，还有一个公众号。它不再是一个号了，它有一群号，可以更好地服务品牌。这就形成了一个自媒体矩阵。

现在有很多人也在做这个事情，我自己也在谈一些小的美食号或是其他的号。这就是自媒体变现的第二种方式——还是媒介的广告投放，只不过不再是一个号了。

第三种变现方式就是新型公关公司。一个公关公司要在这个社会存活，我总结出来基本是靠三种能力。

一是媒介的能力，有一群特别牛逼的媒介，而且你只有通过这家公关公司才能拿到这些媒介。

二是你握着一些客户关系，你可能还握着一些别人不会有的关系，比如说明星资源。

三是创意。杜蕾斯的广告是这几年互联网出现的最厉害的一个创意，也是最被大家提起的一个创意。它其实是环时的一个公关公司做的，他的客户是杜蕾斯，他给杜蕾斯不停地做广告，每一个热点出来了之后，他就会不停地贴这个热点。而且你看了会觉得不太低级，还挺好玩的，这就是创意。

公众号出现之后，有些公众号也开始生产很棒的创意，比如新世相。这两年他们在做一些活动，比如逃离北上广、丢书大作战、父子对谈……每一个都有大量的品牌进来，而且费用都在100万到200万级别。除了做这些事情，它还帮品牌做了类似PR的工作，如果你需要报道一件事，他们也能帮你找商业媒体来报道。

公众号可能不像传统的公关公司或者媒介，他们

日食记卖的面条

还帮你做很多服务。原来一个品牌做投放，比如星巴克，联系不到中央电视台就只有通过公关公司。但现在要做一个公众号的投放，我只需要在后台留言，他会有人回复我，这个门槛就没有了，这就促成了一种新型的公关公司。

第四种是新型电商，就是在公众号卖东西。比如新世相的图书馆计划，从去年5、6月开始做。每个月做一期，现在应该做到第8期了。你交给它129块钱，它给你寄4本书，如果你把4本书读完了，它就把这些钱退还给你。

刚开始做的时候，他们不太敢卖，想说能卖出去吗？他们自己也在探索。第一期他们准备了2000份，结果半个小时就卖光了。第二期开始，每一期稳定地卖出1万份。129个1万份就是129万，发一篇推送能赚129万的时候，这个数值很庞大、很可观了。

日食记也卖货，他们拿到产品之后，对它重新进行包装。比如“日食记”卖的面条，他们当时找了浙江的一个小的面条工厂，那个面条是手工制作的，产量也不太大。他们重新进行包装，在2月份发了一条推送，结果卖出了一吨的面条。

还有黎贝卡，她和一个时尚品牌联名出的一款黎贝卡的包包，1200元，“双11”的时候卖了1000多个，也是100多万一条推送。

为什么这叫新型电商呢？自媒体卖的有一部分是人格化的东西。比如说大家觉得“新世相”有它的个性，“日食记”也有自己的个性，“黎贝卡”也有黎贝卡的个性。所以新型的电商是把自己的个性融合在产品里，再进行销售，这样就会达到比较好的成绩。

（原载于2017年4月23日《青春报》微信公号）

变局

Part4

唯有创造，可治愈
重复之沉闷与
心智之颓靡

《奇葩说》 出走央视的奇葩团队

魏雨帆 黄筠娥 张隽[1]

学术文化
THE SPRING NEWS
青春报
2015年5月16日 第102期

D03·文化 12小时接力夜读体验

D04·文化 专访舞台剧导演林奕华

那个出走央视的奇葩团队

□本报记者 魏雨帆 黄筠娥 张隽

《奇葩说》是2014年爱奇艺打造的中国首档说话达人秀，由高晓松和蔡康永担任团长，旨在寻找华人华语世界中，观点独特、口才出众的"最会说话的人"。第一季已于2015年2月15日完结，在爱奇艺的独播平台上获得超过1.6亿次的点击。

牟頔，80后女导演，曾经的央视最年轻总导演，带领史上最年轻导演团队加盟爱奇艺。

[1] 魏雨帆，《青春报》2014级成员，现供职于《智族GQ》，担任GQ实验室编辑；张隽，《青春报》2013级成员，中国人民大学硕士，现供职于武汉东湖高新区管委会。

《奇葩说》,2014 年爱奇艺打造的中国首档说话达人秀，由高晓松和蔡康永担任团长，旨在寻找华人华语世界中观点独特、口才出众的“最会说话的人”。第一季已于 2015 年 2 月 15 日完结，在爱奇艺的独播平台上获得超过 1.6 亿次的点击。

牟頔刚带着她的“小朋友们”加盟到爱奇艺工作室那会儿，无人关注。初来乍到，大伙儿整天在工作室所在的 15 层开会，没人认识他们。

“那是很自由的创作状态。”她说。

牟頔

“80 后”女导演，曾经是央视最年轻的总导演，带领史上最年轻导演团队加盟爱奇艺。

一场酒喝出来的 idea

—

当初接到马东的邀请时，最打动她的是一句“互联网是一个允许试错的地方。”牟頔团队平均年龄23岁，更喜欢轻松活泼的工作氛围。

《奇葩说》这个 idea，是 2014 年高晓松和马东一次喝酒聊出来的，两人都想做一档辩论类的脱口秀。牟頔团队刚来马东工作室时，想法远远没有真正落地。

团队成员大多看过《康熙来了》和《快乐大本营》，直觉和经验让他们勾画出节目的大概样子：《康熙来了》式的温馨轻松的小录影棚模式，色彩斑斓的舞美还有“语不惊人死不休”的气场……

节目中马薇薇那张“杀人如麻”的利嘴、范恬恬的“咆哮式辩论”、肖骁的无下限娘娘腔、颜如晶的“吃货理论”让观众印象深刻。节目组花了大概 3 个月的时间寻找这些会说话的人。

他们思量再三，果断舍弃传统选秀节目的海选方式，决定主动去找这些人。大家兵分三路：一部分人集中看综艺节目，寻找综艺咖；一部分潜入类似“新东方”的培训圈，寻找培训老师；还有一部分打入辩论圈，寻找辩手；甚至有人跟出租车司机打成一片寻找侃爷……

“其实我们在找更多样的人……你永远不能只设定某一种人是‘奇葩’。”牟頔说，“我甚至鼓励大家到能想到的任何地方都去试试。”在找人阶段，团队成员加入各种 QQ 微信群，还有中华辩论网这类网站。

牟頔对“奇葩”的定义，就是“足够有意思的人”。不管是“蛇精男”肖骁，有点“小中庸、小正能量”的艾力，还是人称“温柔一刀”的马薇薇，只要他们本身的闪光点足以带动一部分人，能让不同的观众喜欢，就够了。

如果说寻找这些选手耗费体力与耐力，请蔡康永出山则需要非常真诚。

牟頔曾在一次受访时说，蔡康永是一个很细腻的人，第一次见面时，她回答了他提出的 30 多个问题，但凡有一点虚假，他会马上拆穿。他们大概见了两三次，每一次都是在探讨内容，一直到他解开了心中所有的疑团，觉得这个事情靠谱才答应下来。

“做一个节目，真的要克服九九八十一关。”除了有些想要的选手不来，请不到女嘉宾，招商也是团队一个很大的难题。

“没有人认可我们。而且我们要的价格确实不便宜，在互联网综艺史上应该是最贵的。”在冠名阶段，牟頔团队大概见了不下十个客户。一遍又一遍地解释，什么是奇葩说、为什么节目值几千万、为什么能火……牟頔称之为，“我抱着忽悠你的目的，但我不用忽悠你的态度来跟你沟通。”最后，“时尚时尚最时尚的美特斯邦威”成为节目开播前的赞助商广告语。

出其不意的策划、足够有意思的人、中国“最会说话”的三个男人“马晓康”，赞助商等诸因素集齐后，这档互联网综艺节目终于开拍了。

即兴的真实

牟頔常说，《奇葩说》最大的特点是“即兴的真实”。她对编导们说，“我们是一档做人的节目，无论现场发生什么，都不要去做一些左右真实状况的事，编导就是让它顺其自然的发生，把它录下来。”

这种放任，使“想看繁衍去看《动物世界》”“暖男就是男人中的绿茶婊”“男闺蜜不是男 gay 蜜”等金句层出不穷，选手们乐此不疲肆意调侃“马晓康”。

《奇葩说》12 进 8 第一期出现了一个意外状况，双方正在辩论“爱上好朋友的恋人要不要追”，刘思达突然向包江浩表白，全场起哄，马东难以置信地连问了几句“你这是在表白？”。

牟頔在后台惊讶极了，但她觉得，如果冲上去打断，就破坏了所有人的心情。不如顺其自然。

“像康永哥情商这么高的人，他在现场一定能 hold 回来，马东老师也不会任由这一期就变成一个相亲大会。你要相信在场上的人比你更想要把控，所以你不要人为的用编导意识干预这个现状。”

眼见节目做成了“非诚勿扰”，编导团队“不作为”，只是在后期剪辑掉了太过离题的部分，“刘思达表白那一段后期缩减很多”。

“我最害怕的不是那期节目不好看，而是怕这些人变了，心态变了。”这期节目后，以马薇薇、范湉湉为代表的辩论派和刘思达、肖骁为代表的综艺派产生了一种微妙的对峙，前一派认为刘思达是在场上作秀，后一派觉得这是自己真实的表达，双方粉丝也在微博上开骂。

牟頔不停地沟通，她给选手发微信，安抚他们的情绪。有段时间，刘思达一个极端的粉丝一直在微博上骂马薇薇，多少离间了两人的关系，牟頔还私信那个粉丝：“亲爱的，如果你真的喜欢刘思达，做这种事百害无一利。”牟頔说，“寻找并填补选手与选手之间的坑，这一点比你搭建现场、后期剪辑更重要。”

牟頔团队对节目的控制，还体现每期节目外的话题引领。“不能指望网友自发地设计话题。”牟頔说，“策划是需要用心和时间的，一个网友某晚上突发奇想产生的话题，怎么比得上一个节目组想了一个礼拜发酵的话题火呢？”

比如“没有爱了我们要不要离婚”这期节目后，微博上的话题“咱们离婚吧”就是牟頔团队主导策划的。大概有 1.3 亿的人阅读了这个话题，几百万的人主动参与这个话题讨论，这个互动结果让牟頔团队很兴奋。那段时间，她每天都要刷微博，看大家的评论。

不贩卖我的价值观给你

—

第一季开播不久，很多人跟她说这节目火了，牟頔还比较迷茫。让她感到火的，一是她微博的私信数量直线上升，二是肖骁说，“姐，我的粉丝从两万涨到了 20 万，现在涨到了 55 万……”

牟頔团队能想象到这个节目是好看的，但没有抱定能火的信心。她说：“我们当时想要引起年轻人共鸣的方式不是靠辩论，是靠说一些他们在生活中纠结的问题，比如早恋、离婚、出轨等。而且你在不同观点的碰撞中能获得的能量，和你自己在家闷头想的能量肯定是不一样的。”

引发年轻人共鸣，不单单靠这个“85 后“导演及 30 多个“90 后”。马东扮演的角色，除了在节目中随意念着充满槽点的赞助商广告语、敲着木鱼插科打诨，还被“90 后”们称为“来自 60 后的创作安全感”。牟頔觉得，马东不是一个管束性的领导，只要大方向不出问题，他基本处于放任状态，“只是在关键的时间节点上把我们叫到一起聊一聊”。从《奇葩说》第一次发布会开始，马东就愿意尝试穿上颇有特色的苏格兰裙子，“他内心其实像小孩一样，愿意尝试很多新鲜有趣的事情”。

从第一集开播以来，牟頔最常被问到的问题就是究竟想通过《奇葩说》传递什么，她从来不回答“正能量”。在她看来，价值观是多元的，在每个人坚持自己的价值观之外，也请宽容和理解别人的价值观。

《奇葩说》最重要的一个理念，就是我不贩卖我的价值观给你，但我不能没有。比如，当你听到理性的马薇薇和感性的范湉湉撕逼的时候，你要学会去理解不同人的不同想法，你才能让自己在这个世界上活得更舒服一点，更圆满一点。

牟頔也从来没有想要做一档成功的辩论节目。对她来说，好看和有趣是第一位。

从节目每期辩论议题的选择来看，无论是《没有爱了要不要离婚》《异性之间究竟有没有纯友谊》，还是《大城市一张床 or 小城市一套房》《老板是傻 X 应不应该告诉他》，内容都足够有趣。牟頔想要的，是这个节目有辩论的元素，给它增添很多文化的质感，但底色一定是娱乐。

现在最让她开心的是老板告诉她有女明星想来第二季《奇葩说》当嘉宾。比起第一季的李湘、柳岩等，她暗示第二季请来的人会更“大牌”。不过，第一季制作时“零关注”，而做第二季已经有了“包袱”。

牟頔说他们这个团队，是综艺圈里难得一见的年轻透明的团队，“可能是工作时互撕的太多，私下里反而没有隔阂”。

有一天，牟頔跟大家吃完了烤串，宣布了将要去爱奇艺的决定，希望大家同去。3 天后，团队成员基本上都回复“同意”。

牟頔觉得这不算是她的个人魅力。“只是年轻的时候，既要开心自由地把钱赚了， 不能让自己活得太差；也要有一些小的梦想，小的文艺的追求，做自己最想做的事。”

（原载于 2015 年 5 月 16 日《青春报》）

《吐槽大会》 美式脱口秀来华记

尚俊旭 田梓锐[1]

“凤凰传奇”在台上唱，曾毅标志性的“yoyo”“oh yeah”照例挑动着观众的尖叫。这不是演唱会，而是《吐槽大会》第一季最后一期的录制现场，两个人心甘情愿地来做了一回吐槽“靶心”，人气和讨喜程度可以预见地将随之飙升。这个让明星们既想来又害怕来的节目，伴随着最后一集的收官，斩获了14亿的总播放量，成为2017年国内第一档现象级网络综艺节目。

我们需要一个“拔苗助长”的过程

2012年，有一档喜剧脱口秀节目一度获得了很高人气，这就是由相声演员王自健主持的《今晚80后脱口秀》，这个节目和《吐槽大会》幕后制作团队同为笑果文化。这个由几位热爱美式喜剧脱口秀的年轻人共同创办的制作团队，一直致力于美式喜剧脱口秀的引进和本土化，他们想要建立美式喜剧脱口秀的生态，以平台化的制作方式产出内容，孵化脱口秀艺人，做艺人IP经济，生产更多内容并形成闭环。

笑果文化首席才华官李诞觉得，虽然《吐槽大会》人气很高，但美式喜剧脱口秀在国内的发展还只是起步，充满了未知。“脱口秀这种东西在美国发展了100年了，有很完整的上升空间和渠道，几万人在干这件事情。在中国，这种美式单口喜剧的节目很少，几乎就没有，所以这个生态就是没有的，我们需要一个‘拔苗助长’的过程。”

笑果文化是这个领域的开拓者，美式喜剧脱口秀在国内从无到有，每一步发展都与它密切相关。笑果文化CEO贺晓曦介绍，从2012年《今晚80后脱口秀》开始，笑果文化就打造了比较完善的美式脱口秀演出形态，包括工作流程和工作方法，比如从喜剧爱好者到兼职编剧再到专职编剧的选拔机制等，这些都是他们在国内率先做起来的。

不但如此，笑果文化还建立了名为“噗哧开放麦”的线下脱口秀演出体系，线下的开放麦演出、校园社团及剧场演出，也是公司整体生态的一部分，比如已经成为笑果文化新签约艺人的郭展豪，就是从脱口秀训练营“噗哧冬令营”中走出来的。

“我们公司不仅是做《吐槽大会》这样的节目，我们也在全国的校园里演出，建立社团，在全国各地的主要城市建立脱口秀俱乐部，把美式脱口秀这件事情做起来，光有节目是不行的，它要有一个生态的。”李诞说。

[1] 尚俊旭、田梓锐，《青春报》2016级成员，中国社会科学院大学媒体学院在读。

高级和幽默

—

《吐槽大会》脱胎于美国喜剧中心的 Roast 系列，从 2003 年到 2015 年，Roast 系列一共做了 14 期，每期都会请到槽点最多的明星来做主咖，然后找一票喜剧笑星、明星或主咖的亲友一起来当面吐槽、互撕。现场三俗双关、地图炮、段子乱飞，荤腥不忌。

而想做中国版 Roast 的《吐槽大会》却并没有完全按照这个标准，在笑果文化看来，脱口秀的内核应该是“高级和幽默”的，而不是像讨好观众一样在话题上百无禁忌。明明有能力不讲黄段子就能搞笑，或者利用逻辑的巧妙和更高级的一些手段来表演，由于不自信，非要去迎合网友的口味，吸引眼球，搞一个污的，这就不是脱口秀了。

“我们从一开始就喜欢那种了不起的、深刻、听完会让人思考的脱口秀，比如乔治 · 卡琳，但是我们的核心还是要把人逗笑。”贺晓曦说。

在美国，吐槽是脱口秀喜剧常用的形式，像美国喜剧中心的吐槽大会、每年总统参加的白宫记者会以及他们平时的“深夜秀”等，经常有互相吐槽，吐槽的都是现场的人，挺有意思的。“这种形式其实中国也有，比如中国相声里的砸挂，不过只能吐槽逗哏捧哏，说相声的这些人，不能吐槽观众，还是有些不一样的，美国做得更好一些，这可能是我们想做这个东西的原始的构想吧。”李诞说。

笑果文化已经在美式喜剧脱口秀的行业里观察了很多年，包括线下的俱乐部、小剧场，甚至还去美国考察。之前在他们的编剧程璐、王思文的婚礼上也演过一次小型的《吐槽大会》模型，大家感觉还不错，认为有可能做出一个爆款节目，于是他们就策划筹备了《吐槽大会》。

由于是新形式的综艺节目，《吐槽大会》的筹办过程并不顺利，最困难的是把握节目的尺度，既能痛快吐槽又不至于突破文化底线。贺晓曦此前在接受媒体采访时说，他们要寻找的是中国的冒犯边缘在哪里，他们想服务的这部分人的心理适配点在哪里。“你只能比他们前 0.5 步， 这样才可能是一个既能商业化，又具有操作性的文化产品。做给一千个脱口秀粉丝的节目不是最有价值的选择，对这个行业和内容讲，也不是最好，我们还是要更多的人参与进来。”但这 0.5 步并不好迈，经过长达几年的打磨，《吐槽大会》已经付出了巨大的成本。

邀请嘉宾的正确姿势

—

有一个重要的问题就是邀请嘉宾难度很大，因为明星顾虑的还是《吐槽大会》的语言习惯，他们没有做过类似的脱口秀节目，怕会产生尴尬，对自身形象产生不好的影响。《吐槽大会》的规则是嘉宾邀请朋友上节目吐槽自己，过程中嘉宾不能有任何反驳，最后嘉宾才有逐一反击的机会。也就是说，嘉宾需要坐在那里“接受吐槽”一两个小时，还不能黑脸，这并不只是肚量大这么简单。对中国的观众来说，无论是这种互黑吐槽的形式，还是明星们放下身段的疯狂自黑，都是之前非常罕见的，自然在短时间内吸粉无数。

那么，嘉宾会不会受不了吐槽，黑脸罢演？李诞说：“我们邀请的那些明星啊，其实接受度比我们想象的要好很多。只要在前期沟通中给他们说清楚要干什么，就是玩嘛，大家来了就是放松，你吐槽吐槽我，我吐槽吐槽你，也没有恶意对不对，都是为了开心，而且主要节目播出几期之后，后面再来的嘉宾呀，他们都比较能理解。”制作方会跟嘉宾说明，《吐槽大会》是定位于朋友间的吐槽，并且每一个槽点都是明星自己认可、可以拿出来讲的，明星也可以用吐槽的形式说出了他们本身想表达却一直没有机会表达的东西。

为了照顾播出平台利益，《吐槽大会》是周播，时间非常紧，有时候就会请不到合适的嘉宾。李诞说，时间不够自由，有时候就会影响节目质量。

笑果文化努力坚持自己的邀请标准，受邀主嘉宾要符合 4 大标准：阅历丰富；富有关注度；有很有价值的观点，简称三观正；还要有争议性。在实际操作中，诸位主咖，从唐国强、蔡国庆这种“伟光正”的艺术家，到曹云金、大张伟这些充满争议的人物，虽然类型各异，但基本都符合标准。

在节目中很多被邀请的嘉宾也都表现出了非常高的素质。唐国强那一期，王刚是被邀请的嘉宾之一，他的台本是由他自己以及编剧李诞和唐突合力完成的。虽然看上去言辞并不犀利，但是观众们都认为他的段子很高级，效果也非常棒。

令李诞印象最深刻的嘉宾是“凤凰传奇”，因为李诞需要帮他们做两个人的表演稿件，难度比较大，他们也想过一些办法。在李诞看来，“凤凰传奇”的接受度特别高，人也特别可爱。“而且他们俩都特别认真，很尊重这件事，最后做的效果也很好。”

主咖“凤凰传奇”

李诞凝气，池子定神

《吐槽大会》流行的不只是那些段子，还有内容和演员，比如唐国强犀利吐槽“鲜肉小花”片酬高却不潜心钻研演技，揭露演艺圈乱象被网友点赞；第八期李小璐霸气回应黑料，节目中的渐变唇妆却意外走红，受到《时尚芭莎》等知名美妆账号推荐。而节目的常驻嘉宾李诞和池子，也迅速被广大观众所熟知。一头鲜艳红头发的“183 大诗人”李诞，“90 后脱口秀天才”池子，他们在《吐槽大会》夸张而又充满张力的表演，被观众认可。

还有一个很有意思的安排，李诞一般都是率先登场，而池子总是在节目中途上阵。关于这个问题，李诞解释，脱口秀演出、甚至是唱歌以及相声演出，开场的一般就是炮灰，因为开场很容易被观众忽略，观众那个气还没有凝住。但是《吐槽大会》现场录制时要求不卡、中间不停顿地录下来，所以节目组需要现场的气氛好。因此，开场的这个人必须能把这个气氛定下来，让观众从一开始就笑起来。还有一个重要的原因就是第一个上的人要让其他的脱口秀嘉宾有表演的信心，就是他们亲眼看到开场嘉宾站在这儿通过讲段子逗笑大家。所以李诞总是第一个上台，让观众还有台上其他嘉宾把这个气凝住而且能笑出来，将气氛最快地顶上去。

而脱口秀演出不宜超过一个小时，哪怕观众是开心的，时间长了也会疲惫。而池子在中间靠后出现，就是为了让观众快疲惫的时候，再把气氛顶起来，池子的演出风格是比较炸的，比较快，所以把他往后放一放，就这样把这个气氛弄起来。虽然这只是一个小小的出场顺序问题，却能看出来主创人员的用心。

2017 年 1 月 8 日，《吐槽大会》重新上架播出。笑果文化对一开始的测试模型做了调整和优化：在节目中加入了竞赛元素，即 talk King 奖杯的颁发，这增加了游戏性；突显主咖和吐槽嘉宾之间的朋友关系，让话题有所缓冲；增加了一些真人秀的元素以及增强主持人作用；再加上精致的舞台、明亮的灯光，这些都营造出轻松愉快的氛围。在内容上，

《吐槽大会》也加强了把控，减少了一些重口味、大尺度的吐槽，更加注重段子的“高级智慧”。

贺晓曦说，美式喜剧脱口秀会慢慢变成年轻人的生活方式和日常娱乐体验。问题和困难是，随着受众的趋向年轻化，行业内产品更加纷杂散乱。放到整体的喜剧市场来说，面临的是传统的喜剧变革，各种类型的内容细分化。他们真心希望美式喜剧能为中国喜剧文化市场带来发展，但一切都还需要时间来证明。

（原载于 2017 年 4 月 10 日《青春报》微信公号）

主咖薛之谦

《驴得水》　假设推翻后，剩下的是底线

马悦晨[1]

从电影院里走出来时，有的人在赞叹："这大概是今年最好的国产电影。"也有人在抱怨："我看了部喜剧，可我却一点儿也笑不出来。"

有人说："这部电影对于知识分子与体制的讽刺达到了极致。"也有人说："这部电影是对自由女性的歌颂。"

对话导演之后，我们所有的硬性假设都被推翻。每个人将看到的，都只是自我意识的外化。可这不正是最有趣的地方么？

刘露

中央戏剧学院导演系毕业，与周申合作编剧、导演电影《驴得水》。

[1] 马悦晨，《青春报》2015 级成员，现供职于中信出版社。

2009 年，《驴得水》的故事初现雏形。周申和刘露原本打算把它拍成电影，可“不卖故事”“不用明星”“不做艺术片”这三个“不靠谱”的要求，使得他们送走了一批批投资人。

他们并不着急。他们选择了和至乐汇合作，先把《驴得水》排成话剧。在话剧舞台上，他们一遍又一遍打磨剧本，把原本只有一个故事大纲的《驴得水》扩充成一部完整精彩的话剧。话剧版《驴得水》一夜爆红，成为了一部“神剧”。其剧本的精彩程度也使史航这样的专业编剧数次在观剧过程中惊呼、赞叹。

话剧演出几年后， 周申和刘露还是没有放弃将《驴得水》拍成电影的想法。因为找不到投资人，他们便找来身边的好友，用自己和父母、亲属的积蓄成立了一家制片公司，准备拍摄电影版《驴得水》。冷嘲热讽中，他们遇到了几位伯乐——李安“父亲三部曲”的摄影指导林良忠、剪辑师廖庆松和开心麻花创始人之一的张晨。在他们的帮助下，这部由新导演执导的，没有大玥星的《驴得水》终于上映。《青春报》对话《驴得水》导演刘露，谈谈这部被认为是悲剧的喜剧。

—

Q=《青春报》

A= 刘露

Q 有观众认为《驴得水》是一出彻头彻尾的悲剧，你认为呢？

A 我觉得这是不成立的。它本身是一个喜剧，它的故事情节也是一个很经典的喜剧架构：由一个谎言引发了不断的闹剧和尴尬。它的喜剧包袱很多，前半段笑点很密集，观众还是笑得很开心的，只是后来才走向了一个慢慢的、悲剧的结尾。它还是一个喜剧、一个闹剧，这和我们的表达是有关系的，而不是说我们最后硬生生地把一个喜剧掰成了悲剧。

有些人喜欢看一些更内敛、更有思考性的东西，他会觉得这个戏的悲剧成分会更多；有些人更喜欢看喜剧的东西，他看到后面揪心的部分也在乐。至于你在这个喜剧的题材里感受到多少东西，代入多少自己，想到多少痛苦，就是观众不同的感受了。

Q 相较于话剧版《驴得水》，电影版有何取舍？电影剧本是在之前的话剧演出中不断调整的吗？

A 我们大概做了 60% 的删改，但骨架是没有变的。话剧版的风格更夸张，舞台有假定性，可以有一些夸张的表现方式，观众也觉得是真实的，只要逻辑真实就行。但是会有很多桥段和包袱要在电影的荧幕上展现，而电影的真实就是生活的真实，所以我们原来的很多段落、桥段和喜剧包袱转过来会让观众觉得不真实，会跳跃。

我们替换和删除了很多的包袱和桥段。比如原来话剧里铜匠看见特派员戴着大盖帽，不管谁拿了他手上的大盖帽，他都会下跪，下跪到语无伦次，特派员误以为他在说英语。这在舞台上的效果是很好的，大家觉得很喜剧，也凝练出这种人对权力的恐惧。但是这个在电影舞台上就夸张了，所以在电影里面就改成了他和张一曼去念莎士比亚的台词。

我们修改了一年的剧本其实就是在戏剧和电影的真实度上做取舍。电影有一个好处是镜头更能深入人物内心，表现出更有力量、更戏剧的东西。比如张一曼被剪头发的段落在话剧里是没有的，我们就加了这一段。她被剪头发的心理活动能深入刻画人物内心，加剧情节的张力。等于说夸张的东西我们删改了很多，细腻的东西，在电影里更能刻画人物的东西增加了很多。

我们演了将近两百场，话剧剧本到了一百多场才有一个初步定型，一直都在修改，我们演完电影还把话剧剧本又做了修改。我们不停地以生活真实的标准去衡量它，修改里面真实的逻辑。为什么我们认为现在可以做电影了，就是因为话剧进行了一百多场，情节逻辑和人物转变已经相对真实了。

最近去路演时很多观众会给我发私信说，这些转变很触动他，跟他的经历很像，或者说他没经历过，代入进去也觉得“我应该也只能这样吧”，他会给自己一个思考、一个提醒。每个人观点不一样。

观众范围太广了，我们话剧演了这么多年也才10万多的观众，电影放映后每天有几十万观众，每个人有不同观点是很正常的事情。我们的目的是让观众真实地代入这个角色去思考自己。现在我们接收到了很多反馈是他们真的代入了，通过这个代入感觉到了一阵后怕，来反思自己的生活，这其实就是我们创作的初衷。

Q 为什么要将《驴得水》的故事设定在1942年？

A 最早我们想放在现代，但是现在放在了民国，并不是大家想的那样要躲避审查，因为如果放在现代，很容易使我们想要表达的主题被理解成对体制的讽刺，会把我们想说的人性的东西理解狭隘了。我们想说的是，不同时代、不同人物都会遇到这样的抉择和妥协。为了不把主题带偏，我们想到把它放在一个不远不近的年代，使它有一点寓言感。

把它放在1942年，观众会觉得它像那个年代，又不像那个年代，我现在自己的生活放在那个年代好像也能成立。我们想要它有一个普世价值，放在哪个年代都能成立。仅仅放在当下，形成对某一个时代、某一个体制的抨击，会缩小主题。

Q 很多人觉得电影还是有很浓的话剧风格，也有影评人认为电影感不强，你认为呢？

A 我觉得大家可能在概念上有一些误解，这种风格不是叫话剧风格，而是戏剧性强。电影界也有很多戏剧性强的电影，现在相对少了。有的电影很淡，像艺术片，它选取了生活中一些小情趣的东西，它是诗画的电影，像在舞台上放着音乐，念着很诗画的台词，也是话剧。话剧舞台上还有很多是用肢体表现的，那也是话剧。

我们这个是截取了生活中矛盾冲突最集中的这些场景，是戏剧性强的电影，但不代表这种风格就是话剧舞台上才有的风格。戏剧性强的风格，在话剧舞台有，在电影范畴里也有，只是说近年来用戏剧性这么强的风格去呈现电影的很少了。

不管是影评人还是观众，大家都是观众，他都可以有个人看法，我也很尊重。但如果要上升到专业范畴或电影改编这个讨论，其实电影感本身就是不成立、不专业的一个词，电影学目录里面的专业术语里，就没有电影感这个词。

什么是电影感呢？我们跟摄影指导林良忠老师在一块儿商讨，也在聊这个电影感。我们认为，所谓的电影感就是在电影屏幕上出现的，能让观众接受的，用来说故事的视觉语言，这个范畴会不断地扩大，未来还有其他形式。只要让观众不跳戏，让观众进入了这个故事，那它就是有电影感的。

每个人对于情感的接受和认定是不一样的。如果你个人观影感受觉得这个故事不吸引你，或者说你对它所讲的东西不认同、有不同的看法，我们都是接受的。

Q 张一曼这个角色引起很大争议，有人认为她是一个女权斗士，也有人认为她就是一个“荡妇”，你觉得呢？在塑造这个角色时，有没有想要表达什么？

A 我们创作的初衷只想表达一句话：我们不能为了美好的目的去做错误的事情，我们不能为了美好的目的去不断的突破自己的底线，要守住自己的底线。其实我们是探讨一个底线的问题，里面每一个人物性格的塑造都跟底线是挂钩的。

比如，校长是有很美好、很高远的理想的，但是他没有底线，一直在妥协；铁男底线一直是很高的，但是在强权的压迫下他妥协了；魁山是个墙头草，他底线是游移的；张一曼就是在我不伤害别人的前提下，谁也别管我，我要活得自由自在。

这个底线不高，但张一曼在努力守住自己的底线，最后为了大家一个所谓的理想，突破了自己的底线，她伤害到了铜匠，也伤害到了别人。她自己会痛苦，会疯狂，甚至于最后她会自杀。所以她对于突破自己底线是在意的。佳佳一直都有底线，可她的底线别人认为是很幼稚。

所以我们所有人物设定都是和底线有关。其实并没有想通过某一个人物表达女权，或其他的问题。这不是我们的初衷。但是里面的人物都是从生活中来的，都是我见过的人，或者是身上有我和周申及其他创作者的影子的人物，所以会让人觉得很真实。

如果我们建立了一个真实的情境和一些真实的人物，其实就已经足够建立一个真实的小社会。在这个小社会里，不同的人会看见不同的东西。我们也特别理解不同的观众有不同的感受，对我们而言也是一种赞赏，说明你相信了这部故事，相信了故事里的一些人，于是你从一个活生生的人身上看到了一个不同的世界。我要强调的是，我们的初衷并不是像有人说的“野心特别大，想要表达很多东西”，所以我们所有的情节人物都是根据“如何坚守底线，底线如何被突破”这一条线索往下编织的。

一曼是我身边一个活生生的人物原型。这个人物要用一个词来总结的话就是真实。她活得最真实，她不欺骗自我，她很真诚地想要按自己的方法活着。真善美，真是在第一位的。张一曼这个角色为什么吸引这么多人，她首先是真的，至于在真的基础上，她是不是善和美，每个人就有自己的感受了。

从大众的观点来看，不管性格有怎样的非议，最受欢迎的应该就是张一曼这个角色。我相信现在的人对于真都是敏感的、喜爱的。至于在这个层面上你又要用道德去评价她是好人还是坏人，是荡妇还是自由的女权主义者，就不是我们想要去探讨的范围了。每个人对于道德的底线，和对于真善美的看法都是不一样的。

Q 影片中大多数角色都经历了一次较大的性格转变，但是有观点认为这些性格转变都太过突兀，你怎么看?

A 我和周申编故事的方式不是凭空架构、指挥人物，而是把生活中看来的人和事放在这个编出来的情境里面，然后去推演他会怎么样，是以我们生活中的直接经验和间接经验为基础的。同时我们也要让演员把自己放在里面去体验人物，感觉他的故事会不会真实。所以我们并不是一上来就设定好这个人到哪就转变了。

原来演话剧时，结尾葬礼那一块，张一曼的人物命运跟现在都不一样。张一曼变成跟大家一起看台、蝇营狗苟的一个人了。这是当时以我们的经验决定的，但是演员不相信，观众也不相信，认为这个人的转变不合理，于是我们再次从生活中找逻辑，让演员进入情境一遍遍排练，体会到了一种："哎呀!我在这里，要是我，我可能不会很正常地待着，我在这里不管是真疯还是假疯我得逃避。"这样我们才出来一条疯狂的线索。话剧舞台呈现了张一曼疯了之后，观众检验后觉得特别对，特别真实。饰演张一曼的任素汐也觉得这样特别舒服。

所以其实我们并没有给人物强加任何转换转变的逻辑，而是一次次用真实的逻辑去衡量它。比如有人觉得铁男性格怎么会转变成那样，我可以告诉你是我生活中的例子，我见过太多性格很执拗、比谁都冲的愤青，后来遭受打击改变了性格，已经变成了另外一个人。所以我们是以生活为标准去衡量人物转变的，对于不符合人物逻辑的虚假转变，导演和编剧会跳出来指导演员、指导角色的硬性转变，我们是排斥的。

Q 电影末尾为什么要用字幕交代孙佳最后去了延安?

A 我们给电影里的人物大多是开放式结局，但是得给孙佳一个明确的走向，因为孙佳是我们认同的人物，必须要给她一个出路。虽然孙佳很幼稚，但她一直在努力坚守自己的底线，我们也是这样的人。我们现在也30多岁了，别人也认为我们这种坚守底线的创作方式是很幼稚、格格不入的，但我们一直都在坚持。

在1942年，对于当时的人来说去延安是改变现状的一个方式，或者追求美好、新生的方式，所以她做出了这个选择，我觉得这个选择是没错的。我们自己也在反思，如果活在1942年，我也会去做这样的事情，当然我不知道未来会发生什么，我只想要一股新势力来改变社会，当时看来这股新势力是真的充满朝气、有希望的，所以她要去投奔的是一个希望。

有人认为我们是为了过审查讨好广电总局，其实不是，这是我们给人物最明确的一个走向。我们认为这是一个光明的结局，有人看到了希望，但也有人认为这是一个更黑暗的结局。

有人知道1942年的延安发生了什么，未来的中国又发生了什么，他们看到孙佳进入又一个死性循环，这就是观众的解读了。但我们想表达的是，孙佳想改变，她不想像大家一样把过去忘掉。

Q 电影中有不少较敏感的内容，送审时会有顾虑吗？

A 并没有。张一曼有点擦边球的色情台词，但没有受到任何阻碍，我觉得这是因为审查者也是懂戏的。电影里所有张一曼性喜剧的包袱都是展现这个人物性格的，因为最主要的一个转变是要推动张一曼睡服铜匠，观众看到这里是不觉得突兀的，既觉得妙，又觉得很符合人物形象。

怎么让观众觉得这里不突兀？前面张一曼的这些言行把她的人物性格塑造出来了，她就是这么个人。如果我们把以她性格会说出来的话做删改，在情节上就不成立了。所以我相信审查者也是理解我们人物逻辑的。所以写剧本时也从来没有去自我阉割，担心会有审查问题。最后审查将我们认为最好的版本交了上去，只有一条建议：蒙古语要求加上中文字幕。

（原载于2016年11月7日《青春报》微信公号）

大鱼海棠 十二春秋，化鱼为鲲

马悦晨

2005 年，梁旋从清华大学热能动力专业退学，和毕业于清华大学美术学院的张春一起创立了彼岸天工作室。2016 年 7 月 8 日，由梁旋编剧兼执导、张春执导的动画长片《大鱼海棠》在中国上映。

2004 年，两个少年把自己的梦境做成一个 FLASH 短片，在网上受到了许多人的喜爱，于是他们萌生了把这部短片做成电影的想法。后来他们创立了自己的动画工作室，在艰辛的创业过程中，他们始终没有忘记自己最初的梦想。

2008 年，他们用有限的资金制作动画片段引发了巨大的反响，无数人期盼着这部精美的动画电影的诞生。然后由于资金的短缺，他们暂停了动画的制作。2013 年他们用一封长信打动了投资人，获得了资金来继续完成他们的梦。

2016 年 7 月 8 日，他们这场做了 12 年的梦终于变成了现实。

张春　梁旋

创作过程充满痛苦

—

Q 从清华退学后，你的母亲来北京看你，最后伤心地离开。母亲有没有对你的创作有影响？

梁 我的生活原本确实是一条直路，2000 年考入清华大学热能工程系以后我一直在思考，3 年后我选择以不参加所有期末考试来退出这个人们挤破头都想进入的第一学府，我觉得那不是我真正想要的，我也不需要凭借一纸文凭来证明自己。那个年代创业还没有如今这么火热，退学也被认为是一件丢脸的事，为了不让辛劳半辈子的母亲担心太久，我开始和好朋友张春一起做动画。

Q 你在创作剧本的时候是怎样的状态？

梁 很痛苦的过程，我觉得对我来说，当然出来那一刻很激动，但是过程充满了痛苦。本身要求很高，你看了那么多经典电影，怎么达到那种标准，你感觉永远够不上，你就每天处于痛苦里，必须要让自己达到。第一稿出来以后，可能很繁杂，你需要去让它精简成一个在电影里面讲得比较清楚的东西，有很多平衡要去做。

我们第一稿在 2007 年底开始写，到 2009 年的中旬开始写完，第二、第三、第四稿一直到十几稿，中间这几年一直在改，会找不同的团队、不同的人来讨论来改。当然，我其实在电影上映那一刻还在改电影的细节， 不是电影完成的那一刻，因为我觉得这个剧本，虽然动画电影不允许有太大的改变，基本上都在确定，但是纽节还可以做一些微调，比如说这个词要这样说还是那样说。

Q 010 年动画制作暂停后，为什么会选择做游戏，而不是接一些商业动画来积累经验？

梁 当初的想法很纯粹，就是希望能将这个梦境呈现给所有人。在 2008 年找到机会启动《大鱼海棠》之前，为了让公司生存下去，我们接了很多商业广告的单子，此外还有几十部 BOBOTOTO 形象的动画短片。之后通过股权的置换，我们融得了风投的一笔资金，于是在 2008 年开始启动《大鱼海棠》电影，并且我们停掉了公司所有其它业务，包括当时处于盈利的 BOBOTOTO 形象。现在网络上流传最为广泛

—

Q=《青春报》

梁 = 梁旋

张 = 张春

的唯一那段短片就是那个阶段制作出来的。

2010 年到 2012 年影片中期制作的投资一直没有着落，制作开始处于半停滞状态，于是我们在没有投资的情况下，也尝试了一些其它手段如制作 SNS 的游戏等，想要自己挣钱来支持电影继续制作，不过也没有成功。直到 2013 年 6 月的那条长微博以及当时的百万众筹成功，让更多投资人关注到我们，最终在 2013 年 8 月确定光线的投资，《大鱼海棠》的制作又才走入正轨。

Q 非科班出身，在做《大鱼海棠》时你们遇到过哪些困难？

梁 说实话，找到合适的人才永远是最困难的事。客观情况是，中国高品质动画创意制作人才有非常严重的断层。就如同玉石一样，优秀的人是通过不断地打磨不断成长趋近完美的，但是国内在之前的几十年，行业的氛围和整个社会的大环境并没有足够的空间来让大量创作者成长。所以我们也是幸运的，找到了这么一群理想主义者，组建一个热情又能全情投入的团队来完成这件事情。

东方人的很多艺术都是走意境的

Q 为什么会把《大鱼海棠》的故事背景选在福建土楼？

梁 还处在电影前期创作阶段。我们当时先构建了这个世界观，是在这样一个土楼，比较世外桃源的地方发生的故事，但谁都没有见过，后来在网络上看过福建土楼的照片，找了两次机会，两个不同的季节到那个地方实地采风，当亲自看到网络上的图片呈现眼前的时候非常震撼，完全不一样的感受。

《大鱼海棠》剧组在福建土楼采风

Q 为什么会构筑《大鱼海棠》里这样一个世界观？

梁 2004 年 5 月份的时候做的。2003 年 9 月从学校出来跟张春一起做动画，我们 9 月份做了第一个短片，叫《女孩的日记》，其实也是为了生活，因为从学校出来又不想靠父母，就去参加了比赛，有奖金。就是在那个时期做了一个梦，梦到一条小鱼，然后那条小鱼变大，就得找各种各样的容器，让它能够活下来。发现它一开始可能在一个小杯子里面就能养了，后来是用玻璃缸、木桶、水晶，然后到一个小池塘，然后越来越大，长得各种地方容不下它了，最后发现只能把它送回大海去。后来发现大海它也不想待，它想飞到天上去，它是属于天空，然后就觉得这个梦很神奇，就把这个梦做成了一个短片，也是去参加一个比赛，后来我们就把那个短片投到网上去，有很多人喜欢这个作品。

第一个梦不足以成为一个电影，因为它的线索很简单。2007 年底，我开始写这个剧本的时候，其实也不知道该怎么做。但是有一天晚上做了一个梦，梦到我自己跟一群大鱼在特别深的海沟往前游。

那个梦启发了我，就是说这个世界就联起来了，所有的人活着的人是大鱼，出生的时候从海这边出发，死了之后到对岸，去到海底，变成一条小鱼，沉睡很多年，很多年以后会再来一次这样的旅程，这样的旅程永远不会停止。就是说这个意向我已经找到了，这就已经为这个电影定了一个基调了，然后我就会想，海底世界那些人是干什么的呢？他们可能是管人所有的灵魂，可能管风、雨、雷电、四季更替，我就想 其实这些人应该是古代传说里面跟自然亲近的那些人，像庄子、老子，还有一些相信自然之道的人，所以就让他们生长在一个世外桃源的地方。

Q 在彼岸天的其他作品里也经常可以看到鱼和海棠？为什么要选择这两个意象？在创造椿、湫、鲲三个主要角色时，有没有什么参考的原型？

梁 大鱼是片子里面的那个男孩，海棠就是片子里那个女孩，我觉得这也是我们每个人心中最坚强和最柔韧的那一面，两个字组成了大海，大海有时候有特别平静的一面，有特别波涛汹涌的一面，跟我们人一样，大海又是每个人最终的归宿，我们生从大海里来，死后回到大海里去，这几个字组合到一起特别美。

海棠也是最开始的直觉，就觉得那个海棠花语不是相思和苦恋吗？大概就是这个方向，然后就做海棠。本身大鱼离开一个人的话，意味着你要相思和苦恋，父母与孩子、情侣、包括人与人之间朋友的关系都是这样的关系，如果你们的关系很好，最后你要给他自由，让他飞走，你肯定要对他思念，所以大鱼是你们在一起的时候，海棠是你们不在一起的时候；大鱼是男孩，海棠是女孩；大鱼是坚韧地追求自由，比较有力量的那一面，海棠是温暖的一面。

张 所以我觉得东方人的很多艺术都是走意境的，包括他会有一个意向。比如说很多古诗词里面，他会用某一种花，某一种意境来表达他想说的一个东西，不会很直白的说我要思念，他说什么花，其实本身也是东方的一种思维体系吧。不管是横着读《大鱼海棠》还是《大海鱼棠》，都可以解读，小的时候在鱼塘里生活，大了到大海去生活，大海是归宿，反正都是一种解读。

人物原型的话，作为作者来说的话，多多少少有我们自己的投射，比如说我们觉得比较美的特质，我们就会赋予这些角色。本身他们的名字也是来自庄子《逍遥游》里面的，但其实有很多巧合，一开始我们根本不知道那个椿是《逍遥游》里面的大椿，还有湫，也是《逍遥游》里面的。

Q 目前曝光的几首歌曲都非常动听，在网络上也有着不俗的反响，请问你对于这些歌曲的选择是怎样态度呢？

梁 做歌我们是花了很多功夫的，其实一开始跟光线谈的时候就开始准备这 3 首歌，就想这歌要怎么做才能做好，要找谁唱，这两年之内一直在想，才有今天这个结果。当时为什么找到陈奕迅是因为的确他唱歌能打动人，他走心，就是能够以情动人。那个歌也很大，中国的歌手里面，能够以情动人的，他是做得很好，所以我们就觉得他最合适。

张 陈奕迅这种歌手不是说你给钱他就唱的。他本身一年也就唱一部电影，他开演唱会每个星期都要去做演唱会，他也不需要靠这个。而且我们这个也是他今年第一首单曲，他肯定也是爱惜自己的羽毛，挑选作品，他的确很喜欢这个作品。能感觉出来，你跟他合作能从他的热情里面感觉出来。

有很多的声音并不是真实的

—

Q 有人以经验不足来质疑你们,对此你有什么看法?

梁 《大鱼海棠》是我们的第一部作品,会有不足的地方,但是已经做到了我们目前能做到的最好。未来我们还需要远行。

Q 对于去年上映的《大圣归来》有什么看法?有人说《大鱼海棠》借《大圣》做宣传,你认为呢?

梁 我们和田晓鹏导演是朋友,他也是我们电影的主题曲作词。《大圣归来》第一天上映,我们就组织整个团队去看了,还是很支持这种好电影。

其实都为了这个作品做了很久,其实有很多的声音并不是真实的,大家并不了解真相就做一些猜测。实际上我们都很欣赏田晓鹏导演在《大圣归来》的手法。他在里面的长镜头所有的动画片导演都没有用过,这是他的独有的风格,这些特别厉害。网上都是传言。

Q 在《大鱼海棠》制作的这些年间,不断有老粉丝离开,也有新粉丝加入,有没有什么想对他们说的话?

梁 我们比粉丝更期待电影的诞生。美好的东西永远值得等待,感谢大家陪伴,希望不辜负你们的期待。

Q 很多人认为《大鱼海棠》很像宫崎骏的作品,你怎么看?

梁 本身我们自己生活在这个土地上面,我们想象也好,我们呈现出来的视觉也好,肯定是我们自己的理解,我觉得大家自己血液里面的东西都不一样,我觉得是天生的东西,不需要去刻意回避什么。宫崎骏本身也是一个天才,天才的作品其实是模仿不了的。如果说从形式上面,或者从元素上有些相似的地方,因为大家的灵感可能是共同的源头,比如说日本的文化和中国的文化是同源的,包括宫崎骏很多的灵感是从西方童话来的,我们其实也受到了西方童话的影响,所以世界上的很多东西没有大家想象的分得那么开。

张 很多国外的文化如果会打动你，我们都是可以吸收过来的。刚才你说到宫崎骏，我如果再说得细致专业一点，其实宫崎骏的整个画面风格是平面化的，更多会让你感觉一种田园诗的感觉，我们的片子里面，从色彩到光影都是比较厚重一点的，可能会更偏电影的光影效果，而不仅仅是一张画。

Q 《大鱼海棠》的工作完成之后，有什么打算吗？

梁 我们只要有这个电影资金的时候，我们会抛开所有其他的事情，专注在这个电影上面，从光线合作以后的2013年底一直专注做这个电影的。现在甚至连下一部电影都没有时间准备，一切只能等做完这个电影再说。做完第一部以后，你会发现我们未来是一个很未知的东西，但是有一点，我们一定会做更好的东西，但是还是很有压力，第一部作品本身这个东西是可遇不可求的。

张 人一心只能做好一件事，有的时候不能太贪心，这个事情很值得我们花那么多时间去做。

（原载于2016年7月8日《青春报》微信公号）

刺猬公社　移动互联网时代内容的爆发

叶铁桥演讲

郭文慧　辛浩然　尚俊旭等整理

叶铁桥

叶铁桥，原《中国青年报》资深记者。2016 年底开始全职运营“刺猬公社”，目标是将其打造成为内容产业垂直媒体。

我知道从没网络到有网络的变化过程是什么样的。20 世纪 90 年代末我上大学，那个时候网络才刚刚兴起。在网吧里上网，一个小时十块钱。到现在，我算是完整地经历了前互联网时代、PC 互联网时代，当下又身处移动互联网时代，感觉遍尝了媒体的沧桑。

去年 11 月，我从《中国青年报》离职。当得知我和同事常去的一个饭店合约到期，要关门的时候，我们特别舍不得，就在他们关门的前一天晚上还去吃了“最后的晚餐”。我问服务员，服务员说这家饭店开了十年了，我说真巧，我在《中国青年报》也工作十年了。服务员突然冒出来一句：“那你也挺能待的。”

2014 年的时候，刺猬公社刚起步；2016 年底，我开始专职做这个创业项目。我的感受和对传播环境变化的理解是完全不一样的。整体上说，我觉得纯粹的新闻行业在不断地萎缩，但泛新闻或者说内容行业在不断发展。

以前我们说到新闻，就必然会想到一个词，“媒体”。现在，由专业媒体生产的内容数量和质量都在下降。但其他机构生产的带有明显的新闻特征的内容在不断出现和爆发，所以今天我想谈谈这个主题，跟大家分享下我对这个时代的理解。

现在，大家接触媒体的时长在不断增加。罗振宇提出了国民总时间的概念。其实可以算出我们用在互联网上的消费时长。CNNIC 统计显示，现在中国共有 7.3 亿网民，每个网民每天平均在网络上消费 3.48 个小时。由此算出，中国网民每天花在网络上的时间超过 27 亿个小时。这是一个巨大的国民内容消费总时长。

媒介的发展历程，就是在不断地多占用人类时间的过程。从竹简到羊皮书，再到纸的发明，然后是广播电视，然后是手机，媒体对人类时间的占用越来越长。

总体来看，用户消费媒介的时长虽然在增长，但是不同媒介形态的此消彼长也表现得非常突出，整体说来这样三大趋势。

一是传统媒体不断衰落，也是媒介形态改变的第一个特点。据外媒报道，全球最大管理咨询公司埃森哲最新发布的一份报告称，在过去一年中，全球偏爱在电视机上看电视节目的人从 52% 锐减到了 23%，降幅高达 55%。最近我们对一个在央视工作了 20 余年的老电视人做访谈，他告诉我们，他已经半年没有打开他们家的电视机了。

15 年前，《京华时报》在北京还是一份风华正茂的报纸。我早上坐公交或地铁去某个地方，就会在公交站或者地铁站的报摊上买一份。那个时候

《京华时报》非常热门，以至于如果起晚一点，是买不到的。

去年，《京华时报》突然就停刊了。停刊前的最后一个晚上，员工拼完最后一个版，去餐馆聚餐，然后抱头痛哭，他们是在告慰自己的一段职业生涯。纸媒的衰落是不可避免的，根本没有挽回的机会，最主要的一个原因是它确实效率太低了，完全无法有效地到达用户，同时，它对社会资源的耗损也挺大的。

我也听马昌博讲过《壹读》的故事：2012 年他们开始做这个杂志，心里也一直有浓厚的纸媒情结。做了两年，到了 2014 年，他们发现做杂志不但不挣钱，还赔钱。就商量怎么办，但大家又都下不了狠心把这份杂志关了，于是做出了一个决定，把双周刊变成月刊。再延续半年，发现亏空越来越大。到了 2015 年 2 月，他们才痛下决心把这份刊物停掉了，财务状况很快有了好转。

对传统媒体的发展，我非常认同腾讯新闻的原总编辑王永治说的一段话："我的判断是，到 2018 年很可能有三分之二以上的纸媒将会'关停并转'，这里的纸媒主要是指纸质媒体的形态。报纸除了倒闭没有别的出路……不是新媒体搞死了旧媒体，而是用户放弃了纸媒，转移到了新媒体。25 万从业者多数将在 2017~2018 年下岗，原因是产业和技能的过剩和过时。"

第二，新的媒介形态会不断产生，去年是多个元年——短视频、直播、VR/AR、人工智能……都号称是元年。大家一看就知道，这些都无一例外跟我们今天的内容和媒介有关系。不断出现的新风口是媒介形态的改变。

第三就是自媒体的蓬勃发展。中国自媒体无疑已经有个巨大的量了，个人内容创作者找到了很好的变现机会。去年 12 月 18 号，"同道大叔"把自己才成立两年多的公司同道文化给卖掉了。公司卖了两亿多，根据同道大叔在公司中占有的股份比例，他变现了 1.78 个亿。一个 28 岁从清华美院出来没几年的年轻人，竟然实现了这么大的财务回报。这也说明了，当下，如果你是一个优质的内容创业者，就有能力实现在以前完全不可想象的目标。

内容行业的变化

对于现在内容行业的变化，我也有 4 个基本判断：

第一，我们现在的内容源是不断扩张的。

虽然传统媒体在不断衰落，但是自媒体在非常蓬勃地发展。现在，生产优质内容的机构越来越多，完全不同于公众号刚刚出现时，一人原创万人抄袭的局面。很多个人或小微机构生产出的内容都是足够优质的。当越来越多的媒体人甚至主编去做内容创业的时候，内容生产质量和能力都能大大获得提高。

第二，内容消费在升级。

从去年开始，付费成为了一种新的、明显的趋势。最早是“得到”，然后是“知乎 live”“喜马拉雅”，很多付费产品都冒出来了。有些用户为了抢先看电视剧，就会在优酷、爱奇艺购买包月的会员服务。最近我们跟《经济学人》一起做了一个面向高校的调研，其中有一项调查的是对内容付费的意愿的调查，我们发现高校学生的付费意愿也在不断攀升。

第三，内容分发的效率不断提高。

在互联网上，现在主要有两种分发方式：一种类似于微信公众号的订阅模式。其实这种方式是前时代的报纸模式在移动互联网上的延伸。还有一种是以“今日头条”为代表的个性化内容分发方式。今年 2 月，中国联通发布了移动应用 APP 排行榜，“今日头条”在活跃用户数排行榜中排第 15 位，是进入前 20 强中唯一的新闻资讯 APP。在户均月消耗流量排行榜占排第 5 位，仅次于快手、微信、哔哩哔哩和网易云音乐。这说明了个性化分发的强大实力。

第四，内容形态出现了明显升级，由文图逐渐转向视频。

现在短视频、VR/AR、人工智能都在进化。凯文 · 凯利《必然》这本书里说，内容形态变化得太快了，也许三十年之后，现在的主流内容形态完全被淘汰了，那时候的内容消费方式会完全不同。

以前电视主导的时代，如果停电了或者我们不在电视机前，我们就看不到我们想看的节目。进入 PC 时代，我们以为只要在想看的时候都能点开来看，痛点被解决了。但其实，随着时代的进化，短视频、直播这些新形态都出现了，所以内容形态一直是在进化的，不会停歇。

用户的习惯也在改变，比如说哔哩哔哩，它在视频上加上了弹幕，对于一些习惯传统内容消费的人来说，他是没有办法接受的，视频上怎么能加入乱七八糟的文字呢？但对哔哩哔哩的用户来说，视频上都没弹幕，这视频还要怎么看？

内容一边在变化，一边在被争抢。BAT 几家都纷纷入场了，巨头们下一阶段的战场，也会是内容之战。因为内容现在成为了一种性价比最高的入口，如果不通过内容来黏住用户、搭建消费场景，就可能会遭受很大的危机。

百度就感觉到了这种危机。今年年初，李彦宏在百度的内部做了讲话。他的第一句话是，“首先，是内容分发的新时代。百度从本质上来讲，最核心的东西还是在做内容的分发。”他也认识到，“整个世界一直是在变化，从 PC 互联网到移动互联网，移动互联网起来很多超级 APP，内容越来越多被封装在微信、微博这些里头。”

所以百度启动了“百家号”计划，2016 年 9 月 28 号发布的。其实我觉得百度做内容是有天然的优势的，因为它是做搜索起家的。百度做内容，“今日头条”最紧张。因为“今日头条”是做内容个性化分发的。百度在搜索时代那么厉害，技术最强，它有能力对内容进行很好的分发。所以“今日头条”说跟百度必有一战。

除了巨头，内容现在已经完全泛化了，比如墨迹天气、WiFi 万能钥匙也做内容。因为做内容就有流量，有流量他们就有收益，这是一个很好的获得收益的机会。而且，现时代的内容它发生了很大的变化。

第一，在数字经济时代，内容成了一个很大的入口。

第二，内容变得越来越轻。

第三，内容也变得越来越脆弱。

第四，生产内容的机构走向小微化、自媒体化。

第五，内容越来越均衡。

第六，内容逐利化。

这主要与移动互联网出现后，带来的内容碎片化消费习惯有关。现在用户消费内容的场景更多是在床上、公交车、地铁上、马桶上……我们现在消费的内容特别的碎片化。

跟纸端和 PC 端不一样，移动端基本实现了与人类生活的无缝对接，这造成了阅读仪式感的急剧下降，受众的阅看习惯因此发生改变，他们不用郑重其事地翻开一本书，不用好整以暇地打开一份报纸，也不用把椅子挪到电脑前，不用连接网线，不用开机关机，只要打开移动端，就随时随地可以接入内容。

从受众需求出发，阅看障碍和仪式感的丧失，使得内容生产者需要生产在任何环境下都适合阅看的内容，这种内容要使得阅看者能在任何身体状况和心理情境下都能被接受，再加上移动终端的屏幕偏小，阅看体验受限，所以任何不好读的内容都难传播开来。

英尼斯的传播的偏向研究显示，媒介的形式偏好某些特殊的内容，从而能最终控制文化。作为媒介，印刷品和电视本身并没有思想，然而作为工具，它们对于文字与图像的不同偏好，却决定了不同文化的发展。

“震惊部”+“搞事部”= 刺猬公社

Q 刺猬公社是专注于泛传媒圈和内容产业的深度观察与研究的新媒体，您说已经找到了巨大空间和价值，这空间和价值体现在哪呢？

A 内容产业不断在膨胀，直播也好，短视频也好，不断在膨胀，一个领域变得很大的时候，需要一个垂直媒体来让信息流动起来，把里面的资源整合起来，让里面的人相互熟悉起来，这就是我们的价值所在。

Q 那面对移动互联网时代内容的爆发与变化，刺猬公社遇到了哪些比较好的发展机遇？经历过哪些困难？对待当下的内容形势，刺猬公社将如何规划日后的内容？

A 发展机遇在于内容产业膨胀之后需要有一个媒体去关注它，这是很好的发展机会。

作为一个初创公司在社会上立足肯定会遭遇很多困难。比如说如何去创造出一个新的商业模式，就是一个困难。当然，没有困难的话，说明你做得太平庸了。针对年轻群体的线上新媒体培训可能会是我们之后要做的。

Q 移动互联网时代内容爆发，同质化内容增多，优质内容源匮乏，刺猬公社如何确保内容来源的高质量？

A 我们希望记者 IP 化，希望他在这个行业里建立声誉，成为社交中心，从而能够享受中心红利，各种信息都汇聚到他这里来。这是我认为理想化的状态，但这条路可能会走得比较艰难。

最近《纽约时报》一篇报道说现在用户对平庸内容的忍受度是很低的，所以我们希望生产出好的内容，但是愿望和实际间还是有落差。所以我们现在拓展优质内容源的方式，还是希望记者能够跟某个行业建立深刻联系，比如一个记者跑直播，那么希望他可以和直播行业中的人建立联系。但是现在这样的记者很少，我们想要培养这样的记者。

Q 那么直播行业也是变化很大的，如果过几年直播不行了，记者怎么办？

A 记者可以关注下一个跟直播相关的领域。

Q=《青春报》

A= 叶铁桥

Q 内容出现消费升级，用户的付费意愿大幅攀升。但是最近 ios 版微信取消赞赏功能，您对此有何看法？对刺猬公社有什么影响吗？

A 对刺猬公社没有影响，我们以前也不开赞赏。我看到一个数据，不知是否严谨，它说打赏的收入其实只占到自媒体营收的 3.8%，这对自媒体是很小部分的收入，所以应该对自媒体不会产生大影响。

而且其实很多公号也没有能力取得很多的打赏。这还牵扯到苹果和腾讯间竞争的问题，现在考验的是腾讯的付费阅读还能不能做得起来。

Q 那么刺猬公社如何实现内容变现？

A 我们现在做的小密圈产品就是通过知识付费方式来进行内容变现，我们现在完全放弃了通过软文变现的方式，但更为持续的模式还在探索之中。我们还是希望用内容付费的方式来扎扎实实地建立起商业模式。

Q 刺猬公社的一个特点是组建社群，那么社群是如何组建起来的呢？现状如何呢？

A 我们之前社群做得比较好，但现在这个社群基本处于停滞状态。比如，我们把做深度报道的人拉进一个社群，把新闻学院的教师拉进一个社群。但是说实在话，一个社群如果有共同的话题就会聊下去，如果没有共同话题那么这个社群就会死掉。

因为现在业界产生不了什么好的深度报道了，那就没什么可以推荐了。之前与社群有关的“优秀深度报道推荐”栏目也取消了。我们现在重新建立了很多新的活跃社群，比如围绕非虚构写作、围绕知识付费等。

Q 那么现在刺猬公社几乎每天都发的“猬报”代替了“微言”“一周传媒观察”等之前的固定栏目，这是为什么呢？

A 之前的“微言”提供泛社会化话题的内容整合，但这还是不垂直。现在的“猬报”还是希望能够给产业里提供更垂直的一些内容服务。

Q 您如何看待自媒体矩阵？刺猬公社在这方面有什么计划吗？

A 没有计划，我们就是生产内容，我们的矩阵太少了，就发一个公众号，其他的都是去分发的。我们还是致力于生产精品内容。我们现在分为两个部门，一个叫“震惊部”，一个叫“搞事部”。震惊部就是生产内容的，搞事部就是做运营的。

Q 您对内容人才是如何定义的呢？您觉得在如今新的传播与内容格局下，需要哪些内容人才呢？

A 普遍来说，今天我们新招过来的人都要进行一番改造，进行“网感”的改造，就是对移动互联网的感觉。我们今天做媒体跟以前不一样，我们不但要做内容，内容完成之后我们对它的服务才刚刚开始，围绕着内容还有很多工作要做。

比如要研究各种各样的分发渠道，在今日头条还是在 UC 还是在其他媒体平台上分发。然后还要想着做其他一些事情来配合内容的传播，因为若单做内容的话会显得单薄，道路也会越来越窄。

以前泛内容传播的时候，我的采访对象和我的受众不是一拨人，比如《南方周末》都是写底层人的故事给知识分子看。但今天做垂直媒体，你的采访对象就是你的受众，比如你采访做直播的人，做直播的人看你的公众号，它是重合的。那么重合的话你要经过一些方式把它们运营得活一些。

Q 为什么说新招进来的人没有“网感”？

A 我最近面试了很多人，问他们关注什么公众号，基本上都说“严肃八卦”。让他们去关注内容领域怎么变化这东西还是太沉重了，严肃内容他们不愿意去关注，隔得比较远，所以在这方面懂得很少，很稀罕，懂的都是人才。

（原载于 2017 年 4 月 29 日《青春报》微信公号）

非虚构　新的文学可能性

苏行

2015 年 10 月 8 日，瑞典学院将 2015 年度诺贝尔文学奖颁给了白俄罗斯女作家斯维特兰娜·阿列克谢耶维奇，以表彰她对这个时代苦难与勇气的写作。阿列克谢耶维奇一生致力于从个人经历、机密档案以及从被忘却、被否定的资料中挖掘史实，通过与当事人访谈的方式写作纪实文学，记录了二次世界大战、阿富汗战争、苏联解体、切尔诺贝利事故等人类历史上重大的事件。瑞典学院对阿列克谢耶维奇的肯定也是对非虚构写作的一种肯定。一时间，非虚构写作的概念被广泛传播。

11 月 13 日夜，未名湖畔，一场关于非虚构写作的讨论在谢丁、李宗陶、关军 3 位媒体人之间展开。

THE SPRING NEWS

青春报　2015 年 12 月 28 日　第 106 期　讲座　D03

非虚构写作，新的文学可能性

□本报记者 苏行

2015 年 10 月 8 日，瑞典学院将 2015 年度诺贝尔文学奖颁给了白俄罗斯女作家斯维特兰娜·阿列克谢耶维奇，以表彰她对这个时代苦难与勇气的写作。

阿列克谢耶维奇一生致力于从个人经历、机密档案以及从被忘却、被否定的资料中挖掘史实，通过与当事人访谈的方式写作纪实文学，记录了二次世界大战、阿富汗战争、苏联解体、切尔诺贝利事故等人类历史上重大的事件。

瑞典学院对阿列克谢耶维奇的肯定也是对非虚构写作的一种肯定。一时间，非虚构写作的概念被广泛传播。

11 月 13 日夜，未名湖畔，一场关于非虚构写作的讨论在谢丁、李宗陶、关军三位资深媒体人之间展开。

斯维特兰娜·阿列克谢耶维奇　图片来自网络

非虚构写作源于记录历史的冲动

中文的结构是靠意境推动的

问题意识是讲历史的好方法

非虚构写作源于记录历史的冲动

—

非虚构写作者可以是农民、建筑工人、学者等。身份上的不受限使得非虚构写作的空间拓宽了很多。

一直以来，李宗陶都认为，把一个选题写出时代画卷感是一件非常厉害的事。而从源头上探讨非虚构写作最早的关注点，正是出于人们记录历史的冲动。

修昔底德的《伯罗奔尼撒战争史》记录了以雅典为首的提洛同盟与以斯巴达为首的伯罗奔尼撒联盟之间的一场战争；西奥多·怀特的“The Making of President”反映了美国的民主制度怎样塑造出一个总统，这部作品最终获得了 1961 年的普利策新闻奖；约翰·赫西写《广岛》，也是出于记录重大事件的冲动。

近几年来，战争、政治等宏大的叙事主题被社会问题、个人命运和环保等方面的题材取代，这是进步，因为它更深切地切入了生活。比如蔡崇达根据药家鑫事件写的《审判》，就是写人的异化、变异导致的暴力等现象。

李宗陶认为，在我们接触诸如何伟、欧逸文等优秀的西方文本时，从中得到了很多东西，但也可能在模仿的路上失去自我，作为东方人，我们不能真正理解西方人的语感和观察事物的角度。她举了何伟的例子，何伟有着非常好的英国文学积淀，所以他对世界的眼光，看人看事的角度是他身上的一部分，如果我们刻意模仿会流露出僵硬的痕迹。

李宗陶不喜欢频繁地看同行的作品，她建议非虚构文学的创作者千万不要被经典束缚住，把阅读的范围打得更开，哪怕是看一首摇滚歌词都能从中得到不一样的营养。

谢丁、关军等传统媒体人转型到新媒体后，最想尝试的就是与传统媒体不一样的写作。而在新媒体平台上，最受欢迎的非虚构文学类型一种是历史题材，另一种是普通人的焦虑。

按照本能冲动来写

—

除了我们一般认为的非虚构文学手法，随笔也属于非虚构文学。亚当 · 戈普尼克的《巴黎到月亮》是一部随笔作品。他从到他家修传真机的工人写起，一直写到法国文化、写到法国文化在欧洲文化中的变化，写到法国文化和美国文化的差异。亚当·戈普尼克从一个很小的点出发一直深挖，或夹叙夹议，或结合采访，成就了一部优秀的非虚构作品。

在表达方式上，谢丁也赞同李宗陶的观点，要适可而止地模仿。大多数人在外语程度没有那么高的情况下都在模仿西方作品的译文版。而译文版已经失去了原文的味道，在模仿的同时，语言、结构和技巧都会失去中文本身的韵味。“现在我就完全不看西方的作品了，尤其是记者的。再返回去看阿城、汪曾祺、沈从文，发现原来中文应该这么写。”谢丁感叹。

汪曾祺说，中文的结构是靠意境推动的。谢丁和关东在选稿审稿的过程中越来越发现，很多作者之所以能写出好稿子就是因为他们在写作时充分尊重了本能。依靠本能写出的作品反而在结构和语言上体现出极大的格局，而显得更有文学性。

关军认为，最初写作是没有结构意识和文本意识的，就按照本能冲动来写，写完后再调整结构，把有用的保留下来。如果先想结构就可能找不到感觉了。

李宗陶引用阿城的一句话“说明文其实是最高级的文本。”说明文要求在短短一段话里把产品功能说清楚。

非虚构写作基本上由 3 部分构成：感受、表达，最后是结构。先去啃材料，获取到材料再考虑什么东西放在前面什么东西放在后面。就像刘晓东在三峡现场作画，什么人放在前面，什么人进行虚化处理要迅速作出判断，都是出于本能。

谈到《大脚印儿：见证奥运阴影下的 2008》的结构是怎样排布时，关军笑道，他只是把 2008 年的大事件按时间顺序排列在一起，每个月提炼一个主题。

关军认为，刚入行时的文章，尽管没有技巧，也不会运用太多写作方法，但却非常可爱。所以并不是传统的、专业写法才有观众。

问题意识是讲历史的好方法

—

谢 我做记者许多年，但是联系名人是我最苦恼的事情。就算联系上了也很难跟他们谈，因为我觉得我很难走近他们，很难坐下来跟他们谈。怎么才能走近名人，展现他们的感性面？

李 一种是大学者，我天生喜欢学院生活，喜欢跟大学里面的老头子打交道，在阅读他们的过程中会被他们同化。当你能用他们的语言谈问题，你就能接近他们了。

另一种是明星，我会老实地做功课。我用写情书的方式，诚恳真挚但不傻乎乎的方法表现我了解他。只要有一两个角度打动了他，就成功了。

谢 一般的特稿都会有两部分，前半部分介绍背景，后半部分展现采访内容。而背景是最难写的，怎样把故事讲清楚还不用后面的材料，留给读者足够的惊喜？

关 我常用个体故事带动其他的叙事。《大脚印》第一章里，一个女工想翻高架进入火车站坐火车回家，结果摔下来摔坏了。2008 年就用了这样一个故事开篇，从一个很小的很人性化的地方切入。

谢 找资料、研究资料、书写资料三个步骤其实是很难的。在历史写作当中，前半部分会融入很多历史资料，假如我拿到一段历史资料后，怎样把它融入到我的知识里，怎样再用我的话写出来？

李 先讲故事后讲观点的两段式写作方法可以说是《南方人物周刊》的范本。收集资料，我会找到国内相关领域的行家，去找他们内部会议的影印资料。阅读之后把打动我的东西选进来，再用自己的语言表述。这个过程可以经过推敲思考变得精彩。

我不喜欢前半部分变成资料的堆砌，所以有的时候我会用电视的手法进行写作。一段描写穿插一段画外音，打破模式化的写作。而背景的交待会引领我去

—

谢 = 谢丁

李 = 李宗陶

关 = 关军

探索每一个人。建立一个问题意识是好的讲历史的办法。比如贾平凹，我会问他怎么会这样写作，这个问题就引领我去探索。又比如干露露，写她的时候我的问题是这个姑娘怎么会变成今天这样，这个问题领我去了河南，领我去了绍兴，领我去北京去见她背后的推手。

谢 一开始做记者会面临要客观中立的问题，不能出现我。慢慢地会有人说可以出现“我”，可以有第一人称，可以发表一些看法。过去 5 年有个潮流，在杂志文章中可以带着自己进去了，到了今天，尤其是新媒体发展到今天，越来越多人把过多的我带到写作中，因此，怎么把我带进去，又怎样带出去？

李 首先，我觉得客观公正是虚假的，真正的客观公正是不存在的。有人就讲，没有任何偏见的记者不过就是一棵蔬菜。作为一个人不可能不带偏见不带任何主观的看法，如果刻意在文章中表现出客观公正就是虚假的。“我”泛滥是写作者的基本功不过关。何伟在这方面是真正做得好的，他总是适时地出现，并且一出现就像润滑剂一样，用善意的我消解掉尴尬的场面，让文章带有人文光辉。做到他的程度要求很厚实的人文教育底蕴和文学功底。

关 自从把《大脚印儿》从一个报道变成一本书，个人满足感得到了极大的提升，我就明白了自己的兴趣点在哪里。

（原载于 2015 年 12 月 28 日《青春报》）

特稿改编电影　真实自有千钧之力

陈珏伶　雷亚男　郑力　董涵　韩晓莹　赵丹枫　卢盈怡　张启明[1]

特稿正从纸面走向银幕。当观众走出影院，回味一帧帧画面、一个个人物时，也许会感叹，哦，这是一件真实发生过的事。

2017年4月20日　第113期　青春报

特稿改编电影：
真实自有万钧之力

作者：付出劳动是为了把故事讲好

作为新闻稿件的一个门类，特稿以其细节丰富、情节生动而独树一帜。如今，它们正从纸面上走向大荧幕。

可以想见，这类电影的魅力在于：当观众们走出电影院，品味着方才荧幕上的一帧帧画面、一个个人物时，在感叹咋舌之余，猛然想起，这是一个真实发生过的事件。

真实自有万钧之力。

导演：黑帮只是背景，灵魂才最动人

[1] 陈珏伶，《青春报》2015级成员、主编，现为中国人民大学社会与人口学院硕士研究生；雷亚男，《青春报》2015级成员，现为北京晨星盛世文化有限公司编剧；郑力，《青春报》2015级成员，现供职于厦门银行；韩晓莹、董涵、赵丹枫、卢盈怡、张启明为《青春报》2016级成员，中国社会科学院大学媒体学院在读。

作者：付出劳动是为了把故事讲好

—

2013 年，杜强看了不少家媒体关于“鲁 2682 号”渔船的报道，这种普通人难以经历、想象的事很容易引起杜强的注意。在过去的日子里，他采访过毒贩、文革当中的告密者、邪教教主，杜强曾因此被朋友调侃是否有心理怪癖。

2016 年 1 月 14 日，《太平洋大逃杀》于中午 12 点被推送，下午四五点，这篇特稿仍旧只有四五万的阅读量。但是他并不为此担心。果然到了晚上阅读量飙升，当天就有几个一线导演询问关于这篇特稿的改编事宜。对于导演的来访，杜强并不感到意外，早在出稿时，他和李海鹏就感叹：“哇，这太像一个电影了！”

在跟着赵木成的 10 多天里，杜强陪着他钓鱼、烧烤、收稻，力求了解清楚这个完整而真实的赵木成。他看了很多家媒体关于“太平洋大逃杀”的报道，概述式的描写过眼便忘，根本无法让读者留下深刻的印象，他想通过赵木成的眼睛，让人们能够直观而立体地感受当年那场灾难的恐惧。

采访赵木成的过程中，杜强会反复和赵木成核对一些细节，反复追问空间上的布置。

“刘贵夺就进来了，就说，‘哎，这不是二副嘛，你咋躺地下了？’说一句给一刀，‘肠子都淌出来了’一刀，‘这咋整？’又给一刀。当时行李箱在我和二副中间挡着，我看不着他，反正刘贵夺那姿势我看得很清楚，猫腰扎的。鱼刀拔出来呲呲响，二副躺在地下哼哼，喘着气。”

稿子中这段短短的叙述是杜强不断追问得来的。“你怎么躺在床上？”“你是平躺着、侧躺着，还是一只手撑着？”“你看到刘贵夺进来的时候他是什么样？”“他怎么进来的？”“他刀怎么拿的？”……

语言表达能力并不怎么好的赵木成不能理解为什么杜强要不厌其烦地追问细节。其实杜强是想要打造出一个立体的特稿，完整还原当时场景的所有细节，详细到灯光的位置、赵木成能看到、听到的所有细节。这是特稿的可靠性所在，又是其令人感觉真实生动、可以改编成电影的基础。

特稿这类非虚构作品之所以写作难度高，是因为写作者除了要有作家的文笔和知识之外，还必须保证笔下的每一个字都是可靠的。在这个过程中他必须四处奔波，向故事里的每个人核实细节，用想象力增加事件的戏剧性和随意改编细节都是不被允许的。

除了丰富这类让人身临其境的细节外，稿件中突出人物的特性也很重要。在定稿时期，杜强遇到自认为是语病或者赘语的地方，通常会略作修改。而来自东北的李海鹏则会敏感地察觉出这些“语病或者赘语”是东北话，于是又将其改了回去。

如今，《太平洋大逃杀》的影视改编版权花落乐视影业，杜强也会参与电影的编剧，他还是希望在电影中也能还原这个事件最完整的、最真实的面貌。

Esquire 实验室又一高价卖出影视改编权的特稿是林珊珊的《黑帮教父最后的敌人》。

这篇特稿中的主角潘志勇，江湖人称“胡须勇”，在 20 世纪 70 年代成为香港黑社会组织“14K”油尖旺话事人。在香港黑社会跌爬滚打几十载，他一度雄霸香港旺区油麻地、尖沙嘴和旺角（油尖旺），也是以色情业闻名的旺角砵兰街街霸。2015 年，香港“14K” 黑帮大约有十几万成员，潘志勇这样的大佬有两三个，帮派目前没有坐馆，潘志勇也不愿担任。没有他首肯，其他人也不能。这些年，潘志勇保持着权势，偶尔有人公然发出挑战，他会冷静地盯着对方，“你可以试一试”。

传奇人物“胡须勇”也难逃生老病死。十年前，潘志勇确诊结肠癌，病情一复发，多年进出医院，先后割去肝脏及胃部。他混迹黑社会多年，从未遇到这样强劲的对手。2016 年 2 月 20 日 22 时 55 分，潘志勇在荃湾港安医院与世长辞，享年 68 岁。

这样的人生让林珊珊感慨：“他年轻的时候其实是把身体交付了出去，可以说是以身体的搏斗换来了江湖地位。到了晚年，却要去面对不可避免的疾病、身体的衰老甚至死亡的可能。所以希望能聚焦这个人物的内心，就他暮年某一个阶段的内心状态写一篇特写。”

2012 年林珊珊跟随《南方人物周刊》的同事方迎忠采访潘志勇，两年后她去香港出差，顺道探望，得知其癌症复发。后来，经过约十次的采访，近 30 个小时的录音，林珊珊最终将其浓缩为不到 5000 字的稿件。

导演：黑帮只是背景，灵魂才最动人

2016 年中旬，陈昊义联系到林珊珊，购买了这篇特稿的改编权，在他的计划里，3 年之后这部电影就要开拍了。胡须勇与癌症的斗争过程将会拍成一部长片，这之前他的一系列经历将会做成迷你剧。

“我只看了开头，就已经决定购买了”，台湾导演陈昊义说，“这个故事并非商业和大众，我是纯粹地喜欢它，没有从商业角度去考量它，而是先买了之后才去想怎么做 。”

黑帮不是新鲜题材，不少人提起香港黑帮片如数家珍。陈昊义看到的，不是只手遮天的古惑仔，而是黑帮老大身上的人性。

胡须勇年轻时跟随父亲逃难到香港， 却难以融入。从优等生一步步到学习跟不上的“差生”，以至于走上黑社会。在陈昊义看来，每一个人与胡须勇的经历或多或少都有相似之处。最初怀有一份理想，但是由于环境抑或是为了生存，做出了违背自己初心的选择。胡须勇面对这些不得已的选择题，做到巅峰，成为了传奇 。

“当他得了癌症之后，他居然说，癌症是我的敌人，我要战胜它，这个念头跑出来的时候，我就觉得非常厉害”，陈昊义说，“从那一刻开始，我觉得他真正开始探索生命的意义。”

人生的复杂难以捉摸，胡须勇在江湖中风生水起，却对自己的子女束手无策。儿女吸毒、自杀、抑郁症或是跟他一样混进黑社会。

胡须勇在香港功成名就，内心的孤独感与挫败感却无法弥补。人生最后的时光，他回顾自己的一生、与父亲和子女的关系，独处 30 年，他一个人度过一个又一个的新年，慢慢的他的灵魂开始觉醒，这才是最打动陈昊义的地方 。

“这个故事具不具备好的条件已经不重要了，它本身的灵魂在跟我交流，我可以感受到他最后十年跟病魔斗争，他的反省与体悟。”陈昊义说，“黑帮题材只是一个很浅很浅的背景，电影并不是黑帮类型的片子。”

陈昊义给这个片子非常高的定位，在他看来，这部片子票房的命运已经注定了。“它不会因为我而让 13 亿人都喜欢，我能做到的就是对得起胡须勇和同样思想文化水准的群众，服务这群人就够了。”他说，“我不能往低处去作践它，这对不起原来喜欢这个故事的那些层次的人了，他们会打我的。”

许多导演开拍前的构思非常完整，但实际制作时心有余而力不足。陈昊义也坦率地承认，以自己现在实力并不能完全驾驭他赋予这部影片的高度和格局。

“有时许多想法会冒出来，但是胡须勇告诉我，不能这样。”陈昊义说，“这部片的最佳状态存在于未来的某一个时间，而我能做的是迎合它的脚步，走到那一天，和它汇合。”

电影会选择在香港实景拍摄，演员方面，林家栋是现阶段陈昊义心中最合适扮演胡须勇的人。陈昊义希望把他的黑社会气质磨掉，让他的精神和体态更加接近胡须勇的状态。

演员：用声音塑造人物

我们接船的第一天晚上就发生了一件诡异的事情。”王学兵用低沉的声音缓缓地叙述。在电影主演敲定之前，《太平洋大逃杀》改编成广播剧的计划运作迅速。

广播剧中饰演赵木成的王学兵演了将近 20 年的戏，接的大部分角色都是老实人，他的脸容易赢得观众的信任。刘贵夺由张译饰演。这次用声音表现演技对他们来说均是不小的挑战。

很多年轻人对广播剧可能感到很陌生，但那却承载着一代人的记忆。王学兵小时候听过不少广播剧，对广播剧抱有深厚的情愫。他受中戏师兄史航之邀加盟广播剧《太平洋大逃杀》时，正紧张地排练话剧《聆听弘一》。关于“大逃杀”事件的新闻报道他也仔细读过，深感“现实比故事更精彩”。

影视剧演员可以通过表情动作传达情感，而广播剧只能借助声音。对于广播剧，王学兵过去的演戏经验派不上多大的用处，他需要拿出一个全新的自己。他任性地撕去“老好人”的套路，撒了欢地改变自己的声音，如疯子般向话筒宣泄感情。最终形成的“新自己”就是那个老实本分的赵木成。

王学兵详细询问杜强赵木成受访时的语气神态等细节，在演播室里不停做着微小的动作配合自己声音里的情绪。

王学兵的遗憾是，“我没办法在那么短的时间内流利而又自然地用方言表达，赵木成本人是有大连口音的。’

饰演崔勇的姜广涛显得轻松很多。他曾为《泰坦尼克号》的杰克配音，担任《琅琊榜》《伪装者》《大鱼海棠》等热播剧的配音导演。

拿到剧本前，他就在网上看到过关于此事的报道，了解到这是一个人性在压抑闭塞的环境下，产生扭曲的故事。但新闻不同于剧本，给剧本里的人物赋予丰富的情感层次，主要靠的是脑补。这部广播剧给他带来的最强烈感受就是“活着不容易”，每天都能睁开眼睛看到太阳，和自己的家人在一起，真是令人满足。

新闻人：真实故事的另一种可能

作为《太平洋大逃杀》版权成功卖出的牵线者，“真实故事计划”的创始人雷磊一开始没想到这篇特稿能卖出高价，“我和同事都预估五万、十万，但最后是一个非常高的价格。”

在雷磊看来，真实故事改编为影视作品之所以能逐渐成为趋势，主要的原因是非虚构作品对于影视业来说够新鲜和国内导演对真实故事剧本需求旺盛。

真实故事有它本身的优势。“它取材于真实生活之中，人物和环境设置都与现实结合得比较紧密，与读者或者观众也有天然的亲近感，所以我们很清楚地就能感受到它想传达的信息或者价值。”

雷磊分析，容易改编成电影的事件和难以改编的特稿分别有两类。人物、事件这两个类型的真实事件相对比较好改成电影。比如《萨利机长》，通过萨利机长的视角，展现飞机遇险的整个处理过程。《太平洋大逃杀》则属于事件类，本身包含巨大的张力，吸引人关注事情如何一步步发生，有故事的内在流向，容易抓住人心。

但是信息比较庞杂，故事性较弱的稿件改编难度就大，比如《北京零点后》，它讲的是北京这个城市，里面有很多细节。改编者或许可以把细节连贯起来，但难以组成一个连贯的故事。

还有一种是主题式、现象式的特稿，比如《逃离北上广》或者《穷孩子没有春天》，因为它们并不是整体的故事，只是故事中的一段。

雷磊认为拍摄真实故事改编的电影也可以进行艺术加工，但在改编为剧本过程中有需要注意的地方。“第一个是如何保留它的真实的质感，来源于现实生活的质感，贴近于人的质感。再者，特稿作品相比于影视作品需要的戏剧性仍然不足，在添加一些戏剧化的因素的时候应该从当时这个人或者环境出发，从原生的人和原生的环境中创造细节。”

雷磊表示真实故事和真实故事改编成的电影虽然可能最终要表达的东西不同，但仍然有着共同的追求。“比如说我们所看的《追凶者也》，它改编的是六盘水五兄弟为兄弟报仇的真实案例，以往《南方周末》也报道过。虽然电影讲述的也是追凶的这一个过程，但其实和特稿想反映的社会现实也没有多大关系了。”编导为电影包装上了喜剧外壳，但是它的内核仍然是当时那个真实事件。

真实事件改编电影大热的同时，版权问题也不可回避。如何厘清可能出现的版权争议？雷磊认为，“如果是那些没有被披露出来的或者首次独家披露出来的内容，就有版权价值。”

比如《太平洋大逃杀》这个故事具有版权价值的原因，是杜强写出这个故事不久之后，就与故事讲述者签订了一个协议，独家约束这个故事不再对别人讲述，这是一个独家的授权。

“但是公共事件是没有版权的。包括《太平洋大逃杀》，在这篇特稿卖出版权的信息传出之后，据我所知就有五六家影视公司都分别宣布自己要拍这个案子。除此之外还有韩国的电影《杀人回忆》，它描写的是华城案件，几乎有名的韩国导演都拍过这个案件。热点的社会事件或者说新闻当事人都属于公共事件，在信息公开的社会中都不具有版权。”

特稿《太平洋逃杀》卖出天价版权，一方面引发了影视行业又一个类型的大热，另一方面也给媒体人带来了新的希望。影视行业似乎成了记者“逃离”新闻业的新选择。

雷磊对此表示肯定，“特稿改编电影对一部分文笔比较好或者有写作梦想的记者是一个很好的方向。它会推动大家从信息提供者变为内容提供者，我们从以前的记者、报道者会成为未来的非虚构作家甚至是剧作家，我们会参与到自己写的真实故事的编剧当中去。”

非虚构的市场逐步扩大之后，真实故事就会有越来越多的人读，一些质量上乘、口碑比较好、商业价值比较高的影视作品可以被制作出来。这样可以吸引媒体人去做前期生产的工作，比如说提供故事梗概或者剧本。

雷磊希望有更多更好的非虚构作品能出现，形成一个良性循环。“非虚构作品的商业化才刚刚开始，以后还会有很多变化。中国如今只有寥寥几部由真实故事改编而成的影视作品，但在美国，它却占有百分之二十的市场份额。”

“我们非常喜欢的韩国电影，也有许多就是由真实事件改编过来的，这也是韩国电影在亚洲电影首屈一指重要原因。内容行业可能都会需要真实故事，所以非虚构作品可能会成为一个垂直门类的版权类来源。以后应该会有非常多品质和商业价值都很好的影视作品从真实故事中衍生出来。”

（原载于 2017 年 4 月 20 日《青春报》）

报业转型　京华十五，失吾京华

陈珏伶　苏佳钰[1]

10 月 17 日，“《京华时报》将并入《北京日报》集团”的消息开始在媒体圈发酵。

11 月 7 日，《京华时报》刊号确认注销，并于 2017 年元旦休刊。

11 月 12 日，时报员工转岗启动。首批 202 个岗位（其中，《北京日报》报业集团提供岗位 120 个，北京广播电台、北京电视台等市属新闻单位提供岗位 82 个）已开始接受报名，随后市属国有文化企业还将提供 100 个岗位供选择。

京华多少事，都凝成一声叹息。

《京华时报》今年 15 岁，也停在了 15 岁。

[1] 苏佳钰，《青春报》2015 级成员。

“北京人自己的报纸”

—

2002 年，徐一龙进入《京华时报》时，这份报纸已经打开了市场，“在新闻领域基本上是最好的一家”。在京华的这 8 年，他历任机动部、要闻部、时政部、特稿部主任，见证了京华之兴，也见证了北京地区都市报的发展过程。

次年，“非典”围城。田乾峰怀揣着做深度报道的愿望来到北京，机缘巧合进入了《京华时报》。与报社洽谈是阳春三月，受到非典影响，硬生生等到 8 月才入职。

他们的选择再明智不过。2001 年，原《南方都市报》副总编辑朱德付北上创办《京华时报》，杀进竞争激烈的纸媒市场。当时，“报纸要做事件性新闻”的概念在北京地区还未明晰，而这份以“北京人自己的报纸”为创刊词的媒体，明确要做事件性新闻，全力以赴投入突发报道。

此后的一段时间里，《京华时报》凭借一系列影响广泛的批评类报道，迅速在北京立住了脚跟。

13 年后，在某企业品牌部做策划的田乾峰，在一个成员大多为《京华时报》前同事的微信群“京华圈”里得知，《京华时报》要并入《北京晨报》。当天，他发出一条朋友圈，“Game over——但此前，多少因你这份报纸倒掉！注水猪肉、牙防组、通州副镇长涉黑、神婆村、出租车行业垄断……此时，您会想起哪个报道？感谢这个承载当年新闻梦想的平台，致敬曾经一起战斗过的同道，再见！”

“那时候大家都是很透明的人。”《京华时报》前热线部记者任冠军在接受《每日人物》采访时，谈到热线部吸烟室的场景：“一天要抽一包半到两包，选题突破不下去时，更是抽得厉害，一屋子老烟枪，办公室烟雾缭绕。”

在热线部工作的田乾峰不抽烟，但他对另外一个场景印象深刻：百灵大厦的 7 层，一个挺简陋的房子，两三个记者共用一台老电脑，只有比较资深的记者才能独立操作电脑。热线部每人每月的工作量是 20 条以上的新闻稿，为了抢新闻，大家都紧紧盯着屏幕上不停更替的热线线索。

《京华时报》擅长突发报道，因为老总设立标准：坚定不移地做事件性报道。“事件性报道可能没那么精细，但它硬，有干货，所以老百姓愿意买。”

报道硬、有干货，记者采访风险就大。

2005 年，田乾峰和同事暗访“可锐职业顾问公司欺诈事件”，报道见报后，可锐职业顾问公司通过博客发信息，对他恐吓、攻击。“担心害怕，比如下班的路上，还挺警戒的。”田乾峰说，《京华时报》曾经有个记者在北大东门拍用瓜子诈骗的现场，还没拍多少就被人用砖头砸伤了脑袋。

《经济观察报》首席评论员孟雷曾说：“《京华时报》是记者挨揍最多的本地报纸。”恼怒的采访对象有可能对记者，尤其是摄影记者进行攻击。“因为他们觉得揍了拿机器的人，这事就报道不了了。”徐一龙说。

记者要敢闯、敢写；编辑要敢判断、敢承担。

大批联防队员拆除违章建筑的场景

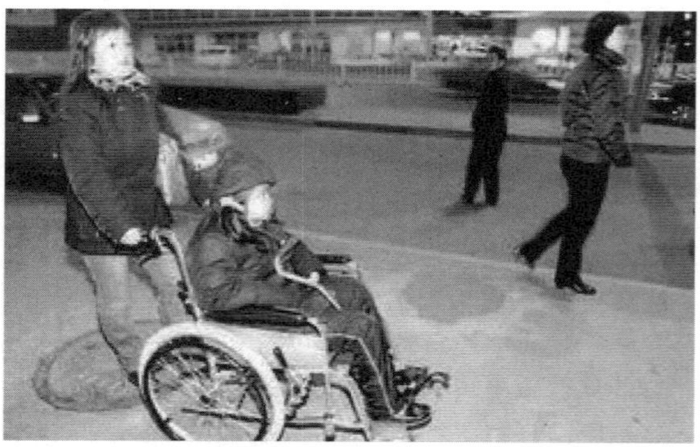

黄蕾因医疗事故无法行走，她母亲多次到有关部门上访。当地街道办派人监视母女二人。这一场景被当时《京华时报》记者欧阳晓菲记录下来。

奥运前夕，拆迁问题在大环境下犹为敏感。2006 年 4 月 7 日，摄影记者甄宏戈来到丰台区花乡羊坊村，拍摄下大批联防队员拆除违章建筑的场景。在报社图库看到这张照片，徐一龙激动不已。他告诉文字记者，“稿子宁肯不尖锐，只要确保图片能刊发”。为了见报，图片的配文只有两三百字，图片也只占了两栏。回想起当时关于这张照片刊发的始末，徐一龙依然肯定自己的判断，“再伟大的东西，没有诞生出来都是没有意义的”。

后来，这张被徐一龙认为是具有强烈时代意义的照片获得了当年全国新闻摄影作品评选——日常生活类单幅银奖，被《南方都市报》《信息时报》等多家媒体转发。甚至徐一龙跳槽到《中国周刊》4 年之后，还拿它用作 2013 年 4 月刊的封面图片。

当期《中国周刊》的主题是“粗鄙时代”，照片上印着导语，“最粗鄙的时代，是‘强者愈强，弱者愈弱’。至此，体制将无人在意，丢脸也成了无所谓的事情。”

京华打过的“擦边球”远不止这几发，博弈也从未停止。

当年，朝鲜逃北者躲入北京大使馆。当时的环境之下，这样的新闻无法在国际新闻的版面刊发。徐一龙巧妙地将它做成一条北京地区的突发新闻，放在一个版的头条位置。“现在来看，没有任何一家媒体可以发出这样的报道。”

一次深夜，房山一学校发生了学生食物中毒事件。当晚 12 点截稿，到房山要两个多小时，时间上是远远来不及的。田乾峰和同事奔到现场，采访一半，宣传部门的通知下来：群体事件不能报道，等新华社通稿。但现场记者出于职业习惯，还是会坚持采访完，将图文传回编辑部。回忆起那段日子，田乾峰说："进入《京华时报》时就像一个进入崭新世界的小孩，想表现自己，拼劲很足，不停地报道。"

回到报社，时任新闻中心主任张锐安慰他们："没事，算稿费，回头找机会发。"其实大家心里都清楚，这篇稿子是发不出去的。虽然很沮丧，但谁也没埋怨谁，"有线索的事情必须往前冲，第一时间到现场。"

"这个平台很宽松，可以全面施展自己。工作氛围是完全不一样的，不是完全为了钱，都有激情做新闻。大家之间也有感情，结识了人生中最好的朋友。"田乾峰说。

遇到重要的稿子，张锐会盯着记者改稿，陪着编辑到晚上 12 点、1 点，白天起来继续上班。田乾峰也有这样的经历，他当时熬夜也不觉得累，反而特别开心，心落定了。"那时候大家都是很透明的人，一起做事情很开心，有时为选题吵架，有时为稿子吵架：'这个稿子为什么要发？''这个稿子为什么不能发？''为什么会选第二个？'但第二天还是正常的氛围。下夜班后一起聚餐，觉得那是最好的时光。"

2006 年底，田乾峰第二次到了《京华时报》特稿部。此前，田乾峰曾从热线部到特稿部工作，但那时的特稿部被解散了，原因有很多：派发选题受限制，外派采访机会少，发稿量少，部门每个人的收入都很低；同时，有关部门严格限制异地监督。

阵痛过后，这次，田乾峰到的是重组的特稿组。

"收入相对比较低，我们有 5 个人，每个月工资三四千块钱，后来可以在京外做或者京内做，稿子多了，奖金方面也高了一些。再到后来遇到了地震、改革开放那两个大选题，稿费也达到了千字千元，做记者也小小的富裕了一把。"掐指算来，田乾峰在《京华时报》工作了 6 年。

“有了狼，羊的整体素质才能提升。”

—

“中午。6 天内，第一次看到电视。

央视在不断重播早晨天安门广场的升旗仪式。

镜头中，东方微亮。广场静穆。国旗班，步伐整齐。

我站在陌生的机关接待室内，旁边坐着的一位大爷，悄悄地站起来。

旁边讨论着工作的公务员，忽然安静下来。

升旗。到旗杆顶。国歌停。这时，国旗在无声中开始缓缓地降下，安静地停在半空中。

站着，使劲地扬着脸，一股热乎乎的东西往下淌。”

——田乾峰记者手记《哀悼日，伤痛是每个人的》

2008
14
BEIJING TIMES
京华时报

部队挺进汶川县城展开救援

遇难人数已达12012人
岷江水库安全面临危险

各方抢通前往汶川之路
空运万余兵力创下纪录

本报发起爱心赈灾活动
各界同舟共济捐款献血

2008 年 5 月 14 日《京华时报》头版

2008 年 5 月 12 日，汶川大地震。记者们都想去前方，非常躁动。大家以各种方式争取，比如休年假去第一现场。田乾峰有朋友在《重庆商报》，得知那里的记者已赶往第一现场，而且总理也到达灾区现场。敏锐的嗅觉告诉他们，官方限制似乎没有那么严苛。报社领导决定先采取低调的办法，派两个记者去，也方便撤回。后来记者名额放开了，《京华时报》记者就在地震三天后兵分几线前往灾区报道，田乾峰走东线到达四川省德阳市。

汶川大地震是一个大的、开放式的“新闻现场”，灾情变化很快，后方编辑部不了解前方情况，只能定一个大致的主题，所以前方记者有充分的自主性。田乾峰的报道内容是灾区物资如何一环环运到灾民手中。回忆起当时的经历，他说那样的感受是任何报道都无法替代的。

参与地震报道的还有徐一龙。为了回基地发稿，徐一龙所在的小队必须爬上一个二三十米、接近于垂直的悬崖。“爬的时候如果一个抓不住，就会真的摔下去。”

8年过去了，徐一龙很少回想在汶川采访的经历，“一进去现场，脑子里就好像关了一道阀门。感情和现场是切割开的，只用理性做采访，然后将信息传递出去。地震现场对我的触动、情绪冲击通通要排到外面”。

从灾区回来，田乾峰坐在北京的公交车上，阳光正好，他突然觉得，坐在平时拥挤的公交车里，也是一种莫大的幸福。

《京华时报》最初属于《人民日报》体系，“当时到京外采访，采访政府的时候经常先提《人民日报》，不但可以减少被拒绝可能，更能减少被殴打的机率。”这种无奈之下的采访突破方法，被徐一龙看作“用官本位的方法反对官本位”。做政府报道之难，田乾峰也深有体会，他将对政府的批评报道列入比较有难度的3类报道。另外两个是矿难报道和暗访类报道。

2003年，《京华时报》正值上升期，《新京报》创刊。当时行业内有两种看法，一是认为北京地区不能再承受一家报纸了，《北京青年报》《北京晚报》《京华时报》《北京晨报》等报纸已经让这个市场趋于饱和；二是不能让《新京报》进来，因为都市报的比例会更高。

“竞争还没有真正开始，之前的对手并没有表现得非常好”。就像在草原上，正是因为有了狼的存在，羊的警惕性和运动能力才能不断提升，整体质量才会高。徐一龙观察到，“《新京报》是一个好的对手，逼得我们不断地完善自己。它创立之后，《京华时报》整个采编能力都有了明显的提升”。

《新京报》创刊7周年时，徐一龙发微博称，“新京报7岁了，一外人遥祝之。愿报人之心不死，愿报人之心在网络时代继续飞扬”。

同病相怜

再往后，《京华时报》一路发展，直到 2011 年脱离《人民日报》体系，被北京市委宣传部接管。这个时间节点，被一些人认为是“分水岭”。

变化来了，随之而来的不适感难以驱散，没人敢确定病灶是那时埋下的，只知道有什么不一样了。

最先变的是体制，“在中国做这件事（新闻），一是政治，二是资本，没有政治就没有尚方宝剑，《京华时报》属于《人民日报》主管，《人民日报》很强大，但也要忌惮体系。资方也很关键，一旦二者都不具备，管理者希望做什么会成为框架，往获取市场的方向。”

紧接着是质量。脱离《人民日报》体系之后，不仅是主管单位改变了，《京华时报》整体的采编能力也不似从前。两年后，《京华时报》与农夫山泉的一场对战中，徐一龙直言不讳地评价一篇“农夫山泉水站被指送假水”的报道“通篇都是事主单方的说法。这样的采访，达不到《京华时报》的报道水平。”

跳出来看得更清楚。早在 2009 年，田乾峰和徐一龙已经相继离开《京华时报》。

2011 年 9 月 5 日，田乾峰在新浪博客发文《合并悲喜》。如今再看这篇文章，预言成真。“新京和京华，两家中央级都市报更换主管单位，归属北京市委宣传部管。未来会不会继续被吞食，吊诡的历史，谁能知道？”

那时的他感受到《京华时报》的报道发生变化，“领导换了，定位换了，很正常。谁管谁做很重要，现在由另一拨人来做，我无权评论，标准是变了。”

马多思是在“转折点”出现的 3 年后来到《京华时报》的，供职于深度部。据他观察，京华的深度部倾向于突发新闻或是灾难新闻，这样其实就和热线部、机动采访部区别不大。

“我们和机动部的同事做的事情没什么区别，那为什么要花钱养着咱们深度部呢？没有必要啊。如果深度报道体现不出采访的难度、记者的思想深度和知识的积累，又何谈深度呢？我们有何脸面挣着两倍甚至三倍于他们的工资呢？”马多思称，他的税后月薪为两万。

在马多思看来，深度部不是调查部，既可以报道外地的重大灾难和案件，也可以深挖报道本地区的某一领域的新闻，比如北京地区环保领域的很多新闻都可以深入采访和写作。报道方式有调查，也有解释性报道，以及讲故事讲人性的特稿。

三个月后，他离开《京华时报》。

谈起《京华时报》并入《北京晨报》一事，他直言，“谁兼并谁都无所谓，一个是垂死，一个是重病，又能怎么样，同病相怜。”

田乾峰在看这则消息的时候，感受更为复杂：“从情感上挺遗憾的，心里咯噔一下觉得不舒服。虽然不舒服，但是一直这样子不痛不痒的，影响力和当初有差别，也受到网络媒体的冲击，大趋势在变化。我们每个人都在追自己的记忆，像《致青春》那样。最近张锐去世了，大家很唏嘘。我们都在各自的路线上奔跑，都不再是当年的自己。《京华时报》被合并了，但它揭露的那些事还在，当年的光荣还在，梦想还在。”

（原载于 2016 年 11 月 14 日《青春报》微信公号）

观念

Part5

纵使理想皆为幻念
终将是吾心之归处

与 10 位记者聊新闻理想

张琬茜　苏行

你有新闻理想吗？

入行以前我会用新闻理想激励自己，那时候小伙伴会时常聊起新闻理想这个话题。入行以后我们很少谈新闻理想，因为我做了记者才发现自己肤浅浮躁不专业，这时候用新闻理想粉饰自己显得更矫揉造作，新闻理想就像底裤，穿在最里面就好，不用天天挂在头上说在嘴里。我想，要实现新闻理想，应该有最基本的职业道德和操守，坚持新闻专业主义，认真对待每一个报道。

——南都深度新闻部记者　吴雪峰

有，好好做稿子吧。

——《新京报》记者　孔晓琦

曾经有过新闻理想，这就跟每个人小时候都在想长大去做什么一样。真正工作了以后，这种理想主义的想法就慢慢消磨了。简单来说就是每一次采访工作时，怎么样把工作完成好，照片拍好这样具体的一些事情。毕竟我们都是一个个平凡的人，做着平凡的事，做好自己的工作无愧于心就好。

——《长江日报》摄影记者　陈卓

我还是有新闻理想的，要不然不会在《新京报》一待就 10 年，其他很多同事、同行有的也都纷纷离职了。可能“新闻理想”这个词有时候谈起来有点负面、贬义词的意味，像是文艺青年一样。我所理解的新闻理想，就是坚持正义，用事实说话，宁可不说话，也不要说假话。古代的大侠仗剑走天涯，作为记者，这是我们的一种维持正义的表达方式。

——《新京报》摄影记者　尹亚飞

肯定有，如果没有就不会在这一行了。所谓新闻理想对于一个记者而言，我的理解是，它是促使一个记者前进的源动力，就好比灾难发生之后，记者和救援者永远是逆行者一样，如果没有理想支撑，很难想象一个记者能心无所想、硬着头皮往前。

——《新京报》深度报道部记者　谷岳飞

新闻理想当然还有，前辈说得好“千万不要因为走得太远而忘记当时为什么出发”。而且，如果连新闻理想都没了，那还有什么意思？要钱没钱，要地位没地位，那岂不是连做记者的最后一点意义都没了？

“新闻理想”这个词，我一般不太愿意挂在嘴上，第一是因为早就过了说这个的时候（老说理想理想的，烦不烦啊，而且会被人鄙视的）。第二是因为总说这个会觉得太傲娇，如果有新闻理想，那就去做。记者这一行业和其他行业并没有什么很大的区别，和清洁工清扫大街、外卖小哥不顾风雨准时将餐送到订户手里一个道理。具象点说，我觉得新闻理想就是能在坚持新闻专业主义的前提下，我的报道能帮助人实实在在解决一些问题。如果我的报道，能推动制度建设，那实在是谢天谢地了。

举个例子来说，我前几天发了一个报道：《丰台一小区430万维修金被“冒名”支取》，通过我的报道，小区居民能把被挪用的钱要回来，我就觉得是在实践我所认知的“新闻理想”了，当然，如果能通过这个个案，推动住宅专项维修资金的使用规范，那就更好了。

——《新京报》深度报道部记者　杨锋

新闻理想，我觉得我还有，对于新闻业有一种期许值，或者是对记者这个职业有期许值。这种高标目前没办法兑现，那就努力做好自己。当然理想毕竟是一个很空泛的词，与其满怀理想，不如脚踏实地，外表强大，内心强大，无坚不摧。

——《新京报》社会调查部记者　林斐然

我不是学新闻出身的，可能刚开始对新闻的理解并不深。但我自从做一名记者开始，我只是努力地去尽可能完整地、尽可能逼近真相地采访、写稿子。我觉得这是一个最朴素的想法。就像如果我还在社会，我也会冲到一线；如果我是编辑，我就好好编稿子；我是视频统筹，那我就好好安排视频怎么发，发什么。我想的最多的，真的不是理想，是职业责任感，就是做好自己的工作。

——《新京报》动新闻工作室视频统筹　朱自洁

记者价值何在?

我认可普利策把记者比作国家船头瞭望者的说法。记者这个职业对于中国实现自由民主法治至关重要。与西方国家走过的路相比，在中国做一个职业记者可能更困难，付出的代价会更大。但作为一个职业，它的价值和意义也正在于此。目前，从事这个职业的群体本身陷入了悲观和迷茫，但我相信情况会慢慢变好。

——《南方周末》记者　柴会群

舆论监督，深度调查，坚守良知。

——南都深度新闻部记者　吴雪峰

道义的追求者。没有记者，世界可能变得安静，但那样一个无声的世界也太可怕。

——《新京报》深度报道部记者　谷岳飞

可以尽自己的努力去改变某些事情，事情也许可大可小，也许是政策是否制定得合理公平，也许是一个家庭，甚至一个人的命运，会因为记者的报道发生变化。记者的价值还是比较务实，记录当下。

——《新京报》摄影记者　尹亚飞

就像普利策所说，“社会是一艘大船，记者就是这艘大船上的瞭望者。”记者有很多种类型，我就说说我想做的这类型的记者，就是去发现这个社会的问题，把问题展现出来，抛给这个社会，让更多的人去讨论和思考，怎样才能更好地推动社会的进步。

——《新京报》记者　孔晓琦

对我来说，做记者的价值在于能实实在在帮助到一些个体，这些个体可能是失望的、绝望的、急需要帮助的。当然咯，如果能够通过这些个体的经历，来减少或者避免其他个体出现类似的悲剧，那就功德圆满，也能满足每一个记者心目中那份“成名的想象”。

——《新京报》深度报道部记者　杨锋

各行各业都有价值，这只是一份职业，价值就在于能够让更多人知道一些事情，倒逼信息公开，避免世界上只有一种声音。

——《新京报》深度报道部记者　林斐然

记者的价值，大概就是让真相出现在公众面前。

——《新京报》动新闻工作室视频统筹　朱自洁

如果一切重来，还会当记者吗？

我还会选择做记者。这个职业让我认识了许多好人，让我获得成就感，也能保障我的基本正常生活。

——《南方周末》记者　柴会群

有些人似乎命中注定了要做什么的。如果时光倒流，我还是会一样毫不犹豫的选择这个职业。

这个职业没有那么崇高，甚至于，最近的几年无论是获得的薪酬，还是社会的名声，以及人们获取信息的方式和渠道的改变，记者都越来越有成为笑话的趋势，越来越多的精英离开了这个行业。但是我还是觉得这个世界上没有几种职业，也没有多少人有这样的幸运，能够每隔一段时间就睡在远方的床上，见识不一样的风景，认识有故事的人，记录有意义的事。这种阅历对我来说是无价的，当然，你也可以说它换不来房子车子和风投，是不值钱的。

另一方面，报纸在衰落和消失，可是新闻永远不会消失，真相永远需要有人探寻，在有人忙不迭去赞颂潜水员那么多次游过那片忧伤的水域时，也要有人替那些水底的尸体问一句是什么让他们躺在了这里。只要我一天不离开新闻，就多一个探寻的人、一个追问的人、一个思考的人，唱赞歌的队伍很庞大，不缺我这一个。

——财新传媒记者　郭现中

会。用一句矫情的歌词吧，因为爱所以爱。

——南都深度新闻部记者　吴雪峰

我应该还是会选择做记者，因为这个工作挺好的，我可以通过这份工作接触了解到不同的人和事，看看他们的生活，每天都不那么枯燥乏味。所以对于记者这个职业而言，年轻人可以多来尝试，能让你得到很好的历练的成长。我觉得记者这个职业更多的是一种精神层面的富有，这样才能分享给你的读者更多更好的新闻。

——《长江日报》摄影记者　陈卓

会，就是热爱吧。

——《新京报》记者　孔晓琦

我还会选择当记者。因为我学的是摄影专业，刚毕业的时候，家人都希望我开个工作室、影楼。但是我觉得现在自己能养家糊口，活得纯粹、有激情，挺满足的。所以我还是会当记者，尤其是《新京报》的记者。

——《新京报》摄影记者　尹亚飞

会。我觉得记者这个职业挺好的，能见识到那么多的精彩人生。除了采访时的焦虑和码字时的痛苦外，我找不到这个职业更多的缺点。

——《新京报》深度报道部记者　谷岳飞

换个回答的方式吧：我不后悔自己选择了记者这一行业。虽然我现在没有在其他行业的同学有钱，没有在其他行业的同学光彩，但至少我很开心。尤其是报道之后，那些求助于媒体或记者的个体打来电话感谢，会觉得真的值了。

——《新京报》深度报道部记者　杨锋

倒流的话不现实，包括生活压力、环境逼仄，包括林林总总，所以未必会做一辈子记者，但是至少人活在世不虚此行。

——《新京报》社会调查部记者　林斐然

这个我不好说。这个都是因缘际会，我可能不会选记者，工作岗位那么多，我可以试试别的，我一直觉得有更适合我的职位。在一个岗位上，做好自己的事情，比说任何美好的理想都来得美好。

——《新京报》动新闻工作室视频统筹　朱自洁

用一句话来形容记者这个职业

—

良心职业，非诚莫入。

——《新京报》深度报道部记者 谷岳飞

坑蒙拐骗。

——《新京报》记者　孔晓琦

记者不是万能的，但没有记者是万万不能的。

——《新京报》深度报道部记者　杨锋

除了会哔哔叨，这就是一份最普通的职业，领工资，干活，吃饭，无非如此。

——《新京报》社会调查部记者　林斐然

真正的记者，应该是记录当下，记录时代，忠于事实真相。用我们十二周年的话说就是“不忘初心”。

——《新京报》摄影记者　尹亚飞

十年前外界就开始唱衰媒体，如今有的也按捺不住疯狂打压和落井下石，但最重要的还是做好自己。记者这个行业并不如外界描述的那么危险，待遇并不如外界议论的那么低，趁年轻做记者挺好，别顾虑也别观望等待，想干就来啊，欢迎欢迎。

——南都深度新闻部记者　吴雪峰

记者好像快递员，他把事实传递到大众面前。但事实究竟是什么，需要记者去不断探寻、质疑。

——《新京报》动新闻工作室视频统筹　朱自洁

（原载于 2015 年 11 月 8 日《青春报》微信公号）

我的第一个记者节

范棋敏[1]

“天底下最好的职业”

—

罗婷

《新京报》深度报道部记者，
2015 年 5 月入职

这是入职以来的第一个记者节。我刚结束一场长差，最近在家休息、看书，和平常一样。报社没有组织活动，这样挺好。我总觉得有时候仪式感挺可怕的，这只是一份普通的职业，大家不应该去自我悲情或自我神化，安静做稿子就很好。

成为记者，对我来说完全是机缘巧合。我大学本来读的是中文系，误打误撞进入校媒，觉得做新闻有趣，那 4 年，空气中都是浩浩荡荡的自由。

被很多人问到过“新闻理想”，我始终不觉得自己是一个特别有理想的人，不是那种非常积极主动的记者。对宪政民主没有感觉，对国运民没有冲动，对社运型记者趋之若鹜的各种热闹社会活动望而生畏，基本算是胸无大志的宅女，也几乎和新闻理想这四个字无缘。我对自己的要求很简单：善良、悲悯、冷静、靠谱、负责。

这个职业最打动我的，我选择它的最关键原因，是可以去到那么多的地方，见识那么多的人生，写人的命运，并养活自己。以文字为生，是一件很幸福的事情。

而且我也很喜欢《新京报》的工作节奏，相对自由、轻松。我今年 7 月正式入职《新京报》，我们任务量不多，一个月两篇稿，每月会有稳定的属于自己的休息时间。

入职 4 个月以来，我做得比较多的是突发事件的深度报道，比如天津爆炸。我当晚去到爆炸现场，做了爆炸现场的特写、死亡与幸存消防员的特稿、涉事企业和审批机制的调查报道等。

这也是我从业以来，印象最深的一次经历。

我读过很多遍李海鹏的《灾后北川残酷一面》，他说：“死亡的气味，是一种甜、臭和焦糊的味道。”当时我很好奇，那究竟是怎样一种味道？

在天津，当我躲开警察和医生，一个人站在停满消防员尸体的停尸房时，我闻到了。那是年轻的身体灼烧之后，血的腥甜，骨头的糊味儿。这种辛辣的味道，不停地敲打着我的胃，刺激着我的泪腺。

后来，我把注意力集中在消防员这个群体，发现了无人生还的天津港消防支队五大队。于是有了后面

—

[1] 范棋敏，《青春报》2014 级成员，现供职于上海爱美影视文化传媒有限公司，从事影视剧制片工作。

的报道：《消防第五大队没人活着回来》《无人生还的消防五大队：30 日艰难复苏》。

我去过天津港消防支队五大队很多次。爆炸发生后去过，爆炸一个月之后，我们写专题报道，又去过。

它在渤海边，一块填海填出来的港湾，进港后开 30 公里，一直开到底，就到了。

每次来回的路上，我都会在心里暗暗赞美，那是一片能给人滋养的地方，海风温柔，波声树影，四下无人。

但越美好，悲剧的色彩越浓烈。爆炸那天，队里 25 位消防员就是沿着这条路出港。这种悲剧性的巧合打动了我，给整个稿子铺上了一个安静的底子。

我在一篇报道的结尾这样写：

9 月 9 日晚上，忙完一整天，他（注：五大队幸存的指导员王津）开车沿着那条路出港。

回家要 28 公里，他打开音响，张国荣和谭咏麟的歌钻了出来。“都是 20 多年的老歌，就是听不厌。”

张国荣唱到《风继续吹》时，他完整地跟着和了一段 “悠悠海风轻轻吹，冷却了野火堆……”

渤海湾夜风温柔。车外，就是那片爆炸后的废墟。

报道结束之后，我和家属、消防员依然有联系。大家在群里聊聊天儿，有什么不懂的法律法规，我也会替他们解释。但是我们很少再谈起爆炸。

有个四大队幸存的消防员，有天在微信上告诉我，他归队了，心里斗争了好久，还是舍不得这个岗位，也没有地方可去。那个瞬间我觉得好心酸，他的妻子也是消防员，在爆炸中牺牲。是啊，人太渺小，就算有不甘，也无力挣扎，只能屈从于命运。

但我想，我和他聊聊，总能使他宽慰些。慢慢地，他也发一些训练的照片给我，脸上又有笑容了。照片的背景，依然是那汪安静的海。

能记录别人的命运，看着他们一点一点儿好起来，让我觉得动人又珍贵。让我相信，记者还是天底下最好的职业。

“士兵想当将军，记者想做好稿子”

—

韩雪枫

《新京报》深度报道部记者

我是韩雪枫，现供职于《新京报》深度报道。

有人老说“新闻理想”，我觉得其实不用神化“新闻理想”四个字，我对它的理解就是把自己的活儿干好。各行各业都有理想，士兵想当将军，厨师想当大厨，科学家想有新发现……记者想做好稿子。我目前稿子做得还不够好，还在努力。

入新闻这行，算是误打误撞。2013 年 6 月，湖北省荆门市下辖的钟祥市发生了高考后数百考生围攻监考老师的事件。事发后，当地政府在通稿里说，考生围堵老师是因为考试没考好，发泄情绪。

这个结论让我感到不可思议。我无法想象几百考生会因为没考好这样荒谬的理由去围攻监考老师。我通过一个熟悉当地情况的朋友，得知了发生围堵事件的真实原因是荆门市首次实行异地老师监考，很多考生无法进行高考舞弊，考生及家长情绪失控。

随后，我通过网络找到一些当地人了解情况，证实了以上信息。其中一个当地人更透露，高考第一天就有监考老师因为没收了考生的作弊器材，而被考生家长殴打。

了解这些情况后，我发了一条微博。

很快这条微博就获得了几千次转发量。很多记者通过微博联系我，我向他们提供了我所知道的信息，随后还跟着《焦点访谈》去荆门调查。当时几乎所有报道此事的媒体，都得到了我的帮助，因此我也认识了一批调查记者。

大二结束的暑假，小时候做过记者梦的我，通过向刚认识的《新京报》记者萧辉自荐，得到了去《新京报》实习的机会。

在《新京报》深度部实习的时候，记者刘刚对我说，“新闻是用腿跑出来的”。我在后来的工作中一直记着这句话，并且努力去落实。

正式当记者以来，我印象最深的是陕西商洛山体崩塌。这是最辛苦的一次经历。

陕西商洛山体崩塌和天津爆炸同一天，65 人遇难。

我和一个遇难者家属说好，跟他一起板着脸一言不发地上了政府的车，装作家属进入了现场。听到有村民说山里面都被掏空了，我就找村民偷偷进入了被掏空的山体里面。当时山还在崩塌，我心里其实挺害怕的。

手里拿到了些东西，最后因为稿子质量不过关，没有发表，我有些自责。

我本科就读于武昌理工学院艺术设计专业，如果重新选择大学的专业，我还会选设计。我喜欢设计和美术，但是不喜欢设计师的生活与工作状态。

要是重新选择职业，我还会选择做记者，我喜欢这个职业。

“每天都像在过记者节”

王文雅

《Vista 看天下》文娱部记者

我是王文雅，现供职于《Vista 看天下》文娱部，主要工作是人物专访和现象分析。

做这一行的人大多是因为热爱吧。在大学时期充满憧憬，所以选择了在纸媒这么不景气的情况下，还义无反顾地投身到这个行业。

我大学时特别喜欢杨澜，觉得她文化素养很高，聊天时会让人很愉快，每一档节目都能给我一些营养。那时在我心里，记者这份职业深深吸引着我。

当时对记者的理解有点理想化，工作之后，我发现，当初充满憧憬的职业，是需要付出很多的努力才能做好的，比如多读书增加素养，多采访积累经验。记者也比其他职业承受着更大的压力。在网络如此发达的大环境中，面对各种各样的声音，有时候手贱点开看评论，心里会觉得很难受。

“新闻理想”在大学时是带着光环的支撑你学习的动力；工作之后促使你不断去学习、写出好稿子的动力，是对这个行业的热爱。我在每一次采访之前都胆战心惊，都充满激情地去准备。

有一句话我很赞同：你首先是人类的一份子，其次才是一名记者。记者要有对人起码的尊重，要理解人、认识人，把事情客观真实地讲出来。

正式入职以后的第一篇稿子，是专访矢野浩二。入职以后的这次采访和之前实习时候相比，会觉得压力更大。实习的时候采不到这个人可以采别人；而现在是约好的明星专访，只有一次当面采访的机会，所以必须做好充分准备。实习的时候是在学习的过程，学到东西最重要，不一定非要拿出什么成果；而现在，这是你的工作，采访过后必须要拿出稿子来。

最近忙得连记者节快到了都不知道。其实我每天都做着记者的工作，每天都像在过记者节，没有那种仪式感了。

“社会大门需要这样的狗来帮着守”

王林

《中国青年报》融媒供稿部

我是王林，现供职于中青报融媒供稿部。

我今年 7 月入职的中青报，主要做的是经济领域的报道，不过从今年 9 月底到春节前在广西记者站驻站锻炼（我们的新记者基本都需要驻站）。

常常有人说起“新闻理想”，我自认没有太多新闻理想，但好在还是有的。之前还在学校时比较强烈，后来正式工作以后这样的理想情怀少了一点，不过终究还是要有的。我觉得在当下的社会大环境和媒体小环境下，新闻理想更多的不是远方而是当下，不是非得要除暴安良，更多的是做好每一个采访报道吧，也就是一种新闻职业行为 + 新闻专业主义。

记者就是一条狗，苦哈哈地看着门还瘦骨嶙峋，但这个社会的大门需要这样的狗来帮着守。

入职以后第一个工作就是采访报道山东临沂铁腕环保治污，当时已经有其他媒体报道了，我们主要就是围绕治污和经济建设，环保和企业经营之间的矛盾讨论和研究。

实习时候出去采访时被问是什么身份，会有点尴尬，现在终于成了真正的记者啦；以前心里会给自己放水、降低要求，现在正式入职了，会对自己要求更加严格。

“动漫电玩节，我可以直接走媒体通道”

—

陈昕

香港“橙新闻”编辑

我是陈昕，现供职于香港“橙新闻”编辑。

我负责的频道主要内容是时尚、吃喝玩乐，有时候也与艺术相关。

我很久之前有新闻理想，不过随着时间推移，我对新闻的兴趣已经不大了，可能更喜欢一些能娱乐到大家的事情。做新闻应该是一件非常崇高的事情，这一点我从来都坚信，即使现在已经很多人不再坚守。新闻是一种信息，而记者就是这些信息的搬运工和加工者。你要带给读者怎样的信息，就取决于自己的原则。

其实我很想转行，本科我是学中文的，但硕士阶段我接触到了艺术，改变了我的视野。而且在香港这个地方，媒体其实没什么前途，但是做记者最好的一点就是能获得很多信息，信息时代嘛，敏锐的感官就是工具。另外做记者也有福利，比如动漫电玩节别人要排队，我可以直接走媒体通道，工作爱好两不误。

同一个事件，一定要从不同的角度去观察。我进入实战之后，清楚地感受到文字的力量，舆论是可以被轻松引导的，记者一定要坚持操守。如果没有准确的新闻源就不要写，数据也不要想当然。尤其是重要的事件，一定不要为了吸引关注就过度夸张，这是我对新闻工作的理解。

比如之前红磡内地游客身亡事件，我们网站的报道都是客观谨慎的，而有些媒体就把舆论往中央和香港矛盾上引，事实上在出现社会性事件的时候，媒体应该是斡旋的角色，要是还添油加醋，那岂不是和路边闲聊的没区别。

（原载于 2015 年 11 月 9 日《青春报》微信公号）

洪流滚滚而来，记者价值何在

李芊雨　郑力　赵雅敏　刘欢畅　叶欣愉　陈珏伶[1]

新闻业迎来了“全民记者”的时代，“记者”不再仅仅是一个职业的名称，而成为了握有手机可以传播信息的所有人的名字。一个新的时代或许已经来了。

受访者名片

王和岩：　财新传媒主笔、首席调查记者
褚朝新：　《南方周末》高级记者
徐一龙：　“今日头条”副总编辑
石扉客：　知名媒体人
李北方：　《南风窗》主笔
雷　磊：　“真实故事计划”创始人
汪再兴：　“新世相”合伙人

Q=《青春报》
王 = 王和岩
褚 = 褚朝新
徐 = 徐一龙
石 = 石扉客
李 = 李北方
雷 = 雷　磊
汪 = 汪再兴

[1] 李芊雨、赵雅敏、刘欢畅、叶欣愉为《青春报》2015 级成员。

Q 《京华时报》停刊了，之前有预兆吗？在您看来，停刊原因何在呢？

褚 我一直在说，当媒体丧失社会公器的职能、公信力和影响力，失去读者和市场，就该死，没有什么可惜的。我从来不因为我还在纸媒工作，就觉得纸媒不该死或者不会死。

李 我前两天听《人民日报》的人有这么个说法，以前《京华时报》是《人民日报》办的北京的都市报，后来就从《人民日报》划归到北京市来管了，一下子它就没有优势了。以前敢说点批评北京的话，起点监督的作用，可能还能再和北京市委宣传部管的那些报纸有些不一样，老百姓还会觉得它有点特别的价值，一划分到北京市宣传部管，那就一下子都管死了，也不敢说北京市的不好，如果要从体制上来解读估计这还是个原因。这还是一个靠谱点的说法。

石 一点都不突然。经营情况那么差，工资都快发不出来了，不关门怎么办。第一，记者的敢闯敢拼是几年前的事，不是现在。第二，这和经营状况是两回事。

Q 现在看纸媒的生存空间越来越逼仄，传统媒体人也不断面临着转型，您觉得照这个趋势下去，纸媒会消失吗？

王 我觉得纸媒肯定会在一段时间之后消失，它的消失是一种新闻转移传递的介质。纸媒只是一个表达意见、向社会传递信息的介质，纸媒和网媒都是向社会传递新闻，介质的转移没必要太过惊讶。

徐 报纸本身不太适合这个时代的发展了。报纸生产新闻的能力，其实还是很重要的。可以把报纸分为三个能力：生产能力、分发资讯的能力、盈利的能力。

报纸的发行能力就是把报纸分发出去，让人们看到新闻资讯。其实分发能力和盈利能力是捆绑在一起的，分发越多，盈利能力越强。以前其实不会把报纸分得那么细的，可是现在来看，报纸分发的能力非常低。看新闻不必看报纸，可以看客户端、网站、微信、微博上都可以看。

在分发上，报纸反而是最落后的一种方式。报纸分发的能力和商业变现的能力是捆绑在一起的。分发能力下降之后，商业变现的能力也跟着下降。简单来说，发行量掉了，广告就会往下掉。其实报纸生产资讯的能力并没有下降。现在有些媒体在新媒体冲击下，调低了生产资讯的能力，我觉得这是不妥的。这个时候更要强调生产内容的能力。

李 杂志会不一样，我觉得日报以后差不多都会死光，但是书不会死光，书毕竟会有阅读的不同的感觉。这个市场可能也会缩小，你看用 kindle 的人也在多起来，但也一定会存留下来，存留下来也够一部分人活着，绝对会剩不算太小的一个市场。

那么杂志在这个时候反而会有一定的空间的，杂志的功能接近于书，《南风窗》是一个双周刊，你看这个东西不是为了获取新闻、看到什么最新消息的，从来都不是，它有一些相对深度的报道，谈论的是一些趋势和政策等，我觉得如果运作得当的话，有一些杂志反而能活得挺好的，但有一些呢像过去追新闻的一些杂志，什么什么新闻类的周刊，也不行了，除非说它转向，功能更接近于书籍，越接近于书籍活下来的可能性越大。

雷 纸媒不会消失吧。它只是凋零而已，就跟老兵一样。因为总是会有人喜欢纸这种介质的。像现在电子书这么流行，手机阅读这么流行，纸书消亡了吗？没有啊，反而实体书店还可能比以前活得更好呢。纸媒肯定有存在的必要，因为有需求就有存在的必要。对纸媒行业感到悲观吗？没有什么悲观。我们说纸媒是一种介质规定的东西。

Q 媒体行业会随着“公民记者”的增多日渐衰微吗？新媒体对传统媒体有着怎样的冲击？

褚 如果我们把新闻当做一个产品，报纸、杂志、电视、广播和网络，都是生产这个产品的平台，平台能否活下去、能走多远，关键还看产品质量。所以，生产好的新闻，永远该是媒体该追求的最主要目标。盈利、赚钱，是有好产品后的附加值。在信息渠道日益增多的大环境下，一个媒体平台若没有好的产品，形式再好看消费者也不会掏腰包买单。

所以，媒体人如果想在媒体继续干下去，就要做好手里的活，生产出好的新闻。写新闻的好好写新闻，拓展渠道的认真去拓展新的渠道，做经营的干干净净做经营。这就是我个人觉得当下新闻业的从业者需要做的。

如果你说的传统媒体人是指我这样十几年一直在传统媒体工作的人，我想没什么可担心的，总不会饿死人。

做新闻，看似门槛不高，但也不低。新闻，绝对不是拿个手机拍张照片然后用一两百个字描述一下那么简单，如何去挖掘不为人知的信息、如何去甄别信息的真伪、如何在纷繁复杂的信息中发现亮点，这都需要专业技能。当下的所谓公民记者，恐怕一时半会取代不了专业的记者。

汪 我非常希望有很多小孩来做媒体。我当时进媒体是基于爱好，要爱这一行，然后去做这一行。我这些年的职业经历也很简单，一直在做这一行，也没有什么冲突，从记者到编辑、到主编助理、副主编、执行主编，然后从执行主编离职，做一个内容公司的创始人。履历是一个比较简单的东西，对于青年学生来说，无论从事什么对人都是有锻炼的。

我也不觉得媒体会有什么恐慌感，因为这个世界对内容的需求非常大。当然，很多媒体没有解决这个问题。一方面，新闻不要靠情怀去扛，“新闻不死”或是什么，根本上是需要做内容的人有一个好的生活，要有一个更好的、让人家接受的生活方式。

我不希望它的立意是“传统媒体快不行了，我们都跳槽了”。我不觉得媒体快不行了，我的跳槽纯粹是职业选择。我觉得应该去做一个更酷的事情。你们是不是都觉得，媒体快不行了，不然他们怎么都跳了。

媒体行不行，要看媒体自己能不能正视自身的问题，还是要看学习能力吧，比如邱兵去做梨视频等，还有很多，他们也是在做内容。

—

Q=《青春报》　　石＝石扉客
王＝王和岩　　李＝李北方
褚＝褚朝新　　雷＝雷　磊
徐＝徐一龙　　汪＝汪再兴

雷 新媒体和传统媒体最重要的区分是以前是一个话筒，现在是很多个话筒。网络是个好东西，它流动的速度很快。就像一只鸟一样，它是散发着自由的光辉的。网络的新闻散播快，比较自由，但它也有弱点。网络其实是一种全新的下放，人人都可以传递信息。一种权威，它能够造就、引领一些比较重要的社会议题，推动一些社会进程。推动一些进程是在传统媒体辉煌的时候能做的一些事。

在重大突发事件面前，可能传统媒体的作用在目前来说还是比较重要的。因为传统媒体能够关注一些真正的问题。我们现在偶尔遇到一些重大问题的时候，会发现信息非常多，然后由群众去判断信息、辨别信息的真伪，这使很多人陷入到一种迷场之中。这时，就是传统媒体，或者我们说的平面媒体，会起到一锤定音的作用。

徐 现在来看，即便是传统媒体，当年也没有生产出大量符合用户的需求的资讯。对某些用户来讲因为分发的限制，也影响了生产的思路。其实就导致了整个生产没有按照用户需求来生产的。现在移动互联网使得更多机构可以这么做了，所以现在一些创业者专注生产某些领域的资讯，我就会觉得很解渴。这是以前不会有的。

Q 在当今的大环境下，媒体人应如何自处？能否给将会进入媒体行业的年轻人一些建议呢？

徐 其实站在更高领域的角度来说，从媒介、媒体、内容来讲，它肯定是越来越好的。40年前，新闻系毕业的学生只能去党报、日报、行业报工作，20年前可以去都市报工作，10多年前可以去门户网站。那现在的机会就更多了。

从资讯的角度，如果我们把它量化来讲，40年前每天生产的资讯如果是1的话，现在就是1万。所以这个领域发生了翻天覆地的变化，整个市场特别大，现在获取工作的可能性更高。举个例子，比如说大饥荒。去年麦子一共收成了一万公斤，今年五千公斤，这并不能说明发生了大饥荒。去年我们只有麦子，今年不但有麦子，还有水稻、猪、鸡、羊、牛。麦子少了，但是其他的收获会更多，就不能说发生大饥荒。现在资讯市场变大，变到二三十年前不可想象的大，所以我觉得现在的传媒学生应该特别开心才对。

李 这很难说，年轻人还好，因为对接触的新媒体的形式天然的没有距离，将来可能会用。但像《京华时报》那些下岗的，四五十岁的人，让他学这套东西估计他也搞不懂了，包括网上这帮孩子们用的表情包估计他们也看不明白是什么意思，可能比较难适应了。

前两天我还跟一个新闻系的人说过，我说以后你们新闻系的这个教育怎么办啊，再出来的人按照过去教育的方式，像新闻史啊、新闻评论啊、深度报道的写作……这一套教的，跟现实的应用已经完全脱节了，找不到用武之地，将来怎么自处？以后媒体的形态肯定会完全变了，很难像过去一样是一个独立存在的行业，以后可能会被慢慢的内化到各个行业了，每一个企业可以办一个公众号。如果办的好的话，除了宣传他自己的产品、文化、理念，还可以弄些别的比较好玩的东西，可能会吸引很多一批固定的读者，就成了每一个企业都在办报。

事实上我们的报禁早就解除了，办个公众号开个微博账号实际上就和办个小报差不多。那可能这个行业基本上就被打碎了，内化到各个行业里面去了。那以后学媒体的未必要去报社工作，可能到某个企业，可能是卖尿不湿的，他也需要一个媒体性的东西来宣传，你可以帮他做那个东西。每个大企业都会有一个新媒体部。你看杜蕾斯那个新媒体部做得多么活色生香啊，生龙活虎的，做的很有意思的，很有趣。

（原载于 2016 年 11 月 8 日《青春报》微信公号）

六位记者谈职业选择

李芊雨　郑力　赵雅敏　刘欢畅　叶欣愉[1]

情势

—

Q 您曾经在《我的新闻我的梦》这篇稿子中提到，您的新闻梦顽强到十多年后还依然愿意选择它。在纸媒如今的形势下，您还怀有和过去一样的想法吗？

王 现在纸媒的确是面临一个比较艰难的形势。在现在比较困难的情况下，无论是纸媒还是新媒体，都需要有一些人去坚守这个行业。我尊重每个个体人自我的选择，但我自己肯定还会在媒体一线工作的。不论是纸媒还是新媒体，都只不过是一个介质、载体，不变的是对新闻行业的一个追求。

坚守在一线的媒体人更需要沉下心来，练好武功，专注于某一个领域，或者是练好内功，让自己的报道做得更加扎实，更加无懈可击。

可能会在选题的选择上面临很多限制，但并不是说所有的空间都做不了，还是有一些选题可以做的。在这样一个比较困难的情况下，把能操作的选题做得更专业、更好，这就是对现在形势的应对。

王和岩

财新传媒主笔、首席调查记者，曾任《财经》杂志记者。长期专注于反腐、司法、时政领域调查报道。代表作品：谷俊山系列报道《审判陈良宇》《武长顺起底》《李庄案争锋》《天津爆炸人祸始末》等。

只有练好内功，有扎实的专业技能，当新的变化来临时，才能如剑脱鞘，才可以做到蓄势待发，在心理上、技术上以及体能上为下一次的出发做好新的储备。

—

[1] 李芊雨，青春报 2015 级成员。

—

Q=《青春报》

王 = 王和岩

李北方

《南风窗》主笔，
著有个人文集《北大南门朝西开》。

Q 刚听说《京华时报》停刊这件事的时候，您的第一感受是什么？

李 这也是一个必然的现象，我觉得报纸多死一点倒也是好事，因为这个东西太浪费纸啊。报纸现在也没有什么意义，你哪儿还需要说当天的事早晨买份报纸看，报纸上登的那些事，你昨天晚上手机微博或者客户端上一刷就早都知道了，确实已经没有什么存在的价值了。

Q 严肃一点的新闻报道，像调查报道？

李 这个东西估计以后就消亡掉了。

Q 调查和监督应该由谁去做？

李 也可能会有其他的替代的方式吧。过去之所以需要调查报道，可能是因为视频不发达。是消息闭塞，传不出来，只有当地人才知道。记者去了把一件事用文字描写出来，就算一个所谓的深度调查报道，让更多人知道。

但是现在每个人手里边都有一部手机，各地都有监控。调查报道所承担的功能，一个视频就帮他解决了。新闻从事实的角度上来讲确实也没有什么用处。以后评论还会有一些用。而且评论还不是一般的评论，可能启发性要更强，思考的深度要更深。说来说去这种评论文章读起来得接近于读书，这样的评论才会有市场。

—

Q=《青春报》

李 = 李北方

褚朝新

《南方周末》高级记者。2007~2011 年任职于《新京报》，2011 年入职《南方周末》。拥有个人公众号“与官员打交道的尺度”。

Q 以您在《新京报》供职过的经验以及其现状来看，您认为《新京报》的未来发展如何？

褚 我是做新闻的，不懂经营，不懂怎么赚钱，能谈的只有怎么做新闻。所以，我觉得《新京报》只要不放弃对新闻的专业追求，不放弃对真相的追求，继续保持媒体的公信力与影响力，就会往前走下去。至于新闻是印在纸上还是直接发布在网络上，并不重要。

Q 您自己目前还在传统媒体《南方周末》供职，在这种纸媒式微的环境下您的定力何来？

褚 我还在这一行，最主要是我爱这一行。《南方周末》的收入，不高，但也不算太低，工作方式相对自由，还偶尔能写点自己想写的东西，国内这样的新闻平台并不多。

Q 您现在的心境与刚入职时是否有发生改变呢？

褚 刚入行，也想过指点江山，现在不这么想了，踏踏实实地尽可能真实客观地记录当下发生了什么就好。

Q 您有没有考虑过自己未来的出路？

褚 2011 年，在复旦大学做讲座时有同学问过我，我的回答是：健康允许的情况下，争取在一线干到 45 岁。再以后的事情，谁知道呢！现在，我还是这么回答。

—

Q=《青春报》

褚 = 褚朝新

出路

—

Q 您觉得为什么是《京华时报》并入《北京晨报》而不是相反？对于这个组合的未来您怎么看？您看好合并之后的发展状况吗？

石 《京华时报》基本上是一个纯市场化媒体，《北京晨报》应该是属于《北京日报》报业集团内有编制的事业单位，现在大趋势就是市场化媒体逐渐消亡，党报、党台的日子虽然也不好过，但情况会好一些。

合并并没有什么，《京华》的人现在好像也走得差不多了，晨报有户口、编制，有级别的老编辑老记者就无所谓了，有好机会就走，不想走的话等着退休也行。

Q 您认为体制外的媒体终究会难免消失的下场吗？体制内的媒体会一直被保护吗？

石 现在基本上市场化媒体已经崩盘了，体制内的话也不是每一家都会保护，但是主要的党报、党台财政会养起来。所以如果刨除互联网冲击等外力元素，市场化媒体（当然它也不全是民间的，归根结底刊号是国家的）比喻为民间投资的话，也可以说这几年在媒体界是一个明显的国进民退过程吧。

石扉客

资深媒体人。历任《21 世纪环球报道》记者、央视新闻评论部《社会记录》编委、《南都周刊》编委、《博客天下》杂志社主编、新浪网副总编。

—

Q=《青春报》

石 = 石扉客

汪再兴

前博雅集团总裁助理,《博客天下》执行主编。现为“新世相”合伙人。

Q 当初第一次有离职这个念头是什么时候？现在回想起来，您觉得做出离职这个选择最主要的原因是什么？

汪 （做完）天津爆炸（案的稿子）之后想换一个平台，换一种内容生产方式和生产的内容。写新闻很久了，觉得这样的方式不是我想要的。

Q 离职前最后一篇稿子是哪篇呢？

汪 我离职的最后一篇稿子是关于天津爆炸案。作为记者，结束职业生涯，圆满写了一篇稿子，画上句号，觉得“至少写得还能交差”“唉，还蛮酷的”。经历了很多大事，写出稿子后会有肾上腺激素刺激，现在做其他东西的时候也会这样。

Q 回过头来看，这份工作经验对您在“新世相”的工作有何影响？

汪 新媒体还是需要传统媒体人这种职业。就像我在硅谷采访马斯特的时候，参观他们的工厂，马斯特说要“颠覆传统的汽车供应商”，他每天都在说要颠覆，他们的报道也是在说“颠覆，颠覆……”但他现在越来越像他讨厌的传统汽车商。因为传统汽车千百年来的规律是不变的，生产流水线出来的时候你会发现：螺丝钉该怎么旋还得怎么旋；电线该怎么压还得怎么压；生产线该怎么搭、流程该怎么做，只有传统汽车知道。当时我去美国硅谷的时候，整个流水线因为没有传统汽车的经验处于停滞的状态。

这个故事是说传统媒体的很多规律，在新媒体同样运用。尤其现在看到很多新媒体连报（选）题都不知道怎么报。他们要在这个残酷的竞争中活下来，最终还得借助传统媒体最简单的那些手段：怎么报选题、怎么获取信息、怎么获取资料、怎么样组织记者……这都是传统媒体千百年来生产内容、信息的过程。

所以我的意思是说，不管新媒体怎么新，它的内在规律是不变的。新媒体也一样，需要大量的传统媒体人，需要我们有优势的地方。我创业应该算晚的，很多老媒体人创业都很早。

—

Q=《青春报》

汪 = 汪再兴

Q 5月份您发了一条微博："8个月后，才慢慢找到了创业的感觉。睡。明天又是惨烈的一天。"您说的创业的感觉是什么样的？

汪 自由，两个字。可以决定自己要干什么，花多少钱。原来的工作就是每天等着记者写稿，现在我觉得可以能干就干，不能干就走（笑）。

Q 有人说创业是一个高度浓缩的探索自我的过程，您认同吗？

汪 认同，创业能开发潜能，能试着做更多事。我在纸媒只想着这期杂志的稿子会不会好看。但是在一个创业公司、内容公司，可以实现更多的东西。我想做一个东西，在纸媒可能有五万的制作费，一说五万块可能觉得"哇，很多钱了吧"。但是在公司这边，可能要几百万来做一个内容。创业可以做自己想要的内容，而整个传统媒体还是比较局限。

Q 您曾经转发过一条读者留言："其实当听到您不做新闻了，想到以后在清单看不到推送的好稿子了，在《博客天下》看不到您的署名了……那一刻还是有些怅然若失。但人生这么长，又那么短，总要多尝试才不致遗憾。加油！"看到这条留言时您有被触动吗？

汪 有的，毕竟是对上一份工作的肯定。有这样的一个读者喜欢我的稿子，是对我的肯定，在做下一份工作时我也会提供好内容，新世相还在做各种各样的活动，包括各种各样的都市浪漫产品。

"媒体人跳出传统媒体"的立场不太对。为什么一定要觉得纸面上的东西如此珍贵呢？我一开始就在想，你们想象力空间真的太少了。本质上，新媒体为什么不能拍电影呢？为什么不能去搞电视剧呢？为什么不能去做真人秀呢？这些同样也是内容。

当然，新闻和内容有很严格的分界。但是，我本身是写故事的，并不觉得有什么大问题。为什么非要说，我离开了这个行业要"怅然若失"呢，没有啊，奔向自由不也很快乐吗？而且我们也同样在做一些内容。当然，确实是在离开传媒，但是我们的确在做内容。

Q 您觉得新闻和内容的界限在哪里？如果让您给"内容"这个词下一个定义，您觉得它是什么呢？

汪 新闻以事实为基础，每个字都得是事实。书是内容，电影也是，内容更广阔。内容的定义是信息，它不是新闻，比新闻更大。

坦白讲，新闻毕业生不用那么愁苦啊，因为做不了新闻就做内容呗。而且新闻本身也是人类需求的一部分，也算作内容。

雷磊

曾于《南方周末》《智族GQ》从事特稿写作，优酷《侣行》策划人。代表作《张小龙的性暗示与孤独“华科男”的创造力》《天亮前死去》等。

Q 最初是什么原因让您决定当记者？

雷 我实习的时候就比较简单。因为都是暑期去实习，那个时候办公室里面人挺多的。我当初也比较老实，一直坐那个地方等着稿子。碰到一些选题，也想积极参与进去。所以在我实习的时候没有太难熬的一些日子。医为那个时候觉得，能进《南方周末》是最开心的一件事情。大概就是，你觉得有亮光，你想追逐这个亮光。

Q 创业之前，您先后在《南方周末》、优酷、《智族GQ》工作，在这期间，您选择换单位工作的心境和想法是什么？和后来自己创业做“真实故事计划”的时候有什么不同？

雷 开始觉得自己一辈子不会离开南周。确实待在那儿也很顺利，但是2014年的时候有非常多的同事选择离开报社，主要是当时一些对我有指引的编辑、领导，都纷纷离开了南周。

那时我心里面还挺慌的，就跟随着大家，从南周辞职来到北京。总体来说，我还是觉得在南周的自己还是更像学生，就觉得可以一直在这个地方学习。做“真实故事计划”就是决定自己应该出来做点事情。

Q 在纸媒工作期间，选题涵盖哪些范围？工作节奏怎么样？

雷 我在纸媒主要是做调查或特稿。涵盖的选题主要是一些社会实践，但主要集中在教育、户籍制度，还有就是农村问题、社会保障这些问题。工作节奏的话，一个月两到三篇。还好，到处跑挺开心的。

Q 在杂志等媒体的工作经历给您带来了怎样的收获，对您现在的事业有什么影响？

雷 这段经历使得我强迫自己要去快速认识很多问题，强迫自己去学习、理解一件事情。这些东西对我现在来说帮助还是挺大的，我可以随时（承担）一

—

Q=《青春报》

雷 = 雷磊

些很挑战自己的工作。现在做创业可能面临的环境要更为复杂，但是当时我们在做杂志选题或者调查一些选题时也会面临不同的状况。你的问题就是去解决这些问题。

Q 一路走来，您觉得自己在写作上有没有一直坚持的东西？随着阅历增加，新的感悟又是什么呢？

雷 我对人很感兴趣。在我写作过程中也一直想去探究人的一些想法、人与人之间的一些东西。我觉得在一件事里面，人始终是最有意思的。而且人根据一些事物的变化会调整自己的状态，会影响一个事情的走向。所以，关注新闻事件当中的人是我一直在坚持的东西。新的感悟是，我觉得非常多的人没有意识到自己正在经历的事情的意义。这就是我们不会讲故事的原因。

Q 第一次有过离职创业的念头是在什么时候？因为什么契机？最后选择离开又是因为什么？

雷 其实我从来没有过离职创业的念头。我没有那种特别想创业的想法，当时是因为什么契机呢，因为有人投资，别人做了一个非虚构项目，让我过来负责。我觉得这也是我正在做的事情，我可以选择嘛。然后我就过去了。我也觉得好像写了这么久之后，也想探索一些新的方式。选择离开是因为觉得自己还是没有天分吧，可能写作写到最后也不一定能够留下些什么。

Q 今天当您回看自己转行创业的选择，您有什么感受呢？如果再选择一次，您还会选择创业吗？

雷 我其实觉得是在混沌当中，我在被动接受一些东西。突然到了这个点，到了哪个山唱哪个歌的感觉。忽然觉得自己到了一个创业公司，我就应该去做这件事情。我是不太觉得创业会怎么样的那种人。再来一次的话，如果有合适的机会我还是会创的。我可能不太喜欢创业，我喜欢创造吧。你去做一个新的东西，这是一件多有意思的事情啊，然后去发现一些新的观点、新的关系，这就是我所喜欢的事情。

Q 您在转行后遇到最大的难题是什么？

雷 创业，其实最基本的就是做生意嘛。我以前是媒体人的想法比较多，不是一个做生意的。目前我觉得要把自己的思路往商人这个层面去转化。

Q 您理想的工作节奏、工作方式是什么呢？

雷 劳逸结合，做有创作性的工作，怎么都还好。有时间可以去旅行。我想到最好的工作方式是到我老家安康——向南的一个汉江边上的小城工作，每天工作几个小时，挺开心的。

Q 您有没有假设过，如果没有做记者，您对这个社会的评价和认知跟现在相比会有改变吗？

雷 如果没做记者的话，我仍会一直处在信息丰富的过程当中。因为我始终对自己有一些追求，我会去看书，关注一些社会的问题。我对这个社会的评价和认知也和现在相差不大，再者，我觉得人生没有假如，如果说假如的话，可能我遇到一次车祸，就已经挂掉啦。

Q 为什么做“真实故事计划”这个项目？

雷 “真实故事计划”是我从头开始做的一个项目。我们从 5 月开始到 7 月份正式上线，就这么一直做下来。为什么做“真实故事计划”，这源自于对我自己以前所写的东西——对真实故事、社会新闻事件当中人物的兴趣。

Q 关注“真实故事计划”公号后弹出一句“欢迎加入一场旷日持久的接力”，为什么要用这句话迎接读者？

雷 我觉得讲出自己的故事，或者讲出真实，讲出自己所在乎的事情，是一个特别难的过程。很多人是没有这个耐心，也没有这个力量能够讲出自己的这些故事。所以我们就希望在关注我们的这些人当中，大家能够一个接一个地，都来讲一讲这种故事。我们可以像一千零一夜那样，把故事讲下去。它就是一场接力赛。我来讲我的故事，你来讲你的故事，这个就像一个话筒一样的，每天传递到一个人的嘴边。

Q “真实故事计划”是如何打出知名度的？

雷 目前还没有啥知名度，还要靠大家，可以给更多的人分享。目前我们的粉丝活跃度挺高的，阅读数也还可以，但是整体上知道我们的人还不算多。希望至少有 500 万人关注我们吧，然后经常来读我们的故事。

Q 如何在当今许多新媒体同质化的局面中脱颖而出取得关注？

雷 最好的就是做鸡汤啊，有质量的鸡汤，这样的话就能获得很多关注。像那些做得比较大的号都是必须要做鸡汤。人就爱读这个，没办法。脱颖而出也必须做鸡汤。

Q “真实故事计划”如何实现商业价值？目前有影视公司联系过您要版权吗？

雷 首先它是有阅读价值的。因为阅读是人的一个需求。阅读感、阅读体验是来自于它的真实，它和我们的生活经验联系得比较紧密。通过这种真实感的阅读，我们可以聚集起一批用户，而这些用户又能产生内容，这本身就是一种很有意思的循环。在这个过程当中，我们就能够产生出有价值的故事。我们已经有很多个故事卖出去了，或者是已经进入了影视改编的这个环节之中。

Q 您认为“真实故事计划”最大意义体现在哪里？

雷 在这个大时代中，我们改革开放 30 多年，社会变化那么大，当中积累了那么多故事。很多人都意识不到这些故事，我就需要一份记录，能把这些故事记下来。像我们曾经生活过的一个博物馆一样，我们这些人的心理状态、观念变化，我们在这种时代中面临着哪些挑战……这些东西都很有意思。我想透过故事这个载体，把它记录下来。

第二个是关于媒体业的衰落。其实这么多媒体人都在寻找新的道路，有人参加投行，有人去创业，有人去做公关，有人还想继续写。非虚构这个门类，写作内容本身是有价值的。我做“真实故事计划”就是想证明，真实故事它是有价值的。我们的意义、价值就是，以前只作为信息，或者大家茶余饭后说说的这种故事，或者是就发生在我们身边的这些故事，把它写出来，表达出来，表达成一种比较好的状态，让它能成为一个完整的故事。我们通过对接影视业，或者是其他的比如话剧等方式，将故事出版，来实现它的价值。一个人的经验、经历，一个人在生活中遇到的境遇都是有价值的。

（原载于 2016 年 11 月 8 日《青春报》微信公号）

回望

Part6

忆往昔，
可轻如灰烬
可厚如岩层

青春報

THE SPRING NEWS

2002年1月5日

总第10期

中国青年政治学院新闻与传播系《青春报》报社主办“新世纪新闻舆论监督研讨会”专刊

新世纪新见解

会议聚焦一

公众知情权何以产生

会议聚焦四

媒介的主体性已经丧失？

本次研讨会与会代表合影

会议聚焦三

新闻法规＝一劳永逸？

会议聚焦二

媒介的明星位置 幸？不幸？

新闻舆论监督与“有罪推定”

——秦晖讲话节选

本版责任编辑：戴康

新闻舆论监督研讨会印象

文／郭镇之（北京广播学院电视学院研究员）

《青春报》历史上第一次关于媒体现象的集中讨论，排版的瑕疵一目了然，问题的价值却依然新鲜。

THE SPRING NEWS

青春报

做最专业的学生报纸

常用电话
教务处教务办公室：7281
教务处考务办公室：7725
心理咨询：8064
校园卡管理中心：8918
学生处办公室：7359
教学保障中心：7239

主办单位 中国青年政治学院新闻与传播系　2009 年 10 月 14 日　总第 56 期　本版责编/美编：曹源
顾问 戚鸣 罗自文　指导老师刘津　主编黄锐　社长张辰姿　博客 http://qingchunbao.blog.sohu.com

述讲

李京红：1959 年生于北京，作为一名男性摄像师，他历时三年，辗转五省七地，近距离拍摄 5 名发廊妹的原生态生活，后剪辑成 18 集纪录片《姐妹》。这部以“发廊妹”为主人公的 18 集电视纪录片《姐妹》在湖南、浙江等地播出时引起强烈反响，发行收入接近 200 万，创下了中国纪录片国内收益的历史新高，他本人也因此名声远扬，并获 2004 年《南方周末》致敬中国传媒之年度现场报道奖，获 2004 年《新周刊》中国电视台节目榜之最佳纪录片等多个奖项。

李京红：从千万富翁到纪录片导演

◆人生前四十年与纪录片无缘
◆40 岁因《姐妹》轰动全国
◆胡同出身，发家时身价千万
◆千金散尽，落魄时钟情 DV

□本报记者 惠娜 杨柳

北京的胡同就是小时候的李京红和孩子玩伴们撒野的天堂，至今李京红身上还不时流露出大杂院的气息，李京红觉得这很本色：“就是胡同里人的感觉。”

文革中李京红的父母参加了工宣队，李京红和姐姐被托付给了街坊邻居照管。胡同和大杂院融洽的邻里气氛让李京红自由自在，整天在外面乱窜，出去的时候门都不锁。到了饭点，赶上谁家就在谁家吃。这种原始的公共意识就这样烙在了李京红的记忆里，哪怕后来他资产上千万的时候，还是“总觉得那些钱不是自己的”。

1979 年李京红上了高一，姐姐用第一个月的工资和家里出的一点钱给他买了个相机，“那时候，有一个相机就是贵族了”。李京红把原先热衷的油画扔到了脑后，到处举着相机拍胡同里的人和事。

高中毕业李京红被分配到一个街道工厂。没多久，李京红就离开了工厂，在社会上漂了起来。中间他什么零活都干点，在一个大学的图片社洗照片让学过画画儿的李京红觉得特光荣：“搞艺术了。”就这么玩了好几年，身边的朋友先后都上了大学，李京红玩不下去了，也想上大学：“听说一毕业就是国家干部。”就这样，1982 年李京红考上了天津一所大学的服装设计专业。但是，直到今天李京红也没当上过国家干部。

大学里的李京红不是个乖学生，不好好上课，却组织成立了服装研究会，然后用服装研究会的名义为服装批发市场的小商贩设计服装，挣了钱就往宿舍的抽屉里一扔，谁爱花谁花，还是一副小时候胡同里的共产劲头。李京红的设计很受欢迎，没多久就业务繁忙得需要包小轿车了，校园里时常扎眼地停着一辆“皇冠”车，那是在等李京红。

身价千万到一贫如洗

很快发财，又很快潦倒。倒腾服装的李京红很快身家千万，钱来得太快太容易。随后朝他要钱的人遍地开花，“帮朋友”的结果是挣的钱都没了……

大学毕业，分配的单位李京红不愿去，自己在北京瞎跑了一大圈，落在了一家服装设计研究中心情报室。研究中心有不少进口设备，李京红看中了 3 台缝纫机。他跑到河北老家，跟村里说要合资办一个乡镇企业。当时乡镇企业正热乎，村里当然乐意。

李京红又跑到县城找县委书记，把自己工作的服装设计研究中心天花乱坠地吹了一通。然后说合资办企业一家出一半。研究中心以 3 台缝纫机入股，每台价值十几万元。实际上 3 台缝纫机加起来也没多少钱，但县里被李京红一忽悠，挺实在地给了 30 万元贷款。

李京红自己设计所有服装的款式，投产头一年就挣了 100 万元。钱来得太快太容易，李京红感觉都“晕了”。那时北京所有服装市场基本都在卖李京红的服装，好日子一直延续到温州人杀过来。

对于让自己吃足苦头的温州人，李京红觉得不服不行。温州人买了李京红的服装，第二天就来退货，过不了几天，市面上就有了服装款式、面料和李京红的一模一样的衣服。李京红去了温州人的作坊，看见十几名工人挤在一个小房间，加工的案子晚上就用来睡觉，这场面让李京红绝望：“算成本永远干不过他们。”

经过 3 年的顽强战斗，李京红彻底承认他的第一个企业失败了：“一点办法都没有。”

回到北京，李京红开始加工职业装。他跑到郑州，第一个单子就签回了 70 万元，以后包下了河南几个大商城的职业装。李京红成为北京最早专门做职业服装的人，一干就是 7 年，在事业顶峰期的时候拥有 8 个分公司。

李京红已然身家千万，朝他要钱的人陆续出现了。胡同风格让李京红成为不会说“不”的人，电脑、影楼、印刷、渔具……投资遍地开花。李京红给了钱，剩下事情一概不闻不问，琢磨着反正东方不亮西方亮，谁知道最后是“哪方都不亮”。

1995 年金融整顿，李京红担保的几家企业都还不上贷款。李京红帮朋友忙向来是理所当然，其中一家李京红就替人家还了 200 万元。

处境困难的李京红这才想起那些投资，可欠钱的朋友们就像隐了身，个个踪影全无。

只有一个哥们儿从来不躲李京红，当初以投资为名跟李京红借的几十万被这哥们儿买了房，还明告诉李京红：“我就是骗你的钱，你的钱太好骗了。”这哥们儿语重心长地说：“你好面子，别人跟你开口，你不可能马上回绝；你心地善良，喜欢帮助别人显示自己强大，还爱看别人感激你的表情。”

钱虽然不还，但这哥们儿情深意长地对李京红信誓旦旦：“我是你永远的朋友。”

一无所有到功成名就

39 岁的李京红陷入了彷徨，他到深圳落了户，报纸上偶然看到的一篇文章让他和 DV 结缘了，虽然他那时根本不知道怎么拍摄。

从这以后，李京红似乎意识到自己不是干企业的料，就开始给人设计装修。这么安逸待了 3 年，但曾经的叱咤风云让李京红总不甘心：“这辈子就这样了？”

独自憋在昌平的一个一居室里，翻了一摞心理学大作后，39 岁的李京红陷入了中年的彷徨，不知何去何从。

李京红决定要逃离北京，埋葬过去三十九年的生活，重新活一遍。他怀揣一千元钱，开着自己的旧车，漫无目的地上路了。车子走到河南漯河的时候，天上大雨瓢泼，车上放着“我要从南走到北，我要从白走到黑……”李京红的眼泪和歌声一起淌了出来。

他到处游荡，最后到了深圳，李京红断绝了以前所有的关系，换掉了电话号码，在深圳待了下来。

可李京红还是不知道该干什么。直到在报纸上看到一篇报道《DV 可以瓦解大电影》，预言 DV 将带来影像革命。

李京红打电话向朋友问明白了 DV 是什么东西后，他发现也许这东西很适合自己。李京红有油画功底和摄影经验，拍片子正好发挥长项；李京红从小在胡同长大，平民意识强烈，为人又义薄云天，这正和纪录片的人文关怀对路。另外，个人制作纪录片成本低，做好了会有市场。然而曾经身家千万的李京红如今买不起一台二三万元的 DV。

李京红把拍 DV 的想法试探着跟一个认识不久的朋友说了，朋友问他：“赔了怎么办？”李京红大大咧咧地说：“那你浪费点金钱，我耽误点时间。”朋友乐了，觉得李京红很实在，DV 就这么到手了。

但李京红根本不知道怎么摆弄手上的 DV，翻着说明书捣鼓了整整三天还没明白。

就这样，李京红传奇性地走上了纪录片的道路。为了拍摄出《姐妹》，他住了三年的发廊，与发廊姐妹们朝夕相处。

而正是这部纪录片，让中国的观众记住了这个名字：李京红。

年轻时做服装赚下千万，39 岁葬掉过去重新活。一台 DV，跟拍发廊妹 3 年，《姐妹》收益破国内纪录，获《南方周末》致敬。在纪录片这条道上，他希望，前无古人，后有来者。

2008 年 12 月 3 日 第 50 期
责编 / 美编 张丽萍

校外人物

本报邮箱：cyuspringnews@126.com A7

法大弑师案追踪

程春明是个怎样的老师??

□本报记者 曹莹

10 月 28 日，中国政法大学震惊全国的弑师案中，42 岁教师程春明脖颈被砍两刀，经抢救无效身亡。事发后，网上议论纷纷，对于该老师生前之事众说纷纭。近日，记者采访了两位程春明的毕业学生，了解到他们记忆中那个真实的程春明。（应被访者要求，记者隐去了他们的姓名。）

据 Y 描述，程春明是一个体型十分细瘦，但看上去很有精神的老师。Y 与他同样来自湖北，程春明的普通话带着一股浓重的湖北口音，“每次一听他说话，我就想笑！”

G、Y 印象中的程春明常常是黑色风衣、黑西裤，冬天常戴帽子。网上说程春明爱穿一条葵色的裤子，在学校十分显眼，对于这一点，两人表示没有这样的印象，“一个男老师，会穿葵色的裤子，这也太夸张了吧！”

说到程春明的性格，两人一致表示，这是个耿直的“愤青”老师，“感觉挺男人的，敢作敢为！”G 说到，“他有一次上课时讲到，在国外留学时，他与日、韩学生合租房子。一次，一个日本男生来作客时说了辱华意味的话，他当时拿起水果刀就架在了人家的脖子上！”

在对待学生方面，两人都说，这是个很有亲和力的老师。“他很健谈，上课时会走下来和学生交流，什么都讲。一次讲到他的夫人，说他的妻子（前任）是研究中国文学的，他经常给妻子推荐书，大家就开玩笑说‘老师你会推荐《金瓶梅》吗？’他也笑了，说那肯定不会。”同时，程春明很注意启发学生的思维，培养他们自主思考的能力，课外还会参加一些学生活动，是校“准律协”的指导老师。令两人印象深刻的还有他的随意。“他是教比较法的，常讲法国的法律，如《民法典》，崇尚公平和自由。”

提到程春明的被杀，两人都表示刚听到消息时感觉很震惊，同时也觉得很惋惜。就网上说的其被杀可能是由于感情纠纷，他们表示这种可能性比较大，“他本来就是个很自由开放的人。”一人告诉记者，程春明说过，在国外曾有几个日本和韩国女子与他有过暧昧关系，“他说其中一个日本女子对他很好，但出于民族感情问题，他还是娶了韩国妻子。”

凤凰卫视记者闾丘露薇解答新生困惑

“新闻人要辩证地看问题”

□本报记者 梁嘉琳 刘莹 特约记者 武薇

闾丘露薇为《青春报》题词 武薇 / 摄

没有墨镜，没有牛仔裤，没有烽火与硝烟，她身着一袭藏蓝色的连衣裙，随意梳着马尾，除了一副白色的耳钉。这个 69 年生人，并没有什么标记与“名人”二字联结。

她背着个巨大无比的挎包，在星巴克咖啡厅赴约。“这个其实是装电脑用的。”她坦言，因为是电视记者，要随时把视频资料传回香港，“虽然有时传过去的视频像是盗版 DVD。”闾丘就这样开始了交谈。

“我很怀念 80 年代的校园生活”

问：中青新闻系大一新生入学后，总会经历一场“头脑风暴”，对于新闻的理解可能完全被颠覆，那些社会威望高的、受到学生崇拜的新闻机构和专家学者，也可能会被赋予复杂的含义，甚至被否定。

答：“我在大学里学的是哲学。老师告诉我们，很多问题要辩证地看，全面地看完一圈观点后，再去坚持一个，哪一种观点都没有错。我不否认怀疑，我也避免认同。”闾丘习惯性地捋了捋头发，声音中透着南方女子的柔和。

“我上大学的时候信息很少，”闾丘笑称，少也有少的好处，坚信的东西可以一直坚信下去；学生们普遍喜欢异想天开，喜欢辩论，精神追求大于物质享受，“我很怀念 80 年代的校园生活，那里的同学和老师。当时学术氛围很宽容，没有非白即黑，非错即对。”至于现在的大学生，闾丘坦言，信息接受得越多，思想就越混乱；有相同观点的人们逐渐形成一个圈子，也更排斥不同观点的人，“他们会更注重个体，越来越极端。”闾丘不忘用她学的辩证法思考：“消息多了也是好事，能够逐渐在相互比较之下做出清晰地判断，至少能渐渐抱有开放的态度。”

“就像有人在博客里留言骂我，我也要自己先反思。”但闾丘认为，我们不能认为网络留言就代表主流民意，过多依赖网络是件危险的事情，“其实公众也有自己的思考和判断。就像刘翔退赛这一事件，至少我身边的人反应都很正常，但一些媒体低估了大众的思维能力，认为大家一定会情绪很不稳定。”

“在专业学科上多花时间”

问：新闻学是一个交叉学科，大一学生会被告知“新闻无学”甚至“新闻无用”。

答：“一般的财经类的报纸几乎不会聘用学新闻出身的本科生，因为他们连财务报表都看不懂，上手不容易。”闾丘在博客中也提到，学传媒的人似乎越来越多了，但饼就这么大，所以她建议大学生在一些专业学科上多花时间，例如时政、经济、国际政治等，有心的同学可以去别的系旁听课程。

闾丘还提醒，内地的新闻系学生，不注重细节，往往写东西用的形容词很多，在讲授的时候不听或者忽略老师的话，做了很多无用功，而且提问也较空泛或宏观。从 2007 年 9 月起，闾丘开始在香港浸会大学指导研究生，她专门介绍了一种新闻写作练习法：先按照自己原来的写作方式为一个物体（如杯子）撰写一段描述性的文字，然后把其中的形容词去掉，前后对比，看看后者的表达效果是否完整，再根据物体的特征对它的性状进行补充，直到表意完整。“看上去没什么趣味，但如果能多次尝试，你就会发现它对于训练思维客观性有一定帮助。”

“拿着镜头我在做访问，放下镜头我在生活”

问：新闻系新生往往怀揣理想激情，但写稿一般不够客观理性。在投入新闻实践与超然身份心态的平衡上，尚欠火候。

答：也许是天性，闾丘说自己采访时遇到很惨的事也不会哭。她在阿富汗的《采访手记》中提到，自己采访完一个阿富汗穷人家庭后，留下了一笔钱，成为他们三个月的生活费。“我是采访结束后给他们钱，与用钱来让他们接受采访是两回事。”《凤凰周刊》曾有一篇关于乞丐的报道，记者用钱让那个乞丐照原样演示一遍，虽然报道真实性没有问题，但那篇报道一直没刊登。

她认为，记者的生活状态和工作状态一定不能混合，“拿着镜头我在做访问，放下镜头我在生活。”她感觉到，香港和大陆的社交文化有很大不同。在香港工作和生活这两个圈子，几乎不会重合，工作时大家是亲密无间的战友，但私下碰面可能只是打个招呼而已。闾丘指出，香港媒体公私一般比较分明，没有人会认为老板要求你加班是给你穿小鞋，或者一个报道不交给你做是对你有成见，大家可以很自然地接受自己能力不够的现实。

在香港，记者们清醒地意识到：当一个报道逾越了自己原则时，自己可以放弃，可以转行，但不能不做，因为你拿了薪水，是给人家打工的。“小朋友，心不能太高，只要把给你的每件事都做好，就很好了。”闾丘曾善意地提醒初涉媒介的学生。

“新闻系新生迷茫、矛盾是件好事”，闾丘开导道，人生到了哪个阶段，才会想那个阶段的问题，每个走过大学四年的人都会遗憾，后悔自己四年里没有好好多读点书，“在遇到困难的时候一定要有几个好朋友，聊聊天或者哭出来，每个人的方式可能会不同，但一定要去找属于你自己的方式。”

背景链接

闾丘创业故事

1995 年闾丘移民香港，意外地得到了去电视台做编辑的机会，到电视台工作不久，她就发现了自己的差距，决定继续学习深造。不久，她考取香港浸会大学的传播学硕士研究生。白天，她要拼命地工作；晚上和周末，她还要去上课；甚至在怀孕、生女期间，她也没有放弃学业。工作了这么多年，除了十年前拿过一次产假，从没拿过病假，但这都不是她感到最艰难的时候。最困难的时候是大学毕业后在深圳的日子。

1992 年 7 月，闾丘毕业来到深圳帮助母亲经营公司，但到深圳后闾丘才发现，母亲公司的经营状况很不好。尽管她极力帮助母亲，但最终公司还是垮了。沮丧的母亲去了国外。当时，与她一同去深圳的还有她的一位同班男同学。两人决定继续留在深圳共同发展。好不容易租到一套农民房，交了房租后，他们的身上只剩几十元钱了。当时，海南的一家汽水厂想在深圳打开市场，面向社会招汽水推销员。闾丘应聘了这份工作，之后也曾经从事过倒卖文化衫及手表等短期工作。

一天，闾丘和同学用自行车驮着汽水在大街上走，突然下起了大雨。由于路滑，他们摔倒了几次，不仅损失了不少汽水，闾丘的胳膊也摔破了，流了很多血。看着摔伤的胳膊，闾丘终于控制不住自己的情绪，坐在雨中大哭起来。回到住处后，闾丘发起了高烧。同学要带她去医院看病，她怕花钱，说什么也不去。第二天，她仍咬着牙出去推销汽水，酒店总经理被他们的敬业精神所感动，给他们一份几万瓶的进货订单。闾丘和同学一下子赚了几千元，数着来之不易的钞票，她激动得哭了。

“找工作和喜欢做的事情是两回事，找工作无非两种：一种是喜欢的，一种是能赚钱的”，回首往昔，闾丘笑言，“社会还没有把你逼得走投无路，先赚钱再说。”

闾丘露薇说，香港媒体公私分明。没有人会认为老板要求你加班是给你穿小鞋，或者一个报道没有交给你是对你的成见，大家可以很自然地接受自己能力不够的现实。

2008 年 10 月 6 日 第 46 期
责编 / 美编 梁嘉琳

视野

本报邮箱：cyuspringnews@126.com 7

阿姆斯特丹电影节入围纪录片摄像文先军：

“知识分子不应忘却九亿农民”

□本报记者王莹

2004 到 2005 年间，中青院新闻系教师文先军因健康原因，不能起身走路，他因此“更加关心人的健康问题。”

2006 年 10 月，文先军回老家，村里的公墓恰好是必经之地。这里埋葬的 20 多个人都是他村里的。把所有人的死亡原因放在一起，他感到特别震撼——没有一个是正常死亡的。“我觉得他们比我们要痛苦的多。”文先军语气低沉。

《奶奶的葬礼》因此开拍，它记录了湖南省文家村三名癌症患者在几个月内相继死亡的过程。

关注的是人：
骨癌者发作镜头被剪

纪录片不像故事片，它无法设定主线，只能把拍摄的素材在剪辑时组织到一起。

“如果非要说主线的话，那么前半部分是死亡，后半部分是生存。”文先军在前半部分用暗光，后面越来越亮，包括海报上田地里的那抹亮色。

文先军说，他心中纪录片导演的典范，是日本的小川绅介。“他所拍的都是日本农民，第一次拍的时候在那个地方待了八年，第二次待了十三年。他有一句话我很赞同：‘拍纪录片，其实是和拍摄对象一起去分享它，获得它。’”

“拍纪录片，我们更在乎人内心的感受，做新闻则趋向于找到这件事发生的外部原因。”本来拍摄对象还有一个患骨癌的人，患者因为全身疼痛，在家里不停地发脾气、骂人，甚至可以说是报复家里的人。“我觉得观众在感官方面都有一个限度，就把这一部分剪掉了。”

几经周折，文先军找到了刚褛。“刚褛家的人很好。他是一个没有脾气的人，不喜欢多说话，他和妻子结婚这么多年从来没有吵过架。这算得上运气挺好了！”

要拍的东西很多。刚褛的母亲去世之前，肝癌已到后期，身子越来越疼痛。刚褛到医院拿药，但风雪把路冻住了。“整个过程有不管多曲折，拍纪录片是次要的，最重要的是让他把药拿回来。”刚褛拿到药后特别兴奋，叫着文先军的小名要请他吃饭，文先军劝他先打车回去。可是刚到家里，家人就告诉他母亲已经去世了。“这期间我就一直没有开机。”

在刚褛的母亲去世的时候，文先军面临一个选择：关注葬礼的仪式以表现地方民俗，还是关注参加葬礼的人。文先军做出决定：“不管从事什么职业，你首先是一个人。作为一个人，首先要尊重别人。”

污染的是命：
老族谱透露死亡链条

“这只是我做的片子的第一步。”文先军并不满足。

这个片子把矛头直指造成农村怪病的环境污染问题。“可能我们常想到的是城市污染，其实农村污染很严重。”文先军挤紧眉头，“我们国家 18 亿亩耕地已被过度开垦，肥料缺失，要保证和以前一样的高产量，只能不断追加化肥、农药，这些东西对农村的水土污染一直持续了多少年，却没有引起人们的关注。

这就是本片线索。“我从老家要到一些资料、还有家谱，我发现他们的死亡时间集中在近一二十年，而之前农药、化肥使用比较少，用的基本是有机肥以及人和动物的粪便。”在和新闻系主任展江的聊天过程中，文先军得知，展江老家江苏也是一个产棉大省，由于棉花种植需要大量的肥料，他们那里存在同样的问题。”

当母亲还躺在床上呻吟，房子里的儿子刚褛，已慢慢地打磨棺材。这个细节让文先军展开联想：“我在筹划一个故事片，设想这个家庭的顶梁柱刚褛倒了，这一家该怎么活下去。”

当“外婆”逝去，文先军把镜头更多地对准那个玩泥巴、搓麻将，捉迷藏摔倒后“哇哇”大哭的两岁小孙子。孩子的童真，给教学楼 1205 试映会上的同学带来许多笑声。

“其实我特别担心这个小孩也染上乙肝，也想给他检查一下，可考虑到万一结果他的父母接受不了怎么办。”文先军认为，拍纪录片应该和拍摄对象拉开一定距离，让事情自然发生。比如孩子凑近镜头大作鬼脸，但在孩子健康问题上，这是个两难。

荒漠化的是心：
肝药广告和肝癌杀人

“对任何一个国家而言，建国 50 多年还有 9 亿农村人口，都是极其不正常的。”湖南“伢子”文先军直言不讳。

“农村目前处于文化荒漠阶段。旧中国的农民有很多娱乐方式，例如过年的时候有人玩农耕。现在的农村在急剧现代化中，原有的文化割断了，电视成为农民主要的娱乐方式。”

片中有一段是打磨完棺材后，全家人围在一起在看电视，电视中的广告说：“治疗肝硬化……”“他们家就有一个因肝癌不治将要死亡的人，电视却在吹嘘不管你这病有多严重，只要几针就能给你解决。这就是我们文化。我们的电视台扮演了什么样的角色！”

作为一名电视导演，文先军对电视毫不客气：“目前在中国，电视节目是为城市里的人设计的，比较媚俗，而且越来越针对年轻人，是种消费主义的东西。他们跟我们一样，看的是跟他们生活没关系的美女。”片子用了另一个反讽：当屋子里传出来春节联欢晚会中主持人朱军、董卿的声音，而刚褛一家围坐门口，借着屋里亮光打牌。

在“迷信”的传统和“科学”的现代的天平上，文先军更倾向前者。买寿衣的那一段，文先军原以为只是单纯买衣服和鞋子，结果乡人们一连买了几个小时。文先军没装三脚架，一直扛着机器，拍完之后连手都不会动了。“卖寿衣的那个半巫半仙的老奶奶，把一根烟点燃放在桌子上，是敬她师父的。迷信的东西恰恰暴露了中国农民的内心状态，是他们解决不了的东西。”

更爱故事片：
仿照《中国农民调查》

文先军最想参加的，并不是阿姆斯特丹电影节，而是日本三星电影节或韩国釜山电影节，但均因时间不允许而作罢。阿姆斯特丹电影节是唯一一个国际性纪录片电影节，目前《奶奶的葬礼》已通过第一轮初选，正参与下一轮角逐。

“我只是想拍片。我把片子寄出去之后就没怎么关心，因为它不是一个大奖，要是威尼斯电影节、柏林电影节，我肯定是会比较关注的！”文先军说，相对于纪录片，他作为广播电视新闻专业的科任老师，更喜欢拍摄故事片。

“我觉得太仓促了。”文先军只拍了 2 个月，共 50 个小时的素材，通过剪辑，片长 1 个小时。除了素材有限，文先军还感谢这一个个巧合：一是 10 月 13 日提前回家，如果再拖一个礼拜就赶不上葬礼；二是纪录片导演李京红提供了拍摄机器和后期的剪辑装备。“跟很多其他人相比，我真的很幸运。”

采访最后，文先军说到该片的影响力。他坦陈自己影片虽然打动了没有见过这种生活的人，但“每个人、每个家庭，做每件事情的方式都是不一样的，这种预测没有意义。”

“当你看着你的亲人那么生活，作为新闻工作者，把它揭露出来，政府肯定会管治的。”文先军拿《中国农民调查》举例，“这本书并不是我们学术界的人写的，出了之后中国的知识分子又好像开始关注（三农问题）了，市场上也出现大批同类型的书。”

“我特别奇怪学术界的学者们现在到底钻研什么。知识分子应该是社会的观察者、时代的批判者，但现在的知识分子遗忘了中国 9 亿人口的农民。”这个已近不惑之年的导演，意味深长地说道。

外婆去世后……

刚褛和自己妻子原本想把小孩放在岳母、岳母家，女儿呆寄宿制学校，自己去打工；终但考虑到年仅两岁的儿子实在没人带，就留了下来。

埋葬母亲后欠下三四万块钱，还为此锯倒了家里的老房子——文家村唯一的木房子。

即使这样，刚褛的一家，仍然特别温馨。

老文剪片故事
（根据文先军博客整理）

我是个经常看闷片的人。只要真有东西，再闷的片子我也能扛过去。作为观众，我对真诚的制作者抱有基本的尊敬态度。这就像和一位老人聊天，他老了，经历得太多，血液以一种缓慢的节奏流动着。我听他谈自己的事和想法，就得尊重他的节奏。很多优秀的制作者，从智慧和经历上来说，都值得我像对待老者一样尊重，尽管有些还很年轻，或者做片子的时候很年轻。

但是自己剪片子的时候，就希望剪出一个干净的东西来，不要有意的去强调（尤其是通过长度去强调）什么东西。尊重观众。你是在占用他们的时间，尽量长话短说，每一秒钟都是新鲜的内容。

2008 年 5 月 4 日
日志《初剪》

细致倒不是最难的事。时间够的话，明白事理的人能够拍出细致的东西。难的是让对象把心思吐露出来。现实生活中除了几个关系最近的人，甚至包括他们在内，我们关于别人，到底了解多少呢。摄像机是个障碍，如果关系处理不好的话。但是它又能创造一种仪式，让对象脱离常态，愿意敞露，只是要谨防他们表演或卖弄、利用。

每个人身上、心里都有故事，而且是新鲜动人的故事。但是有些人的故事不适合被摄像机纪录。如果你听到一个独特、动人的事件，拿着摄像机就去，很有可能素材并不如现实那么独特、动人，甚至缺胳膊少腿。拿着这堆残破的素材玩拼贴游戏，加上字幕、解说词，卖给电视台某个栏目可以。赚点钱自己乐去吧，别说自己拍过纪录片就行。

2008 年 7 月 25 日
日志《纪录的态度》

（片子）原来叫《刚褛》，逝者儿子的小名，他埋葬母亲，养育儿女。看着一代人逝去，下一代长大，肩上担着很多的责任。我对这个主题很感兴趣，就用了他的名字作为片名。但是素材中关于他的部分并不丰富，主人公是这一家人，老的老，小的小。李鸿禾说，你不要有什么野心，老老实实讲一个农村老太太的葬礼的故事就够了。我觉得很有道理，就改成现在的片名。

2008 年 7 月 19 日
日志《纪录片〈雪葬〉完成》

P

假期回乡，文先军发现公墓里新近埋葬的 20 多人皆非正常死亡，他们被农药、化肥滥用造成的污染夺走性命。他决定记录村里 3 位癌症患者的死亡过程。《奶奶的葬礼》代表了文先军关注农民的题材取向，这与他所推崇的日本纪录片导演小川绅介的选择如出一辙。

THE SPRING NEWS

常用电话
教务处教务办公室：7281
教务处考务办公室：7725
心理咨询：8064
校园卡管理中心：8918
学生处办公室：7359
教学保障中心：7239

青春报

做最专业的学生报纸

主办单位 中国青年政治学院新闻与传播系 2009 年 4 月 30 日 总第 54 期 责编/美编：周承颖
顾问任一农 展江 指导老师刘津 主编黄锐 社长张辰姿 博客 http://qingchunbao.blog.sohu.com

中国纪录片之父的人生记录

□本报记者 周承颖 彭晓珊 廖海霞 来倩

司徒兆敦，北京电影学院资深教授，1938 年生于香港。爷爷司徒盛赞为国民党元老之一，父亲司徒慧敏为周恩来派往美国学习好莱坞电影技术的第一人。1959 年考入中国当时唯一一家电影学院——北京电影学院。“第五代”导演张艺谋等曾是他的学生。主要作品有《青山夕照》、《光辉的历程》等，被誉为中国纪录片之父。

父亲对我仅有的两次发火

1937 年抗日战争爆发后，司徒一家与蔡楚生等电影人一起撤退到香港。一年之后，司徒兆敦降生到这个世上。

1941 年太平洋战争后，司徒兆敦跟着家人逃到了重庆，在那里他第一次接触到了光影世界：“因为父亲在电影制片厂工作，小孩就有这个特权，不买票就能看片子。”

在他的印象中，父亲司徒慧敏一辈子就跟他发过两次大的火。一次，他偷用了父亲的墨水写作业，没想到翻了，就灌自来水进去，还是被发现了。父亲说：“你错了不要紧，但不能再兑上水，一兑上水就全不能用了。”第二次，喜欢看古装片的他想去看《苏武牧羊》的片子，父亲说：“那个演苏武的演员是个大汉奸，你不能看他的片子。”结果他偷偷跑去，被父亲知道了。等他看完片子回来，家人正在吃饭，父亲就拿粉笔在地上画一个圈，不准他出来。

母亲才是真正的英雄

出生于动乱年代，小时候的司徒兆敦躺在摇篮车里，完全不知情的母亲推着车帮父亲司徒兆敦去给宋庆龄送情报，情报就压在司徒兆敦身下。

司徒兆敦的母亲做衣服的手艺很出名。重庆谈判前，父亲问母亲：“有个人你敢不敢给他做衣服？”母亲说：“做衣服有什么不敢的？”父亲也没说此人就是毛泽东，只是把母亲领到他的住处量好身材，找最好的料子做了重庆谈判的那身衣服。后来毛主席对父亲开玩笑说：“她才是真正的英雄啊。”

还有，聂耳的《义勇军进行曲》是在司徒家作的，出狱后的叶挺在司徒家住过些日子，《红岩》里的仁人志士多在司徒家呆过。身为孩子的他当时只奇怪家里怎么会来这么多的叔叔阿姨。

卖花支持工人运动

1951 年，司徒兆敦在香港汉华中学附小（党办学校）读书，学校里的老师都是共产党的拥护者，在平时的教育中灌输着爱国和关心劳苦大众的思想。

那时香港电车司机大罢工，工会给小孩子发花让他们去卖。站在街头，小朋友们到处给人发红花，见人就插，不插不让走，连马路都被堵住了。“感觉特别有权力，那是最开心的时候，因为这是唯一可以表现自己权力的机会”。司徒兆敦回忆说。通过这样的形式，工会募集钱款支持运动。

“是又怎样，不是又有什么关系？”

在司徒慧敏去美国后，一家人都期盼去美国与父亲团聚。就

1959 年初入电影学院的司徒兆敦在家中看电影理论书

在他们拿到去美国的护照时，组织上突然通知让他们回广州，后来又把司徒兆敦和他的姐姐、弟弟接去北京，就在跳下北京火车站的刹那他们见到了父亲。

一到北京，司徒兆敦就进了 101 干部子弟学校，与曾庆红、叶正光（叶挺的儿子）、罗小青（罗瑞卿的儿子）同班。那时刚来的司徒兆敦还穿着香港的花衬衫，而同学都是从解放区来的。“我在里面就是格格不入，外星人一样。”

有一次要填家庭的政治面目，司徒兆敦就回去问父亲。正好在北海划船，他问父亲：“您是共产党吗？”父亲突然就变脸了：“是又怎样，不是又有什么关系？”所以，他把那一栏一直空着没填。到六十年代，他才在那栏填上父亲是共产党员，后来才知道父亲早在 1927 年就入党了。

学会如何爱人、爱生活

1953，周总理批评干部子弟：“你们的父母对革命做出了贡献，党和国家对他们有所照顾，他们自己还不要，但你们有什么权利坐小汽车、看不起群众？”响应周总理提出的“干部子弟到群众中去”的号召，司徒兆敦主动去了农村学校（即现在的十九中学，位于万泉庄，当时旁边是一个大粪场，但是北大、清华、人大的教授多把孩子送到那，所以人才特别多）。他从小被教育，凡事要实事求是，敢于承担。在农村生活了三年，他学会了如何爱生活，如何爱人。

因为华侨对自己的子女尤其是长子要求都特别严，所以出生于华侨家庭的司徒兆敦在中学时便出去勤工俭学。到了假期，他就到颐和园那给人家平地、砌墙，每天所得 1.85 元，自己留下 1 毛多，已经吃得非常好了。那时伙食费分三等：丙等每月 7.5 元，乙等每月 8 元，甲等每月 8.5 元。“我们当时说，甲菜吃白菜心，乙菜吃白菜梆子，丙菜吃白菜根。”

踏入电影的大门

1959 年考大学时，父亲反对自己的子女跟他学一样的东西，因为他觉得搞文艺、意识形态是非常危险的。“那个年代有句话说‘男学工，女学医，调皮捣蛋学体育，花花公子学文艺。’”司徒兆敦觉得中学的功课不太好加上喜欢画画、作曲、读小说和足球，就想试试电影学院。

在北京电影学院学习期间，司徒兆敦与郭宝昌（《大宅门》的导演）等同班。当时他们班很强，一次与北京人艺一样演《骆驼祥子》，卖出的票价也一样，座无虚席。因为演出挣了钱，能吃遍北京的饭店，年轻人就开始变得有些狂。学生一有了钱就出乱子，说什么“别订《人民日报》了，订《参考消息》就行了”。在学生反革命运动中，以郭宝昌为首的就被打为反革命集团。

死刑期间的读书心得

1968 年文革期间司徒兆敦被关押，后被判处死刑，转到北京半步桥牢房。他把中山装上的风纪扣摘下来，拉直敲扁，放风的时候手里夹点被套里的棉花，路过看守的桌子时，就把棉花伸进墨水瓶里蘸一下，回去后就用这些东西写了很多读书心得。这些笔记后来被塞在枕头里带出监狱，对他后来的纪录片特别重要，使他学会了独立思考问题，珍惜每一段平凡的生活。

桃李不言下自成蹊

1987 年，司徒兆敦出任北影导演系主任，得到他指导的学生包括闻名国际的“第五代”导演，如陈凯歌、田壮壮、张艺谋和李少红等。

1997 年，他获颁北京电影学院最高荣誉“金烛奖”。

2009 年，这是司徒兆敦教学生涯的第 45 个年头了。

照片均由司徒兆敦本人提供

司徒家族两代人的奋斗

在纪录片研讨会上

爷爷追随孙中山

1898 年康有为、梁启超掀起了一场维新变法运动，司徒兆敦的大爷爷就是保皇党的一员。

另一边，爷爷司徒盛赞作为劳工被卖到美洲，开饭店、洗衣店，干够了苦活。他慢慢成为美洲的华侨领袖，为孙中山领导的革命散尽家财，成为国民党元老之一。回到家乡后他还开办了女校，带来了新思想。

父亲加入共青团

1925 年，年仅 15 岁的父亲司徒慧敏，加入了中国共青团，走上了一条与父辈截然不同的道路。

1927 年广州暴动，司徒慧敏加入了中国共产党。那之后，受到追捕的他回到家乡，在老家学校的墙上写下了“天变不可畏”的大标语。后来，他躲在司徒兆敦的母亲邓雪琼的阁楼里，二人就这样认识了。

左翼电影开山人

1933 年，当时上海左翼电影发展，司徒慧敏加入了第一个中共电影五人小组（其他成员：夏衍、阿英、王臣无、石凌鹤），积极参加左联以及左翼电影运动。为了改变中国没有自己的录音机，电影严重依靠外国的状况，他趁着外国技师不在，偷偷地拆开研究国外录音机的结构，被发现后，外国人掏出枪指着他，他镇定地回了一句：“这是中国的地方，不可横行！”

珠江边，父子倾谈

面对加入共产党的儿子，司徒盛赞并未因为立场的不同而多加阻拦。珠江边上，父子展开了这样的对话。

“听说你是共产党？”父亲问。

“那你怎么看呢？”儿子反问道。

“你大爷爷是保皇党，我是国民党，一个新党的出现会比一个旧党好。”父亲从进化论的角度给出了回答。

浩劫中，问心无愧

1933 年，国民党开始第五次围剿，此时司徒慧敏通过司徒盛赞原来在国民党的关系接近蒋介石，成为地下党员。蒋介石点名要他随行拍摄剿共的全过程。司徒慧敏请示了党中央后随行，并向中央发出情报，对反围剿取得胜利有很大的帮助。文革时期，因拍摄剿共影片的事曾被登报，造反派以此审问司徒慧敏。在最困难的时候，他快掉眼泪地对儿子司徒兆敦说：“记住你父亲从未干过反对党、反对人民的事情！”

到好莱坞学电影的第一人

1946 年，司徒慧敏在周恩来的安排下第一个到美国好莱坞学习电影技术。在哥伦比亚大学留学期间，为了勤工俭学，他做过伐木工，当过厨师，做的司徒鱼远近闻名。并且结识了很多电影界的名人，像卓别林等。同时，他还秘密地在美国从事地下建党工作。归来后，他担任过文化部副部长等职，为中国的电影事业做出了不小的贡献。

1

司徒兆敦教授在北京电影学院有一堆赫赫有名的学生：张艺谋、陈凯歌、田壮壮、李少红…… 这个被称为“中国纪录片之父”的人，他的家族故事更加传奇。爷爷作为华侨领袖为支援孙中山革命家财散尽，父亲是第一个由周恩来派到美国学习电影技术的人，母亲给毛泽东做了重庆谈判时穿的那身衣服，聂耳的《义勇军进行曲》就是在司徒家写的……

THE SPRING NEWS

D02 讲座 2012 年 12 月 23 日 第 83 期 青春报

沃尔特·李普曼，1889 年 9 月 23 日生于美国纽约，是德国犹太人的第二代后裔。1911 年毕业于哈佛大学，是美国著名的政论家、专栏作家、传播史上具有重要影响的学者之一，在宣传分析和舆论研究方面享有很高的声誉。

宋石男，《伟大的旁观者：李普曼传》作者。笔名四一，70 后，四川乐山人，前媒体从业人员，现于高校任教。系知名自由撰稿人，为南方周末、新京报、东方早报、看历史等平面媒体撰稿。

图为李普曼与妻子。 本版图片均来自网络

冰冷的热情

□本报记者 李欣丽 毛晨钰

（李杜、牛雨萱对本文亦有贡献）

作为媒体人的李普曼对政治的态度不是保持距离而是热情介入。他曾为老罗斯福起草有关工人运动问题的纲领，为威尔逊总统撰写演讲词。他旗帜鲜明地支持自己看中的候选人，为国务卿起草计划，甚至亲自充当外交事务中间人。他是那个时代媒体人与政治活动错综牵缠、边界模糊的代表性样本。

青春报 2011年11月30日 第73期 THE SPRING NEWS 人物 A05

Tini Tran:其实我不是一个战地记者

□本报记者来梦京 孙航

2004年,Tini Tran(右二)身着防弹背心,在巴格达的一所在美军的帮助下重新开始上课的小学进行采访活动。 图片由Tini Tran提供

人物志

"恐怕没有什么别的工作,能让我有机会去体验世界上如此不同的东西。我遇见过总理、国王,也曾与农民、士兵交谈;我采访过战争、海啸,也曾在震区奔走;我已经看到了人类身上最美好的和最丑恶的。作为记者,我非常感谢这过去的快20年。"

■ 城市里自杀式炸弹袭击频繁,基地组织和极端主义势力也将枪靶瞄准了记者。

■ "作为记者,你应该知道自己何时该继续采访,何时该撤退。"

战地记者和中青院外聘教师是Tini Tran的双重身份。这个看上去柔弱的美籍越裔女人,能说简单的中文,已经在中青院执教了13个星期。

Tini在美联社工作了9年。如果从正式成为记者的那年算起,今年是40岁的她记者生涯的第19个年头。

由于很小随父母迁居美国,Tini说一口流利的美式英语,当被问起还会不会说越南语时,她笑了,"当然,那是我的母语。"

1999年,作为美联社驻越南分社的社长,她回到了自己出生的地方。对于能够有机会以全新的视角打量自己的"母亲",Tini觉得"非常兴奋"。

在此期间,Tini采访的足迹遍布亚洲、中东的众多地区,并从巴基斯坦、阿富汗、伊朗等国家向美联社发回报道。

"你必须亲眼所见,才能告诉别人这里发生了什么"

Tini参与了2003年伊拉克战争的报道。跟着美军做随军记者,这样的经历让她更能"近距离打量战争"。但她说:"我不认为我是战地记者。"她这样解释:"在这么长的记者生涯中,我报道了很多事情,战争只是一部分。我只是一个幸运的记者,能记录许多发生在世界不同地方的事情。"

萨达姆统治期间,采访活动在伊拉克受到多方面限制。美军进入伊拉克,使记者与伊拉克平民交谈成为了可能。"许多伊拉克百姓,最起码在我看来,他们对于美国士兵的到来是比较高兴的,由于萨达姆长期残暴的统治,伊拉克平民的日子非常艰难",Tini说道:"萨达姆被推翻,许多伊拉克人认为这也许是国家向新方向发展的转机。"

然而,伊拉克随后爆发了内战,民众也日益敌视美军,反美情绪逐渐高涨。这给记者的工作带来了新的风险,在当地采访成为一件"赌命"的事情。

城市里自杀式炸弹袭击频繁,基地组织和极端主义势力也将枪口瞄准了记者。"包括NGO工作人员、美国士兵和记者在内的许多外国人被绑架和杀害。"这些实施绑架的人甚至会将许多杀人的场面刻录成光盘送给一些传媒组织(media organizations)作为警告。

那段时期,不论何时外出采访,Tini都穿着一件黄褐色的防弹背心。她在伊拉克首都巴格达采访期间,曾碰到过多起自杀式炸弹袭击。由于经常在巡逻车上随美军进出巴格达,有时甚至会碰到炮火袭击(gunfire attacks),但是她说:"我依然坚持采访。"

Tini认为,从伊拉克发出的报道是外界知道当地百姓正遭受什么的一个重要窗口,"你必须亲眼所见,才能告诉别人这里发生了什么。"当时,不仅是美国人,全世界的人都迫切想知道伊拉克的民众怎么样了。

采访期间,一些伊拉克民众的态度不太友好。Tini很理解这种情绪,毕竟他们的国家正处于动荡时期,"尽管有些时候不友好,但是我可以感觉到他们愿意和我交谈,因为他们想让外界知道他们在想什么。"

"当然,作为记者,你应该知道自己何时该继续采访,何时该撤退。"Tini笑着说。如果他们对于她和她的翻译表现出敌视的姿态,"我就知道是时间离开了。"

"坐在我身边的阿富汗妇女们将罩袍掀了起来"

阿富汗地理位置上与巴基斯坦和伊拉克毗邻。受多年内战所累,整个阿富汗几乎没有工业。长期的战乱让国家显得残破不堪,道路状况很差,城市规模小,"即使是中国的一个小城市都是喀布尔(阿富汗首都)的几倍大。"

"阿富汗人民的生存非常艰难",由于大部分土地缺水,阿富汗不宜发展种植业。疾病多发,孩子们存活下来并不容易,国民平均寿命不到45岁。文化教育也非常落后,许多民众甚至不会写字,文盲率很高。另外,由于宗教色彩浓厚,妇女只能穿罩袍,并且不允许单独出现在公共场合。

2001年和2002年初,Tini在阿富汗采访,"当时我正在坎大哈(阿富汗第二大城市,位于阿富汗南部),这里也是塔利班的诞生地。"当地妇女都身着黑色、蓝色等颜色的罩袍,长长的袍子盖住了她们的头、脸和身体,就算是眼睛,"你也只能通过黑色的纱巾看到。"Tini比划着解释。

2002年Tini(中间)在喀布尔的一个公墓采访因长期内战失去亲人的阿富汗妇女。 图片由Tini Tran提供

采访当时,正值当地举办一场庆典,人们庆祝独立日,并集体祈福祷告,"我当时在一个类似体育场的地方,旁边坐着许多阿富汗妇女。"在塔利班统治时期,只有在极少数情况下,妇女可以在父亲或其他男性亲属的陪同下出席公共场合,所以,那天的情景让Tini很是惊讶。

更让人惊讶的还不止如此。当节日游行的车辆缓缓驶过时,"坐在我身边的阿富汗妇女们将罩袍掀了起来观看游行,你可以清楚地看到她们的脸!"Tini显得很兴奋,"这太让人惊喜了,也许是因为她们觉得自己在这样一个新阿富汗里,自己很安全。"

与温家宝同乘飞机抵映秀

2006年至2007年期间,Tini作为尼曼学者在哈佛大学进修一年。"在那段时间,我开始关注中国,因为我对中国特别感兴趣,所做的调查研究也是关于中国的。"

2008年,Tini作为美联社驻华记者来到北京,开始了"在北京看世界"的生活。南方雪灾、奥运圣火传递、西藏打砸抢、汶川地震等事情接连发生,这一年对Tini来说尤其忙碌。

汶川地震后几天,Tini迅速赶到四川,在四川呆了一个月。"当地还有很多外国记者,初期,外媒记者的采访几乎没有受到阻拦,"她说,"我进入了离震中很近的地方。"

和国务院总理温家宝一同乘军用直升机飞抵震中映秀镇,Tini较先看到了灾后映秀的状况。

徒步走了3个小时进入山区,眼前荒废的景象让Tini难以置信。

"我看到一个村子几乎被滑落下来的山体完全掩埋。"Tini采访了外出务工返家却发现什么都没有了的打工者,也与学校倒塌后失去孩子的父母们交谈,"这真是一幕让人难以相信的悲剧,对人们故事的采访让人很揪心,但也非常有价值。"

"新闻必须对真实负责。"。Tini认为作为记者应该客观报道你看到的,可以有悲伤,"可是你得用当地所发生的事实来告诉你的受众,这里真让人难过。"

当被问到如果有机会重新选择职业时,Tini毫不犹豫地选择了记者。

"恐怕没有什么别的工作,能让我有机会去体验世界上如此不同的东西,我遇见过总理、国王,也曾与农民、士兵交谈;我采访过战争、海啸,也曾在震区奔走;我已经看到了人类身上最美好的和最丑恶的。作为记者,我非常感谢这过去的快20年。"Tini回答。

"我很享受与学生交流的过程"

向美联社请了一年假,Tini现在正在清华大学学习中文。受我校新闻与传播系李青藜老师的邀请,她在新闻系教授英文新闻写作这门课。

"我的一个朋友认识李青藜老师,听说这所学校需要一名外国老师来教新闻,而我本身是记者,又正好很想亲自来看看中国媒体的发展。"于是,早在2011年暑假,新闻系有了一位人未到、名先至的Professor Tran。

预设好的25个课容量很快被一抢而空。第一次上课时,小小的1306教室里出现了数十个旁听生。

做了快20年记者,这是她第一次尝试做老师。"这是一次很新奇的体验,很棒。"Tini尝试着将做记者时形成的职业素养和认真不苟的做事态度传授给这些未来新闻人。

刚走马上任,就碰到了一个问题:学生不爱主动提问和思考。第一节课,Tini给出了课上的第一个任务——两人一组,互相采访,然后向全班介绍彼此。

除此之外,课上这位美国老师还会拿同学作业做例子,要求全班分组讨论,组内交换意见后与全班分享,"我想要我的学生多互动、多交流,从彼此身上得到学习,毕竟新闻是需要去新地方、与陌生人交谈的。"

"我很享受与学生交流的过程。"Tini说,"他们有时候甚至会告诉我一些我不知道的事情,我觉得这也是另外一种教育。"

"虽然我们的老师是一个记者,不是专职教师,但我觉得她比专职老师更像老师。"Tini的学生,我校09级新闻3班的万广鹏对Tini的敬业深表敬意:"我是一个旁听生,但老师对我和别人一样没有任何差别。我记得有一次交的作业字数不够,老师发邮件提醒我并对我的文章进行了修改,现在很少有老师可以做到这样了。"

虽然学生尊敬地称呼她Professor,但Tini认为在这学期的课上她只是"lecture"(讲师)。

在采访快结束时,Tini的手机突然响了。虽然尚不娴熟,她还用中文回答着"你好""谢谢你""一会我会来,我们可以谈话""好好,再见"……

在Tini看来,不论是Tini Tran还是Professor Tran,她都乐在其中。

Tini Tran 自幼随父母迁居美国,后供职美联社,任越南分社社长,足迹遍布亚洲、中东。汶川震后,她乘一架军用直升机飞抵映秀,她说,我遇见过总理、国王,也曾与农民、士兵交谈;我采访过战争、海啸,也曾在震区奔走;我已经看到了人类身上最美好的和最丑恶的。作为记者,我非常感谢这过去的快 20 年。

青春报 2013年5月23日 第87期 THE SPRING NEWS 声音 A05

我是你的眼：废墟中的记者手记

地震报道中做"后勤"≠"打酱油"

文/李能忠

■这些工作，看起来很琐碎，但能否做好，却直接关系到整体报道效果。

直播记者见闻芦山地震

文/朱海黄

■从天全县到芦山县，都是急转弯的盘山路，有的弯位幅度竟然几乎达到180°。我很庆幸能完好地走完这两个小时的"螺旋之旅"。

穿高跟鞋进灾区，我是最不像记者的记者

文/席雅岭

■记者最好的打扮是永远穿着平跟鞋、休闲服，背着双肩包，里面装齐电脑、笔记本、笔、充电宝等装备。

中青法律在线

"口头合同"是否成立？

交通事故赔偿

校内声音

记者最好的打扮是永远穿着平跟鞋、休闲服，背着双肩包，里面装齐电脑、笔记本、笔和充电宝等物件。

C04　THE SPRING NEWS　记者节专稿　2013年11月20日　第91期　青春报

《南方人物周刊》史上最牛实习生——

《少年杀母事件》作者林珊珊：不能辜负我的幸运

□本报记者　卫诗婕

■2007年夏天，一位16岁少年经过周密的筹划后挥刀弑母砍父，他的冷静与无悔让人哑然，究其原因，只有一个：他们不准我上网。

■为了进一步了解张明明，林珊珊逐个向他的72个朋友发出了好友请求。其中有十几个接受了好友请求，于是林珊珊每晚守在电脑前逮着机会跟他们聊天，最终在几个网友的嘴中得到了有用的信息。

■采访结束后，她总想通过采访与被访者建立一种长久的关系，但后来她渐渐觉得，也许这么想太"自大"了，"采访通常是一种短期内建立起来的信任关系，记者对受访者而言往往只是匆匆过客，关系是否能够长久维持还是要看缘分。"

2001年，林珊珊摄于深圳。　图片由本人提供

大三时因《少年杀母事件》林珊珊在特稿圈崭露头角，4年后，《线人》获年度特稿奖，但她自己最钟爱的是转发只有两三百的《小城拳击队》，因为故事里的每个人都很普通却有着惊心动魄的内心世界，他们的日子里有"不自知的美好"。

THE SPRING NEWS

报头题字：甘惜分

青春報

2014年4月8日 总第94期

《青春QM》青 梅手机客户端全新升级
扫描二维码即可下载

中国青年政治学院新闻与传播系 青春报社 主办

为公共利益奔与写 为新闻理想鼓与呼

中国高校传媒联盟主席团单位 会员编号：CUMU010001

“昆明暴恐事件”与“马航失联”接踵而至，前方记者讲述见闻

我看见的和想到的
我做了的和没做的

□本报记者 龚屹宇 张艺歌 徐心瑶 朱星宇

3月1日，昆明火车站发生暴恐事件，官方统计，29死143伤，举国悲痛。3月8日，马来西亚航空公司MH370班机失踪，239人生死未卜，全球震惊。本报独家采访4位赴一线采访的记者，听他们披露两桩事件报道的幕后故事。

■周庆元：家属需要安慰，更需要线索。
■叶宇婷：媒体争资源，也在拼公信力。
■杨帆：外国记者拍拍家属“Be stronger”
■秦旭东：牺牲的保安是个有情怀有追求的人。

A04·人物
愿作红嘴乌鸦
讲真话不讨喜

A06·公益
自媒体人支招
微信公号营销

B01·校内深度
雪者屡创佳绩
荣誉背后艰辛

B03·校内服务
校园网换新颜
计费策略变更

C02/03·专题
微信公号崛起
传媒格局演变

C04·专题
鲁迅笔下人物
死法共有八种

D03·讲座
展览落地北京
版画了解多少

D04·文化
俗世有何欢乐
任我逃向诗意

A叠(8版) B叠(4版)
C叠(4版) D叠(4版)
本期20版

1 人物名片
周庆元，《凤凰卫视》北京节目中心记者，“昆明事件”发生后当晚搭乘孟建柱专机赶赴昆明采访，与凤凰卫视进行六次现场连线。“马航事件”发生后第一时间赶赴丽都酒店采访。

2 人物名片
叶宇婷，凤凰网资讯中心记者，“3·1事件”发生次日赴昆明采访，“马航失联”后第一时间赶往丽都酒店。相关报道有《昆明逝者王天斌：为父亲庆生的白酒无法送上》等。

3 人物名片
秦旭东，财新传媒法治新闻部主任。“3·01事件”次日晚9时飞赴昆明采访。相关报道有《劫后一天的昆明火车站》《那些伤亡的保安兄弟们》等。

4 人物名片
杨帆，供职于北京交通广播台，“马航失联”后赶赴丽都酒店采访，12日赶赴马来西亚吉隆坡做追踪报道。相关报道有《我在国都丽都饭店的18小时》等。

以上图片均源于个人

不去记录家属是不可能的

我遇到一位家属，问了他两个问题

青春报（以下简称“青”）：“3·01事件”后，您搭乘中央政法委书记孟建柱专机前往昆明，在飞机上情况如何？

周庆元（以下简称“周”）：去的途中感觉心情特别沉重，事件令人很压抑。

整个飞行的过程中，各部门都在进行紧急的工作会议，我和央视的一名记者还有我的摄影师，一共3名记者，可以说是非常难得的一此机会，那么近距离地了解整个事件发展的脉络。

去年十八届三中全会的时候，提出要建立国家安全委员会，在飞机上，我见到了包括像解放军的总参谋部、国家公安部，国家卫生计生委，卫计委（负责伤员救治），国家安全部以及公安部的刑侦部各方面的专家和高层人员。他们做统计，把消息罗列出来，特别是卫计委给出初步统计的伤员数字时，我已经感到非常震撼了，没有想到在这么短的时间里，会有100多人死伤的案件，对于昆明这种大家都认为非常平和的一个城市，居然会发生这样的惨剧（我感到惊讶）。

青：孟建柱当时的态度给您留下什么印象？

周：他是给出了一个官方最强有力的表态，要求一定要严惩这些恐怖袭击的凶手，一定要查清整个案情，说他们是丧尽天良。

青：您参加了政法部门紧急联合会议，能具体说说吗？

周：在各级部门去现场查看完毕以后，政法部门召开紧急联合会议，会议开始对记者有小范围的公布，公安部门的办案过程是不能对记者公开的，因为一旦对媒体公开就意味着提示犯罪分子怎样做好防范措施。

我只跟这条新闻24小时，之后的采访我就没有再参与，所以我并没有完整地记录这次事件。

青：当时有很多谣言，比如“维族青年献血致歉”“警察谢林殉职”等，您在一线的您是怎么处理这些信息的？

周：实际上我都不知道这些事情是真是假，媒体还是要有自己的职业道德，你何必去为了一些炒作的新闻话题做假新闻吸引眼球呢，如果这样的新闻被证实是假新闻，估计也不会赢得什么点击率，没什么实际意义。

如果我知道这是一个假信息，我会在我的新闻里面及时地给出一个比较客观的答案，我可以请在场的当事人和比较权威的人去说，传统媒体可能没有互联网那么快，但是我觉得它的客观性还是可以保持的，有人、有陈述、有声音、有画面，这样的方式还是可以把真实情况证实出来的。

但是如果说在新闻里谴责这种行为的话，我觉得还是交给评论员去做吧。

青：马航事件发生后，有些人骂在场采访家属的记者，您在现场吗？

周：我在丽都酒店见到一名家属，当时立即采访了他，我就问了他两个问题：第一个问题是“你们现在在哪里，大概有多少人”，第二个问题是“你们现在最需要的是什么”。

他处于一种非常焦虑/很难过的一种状态，他回答我：首先，他们的衣食住行没有保障。第二，他们没有消息来源。第三，他希望中国政府尽快派出搜救队，希望能知悉最前沿的线索。

他们非常担心亲人的安危，当时，他非常激动，他说，马航把他们大概三四百人，就是所有的家属隔离在一片区域里面，既没有吃的，也没有水喝，最关键的是他们没有信息源，没有人告诉他们接下来怎么办，这是一个非常煎熬的过程。

青：您觉得记者在现场应该去采访家属吗？

周：对于这样一起事故，作为记者，不去记录家属是不可能的。

作为媒体，你有责任去记录这样一个事件的，尤其是电视媒体，我们需要拍摄一些画面。家属正在度过一个非常煎熬的过程，我们应理解他们的心情、尊重他们的诉求。但是记录是有技巧的，你可以选择把摄像机放置到他们远一点的地方，尽可能少去干扰他们已经焦虑的心情和生活。

你可以远距离地记录，但是你不能回避记录。

青：有的媒体打出“早日回家”、“等着接你们回家”的字幕，有人批评媒体的态度过于小资化，缺乏理性。您觉得面对这种灾难性事件，媒体应保持什么态度？

周：对于有一些媒体打出这样的字幕，表示对失联乘客家属的慰问，来引起更多的人关注，我个人不反感。但我觉得可以更加简练一些，少一些煽情，更加中肯一些。

我觉得，媒体的客观是最重要的，不要像写小说一样把煽情表现出来。

但是，这种客观又不能让家属感到太过冷冰，应该为他们提供更多的信息和线索。其实对家属来说，他们不是简单的需要安慰，他们更多的是需要线索，他们希望知道的是他们的亲人现在的情况，而不是简单的一句安慰的话，因为这些都是形式上的作用。

▼下转A03版

马航飞机失联，网上传出“不要采访家属”的呼声。这给现场记者在发稿压力之外又添一重道德和舆论压力。事实证明，问题的关键不是采不采，而是怎么采。静默观察、无声安慰、提供帮助、交换信息、传达诉求、适可而止、长线接触都是记者可以视情况采纳的方式。

D 学术文化

THE SPRING NEWS

青春报

2012年10月26日 第81期

D3·文化

逃出"红绿蓝"房间
真人体验密室逃脱

D4·文化

没有起点和终点的历史长河

李子恒、熊儒贤和马世芳三位台湾音乐人谈台湾民歌，分别讲述代表了台湾流行音乐的三个发展阶段。

记者不下班 青春不散场

□本报记者 毛晨钰

"这是新锐记者的生存报告，这是80后职场中坚的总结报告。"这是《记者不下班》给自己的定位。在中国共产主义青年团建团90周年华诞，南方报业集团为年轻人献上了这样一份生日礼物。

这本书里刻画了一张张由稚嫩渐渐成熟的"80后"记者的面孔。而在看到这些年轻的面孔，也让人不得不想起那些曾经年轻并依然年轻在南方报业历史上的面孔。

左方、江艺平、长平、程益中用他们锋利的笔触和让人动容的新闻理想将南方报业推上辉煌的顶峰，而书中的"80后"记者正在用他们鲜活的青春和独特的思想为南方报业的发展不断输送新鲜血液。

"报人的最高境界是从容"

左方，《南方周末》的创始人。1950年参军；1957年考入北京大学中文系；1962年毕业分配到南方日报，长期任文艺编辑；1983年受命创办南方周末；1984年2月南方周末创刊后，历任副主编、主编，直至1994年退休。

左方与《南方日报》的不解之缘由来已久。他名字中的"方"就是取自《南方日报》。直到1966年的文革，作为一个造反派，他夺了黄文俞手中《南方日报》的权。文革后他却依然受审查。在《南方日报》的资料室里，他坐了整整7年。

7年反思过后，报社要左方筹办《南方周末》，当时成立了三人小组，而他是组长，那一年，他50岁。

《南方周末》创办之初的办报方针是"南方特色，周末色彩"。而在1986年，娱乐性已经站不住脚跟。左方等人把报纸从纯粹娱乐向社会性转移。而这次的转移向1949年之后的中国真理报模式发出了挑战。

在真理报模式下，公检法是不让碰的，但是左方就愿意做吃螃蟹的第一人。他找谭军波商量，写了一篇《红绿灯下谁是老大》，批军车。左方质疑"红绿灯下是解放军大还是交警大？"这篇文章得到了交警的大力支持，他们提供了大量资料。文章在审稿时卡住了。有人问左方："你不怕军区？"左方说"不怕。"那人又说"你不怕，谢非怕。你怕不怕谢非？"左方答"怕。那我可以先把文章给军区审查。"结果可想而知，军区司令员不让登。而当军方代表到编辑部听了左方等人的意见之后，军区就迎来了一次整顿。同时，真理报的潜规则也被打破。

"市场时代传媒的另类"

江艺平，生于1956年，1982年中山大学中文系毕业。曾担任南方报业传媒集团副总编辑、《南方都市报》总编辑。1996年，江艺平接任《南方周末》主编。2000年1月，卸任南周主编一职。2006年11月，任南方日报社副总编辑。2008年12月3日被调离南方都市报。

提起《南方周末》，我们更多想到的是江艺平时代。用江艺平的同事的话来说"她用了自己一生中最睿智的中年时光，撑起了一份100多万份的报纸。其间，她经受了多少次艰难的思索，承受了多少次来自各方的压力，但是她尝试着尽最大的能力去做，这是一种多么不易的勇气。"她正是凭着这样一股勇气将《南方周末》送上了顶峰。

她是一个不喜欢张扬的女人。江艺平从不隔着障碍物跟人说话，她总是与对方并排坐在同一张沙发上，平等地进行交谈。在她看来，平等不仅仅体现在那些所谓的大事上，它更是一种生活态度。

她是一个强势的女人。在《南方周末》引领读报潮流的时代，有各种各样的应酬等待着江艺平。而她除了出差，几乎所有的晚饭都是在家里吃的。她对自己有严格的把握，在内在价值和外在价值之间获得了一个漂亮的平衡。

"时评与其说是一种写作，不如说是一种行动。"

长平，资深媒体工作者、评论家。曾任《南方周末》新闻部主任，《外滩画报》副总编辑。曾任《南都周刊》副总编辑。

长平被要求离开南方报社。在他看来，自己"惟一的错就是坚持写时评文章"。

2008年4月上旬，长平在英国金融时报中文版新闻网以"特约撰稿人"名义发表《西藏：真相与民族主义情绪》一文，呼吁所谓信息透明和舆论开放，在网上引起轩然大波，遭到大部分网民和媒体的指责和批评，为"不折不扣的反华之音"。

因为"沾了奥运的光"，长平事件被低调处理。奥运过后，长平在南方报业集团四年一次的竞聘中被要求不得参加。而他在《南都周刊》副总编辑一职也相应取消。

长平在复旦大学演讲的时候明确说到自己的时评观："对我来说，时评与其说是一种写作，不如说是一种行动。如果说写小说是在书斋里码字，在名山大川中立碑，那么写时评就是在大街上呼号，在广场上呐喊。时评作为一种写作，远远不能和文学媲美，但是作为一种行动，我相信它的价值。"

"报人最高的责任是把言论笼子的空间做大，最低责任是把言论空间用尽。"

程益中，中国安徽安庆怀宁县人，中国著名报人，曾为香港亚洲电视高级副总裁。2005年4月5日获联合国教科文组织"世界新闻自由奖"。2001年担任《南方都市报》主编。

2002年，"非典"的白色恐怖开始笼罩全国。而直到2003年3月召开的全国两会期间，中共官员仍在竭力封堵媒体报道SARS疫情。而在这样的"警戒线"以外，仍然有一家媒体在不断尝试冲破封锁，这就是《南方都市报》。

转机出现在人大会议的第一天。南都的一位前去报道会议的记者拦住了卫生部的一个副部长，向他提问。这位副部长说话相当谨慎，但仍然露出了点口风。

第二天的头版就是这小小的"口风"。在报道中引述了卫生部副部长的话，承认疫情并未"得到控制"，因为目前还不清楚疾病的起因和治疗办法。

正是因为这一系列的报道，触动了党内高层的敏感神经，随之，写这篇SARS报道的记者被开除，而程益中也因为将报道放到了头版而被停职。事实上，后来发生的一切都证明了《南方都市报》一直以来都是对的，而胡锦涛也公开谴责谎言，这意味着政治风向已经有点转变了。

"像社区的街坊一样生活"

李春花，1983年生于广东梅州。毕业于华南师范大学编辑出版专业。2004年进入《南方都市报》，现任《南方都市报》广州新闻部社区记者。

在进入南都之前，她曾在一间客服公司干着24小时轮班的工作。而她进入南都呼叫中心仅仅是因为"一个星期可以有一天周末休息"。

每天两点一线的生活让李春花开始向往记者生活。终于2006年10月，她决定从1楼呼叫中心到7楼新闻部面试。

在短短的3个月之后，李春花的热情就被消磨得差不多了，萌生了离开的念头。而在新工作的面试中，她一反原来的内向和紧张，在面试官面前侃侃而谈。这时候她才明白"自信"是南都新闻部在这3个月中给她的。

从此，李春花开始学着沉淀下来。在一次采访中，李春花遇到了一位抗拒聊天的麻风康复者全叔。整整一个上午，她就在全叔的画室里静静地看着他画画。直到下午，全叔感觉到了李春花的真诚，愿意把自己的故事告诉她。

告别民粹，告别仇官

王宏旺，1983年生，籍贯江西。毕业于中国人民大学。2007年进入《南方农村报》。现任《南方农村报》新闻策划工作室副主任。

王宏旺坚持为农民鼓与呼。但是他所做的"并没有改变他们的生活模式，只能改变他们的生活地点，增加了她们的成本。"

他曾经采访了四会一位辍学的初中女生。她在学校被撤合并到10公里之外的另一所中学之后，选择了离开学校，进入酒店的KTV里面做DJ公主。针对边远地区的撤校并校问题，王宏旺进行了报道。但是他的报道只是让劳动局突击检查女生工作的酒店，并将其遣散回家。事后，女孩打电话给王宏旺。在电话里，女孩狠狠地骂他，说他让自己失业了。

还有一次在高明采访三峡移民村。村长热情接待了王宏旺，说村民被逼得没有办法，只能开黑网吧，开发廊。而在报道出来之后，当地派警察把所有的网吧和发廊查封。许多失足妇女从这一个红灯区被赶到了另一个红灯区。

现在的王宏旺已经变得冷静得多。他告别了民粹，告别了仇官，转而用一种更理性的笔触叙述他看到的生活。

藏在一封电邮、一个电话中的转机

杨潇，1982年生，籍贯湖南。毕业于南开大学中文系。2008年进入《南方人物周刊》。现任《南方人物周刊》记者。

接到《南方人物周刊》副主编万静波电话的时候，杨潇正在吃火锅。那时他还不知道，那个020开头的电话会成为他今后的梦魇和晨光。那个电话在给他带来了一个很大的挑战——采访俞可平。这位中央编译局副局长应发表了《民主是个好东西》而引发关注。

在电脑前枯坐了一天，杨潇一无所获。在离开办公室的时候，他又不死心地发了几封电邮，其中一封就是发给美国杜克大学教授史天健。他和俞可平是北大校友。

在下班的地铁里，杨潇就接到了史天健从北卡罗来纳州打来的电话。史教授留了杨潇的家庭电话，还体贴地说"我给你打，你给我打太贵了。"

那通电话让杨潇获得了几乎所有想要的电话号码。虽然没有能直接采访到俞可平，但是他凭借着资源采访了俞可平的导师、同事、同行以及相关媒体的编辑。就这样杨潇迈进了《南方人物周刊》的编辑部。

2010年底，杨潇在微博上看到史天健教授在美国病逝的消息仍深深感激当年那个电话，给了正在惴惴不安的他莫大的勇气和底气。

转机往往存在在一些细枝末节的地方。初进编辑部，因为某些原因，杨潇不能出差，只能做体制内学者和官员的采访。由于国情，这些采访往往是"打太极"或是外围报道。但是只要坚持，不放弃每一封电邮，不放弃每一个电话，也许就有让人惊喜的东西存在。

1	2
3	
4	
5	
6	
7	8

图1为左方。
图2为程益中。
图3为江艺平。
图4为书中提到的谭希莹。
图5为书中提到的党永嘉。
图6为书中提到的林旭娜。
图7为长平。
图8为书中提到的朱红军。

你采访在酒吧里做DJ的中学生，她可能会辍学；你采访发廊妹，她可能被赶到另一个红灯区。有时候记者改变的不是制度、生活模式，而是受访者的生活地点和处境甚至自己的位置，现实的复杂教会一代代记者理想之外的理性、理解、审时度势和强健的韧性。

THE SPRING NEWS

D04 文化 2012年6月8日 第78期 青春报

台湾导演张钊维与大陆编剧史航分享纪录片观

纪录片是安乐茶饭 剧情片是鱼肉爆炒

□本报记者 滕青云

台湾电影呈现出台湾特有的人文氛围，其对人的感情刻划细腻，对时代描绘见微知著。纪录片也亦然。

近年来，部分纪录片票房甚至超过剧情片，不仅纪录台湾在政治、社会、文化、经济等各方面的图像，也反映出台湾的生命力、创造力、开放以及多元的社会面向。

6月19日下午，闷热的空气中偶有一丝凉风拂过，位于东城区北沟沿胡同的杂志客厅里，放映了林育贤导演的纪录片《翻滚吧！男孩》。观影结束后，著名编剧史航老师和台湾纪录片导演张钊维与观众一起分享了他们的“纪录片观”。

2011年6月，宝岛台湾正式为大陆游客敞开自由行大门。为了让大陆人更直观地了解台湾，《看历史》杂志、马蜂窝旅行网、杂志客厅共同策划主办了“台湾生命力——台湾纪录片观摩季”活动，精选25部台湾纪录片以及影片（纪录片13部）。活动从5月13号开始，截止到6月9号，每周一到周五晚放映一部不同的片子，周六下午放映后，沙龙特邀请部分影片导演、媒体文化界知名人士与观众研讨。

台湾：纪录片能得票房冠军

张钊维： 我国小时看的都是改编自美国《我为何而战》一类的纪录片。台湾在80年代出现独立纪录片。那是台湾抗争的年代，有一个抗争的社会和政治背景。到90年代这种抗争仍有延续，但也出现如吴一峰《月亮的小孩》这样，反应社会边缘、底层人物的生存状态的片子。2000年，纪录片开始拍普通人，新导演从普通人的故事去挖掘真实的生活和情感，而不再悲情，或是批判、抗争。

台湾剧情片在“新电影时期”之后就聩振乏力，本该讲故事的剧情片做得不够好，让纪录片有机会和空间发展。纪录片取代剧情片成为台湾人说故事的出口。上世纪90年代开始，由于纪录片的门槛低，加上台湾政府、少数电视台和基金会的支撑，部分导演通过拍摄纪录片投入影视行业，之后再寻找机会跨入剧情片市场。2000年开始，台湾每年至少有一两部纪录片进入院线放映，并取得不错的成绩。2004年前后到2008年，台湾本土剧情片青黄不接。在此期间，国产片（台湾片）票房最好的都是纪录片，这是很特别的现象。其中就包括《翻滚吧！男孩》的导演林育贤，之后以此纪录片中的教练为原型（林育信的哥哥林育信）拍摄了《翻滚吧！阿信》以及《海角七号》、《赛德克巴莱》的导演魏德胜。我认为这不是常态，“说故事”还是要回到虚构领域，回到小说、电影、电视剧中。

大陆：消费渠道特别少

史航： 最早的大陆纪录片，以科教类、英雄人物为主并且片头会带有祖国新貌。之后，开始出现单独在影院上映的片子，如《较量》《周恩来外交风雨》。接着，拍摄了讲述音乐、风土人情主题的纪录片，并在国际上获奖，如《往事歌谣》。现在大陆纪录片的年轻工作者很多，但大都很难进入剧情片市场。这是因为市场太繁荣，投资方可挑剔的余地特别大，他们不会为拍了自己看了可能会睡着的纪录片的导演投资。大陆的纪录片消费渠道特别少，纪录片需要有来自观众的回应，这样它就能像《翻滚吧！男孩》中的男孩一样翻滚起来。

台湾的纪录片是比较懂得讲故事的，大陆的纪录片会怯于、羞于，不善于加上特效、动画，认为这些会影响片子的风格档次和统一性。大陆纪录片的定式比较强，投入于背景音乐的制作却不能很好的运用画外音。而这些正是让纪录片有人气的因素。

拍摄者必须锻炼预判感

史航： 纪录片与剧情片的有些处理方式是不同的，比如，对矛盾的处理方式。在纪录片中，所有可以产生矛盾的地方都不会形成高潮戏，而相反，剧情片往往是以矛盾开始，去构筑一个情节的爆炸点，如日本导演周纺正行的《五个相扑少年》、尹力的《我的九月》。纪录片把岁月当日子一天天翻过，而不是把日子当段子一点点在堆砌，给观众安心的感觉，是安乐茶饭，不是大鱼大肉的爆炒。看了《翻滚吧！男孩》，让我首先想到的是自己的童年，这样的纪录片不是表面的对比而是实际的唤醒，更有意义。

人物有意思的纪录片带有一种“种植”的感觉。日本导演小川申介的《收割电影》和中国导演彭小莲的《理想主义的困惑》分别写出了，理想主义的最高点和最低点。纪录片可以从剧情片中学习的有两点，一是学习如何推动剧情，稍微有点设局；二是学习怎么塑造人物。但每次只能学习其中的一种，否则就不再是纪录片了。把几个毫不相关的东西搁在一起，创作人就会有被五马分尸的感觉，每一个学习的对象都拽着他，使得他必须使上劲，创作就要找到工作量，使得上劲。创作的关键是找到入手点和工作量。

张钊维： 纪录片工作者要考虑多重的人物关系。纪录片拍摄者必须锻炼对主角、对人生和社会发展预判的感觉。拍纪录片的时候，导演是分裂的，眼睛看观景窗里的拍摄对象，同时要看自己，不能沉入镜头中，即当下发生的事情里，否则就会不知所云。导演要发现镜头里的闪光点，同时也要能从真善美中看到假恶丑。我喜欢有两条线进行对比、穿梭、交叉的叙事结构。纪录片的叙事如果是单线推进会吃力，但两条线推进就会使得拍摄吃力。但是在最后，两条线的拍摄会有足够的素材和角度去处理故事。

把火热冰镇而后灌给观众

史航： 很多人身上有慢性贫困的伤痕，鲜血淋淋的伤口是可遇而不可求的。纪录片工作者要能精准判断那些淤青和伤痕不是普通的皮肤斑点，并把其命运的挤压感呈现出来。很多极致的问题就像是成熟的果实，纪录片工作者所做的，不仅仅是去接住这个果实，即非只是追究和整理一个事件，也可以是去守望，辨别。

时代与时代差不多，但又有区别。纪录片就是要与别的时代差不多，又要体现出这个时代的特殊性，把它的特点忠实诚恳的记录下来，而非强调，让观众自己去感受。纪录片真正的目送和关注一个事情，就必须做到是说它的事，而非拿它说事。

纪录片就是导演得到很珍贵的素材，要很认真的煮汤给观众喝。需要导演有本事把他心目中火热的东西，冰镇后让观众一口灌下去，而非嫌烫后离开。从纪录片走出的剧情片导演和从广告片走出的剧情片导演，两者诉求是有差别的。纪录片拍摄，哪怕是笨一点、闷一点，镜头运用得生一点，但它留下的东西是别人可以再次想象加工的，而非剧情片的浇筑成形。

纪录片工作者要考虑多重的人物关系。纪录片拍摄者必须锻炼对主角、对人生和社会发展预判的感觉。

——导演张钊维

纪录片需要导演有本事把他心目中火热的东西，冰镇后让观众一口灌下去，而非嫌烫后离开。

——编剧史航

链接

台湾纪录片推荐

《不老骑士》

导演：华天灏

内容：平均81岁，心里却住着18岁的梦，他们用一辈子的经验告诉你：只要有梦，就有奇迹！17个老人当中，2位曾罹患癌症、4位需要戴助听器、5位有高血压、8位有心脏疾病。然而，他们却梦想征服福尔摩沙，在八十多岁再次

《消失的左眼》

导演：张钊维

内容：1950年6月25日，韩战爆发。岛外，台湾不可避免地被卷入这个惨烈的世局；岛内，无数红色的青年也在这个白色的年代，埋葬了他们的青春，1950年代属于学生的“青春进行曲”，奏得寂凉，但是禁锢不住的热血，仍然在这

《他们在岛屿写作》

导演：陈传兴、陈怀恩、杨力州等

内容：讲述台湾6位文学大师创作生平的系列纪录影片：以林海音为主题的《两地》、以周梦蝶为主题的《化城再来人》、以余光中为主题的《逍遥游》、以郑愁予为主题的《如雾起时》、以王文兴为主题的《寻找背海的人》、以杨牧为主题的《朝向一首诗的完成》。

《翻滚吧！男孩》

导演：林育贤

内容：记录了台湾宜兰县一群国小的体操队男生训练和比赛的情形。是什么让如此年幼的他们坚持？家长何老师的态度又是怎样？严厉的教练对体操事业又有什么样的思考？这部纪录片获得了2005年金马奖“最佳纪录片”及“最佳原创电影主影曲”。

史航说，纪录片与剧情片对矛盾的处理方式是不同的，在纪录片中，所有可以产生矛盾的地方都不会形成高潮戏，而相反，剧情片往往是以矛盾开始构筑情节的爆炸点。纪录片可以从剧情片中学习两点，一是如何推动剧情，二是怎么塑造人物。

THE SPRING NEWS
D04 文化 2014年5月21日 第95期 青春报

现实满脸凶相,「一个」道声晚安

□本报记者 李婷婷 贺佩雯

ONE 一个
one is all

2010年7月6日,《独唱团》上市。当天,一只长得端庄大气、细腻优雅的天牛,停靠在杂志办公室阳台的破花盆边缘。那是韩寒团队成员在小区里看到的唯一一只天牛。

天牛,属鞘翅目叶甲科,是一种触角很长的甲虫,可对树木和建筑造成危害,寿命不超过两个月。2010年12月26日,在上海市延安高架桥下的一家火锅店里,韩寒向团队成员宣布《独唱团》停刊。那一年,他们再也没见过天牛。

所幸的是,年年都有新的天牛出现。2012年10月8日,"ONE·一个"App上线,24小时内便冲到了App Store中国区免费总榜第一名。这只新生的天牛灵敏地挥舞着它的触角,捕捉那些敏感、有力、漂亮的文字。

不过,天牛是害虫,所以,一个就够了。

主公与门客

一贯潇洒的韩寒,在《独唱团》屡次被毙之后,也只得无奈地表示:"不是我的头太大,是对方的那里太紧了。"

《独唱团》停刊后,整个团队包括韩寒在内,在办公室里一起度过了那年的冬天。办公室位于上海松江,三室两厅,阳台外的小花园杂草丛生,常有野猫安卧其中慵懒地晒太阳。除了窝在办公室里打游戏,这群"臭味相投"的文艺青年还组建了一支乐队TheOneBand,排练地点就在办公室的地下室,首演初定于2014年夏。

现在的"一个"工作室基本保留了《独唱团》的原班人马。去年5月7日,"一个"工作室搬迁完毕。新办公室里,透亮的落地窗毫无保留地让窗外阳台的勃勃生机涌入室内,乳白色的会议桌同时也是乒乓球桌。

"这是一个没有架子的团队,大家愉快地相处,吃喝玩乐,可以很好地共事。人与人之间的关系如此简单,很让人欣慰。""一个"的主创、《冰箱里的企鹅》的作者陈谌这样说道。

在《独唱团》执行主编、"一个"前执行主编马一木看来,韩寒是"主公",他们是"门客"。他认为,韩寒身上有一种新生力量,这种力量能打破某种规则。他相信,和韩寒同行,必定会做成一些事情。相似的,小饭也认为,身在韩寒的团队里,他更能实现自己的人生理想,更能找到志同道合的人。

"一个"工作室的编辑们每天的主要工作就是约稿——审稿——上传后台。在团队工作中,韩寒给出的多为指导性意见,但他同时享有一票否决权。"有时挑剔苛刻,有时又率性,"小饭说。他认为,他们工作的实质也就是按照监制人韩寒的审美和世界观来挑选好的内容。尽管韩寒声称,文化产品只有"去个人化"才能走得更远,但不可置否的是,韩寒本人的独特气质和响亮名声,不仅在"一个"的推广上起到了不容忽视的号召效应,同时也为"一个"招募了更多志同道合者,几乎整个社会的青年人都愿意为他买单。2014年3月18日,"一个"工作室首次公开招贤。除了韩寒,团队现只有11人,微博和网站的运营暂时都是编辑们负责。此次"一个"工作室的招聘职位有编辑、美术设计、市场运营。"有一技之长,不限学历"这样的基本要求使得越来越多有才华的人在此汇聚。

在"one·一个"创办一周年之时,韩寒在新浪微博上说:"其实我们这个周年纪念的真实意义是告诉大家并提醒自己:东看西看,又是一年,当干则干,别再拖延。" 图片来源于微博

□「ONE·一个」是由韩寒主编和监制,原《独唱团》主创成员共同制作的文艺应用软件。发布不到24个小时就登上App Store免费排行总榜第一名。不追热点,不关时政,不要喧哗,不惹纷争。关掉微博,离开微信,带着微笑,去到Web 0.1时代。「一个」足够简单。

□小饭,"一个"执行编辑,曾任《花火》主编,《萌芽》编辑,《独唱团》编辑,出版有《婚前教育》、《中环线》等。

□陈谌,"一个"主创,2013年毕业于厦门大学,代表作有《冰箱里的企鹅》、《时光若刻》等。

后现代的文艺复兴

《独唱团》曾有一个征集得来的前名,叫《文艺复兴》。

执行主编小饭说:"文艺是体悟之学说。"

编辑薛诗汉说:"文艺就是,你看到月亮的正面的同时也想要看到其反面。"

"这个年代文艺和文艺青年被误读得太多了,很多人把小众或者一些矫情当作文艺,"陈谌说,"事实上文艺是每个人的一种本能,是一种外化的情感诉求,很多人通过这种有情怀的表达方式,来和他人和世界交流。"陈谌指的情怀,包涵了理智、客观、社会责任感以及真善美等,这些都应囊括在内。

相比起《独唱团》的犀利,"一个"的棱角不再那么尖锐,这其实是在韩寒身上早已发生的微妙变化的外化。2012年11月28日,韩寒在其新浪博文《让大家扫兴》里这样解释道:"对于我们这样一群胸口中过枪,但只是蹲下来系了个鞋带的人来说,我只是有了一些新的感悟。我了解,这个世界上很多人被踩了一脚以后会捂着胸口倒地。我发现,我们所谓的批判,我们自以为是的'启蒙',我们所去宣扬的那些,其实大部分都是重复传播……我们不善于良性讨论和互相妥协,依然执着于党同伐异和批倒批臭。"小饭认为,"一个"基于阅读,超越文学,它的文章普遍是对人生的感悟、对知识和审美的分享,不能一概从文学的角度来评判。"我们更强调的是一种趣味的分享,并为读者提供美好的事物和观点,让读者'更有尊严的活着'。"

而"一个"不追热点,不关时政,不要喧哗,不惹纷争,以文艺和科技相结合的形式,以更温和持久的力量,努力让这个世界更加美好。

2013年12月17日,"ONE·一个"官方网站正式启动。可one.com的域名早在1992年就已被丹麦企业注册,"一个"工作室戏称,"新娘嫁人了,新郎不是我。"正是这"无法注册"的既定现实,如童话般使wufazhuce.com诞生。对于这个"奇葩"的四拼长域名,韩寒在微博上解释道:"文艺世界,无法注册"。官网不仅同步"一个"App的所有内容,还设置了其他版块:情报——发布一个工作室最新资讯,产品——"一个"系列产品淘宝店,读读——展示、投稿和论坛。他们不断为那些割舍不下的精彩内容寻找传播的最佳途径。

当一群臭味相投的文艺青年按照规则开始做一些不规则的事情时,这已然成为撬动地球的一个小小支点,他们试图以柔软的方式改变世界。不管是杂志、纸质书籍,还是App、网站,这些形式或许取决于时代,但阅读本身作为需求,还在日益膨胀,其实质仍然不变。阅读即是生活,而非生活的对立面。而"一个"这个聚集了众多才华横溢的人且积聚了两千万用户的平台,正做着这样简单美好而又让人踏实的事。或许,复杂世界里,一个就够了。

不单薄的一枚碎片

一天深夜,韩寒的车在高速公路上抛了锚,他的两部手机也都没电了。借着夜光,他翻过护栏,跑到几百米外的一户人家借手机打电话,而这家人只有老式的乳白色电话机。在等待救援的两小时里,韩寒抬头看着浩瀚的星空,居然惦记起手机里分辨星座的软件。他睡着了,做了一个与童年有关的梦。

"什么都太繁多了,什么都太短暂了……那就做一枚独特的碎片吧,就像那个没有手机和智能操作系统的夜晚里,那只乳白色的老电话。"韩寒在"一个"的第一篇文章《碎片》里这样写道。

于是,这枚"碎片"于每晚22:00更新,一张图片,一句话,一篇文章,一个问题,在IOS系统下的2.0版本还新增了一个关于"东西"的栏目。这成了许多人每晚睡前阅读的最后一枚碎片,它不会占用很多时间,也许只是短短五分钟,但故事能够带你入梦。

关于稿件选取的标准,执行主编小饭给出的答案是,"好看"。"一个"并不追求阳春白雪抑或学术高深,相反它更兼顾大众的口味。它的受众定位是18至30岁的青年人群,因为他们"最有活力,最有阅读和学习的渴望"。"一个"评论类文章要深入浅出,虚构类文章则要通而不俗,而通过"一个"人气爆棚的"银河系少先队长"张晓晗的都市类情感小说,就是通而不俗的典范。

在"一个"的精选集《很高兴认识你》一书中,收录了陈坤、蔡康永、曾轶可、郎夷贝等跨界明星的文学处女作。小饭解释道:"文艺本就不分家,文学、艺术、娱乐,都是搁边的东西。"其中有一篇是韩寒与陈坤的对谈录——《我们的问题,这个世界不懂》:分享两人对于相同话题不尽相同的观点。在一场朋友之间的相聚中,他们相谈甚欢,思想之间的碰撞让他们既像遇上对手又像遇上知己。精选集里出现的明星更多的是音乐人,"音乐人往往有很好的情怀、故事和文笔,只是缺少合适的机会展现给大家。"

与《独唱团》一致的是,"所有人问所有人"这个栏目被保留下来。任何人都可以向任何人提任何问题,答案由一个工作室征询。当然,凡事都有规则:"只能问活人,只能问人类,只限于中国。"问题的收集主要是通过邮箱投稿、微博、微信征选。百度百科"独唱团"条目里这样解释道:"就算是一些无解的问题,我们也会把无解的原因和我们寻求解答的过程写出来,但是最后只能告诉你,我们也没有得到答案,你永远不知道,他们还记不记得大明湖畔的夏雨荷。"

2013年8月6日,"一个"工作室集结107个问答,出版了《所有人问所有人》一书,其中几乎囊括了草根、逻辑、阅读、文艺、情感、生理等当今社会流行的所有话题。"一个"工作室对问题的甄选理念是:不加掩饰的问题都是好问题。有人向《永远有多远》的作者、作协主席铁凝发问:"永远到底有多远",也有人问"淘宝开张以来谁花钱最多"。为了回答这些林林总总的问题,"一个"请过王中磊、铁凝、彭浩翔、蒋方舟、朴树、高晓松、李银河,甚至还有私家侦探、放高利贷者、红十字会、劳模、外交部总机、107岁老人等各种身份的人来解答疑问。"到处都是正确答案和标准答案,这个世界反而会变得单调和乏味。我们追求的是知识和有趣。"小饭说。

2014年3月,继《很高兴见到你》、《去你家玩好吗》,"一个"书系第三本的名字终于打破了读者们的美好幻想:《想得美》。"一个"团队将长篇书名联播的概念,运用到了精品集的制作上,"如此一本书一本书做下去,直到这些书名构成一个凄美的故事。"这个奇妙的想法来自韩寒某一天对一张图片的解读。韩寒本人崇尚自由简约的特性,直接影响了"ONE·一个"和精选集的命名。小饭说:"这句话,我们团队已经听了无数遍,但当这句话真正变成了一本书的书名时,我们还是感受到了不一样的温度。"

在自媒体时代,"一个"工作室的初衷是做成完全脱离纸质出版的电子平台,进行点对点传播。"文章打印下来阅读非常舒服",这条来自读者的反馈,让工作室有了将"ONE·一个"做成纸质书的计划。或许,个中缘由还潜藏着"一个"工作室纸质出版的情结——文字落到纸上才有踏实感。另一方面,纸质书的出版也弥补了App内容只能保留十天的遗憾。

《独唱团》停刊后,韩寒团队推出了不那么犀利的文艺应用软件"ONE·一个",它不追热点,不关时政,提供美好的事物和观点,让读者更有尊严地活着。“一个”书系的前三本书叫《很高兴见到你》《去你家玩好吗》《想得美》,韩寒希望将“书名联播”用在精品集的制作上,直到这些书名构成一个凄美的故事。

TB06　青春报 百期典藏　2015年1月1日　第100期　青春报

媒体在司法进程中的作用 是促进还是阻碍？

□本报记者 关雅文 方飘 刘蕴馨

"司法是该远离媒体还是接近媒体，这是一个课题。"办理过彭宇案的南京中级人民法院一名负责人如是说。这些年来，通过媒体的报道，大众对一些案例留下了深刻印象。比如湖北的邓玉娇案，西安的药家鑫案等，这些案件结果都或多或少地收到媒体介入的影响。在司法越来越重要、传媒越来越活跃的今天，司法和传媒之间，到底是谁在较劲呢？

2009年"邓玉娇案"

"很难说法院的判决是否受到或者在多大程度上受到社会舆论的影响，但媒体确实在该案的整个处理过程中扮演了非常重要的角色。"

案件脉络：

2009年，湖北省巴东县野三关镇政府3名工作人员在该镇雄风宾馆梦幻城消费时，涉嫌对当时在该处做服务员的邓玉娇主动进行骚扰挑衅，邓玉娇用水果刀刺向两人，其中一人被刺伤喉部、胸部，经抢救无效死亡。次日，警方以涉嫌"故意杀人"对邓玉娇采取强制措施，后变更为监视居住。

参与媒体：

《京华时报》透露，邓玉娇被要求提供特殊服务，3名政府人员拿钱在其面前显摆，还两次将其按倒；《广州日报》报道，邓母并不知道与律师解除委托关系；《时代周报》回访该案时，许多评论的矛头指向了媒体，认为媒体侵犯了邓玉娇的隐私，打搅了她平静的生活。

案件争议：

其一，此案涉及特殊服务和官员被杀，对邓玉娇的量刑难以把握。此外，邓玉娇遭受"砸钱"的侮辱做出刺杀之举后被限制人身自由，激发人们对当地官员行径的愤慨和对邓玉娇的强烈同情。在一些媒体的倾向性报道的影响下，社会舆论几乎一边倒地支持邓玉娇，甚至出现了邓玉娇英雄说、邓玉娇烈女说，大众普遍认为邓玉娇不该为她的"英雄行为"承担责任，其律师哭诉邓玉娇受到性侵犯，甚至可能已造成强奸；警方方面发布消息称律师散布了不实信息，认定邓玉娇为防卫过当。"邓玉娇案"似乎也陷入了"罗生门"怪圈。

2010年"药家鑫案"

"要以群众狂欢的方式处死一个人吗？"

案件脉络：

2010年，西安音乐学院大三学生药家鑫开车撞伤一名女子，因担心自己的车牌号被对方记下，药家鑫持随身携带的水果刀朝对方连捅8刀，致其死亡。

参与媒体：

《中国青年报》与药庆卫对话"药家鑫走后"，药庆卫说"感谢你没有问我那个问题，就是回忆我儿子死前情景的问题。媒体找我问得最多的，是这个问题，我不愿一遍一遍地回忆。"新华网认为此案向旁听者发放问卷征求量刑意见十分草率和不负责任；中国公安大学教授李玫瑾在评论案件时说，"由于平时情绪不好时会用手指砸钢琴键盘来发泄，药家鑫连扎受害人八刀，是他的一个习惯性机械动作"，被网友炮轰把杀人恶性"艺术化"。

案件争议：

药家鑫一案已经揭过几年，但对于人性、法律、舆论的讨论依然喧嚣。很多人不愿相信会出现这样的人性之恶。事件最初，人们的愤怒只是简单地建立在药家鑫本人残忍的"撞人砍八刀"的恶行上，而当药家鑫被贴上"富二代"、"官二代"的标签，当药家鑫之父药庆卫被扣上"军队蛀虫"的帽子，药家鑫案被哄抬到一个新的高度。在一个富二代官二代为人诟病的时代，药家鑫成为批判的一个标靶。在药家鑫被处决之后，中央电视台主持人柴静专访药家鑫案双方父母，以平等的视角向全中国展示两个平凡的悲剧家庭。我们看到张家在无辜的女儿逝去之后，仍然能持有宽谅与善良，看到药家父母在儿子伏法之后，继续地救赎和反思。就像药庆卫说的那样，我们必须从死亡中有所学习，因为这里有血的教训。

2012年"唐慧案"

"唐慧赢了，法治赢了没？"

案件脉络：

2012年，唐慧不满其女被迫卖淫案的判决结果，滞留法院办公楼15天，法院以"扰乱社会秩序"为由判处其劳教1年6个月。2014年，唐慧女儿被迫卖淫案两名主犯的判决均由死刑改为无期徒刑。

参与媒体：

《南方都市报》社评指出唐慧的维权行动得到热心微博网友、法律界人士、媒体界人士的支持和帮助。凤凰网的评论则完全相反：唐慧的上述行为，严重扰乱了单位秩序和社会秩序，造成了极坏的社会影响。《中国青年报》没有直指唐慧案，而是揭露劳教问题：近年来打击迫害信访群众的情况还不同程度地存在，因信访而被劳教的情况严重。这是一种维稳式的劳教，这有巨大的争议。《南方周末》刊发报道《唐慧赢了，法治赢了没？》，重新梳理此案的发展过程，认为此案作为唐慧事件的起点，核心证据不足，司法程序受到外部压力影响，量刑过重。而撰写此文的作者却遭致不绝于耳的骂声。

案件争议：

唐慧为女儿上访，被部分媒体及微博名人塑造成一个弱者，一个"英雄母亲"形象。

媒体对唐慧的一举一动的报道，甚至一些非客观的报道，给湖南的公、检、法机关造成了极大的舆论压力，以至于湖南的公、检、法机关在办案、量刑时或多或少会受其影响。唐慧为了达到"判处7名被告人死刑"的目的，到当地党政机关的门口大吵大闹、堵门拦车，这种无视法律的行为给以后的当事人做出很坏的"榜样"。也因此，唐慧案强化了民众"信访不信法"的观念，进一步削弱了司法机关的权威和公信力。而唐慧邻里乡间几近噤声，人们讳言她的错误，避谈她的缺点，甚至对"唐慧"二字避之不及。但是，弱势的一方就一定是正义的吗？

2013年"李某某案"

"媒体在未成年人犯罪案件报道过程中不够专业。"

案件脉络：

2013年，李某某等五人因涉嫌强奸被捕，北京市海淀区法院以强奸罪分别判处被告人李某某有期徒刑10年，王某等四位被告人有期徒刑12年至3年（缓刑3年）不等的刑罚。

参与媒体：

《新民周刊》发文"李某某他妈的舆论战"，被指低俗粗鄙、哗众取宠、夺人眼目，挑起读者的欲望。"他妈的"式的批判是失德之举。

《中国青年报》认为，不能把此事变成一场指向李双江身份的仇恨宣泄。与此同时，媒体在未成年人犯罪案件报道过程中不够专业的问题也凸显出来。《新闻出版报》记者陈婕说，在关于李某某案件的报道中有大量定罪定刑期的预判，一些法律用词甚至并不准确，"这些混淆视听的信息不断冲击着受众的眼球，早已覆水难收"。

《北京青年报》批评李某某案中公安机关以真实姓名向社会披露，许多媒体对未成年嫌疑人李某某及其家人进行了大量侵权报道强调，"媒体有义务爱护和保护大半生为人民群众带来歌声和欢笑的老艺术家们"。

案件争议：

司法的性质决定了法官要处在中立、被动、平静的地位，既不能扮演政治工具，也不能附和大众情绪。

李某某母亲梦鸽女士自案发后，据理力争其子"无罪"，四处奔走要求律师进行无罪辩护，李某某默许了"无罪辩护"的策略，配合律师当庭翻供，撇清干系。伴随着媒体不断挖掘跟进，李某某案的一个难以忽视的焦点便是李某某父母的身份。李父是著名歌唱家，且有高级职称，像李某某这样的权势家庭子女、"星二代"被不少人诟病。这也不禁让人追问"法律面前人人平等"原则是否得到严格遵守。但是，强势的一方就一定是恶的吗？

以下数据选择2002年中国广播网所做的一项关于媒体与司法的调查，问卷样本容量为277人，其中法官93人、律师87人、记者97人。

您觉得中国公众对法庭新闻的关注度如何？（选一项）

在上表中，法官这一被调查群体中有52.6%的人认为公众对法庭新闻"很关注"，加上认为"一般关注"的，"关注"总数可达97.7%，比平均值高出5%。并且在法官和记者这两个被调查群体中，没有人认为法庭新闻完全不被公众关注。

您认为中国受众关注法庭新闻最重要的原因是什么？（选一项）

当问及受众"关注法庭新闻最重要的原因是什么"时，277名答问者选择比例最高的并非"获取新闻信息"，亦非"了解法律常识"，而是"对有冲突、有悬念的故事感兴趣"（占答问者总数的53%），这种认识在记者这一群体中的比例最高。

您认为应否允许大众传媒对案件发表评论？（选一项）

上表中，记者们普遍认为"在任何诉讼阶段都应允许评论"，这个观点的认同指数高达58.7%，但法官们却普遍对传媒发表对案件的评论持反对或保留的态度。23.6%的法官持完全否定的态度。

问卷调查结果体现两点：一、媒体对案件的跟进报道一定程度上促进司法机关办案透明化；二、媒体报道更注重故事性，司法方更重视专业性，导致媒体和司法的冲突。"药家鑫案"、"聂树斌案"、"李某某案"等事件的报道逐渐体现媒体监督在司法进程中的作用。公众对于法庭新闻的关注表现了媒体参与司法的必要性：媒体在一定程度上促进司法公正公开，并满足公众对案件进行的了解。

然而在报道过程中，媒体人和司法人对法庭新闻的社会功能认知有很大的不同，媒体更注重将故事的冲突、悬念展现给公众，一定程度上要考虑受众的"口味"。司法界则更希望让公众了解更多的法律常识，这也导致了媒体和司法之间的冲突。在一些敏感的诉讼阶段，部分媒体任意评论从而引导舆论这一事实，也一定程度上为司法审判带来了困扰。

媒体对案件的跟进报道在一定程度上促进了司法的透明化和公正公开，但在报道过程中，媒体人和司法人对法庭新闻的社会功能认知有很大的不同，媒体更注重将故事的冲突、悬念展现给公众，考虑受众的"口味"。司法界则更希望让公众了解更多的法律常识。在敏感的诉讼阶段，媒体的评论及其对舆论的影响，一定程度上给司法审判带来了困扰。

青春报 2015年1月1日 第100期　青春报 百期典藏　TB07

媒介与司法

平衡报道：媒体操作司法案件的雷线

在司法案件的报道过程中，利益关系错综复杂，获得信息也常矛盾对立，为了使报道尽可能客观公允，记者必须兼顾双方甚至多方，从不同的消息源获取信息，并将对立面的事实和观点同时呈现，此为“平衡报道原则”。

一篇好的报道，不仅仅体现在写作手法和编排设计上，更体现在报道本身的深层价值和公正平衡的程度上，这就要求我们要把握好新闻报道的平衡原则。要对新闻对象进行多元化采访，不仅反映一方的看法，还要反映多方的见解，使一篇报道更加充实而有力度；同时进行浅层表象与深层挖掘相结合的报道，努力揭示新闻背后更深层次的内涵；在采访主体上，要做到“主我”与“客我”意识相协调，同时加强新闻记者的职业道德修养。只有这样才能写出好的新闻，做出真正公正平衡的报道。

如何操作“平衡报道”

监督公权、维护弱势群体的权利、追求社会正义与公平，这些是公众寄予媒体的厚望，亦是有良知的媒体应自许的使命。

媒体要追求以上的目标，专业的报道是唯一可达的途径。那么，记者该如何操作“平衡报道”？

如何掌握“平衡原则”

一、要尊重公众的表达权，全面反映新闻事实诸方面。

二、合理协调“主我”与“客我”的矛盾。

三、改正政治上的错误理解。

四、加强记者的职业道德操守。

五、站在第三方的角度进行客观的报道。

媒体、民意与司法相辅相成

媒体应该如何对待民意？记者王和岩认为：“记者需要尊重的只有一个，那就是事实本身，而不是所谓的民意。”学者卢家银指出，一种言论是否可称为民意不能按照人数的多少来算，正反两方甚至多方都是民意。

C 专题策划

THE SPRING NEWS

青春報

2015年6月30日 第103期

C02/03·专题 深度报道生存横截面

C04·专题 新媒体："恐龙时代"的终结者

京华人说京华深度部裁撤

专访《京华时报》前深度部主任康少见

□本报记者 黄燦黎

2015年5月18日，《京华时报》（以下简称"京华"）原深度部主任康少见，动了动手指，在微信群里发了条信息："兄弟们，你们还在前线拼杀，后方指挥部已经撤了。你们听见集结号了吗？"

这天，除了一名记者在北京收集资料外，其余三人都在出差，有的甚至刚到新闻现场。

"啊?！"

"什么?！"

"妈的，那我们现在还采不采啊！"

"你们没有听见集结号，就得把这仗打完。采吧。"

与京华结缘：源自职业理想的内心冲动

中国深度报道的发展周期很短。前后不过几十年。有人说，80年代是"启蒙"，90年代是"监督"。在这种环境下，很多70、80后的深度报道记者，其职业意识形成，一方面受西方新闻专业主义的影响，另一方面，带着本土的传统知识分子的家国情怀。

1999年，"阳光打在你的脸上，温暖留在我们心头"这句《南方周末》的新年致词，引起了当时很多知识分子和学生群体的共鸣。包括在大学学习中文专业的康少见——他有每一期的"南周"，后来到北京读研究生，他还把那堆报纸寄到北京。

"我们这代人还是会心情澎湃。喝高的时候，就用手机上网找一段，大声朗诵出来。任何一个行业，都会对自己业界曾经的楷模和标杆，有发自内心的景仰，努力地去达标杆甚至是超越，这是职业理想内心的波动。"

2001年，《京华时报》创刊，由《人民日报》主管。最初只有机动部，后来被拆成了突发新闻部和深度报道部。当时的《人民日报》，有一个严格规定：禁止"京华"的记者出京采访。这个束缚，使得京华深度部的高手们无用武之地，只能"饿着肚子打擦边球"，做北京本地的新闻。并从而导致了第一任深度部的"先天不足"。

2003年，康少见去了京华机动部实习。他在实习期就带领正式记者采访，被封外号——"北京最牛实习生"。

《京华时报》原深度部，左起为李显峰、怀若谷、康少见、王莉霞、王梅　图片来自本人

2005年，康少见正式入职京华。

主管部门的压制、整体言论的管控、媒体自身的管辖，京华深度报道永远在防着底线发展。对深度报道记者而言，遭遇毙稿是常事。10个选题中有1个通过就算是好的了。有人会为此哭鼻子，而康少见则是直接拍桌子。

"我会把领导大骂一顿，再把新闻中心主任大骂一顿，再把主编大骂一顿。"有时骂完还不解气，他就问领导："你有烟吗？""有呀。""在哪？""书柜上。"康少见就地拿了把椅子，爬上去顺了两条，头也不回地走了。"当记者时会骂，自己当了部门领导后就没有了。"

后来，北京市委宣传部接管《京华时报》，报社决定成立第二任深度部。当时康少见是机动部记者，深度部主任找他谈心，新闻中心领导试探他的想法。"非得让我去，我坚决不去。我说你把报社最优秀的一帮人弄过去，然后在那里饿着，都快饿死了，你们还嫌不够，还想把我饿死。你们居心何其残忍，不去！"

重回"故土"：深度部再次成立

第三任深度部的情况也大同小异，或者说，过眼云烟。

2010年，康少见去了搜狐，待了两年，后来又被京华挖了回去。京华总编辑说现在京华没人，让他带一拨人做出成绩。"他知道我讲义气，我对京华到现在都很有感情。"康少见翻了翻报纸，说："成，我回来给你干两年。"不过，他向京华提出一个条件：若只做北京（地区的报道），另请高明。总编辑一口答应："好嘞，你想怎么办就怎么办。"

2012年回到京华，康少见任机动部副主任，2至3个月后转为机动部主任。

2014年，京华再次成立深度部，康少见任深度部主任。不同以往经验老道的深度部成员，康少见的团队，只有新手上路，但也就是这些新人，烧了不少生猛的及时性热点。对同城媒体也造成了冲击，"被我们一个组5个人给打怕了"。

深度报道每周一见报，若周中有稿子，也随时会发。那时候，他每天平均要接160—170个电话。从选题发出到现场去，每个记者平均3个。"康老师，我到了"、"康老师，我这的情况是……"、"康老师，我采完了，我可以撤了吗？"

怀若谷、王莉霞、王梅、李显峰，说起4位徒弟，康少见很欣慰："他们都很刻苦，悟性也好。"平日里，记者们爱开他玩笑，他上句未说完，他们就忍不了冒出下一句，看他一下子说不出话，他们就乐了。"他们常打岔，噎得我一愣一愣的，这个时候完全没有上下级的关系，我们就是同事。"

且在业务上，为了保证执行力，康少见常要求他们，若不能说服他，就必须绝对服从。深度部的工作不轻松，最令这4位记者感到煎熬的是每周一上午10:30的例会——报选题。

例会的常见场景，几乎都是康少见叼着烟，4位记者报选题。并排坐他右侧的并不怎么抽烟的怀若谷和李显峰，由于压力大，也拿起烟，一根接一根猛抽；对面的王梅与王莉霞，微微皱眉，不怎么说话。压力混合着烟味，弥漫在会议室里。

例会期间，康少见会从新闻操作本身，判断选题能否通过，让他们从人性的空间、法律的判断等各个方面，分析每一件事。他们会顶着压力，反复寻找正确的切入点。

"那就是真的过堂。对于记者来说真的是煎熬。你必须给我报选题，而且你的选题必须要我通过，我不会没有理由地不通过你的选题，我会去规避各种风险，但这个绝对是你可以接受的。"康少见有时会严厉地训骂他们，"我骂人比较狠，但不会伤自尊。说得最多的是'你脑袋让驴踢了'。"

李显峰挨骂不少，有次甚至还气得闹出走。

那是关于芦山地震的定向救援报道。康少见让王莉霞和李显峰按照要求采集资料，并要求他们在4天内成稿。采访完毕，准备组稿，两人的脑子却不合时宜地"短路"了。很多有价值和信息的内容，都未能呈现在稿子里，且逻辑混乱。

要求严格的康少见忍不住骂了他们："我把所有菜都给你配好了，你现在却拿了这么个东西来！现在赶紧改，不管你偶用什么方式，明天早上10点前，我要见到这篇稿子！"虽然康少见知道，这对他们来讲，压力实在太大。

李显峰急了，说："没有你这么干的，我们都快累死了！"

"该采的你们都采了，我讲了整体的逻辑结构，按这样安排内容就行了！"

"这根本就是一个不可能完成的任务！"

"不可能完成的任务你也得完成。这就是你的职业，不是爱好！"

听完，李显峰一把抢起自己的书包，哐哐哐往桌子上乱砸，大喊道："老子不干了！"接着就往外走。

康少见也站起来，指着"短路"的徒弟大喊道，"有种别回来，你要是回来了，你他妈就是孙子！"

赌气的结果，让康少见哭笑不得。"那晚可把我害惨了！我手把手地教王莉霞，好多东西她不知道，就给李显峰打电话，李显峰又不好意思说，只好又补采……累死我了！"

那晚，康王二人一直工作到凌晨四点。

次日早上，李显峰没事似地回来。康少见故意逗他："你还有脸回来？"李显峰吞吞吐吐地说："我……我的书包还在这儿呢！"

"那你赶紧把这书包给我背走！"

"我现在又不想走了！"

讲到这，康少见大笑："当时在我手底下确实很严酷，但回头再讲，觉得也挺好玩的。"

作为4个人中从业时间最长的徒弟，李显峰经常和康少见"调戏互揭"，"我们团队气氛融洽，这也是我能跟他'拍桌子'的原因。"李显峰说。

与京华的"情深缘浅"

领导层变动，限制越来越多，全新的京华深度部，开始显得力不从心。康少见等人知道，自己将再一次被捆住手脚。"很多领导人落马的报道，比如周永康的报道，我们都做了，却都无法报道出来。看着《财经》和《财新》独领风骚，我们心里其实特别难受。"康少见常为稿件能否发出而跟领导软磨硬泡，有时一天去领导办公室三次。

"不是我们不想而是我们不能；不是我们无能，而是我们不能。"

最后的深度部被撤，也在他意料之中。撤之前没有听到风声，但即使不撤，康少见自己也会辞职。他早就准备好提出离职请求。正好，深度部被撤，让他找准了时机。

领导让康少见担任编辑部主任，他没兴趣；继续待在突发新闻部，也没兴趣；问想做什么，都没兴趣。"其实我已经准备好离职了，27分钟，19个人签完字，京华历史上最快的离职。"说起这个，康少见挺得意，笑个不停。

然而，最后一个句点，康少见觉得画得并不完美。

深度部的最后一稿，是怀若谷的《单亲留守儿童困守广西山村》。在康少见看来，那甚至不算一篇深度报道。"主要是贫穷所致，没有更深层的东西，纵深度也不够。"

显而易见的是，"最后一稿"的标识，引起了业界广泛关注。各大媒体的深度报道记者纷纷向康少见询问详情。

没几天，刺猬公社把他们的对话稍作删改，发布在公号上。他笑着摆头："谁都知道A是我呀！尤其是我们报社的。"看见推送的一些领导，觉得此事关注度太高，想让他删掉。他打了个马虎："让我删了？我做媒体那么多年，最讨厌的就是自己被毙稿和毙别人的稿。让他们自己找刺猬公社去。"

5月26日晚，康少见在朋友圈发了一句"再见"。这是他给就职了10年的报社，和仍在第一线上工作的同仁的告别。

5月27日，他又发了两张深度报道部的全家福，这也是仅有的两张。在第一张照片上，5个人站在走廊里，在镜头前露出微笑。

5月28日，"全球关怀深度记者组织"举行第一轮聚餐。组织名称是种自嘲。"这是种好玩的说法，对自身境遇的调侃，一种与同行同病相怜的感觉。"

6月12日，康少见正式入职腾讯。

"对于深度报道，您以后会是哪种身份。参与者还是旁观者？"

"这个很难讲，说不定我还在这个领域，说不定我早就上岸了。"

34岁，从业12年的康少见，还是给自己留了余地。

《京华时报》先后成立过3个深度部，最后裁撤的时候，27分钟，19人签字离职。遗憾的是句点画得不完美，部门负责人康少见觉得，最后一篇《单亲留守儿童困守广西山村》甚至都不算真正的深度报道。离开《京华时报》半月后，康少见入职腾讯。

THE SPRING NEWS

A06 公益 2015年12月28日 第106期 青春报

投身公益的媒体人：从舆论监督到公共利益

□本报记者 姚暖 李可馨 石浩亮

新闻发生的时候，他们奔赴一线，用镜头和文字记录事件，他们是媒体人；他们也为留守儿童悲恸，为环境污染愤怒。他们用自己的力量，捍卫公共利益，他们，也是公益人。从媒体人再到公益人，他们在做一个奔跑者，为新闻理想和公益热情奔跑。

【人物名片】

冯永锋，毕业于北京大学，《光明日报》科技部记者，曾在在西藏日报工作。2006年底，依托各地民间环保组织举办“自然大学”，并发起环保组织“达尔问自然求知社”。

图片来源于网络

公益就像我爱你，要用一辈子证明

慈善转型潮流中谈媒体人转型

【人物名片】

孙雪梅，原《京华时报》记者，现凤凰公益主编，公益项目“女童保护”主要发起人。

图片由本人提供

【人物名片】

刘新宇，“上学路上”公益活动发起人，广义传播创始人，央广签约评论员，前《中国新闻周刊》副总编。致力于通过送故事的方式帮助中国数千万留守儿童。

图片来源于网络

在鼓与呼中传播公益观念

《光明日报》记者冯永锋创办了民间环保组织“达尔问自然求知社”，原《京华时报》记者孙雪梅发起了“女童保护”项目，原《中国新闻周刊》副总编刘新宇发起给留守儿童送音频故事的“上学路上”。刘新宇说，做媒体最多看到树干枝叶，做了公益才知道根长什么样。

青春报 2016年5月30日 第108期

THE SPRING NEWS

文化　D03

bilibili，爱与猎奇之地

□本报记者 雷亚男 马榕

B站吉祥物22娘(左)和33娘(右)　图片来自网络

哔哩哔哩官网首页　图片来自网络

通过考试才能成为正式会员？学习弹幕礼仪是每一个新用户的第一课　图片来自网络

去年十一月，腾讯对哔哩哔哩投资超过两亿；一个月后，上海东方传媒集团尚世影业宣布与哔哩哔哩合作，合资设立哔哩哔哩影业有限公司。陈睿说，每一个上B站的人内心都是孤独的。他们渴望在群体里找到归属感，他们乐于见得众乐，而不是享受独乐。

B站被调侃为全国最大的同性交友网站，用户可以在上面找到和自己志趣相投的伙伴，如果谈话主题不是自己“粉”的领域，B站人不愿轻易展开聊天。对他们来说，准许你添加微信也意味着一段很确定并且长期的关系，如果只是“露水情缘”，抱歉我只能回复微博并开启“阅后即焚”。

THE SPRING NEWS
C04 科技 2016年5月30日 第108期 青春报

人非机比：人工智能不万能

□本报记者 毛天健 赵田敏 郑力

人工智能为何物

阿里巴巴的程序员陈一（化名），第一次接触人工智能时，足足花了两个星期研读各方面的论文。数学基础并不好的他，对于复杂的矩阵乘法需要每一步都对着书看，而一行的论文可能需要十几分钟去理解。这样一次次的不懂、重新开始演算，也让他对于人工智能的复杂既烦扰又好奇，更是激发出了征服困难的欲望。

两周后，他成功推导出工作上遇到的问题。对他来说，就如当初爱迪生创造新发明一样兴奋。这次与人工智能的邂逅，让他对人工智能欲罢不能。“我深深感受到了人工智能的魅力，我愿意花时间去继续钻研，哪怕一次次地犯错、失败。”

人工智能，是研究、开发用于模拟、延伸和扩展人的智能的理论、方法、技术及应用系统的新技术科学，即对人的意识、思维的信息过程的模拟。除了理论范畴，人工智能已经运用到了实际，融入了生活。人工智能的等级也随着技术的完善不断提升。

人工智能分为弱、强、超3个等级，而战胜李世乭的AlphaGo仅属于弱人工智能范畴。由弱人工智能到强人工智能，还有很长的一段路要走。北京工业大学软件学院讲师李蓉认为，要想让人工智能具备人一样的思考能力和推理能力，首先要弄清楚人是怎么思考问题和处理信息的。

“人凭直觉就能在纷繁复杂的信息中抓住事情的本质，人的大脑对我们来说，还只是一个黑盒，其运作机理还未完全揭示。虽然人工智能目前取得很大的发展，但是对于实现强人工智能所必须的技术，并没有实质性的飞跃。”尽管人工智能已经展现出了强大的一面，但仍然只是个简单的运算机器，不具备思考能力的人工智能只能受制于人。

2013年Nick Bostrom对数百位科学家做了一项关于“你认为人类级别的人工智能什么时候会出现”的调查，结果显示出现的年份将会是2040年，而他们中的大多数认为从强人工智能到超人工智能的转化会快得多，人类很快会迎来一个智能爆炸的时代。

对于这一点，李蓉表示，目前不会这么快就能实现强人工智能，因为实现强人工智能是需要基于我们对人脑的处理信息的机理完全了解，才有可能模拟人脑构造出具备思维和意识的人工智能。“这需要神经生理学研究的进展和突破，而对于人脑思维机理的研究，目前看来还不是短时间内就能够解决的问题。”

四川大学计算机研究生刘东博告诉记者，如果以目前这种情况来看，很快就会有一大批在各个领域都异常出色的人工智能来完成许多工作。

▼ 人工智能

世界顶级围棋棋手李世乭以1-4输给智能机器人AlphaGo，这场举世瞩目的人机大赛引起社会各界人士的广泛关注。人工智能在围棋界的崭露头角，再次将其推向了风口浪尖。

李世乭对战智能机器人AlphaGo　　图片来源于网络

人工智能的潜在生产力

人工智能在许多领域已经崭露头角，无论是日常生活还是正规比赛，到处都有人工智能的身影。就这次李世乭和AlphaGo的比赛，围棋专家高飞龙认为，比赛会因此衍生出相应的新赛制，将来甚至可能出现人机合一的比赛。

“将来像AlphaGo这种程序进行小型化使用是有可能的，比赛中应避免人类选手使用这种程序。现在阿法狗的团队试图把其做成通用机，但是目前其适用范围还是有限的。

在人工智能日益进步的今天，简单劳动对于人工智能来说，已经能够基本胜任，那对于具备相同技能的人类劳动力，这些工种在今后会有怎样的发展？对此，中科大科技与战略风云学会研究员郭晓明表示，如果把1997年的超级国际象棋电脑“深蓝”比作于黄道婆手工制造的织布机，那么2016年的AlphaGo，就相当于机械厂现代产的织布机。一个是手工制造机器，另一个是机器制造机器。一个是人工编写程序，另一个是程序自身通过深度学习演化出来的程序。”

在郭晓明看来，如今的时代是飞越，这是作坊工匠手艺人与机械制造业的区别。以后生产和生活的界限会逐步模糊，生产将变成一种有乐趣的生活，而这样正是朝着共产主义的方向发展前进。因此，人工智能发展的问题在于是否能够促进生产力，而不必纠结于是否是强人工智能。“经济发展在于分工合作，分工导致专业化，逐个领域擅长的人工智能，和如今白领专业化对应。”

中科大另一位研究员陈经预测，下一次工业革命可能就是“人工智能革命”，这将会是第四次工业革命。“人工智能革命，也会取代一批旧工种。但我们更要认识到，这会带来生产力大发展。”每一次大发展，都会完全改变整个社会，产生很多人们完全想象不到的工种。

同时，中科大的研究员达雅举例：AlphaGo就像是账房先生，在人工智能实现普遍量化后，会衍生出“会计”的技术或是相应的职业培养，那这就是新技术淘汰旧职业，但是催生更多的新职业的例子。人工智能将对人类的生活带来巨大的转机，并顺带促进生产力的发展，是社会进步的助推器。

人工智能相比人类工种，有更高的效率、准确率和容错率，而且总成本低，虽然前期投入高，但是后期回报更高。对此，中科大研究员陈经表示，每一个行业都有不同的情况，但总的方向肯定是：老的工作让机器干，把人从某些劳动中解放出来。

“如果生产力大发展，人工智能取代人，人的价值并不会消失。经济是因为人才有意义，正如城市建得房子再多，没有人，反而经济下滑。”陈经认为，经济、工作的基础是人，人工智能的意义在于成为人创造延续价值的工具。

因此，人工智能会让生产力大发展，是利大于弊。陈经认为，生产力大发展是个美好的事，不要怕“抢掉工作机会”。在人工智能的帮助下，人的闲暇时间多了，这会带来又一次生产力大发展。“其实现在90后们已经发展出很多怪的工种，比如人可以去网络上搞直播赚钱，这都是以后社会稀松平常的事，也许以后人类就天天打游戏挣钱了。”因此，不要用以前的老眼光，看一个影响极大的技术突破，而是用进步的眼光着眼技术的价值潜力。

人工智能成为热议的话题，很多优点都成为超越人类的存在，但仍然还具有许多无法比拟人类的东西，比如说情感的交流。因此，人与人接触有重大价值，是机器取代不了的。

对此，郭晓明认为，人类社会变成人机社会，人和机器相互依存相互有信息和物质交往。人的意志，不仅仅要体现在法律中，也要体现在智能工程设计中，建设健康的人机社会。“感情也是一种价值取向，适当的量化可以用人工智能去模拟。而人类感情反映的是一种人类社会关系。”人工智能的“感情”实际上就是人—机关系和机—机关系的“社会”结构。郭晓明说，“赋予人工智能以感情，就是构造人机社会上层建筑。如果真要赋予人工智能感情，一定要建立在为人服务的道德价值基础之上。”而防止人工智能机器对人工智能机器有“情感”，则应该成为安全发展人工智能的重要规范。

人机未来引深思

人工智能在日常生活中随处可见，会写消息稿的机器人、治疗色盲的人工智能眼镜，人工智能的介入使得他们和200年前的生活方式已经完全不一样了。那么是人类改变了自己，还是其他因素改变了人类。对此，陈经表示，人类学会讲究的是“客观”，会发生什么，为什么。至于这些事是好是坏，则是人类自己表达观点。比如人们可以认为，人没工作整天打游戏挣钱是坏事，也可以思想解放地认为，小年青打游戏挣钱也是个不错的活法。那么，人工智能大发展会让全社会的生活乐趣大大增加，当然也会有些悲惨事件，工作收入减少或是调整不过来之类的。“因此，我们应该辩证地看待人工智能介入生活的利弊，整体来说是好事，我们应该主动推进人工智能技术大发展，主动应用到社会生活各领域。”

在陈经看来，人工智能目前还是一个幻想的问题，因为还是不知道如何发展强人工智能，而至于弱人工智能抢人工作的事，那都是杞人忧天。

然而，从文化的角度来看，这也不一定是好事。陈经认为，比如手机的发展，人人就盯着手机看，不一定是好事。以后人工智能厉害了，人就和人工智能玩得很开心，也许人与人关系不那么紧密了。“但这些我没有什么意见，这是个人的自由选择。可以不看手机，也可以看。”在他看来，人工智能的优劣与否与人类的主观选择性是密不可分的，既不能完全否定其意义，更不能置人类为最高原则。

在人工智能崭露头角后，许多人对于人工智能是否会反超人类甚至替代人类产生了忧患的心理，他们害怕在人工智能自主思维后，就不会听命于人了。对此疑问，陈经提出假设，“若干年后，人类假如研究出了能自主思维的强人工智能，人们应该马上停下来仔细研究。哲学、社会、科学、政治，各个方面的人都要来参与研究，到底如何往下走。”他认为，人们只会进行初级的研究，制造有一些有自主思维，但明显能力很弱的人工智能。而有一些富人、科学家，会有自己的想法。他们想永生，有一个办法就是制造强人工智能，让智能机器帮助人治掉所有疾病。“而没有自己意志的机器，就不能“自我学习”，发展出超能力，就不能帮助人类实现永生的奢望。”

陈经认为，如果一部分人坚持自己的利益，不只局限于帮助人类日常生活的智能产物，而创造出强人工智能这类具有自我意识的产物。那么，人类得到的将不会是永生，而是毁灭。

陈经还说，人类要么不制造强人工智能，从而可以控制事情的发展。要么制造出强人工智能，那人类的生存发展只能由超过人类的物种来决定。而到了那个时候，人类是绝对没有反抗的能力。人类也许会像大熊猫一样过上好日子，也可能像苍蝇一样过上坏日子。陈经表示，一旦技术成熟了，人类社会可能不让造，但是一伙有钱人不管不顾地造出来了，然后就听天由命了。“结果也许很好，也许很坏。”

对于人类而言，如今的言论基本都是属于幻想型讨论，人们并不认真对待人机问题。陈经告诉记者，“就像二战时，人们讨论战争的心情，如今的我们是体会不到的。现在都是轻松地讨论‘人机大战’，故意表示恐慌，其实并没有真正的恐慌，因为现在的人类社会根本不怕人工智能，只是当作有趣的话题。”而这种心态，很难会讨论出严肃的成果。只有当人类社会真正对人工智能，产生了如对核武器一般的恐惧感，那才会产生真正严肃的社会、政治多方面的影响。

郭晓明还向记者举了一个例子，当年美国原子弹试验，有一个物理学家认为会燃烧空气把地球烧毁，但他们还是冒着这个风险进行了核爆炸试验。“因此这是部分人类的异化导致的结果，人类创造了资本，资本的意志凌驾于人类意志之上。如果人类有第二个异化，那就是人工智能机器。”人类将自己吃着战争的资本异化苦果。资本是固化的劳动，而人工智能机器也是资本衍生的产物，其存在意义是人类赋予的，未来的发展走势如何，人类还将是出于主导地位。

强人工智能目前还处于幻想阶段。如果有一天，人类制造出强人工智能，那么，人类的生存发展只能由超过人类的物种决定。到了那时，人类没有反抗能力。也许会像大熊猫一样过上好日子，也许会像苍蝇一样过上坏日子。

青春报 2016年8月24日 第110期　拦路而往 THE SPRINGE NEWS　TB03

图片来源于网络

做中国免费APP的第一名，于是，脸萌、faceu诞生了。王，绝不会因为被阻挠而放弃梦想。郭列也是。他决心眼睛弯弯像月牙，露出一口大白牙。他梦想着成为海贼动漫中，路飞带着那顶标志性的草帽，笑容灿烂，

郭列
我是要成为海贼王的男人

□本报记者 秦瑞杰 成小婉

人物名片

郭列，1989年生，脸萌app创始人。2011年毕业于华中科技大学后就职于腾讯。离开腾讯后于2013年5月成立MT团队，11月app产品脸萌上线。2015年，郭列及其团队创作的faceu上线。

在拥挤的地铁中，郭列看到身边的乘客在拿着手机玩儿一款软件——“脸萌”。他笑了，但是没有说一句话。地铁到站，他下了车，平静的外表再也掩盖不了他内心的激动。

“脸萌”是郭列创办的一款拼脸APP，2014年6月，曾跃居APP排行榜第一，最火爆的时候，朋友圈一度被脸萌制作的头像刷屏。

2015年，郭列和其团队创作的另一款软件faceu上线，在faceu的照片中，用户的整个面容可以被改变，夸张地放大双眼，头戴奇怪的帽子，粉嫩的兔耳朵，甚至可以瞬间变成“康康”拥有“猴赛雷”。随着社交网络的传播，像曾经的“脸萌”一样，faceu火爆网络，一些明星也成为了它的用户，比如Angelababy。

曾经，郭列的梦想是，走在地铁里，看到一个人用他的产品，拍拍那人的肩膀，然后骄傲地告诉他：“哥们儿，那个产品是我做的。”时过境迁，他真的在地铁里看到自己的产品，但却没有勇气拍那人的肩膀，只能默默地下车，走掉。

郭列最喜欢的动漫是《海贼王》，主人公路飞决心“做海上最强的男人”，郭列也决心做中国免费APP的第一名，于是“脸萌”诞生了。

叛逆少年的回归

1989年出生的郭列高中时期显得有些叛逆。《海贼王》中的路飞在打败多佛朗明哥之后，即使需要与其他海贼结拜喝酒，也会坚决地拒绝喝酒，原因是自己不想喝。

郭列自言自己也喜欢这种随性的生活方式。高中的教学楼离校门仅仅有500米，但郭列和小伙伴每次放学就是不走校门，从旁边的墙翻出去，觉得“这样子更好玩一点”。

高中时，郭列的成绩不算特别理想，而且和同学打过两次架。第二次打架以后，他的班主任替他道歉，可事情结束以后，郭列默默看到班主任一个人在操场上哭。回忆起当时的心情，郭列说：“我很感动，也很自责，这种道歉不太好，因为不是我道歉，是他道歉。”也正是那个时候，成绩靠后的郭列默默下了决心，要以优异的成绩来报答老师。

于是，为了实现自己的目标，他给自己定了一个计划：考上一个好大学。上高三时，要强的郭列每天早上五点半起床，晚上十二点半睡觉，手机一关就是一整年，成绩也慢慢得到了提升。高考结束后成绩公布，他考上了华中科技大学。

华中科技大学位于武汉市中心，长江岸边。而也正是这个被誉为“中国大学生创业集散地”的大学，改变了郭列。高考的经历给了郭列极大的满足感，最让他沉醉的，是“像《海贼王》一样，有一个目标，然后通过努力，来实现了它。”

我要成为“路飞”

在《海贼王》中，一群人有着对梦想始终如一的追求，始终知道自己想要的是什么。

主人公路飞对自己的实力很有自信，坚定地认为自己能成为海贼王，不为任何人的阻扰而改变梦想。也用着这股自信去鼓励，影响周围人。这种精神影响了郭列大学之后对人生的选择。

初入大学，郭列很迷茫，整天提不起精神来，他说当时的自己“不知道喜欢什么”。曾经有一段时间，郭列一直没有上课，在给他一个好友发送的电子邮件中，郭列写到：“我不打算读自己专业了，上课看不到我，不要太想我。”

那段时间，主修工业设计的郭列在大学“四分之三的课都逃了。”

为了能够找到自己的兴趣和目标，郭列尝试了很多社团以及活动，但始终没有找到自己真正喜欢的东西。直到有一天，在华中科技大学赫赫有名的Enactus协会中，他认识了一个曾参加“挑战杯”创业赛的学长。在这位学长滔滔不绝地讲述自己的创业经历时，郭列“仿佛觉得他身后有佛光”。天生喜欢挑战和冒险的郭列被这种“创业者的风采”深深吸引了，决定也参加创业比赛。为了组建参赛队伍，郭列不遗余力地去“忽悠”同龄人，告诉他们一起来做事。

郭列曾经说：“自己一直追求的是过像海贼王那样的生活，有一群一起奋斗一起玩耍的伙伴组成的团队。而他希望成为路飞一样的角色。”

“找人”的过程很是辛苦。郭列从一个人开始，到处贴传单，到处宣扬，前期的筹备工作持续了整整一年。

十二人的团队建立后，郭列成了终于成了创业团队的“路飞”，他英气勃发地给自己定下了目标，那就是“从100多所学校里面，走到全国总决赛。”经过一年的努力，通过重重考验，郭列的团队成功地闯入了全国总决赛。

但有些遗憾的是，远赴上海参加总决赛的他们最后“被其他学校PK掉了。”，只获得了一个三等奖。想起大学的第一次创业竞赛，郭列坦言：“这个旅程让我觉得创业很好玩，跟团队在一起很开心。”

“哥们儿，那个产品是我做的！”

创业比赛过后，郭列又再一次失去了自己的目标。

竞赛结束以后，之前参赛的团队解散了，曾经一起奋斗的伙伴该找工作的找工作，该毕业的毕业。郭列说：“创业比赛留下来的东西很虚，赛完了什么都没有了，你没有干一个实事儿，只是参加一个比赛而已。”可也就是在那个时候，他真真正正地给自己定下了一个新的目标：做一款产品，有千万、亿万的人在用！

这个目标也有时会勾起他的幻想：“我希望走在地铁里，看到一个人用我的产品，我会告诉他，‘哥们儿，那个产品是我做的！’”

抱着这样的或许有些“幼稚”的幻想，大学毕业后，郭列走进了腾讯公司的大门。可和他最开始的憧憬不同，腾讯的工作并不是“拿着麦克风跟大家介绍自己的产品”。当时的腾讯有2万人，郭列只是其中之一，作为“一个很多事情都不懂的初学者”，郭列所做的，更多是上级分配给他的事务。

在腾讯任职的这段时间里，心中高远梦想和枯燥现实的落差让郭列无所适从。当时已经工作两年的郭列看《海贼王》，看着看着会哭起来。他有点自嘲地说：“你说小孩子看动画片才会哭，那么大的人还会哭，也真是不好意思。”但他又说：“但每次还是很向往。有一群伙伴做自己热爱的事情，做一些不一样的事。”

2013年，郭列走出了腾讯，并于同年年底创建了“脸萌”。当被问及当初对这款软件的预期是什么的时候，他说：“《海贼王》里面的路飞要做‘海上最强的男人’，我们就想能不能做中国免费APP里的第一，这是我们当时的目标。”

《海贼王》中，路飞遇见了香克斯，这个个风格明确特立独行的海贼，真正的大海贼，大海中公认的强者，对他许下了成为海贼王的誓言，并且聚集了一群忠诚而团结的船员。在17岁的时候，路飞出海航行，经历了各种各样的冒险，成为了一颗自由而无拘无束的超新星，继续在海上远航，实现自己成为海贼王的梦想。

郭列也是如此。

2014年1月，“脸萌”上线。这款可以让用户绘制卡通头像的“萌态”软件从近三十万个APP中脱颖而出，登上了下载量榜首。在三个月的时间内，它创造了位列19个国家的总榜第一，56个国家娱乐版第一的奇迹。“脸萌”一天最高的下量有500万，最高下载用户超过了7000万。

这个有些“幼稚”的幻想成功了。“很喜欢《海贼王》，我觉得里面的生活才是我向往的，于是就决定出来创业了。”这个总是留着毛寸短发，脸部瘦削而棱角分明的华科男说到。

过“海贼王”那样的人生是郭列中学时就向往的生活，从号称“大学生创业集散地”的华中科技大学毕业后，他不甘心只做腾讯两万员工分之一，开发了可以让用户绘制卡通头像的App“脸萌”。2014年6月，“脸萌”一度跃居APP排行榜首位，最火爆的时候，朋友圈被“脸萌”制作的头像刷屏。次年，郭列团队的另一款软件“faceu”上线并走红，Angelababy等一干明星也是发烧友。

青春报 2017年1月6日 第112期 THE SPRING NEWS 文化 D03

人物名片

王子宣，二更视频“更北京”部节目中心导演。主要作品：《我执》、《过得去》、《太鼓心音》、《摘星星的人》、《大鹏：我要把自己捧红》等。

丁丰，二更视频董事长，出品人。原供职于杭州《青年时报》，任副社长，后创建海腾传媒。

图片来源于网络

二更视频，短视频尖子生

□本报记者 雷亚男 韩晓莹 董涵

今年三十三岁的徐洋在一家证券公司上班。今年九月份的时候，他偶然看见朋友圈有人分享了一个短视频：伴随着温和的背景音乐，影片讲述了一个老人几十年来自费坚持保护鸟类的故事。

这条5分30秒的短视频，使得徐洋在数据里浸泡了一天的神经忽而放松了。徐洋点了关注。每晚洗完澡甩掉所有麻烦事后，他就钻进温暖的被窝点开二更视频推送的微纪录片，身体也随之慢慢放松。

徐洋喜欢拉着七岁的女儿跟他一起看。原来女儿欣欣总喜欢捧着ipad玩快刀切水果或者神庙逃亡，每当徐洋看到欣欣手指在ipad上重复地划着同一个动作时，总是心疼女儿浪费的时间。

“孩子正处在适合学习的阶段，总玩那些无聊的游戏还不如跟我一起看这些短视频，开阔开阔眼界。”

视频中有很多欣欣不懂的地方，徐洋总是耐心地一一解释：学知识倒是次要的，帮孩子形成正确的价值观才是第一，二更视频所传递的价值观让徐洋很放心。

如果用两个字形容二更视频的话，徐洋觉得应该是“温暖”。那如果用一个字形容呢？“美。”

顺着风向转身

王子宣第一次看到二更视频推送的短视频时，脑中飘出的字和徐洋一样。

王子宣是二更视频北京部的导演，2016年加入二更视频。此前，他在一家纪录片公司做了六七年编导，拍摄动物或风光，制作类似cctv-9播出的传统纪录片。

这种制作公司运转有三种形式。一是制作公司制好栏目再把栏目卖给电视台；二是电视台提供资金，制作公司为电视台做项目；三是制作公司自己做选题卖给国外，目的是将中国的纪录片输出到国外。

可无论是哪一种运转形式都离不开经营，离不开广告上的营收。在旧的媒体环境下，制作公司发展得还很好，可慢慢地，随着爱奇艺、优酷等视频网站移动端的发展，传统制作公司的劣势便渐渐显现——无法在新兴的视频网站移动端大放光彩，更没办法在现今的媒体环境下完成转型。

在没有足够的广告营收支撑的情况下，传统制作公司的项目便一点点萎缩。

已经离开传统制作公司的王子宣回过头，发现以前的公司仍是按照老路子走，僵滞在旧的思维里。没有国家拨款相助，也没有足够的广告收益，原来四五百人的制作公司现如今只有几十人。传统制作公司无法转型，王子宣就选了一个能转型的路。

现二更视频董事长丁丰曾组建海腾传媒，这亦是一个以传统电视节目为主的传媒公司。在新媒体浪潮的冲击下，如果公司依然沿用旧的形式便很难在市场站稳脚跟。

在媒体行业摸爬滚打几十年的丁丰很快意识到，扑面而来的不仅仅是危险，还有机遇，正如他曾说的“转型成了唯一的出路。”

2014年7月，海腾传媒开始顺着新媒体的浪潮推出一个视频自媒体项目，这个自媒体项目慢慢发展逐成为如今的二更视频。丁丰认为未来五到十年都是短视频黄金时期，所以他也就顺着这次浪潮放下一条船，期待着能“乘风破浪”。然而，并不是所有人都认为这条船能行得又快又稳。

执导过《克拉玛依》和《道路》的纪录片导演徐辛并不看好这种形式。他认为，微电影还和微纪录片都是伪概念，“恐怕只有中国人有这个概念”。

短视频是2013年才开始发展崛起的新的事物，无论是短视频还是“微纪录片”恐怕谁也无法看清他的真正完整的形态，“短视频是一个新东西，不是一个定型的模式，大家都在探求，哪个公司能够做成功，把它做好，那说明它最终就是这个样子。”王子宣则认为不到最后谁也无法看清短视频的庐山真面目。

每一次都不简单

无论媒体行业内大家对“短视频”这一新兴事物的看法差异有多大，目前看来丁丰打的赌都没有亏损的趋势。从八月到十一月秒拍视频发布的热门原创短视频原创内容榜来看，无论其他视频大V（一条视频、papi酱、王尼玛等）的排名如何变动，二更视频总是稳稳地坐在第一名。

周雯是一名资深秒拍用户，目前在扬州大学读大三的她喜欢拍一些生活中的场景上传到秒拍，粉丝也慢慢地涨到一千多。她很关心粉丝的数量，每涨一个粉丝她总要咧开嘴笑老半天。

混迹于秒拍江湖的周雯自然也听说过“江湖的龙头”——二更视频。

周雯不喜欢像其他用户一样在自己的视频中露脸，只是喜欢分享自己生活周围值得分享的事物，这点倒和二更视频有点相像，周雯也说自己会在构图方面“借鉴学习”二更视频。如果说周雯拍摄自己生活状态是因为自己喜欢，那拍摄二更视频就不仅仅是个人兴趣这个简单的原因了。

一个视频的完成从前期选题策划到后期剪辑，都需要导演贡献大部分的力量。每一个微纪录片的主要人物都需要谨慎选择，足够了解，确定这个人有拍摄的价值，才能做出决定。

选题确定之后，一个编导带着两到三个摄像跟踪采访拍摄两到三天，最终剪辑也要导演亲自操刀剪出自己想要的效果。每制作一个短视频都会遇到新的困难，有时候是嘉宾不配合，有时候是没办法在五分钟之内讲述一个完整的故事。

王子宣帮“更北京”做过不少微纪录片，平常拍摄一个微纪录片只需要三到四人，导演加上两到三个摄像，拍摄梁文道的那次的团队有十多个人。

王子宣初见梁文道时，梁文道问了一个较真的问题：“为什么拍我？”王子宣老老实实回答说：“我们更北京要做一个文化名人系列，包括马可，老六，杨葵，您也在我们名单里面。”

梁文道最终虽然同意拍摄，可是他给王子宣的时间却不多。拍摄的时间和场景都被狠狠压缩，最终只能拍摄梁文道在路上读书和工作的场景。

其实早在见梁文道之前，王子宣在这个选题上思考了很长一段时间。梁文道小时候生活在台湾，后来住在香港，去过世界上很多个城市，现在生活在北京，他对北京这个城市有着怎样的看法呢？而最终梁文道一句话就否定了他的思路。

“我不喜欢北京。”王子宣只好将拍摄的切入点放在了梁文道和“一千零一夜”关系上。

场景的稀缺加上主题的随意，使得梁文道的微纪录片难免寡淡了些，不似采访杨葵的纪录片的内容那样丰富。

杨葵愿意配合王子宣的采访，他愿意带着拍摄团队去他小时候生活的地方，喜欢读书、喜欢写字、逛琉璃厂，就带着摄像团队去现场——指认。

当时摄像团队还跟着去了杨葵策展的吴大羽的画展，拉着阿乙、欧阳江河做了外围采访，这次短视频的画面就丰富了很多。

不讲物，只谈情

有些在一条视频工作的人会说，二更视频是模范一条视频。直到现在很多受众都分不清一条视频和二更视频，认为两者都是微纪录片，没有区别。王子宣不同意这种看法。

在他看来，二更视频目前的拍摄方法仍是遵从传统的纪录片的拍摄方法，公司的拍摄指导也是纪录片《功夫少林》的导演肖崴。从选题的策划到脚本的创立，再到拍摄和剪辑上的处理方法，在结构上都和传统的纪录片大同小异。一般纪录片都会在片子的前三分钟制造一个悬念，二更视频的微纪录片也会将精华和观点放在片子的前三十秒。“比如梁文道那个，比较长，他在前四十五秒说了三段话，一，能展示出人物的性格，二是他个人的观点三制造悬念，让观众产生疑问：这个人怎么喜欢在大街上看书？”和二更视频比起来，一条视频更像是一篇说明文。

“比如说一个房子装修，一条的思路就是这个房子从哪儿进去，一转是个走廊，走廊尽头有个台阶，台阶上去有个洗手间，洗手间里面是什么，他就是镜头向里面推进，给你讲你看到的东西。”

一条视频更注重的是“物”，二更视频更想要讲出“人的故事和情感”。

从纪录片制作公司转行到微纪录片，王子宣明显感觉到两者的不同，相较于以前做的纪录片，他感觉微纪录片还要难做一点。因为要在短短五分钟之内讲一个完整的故事。

一个人物身上可能有很多点可以讲的东西，纪录片可以讲五点，但是微纪录片只能选择一个具体讲述。导演选一个最想拍的点，把一点讲清楚，最后能表达一个主题。秘诀就是一个人讲一件事情表达一种感情，最后有一个升华。“这是我们公司创作短片时找到的一个规律。这说起来简单，但是每个人都是不一样的，情况是不一样的，哪个人要挖哪个点，由你选择，靠你自己来呈现。”

由于微纪录片的拍摄时间只有两三天，很仓促，不像纪录片那样可以追踪几个月甚至半年。导演难免要在场景上做一些设计，通常为了一个人爱运动的那一面，导演安排一个他去游泳的场景；为了展现厨师对食材有自己独特的选择标准，导演会安排一个厨师去买菜的场景，以此使画面看起来更丰富。

这就在某种程度上违背了纪录片特有的纪实性，正如导演徐辛所说“微纪录片就是一个伪概念。”然而微纪录片未来的样子恐怕未来人能说清。

二更视频“更北京”部节目中心导演王子宣说，二更视频目前的拍摄方法仍遵从传统的纪录片手法，从选题的策划到脚本的创立，再到拍摄、剪辑、结构都和传统的纪录片大同小异。“一条”更注重“物”，而“二更”更想讲出人的故事和情感。

C02/03 记者节专稿 2013年11月20日

特稿的特式写作

南香红 特稿路

其实西方媒体很羡慕我们

特稿是什么？

我是记者，从未离开

从"跨记者"到研究者

特稿之眼：在平凡中发现神奇

特稿之功：为一滴水，你要了解整个长江

C02/03 冰点新闻人 2012年11月23日

触摸冰点

冰点团队讲"有温度的故事"

从玉华："灰色新闻"的故事

赵涵漠：写的是死人和悲剧

付雁南：从校媒到冰点

徐百柯：不要傲慢，不要匍匐

林衍：关注非事件性新闻

"冰点"和《南方周末》特稿部，中国式特稿最早的开创者和践行者，有些高度后人再难有机会超越。

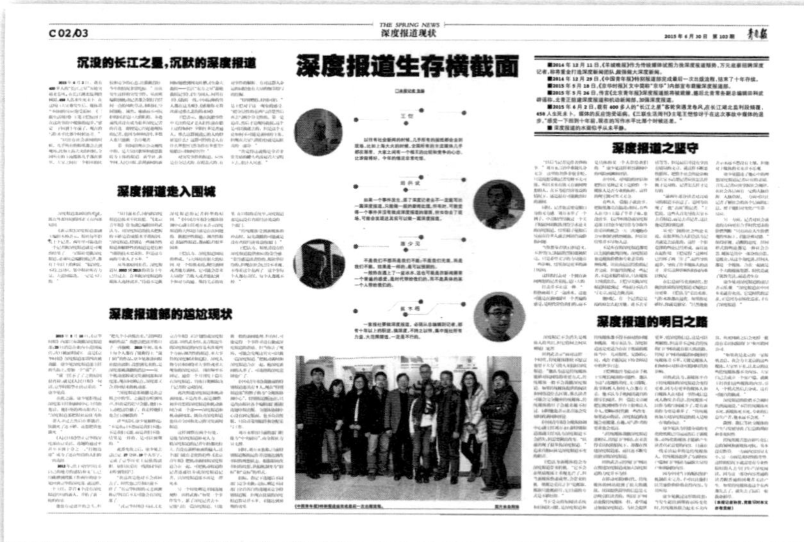

C02/03

THE SPRING NEWS

深度报道现状

沉没的长江之星，沉默的深度报道

深度报道生存横截面

深度报道走入围城

深度报道部的尴尬现状

深度报道之坚守

深度报道的明日之路

C02/03

THE SPRING NEWS

网盘关停

网盘的痛点和未来

政府部门严格执法

用户声音

网盘未来尚可期待

网盘企业盈利困难

大环境逼仄、不能带来直接的经济效益以及从业者缺乏职业荣誉感等因素使深度报道部成为一些传统媒体在内忧外患中自我了断的开端，其结果无异于饮鸩止渴。在内外交困中倒下的还有一批网盘，2016 年的一次“扫黄打非”运动为它们的生命划上休止符，对一些公司来说，原本顾及用户体验而勉力支撑的赔本买卖，终于可以借机堂皇撤退。百度网盘和坚果云等，或因财力雄厚，或因经营得法，岁寒而后凋。无论如何，模式失败不等于市场消失，个人存储、企业存储及移动存储的需求只会增加不会衰减。

C02/03 自媒体时代

东方早报 纸媒不死 主动出击

微信公号崛起 传媒格局演变：

传统媒体 vs 自媒体

PK

霍什：微信自媒体带来的技术赋权

南都都市报 南都感光度：愿反晴纸媒

中国青年报 两会新媒体报道战

谈纸媒：拐点就要到了

拒纸微信传播十强

杂志移动传播十强（全平台）

C02/03 自媒体生态

自媒体生态微观：各平台如何玩转？

徐达内：数据可视化 新媒体界的榜布斯

袁国宝：新媒体联盟 打造航母矩阵

卢松松：独立博客更要重运营

传统媒体的沦陷最釜底抽薪的是内容载体的废弃和商业模式的崩溃。无论是徐达内的“新媒体排行榜”还是袁国宝的“自媒体联盟”，其显要的价值之一都是为广告主提供新媒体平台和通道及投放导引。内容为王，渠道亦为王，不完成这两方面的转向，传统媒体转型皆是空谈。

附录：受访媒体人不完全名单

（依采访时间顺序排列，人物身份为受访时身份）

※ 胡舒立（林哲、王妍：《公众知情权何以产生》2002 年 1 月 5 日第 10 期第 1 版；杜悦：《中国证券界的“女守护神”》，2002 年 1 月 5 日第 10 期第 7 版）

※《新闻调查》编导张天贺（敖虹：《南丹矿难：记者的乌鸦嘴》，2002 年 1 月 5 日第 10 期第 2 版）

※ 央视新闻 30 分制片人王铁钢（唐思：《点击月饼陈馅事件》，2002 年 1 月 5 日第 10 期第 7 版）

※ 《中国青年报》记者贺延光（和玲、周凤珍：《真实的镜头，悲悯的心》，2003 年 12 月 31 日第 18 期第 8 版；范雪娇：《我拍下了 < 小平您好 >》，2007 年 12 月 8 日第 38 期第 7 版）

※ 央视《新闻调查》记者柴静（纪蓓：《柴静 VS 才情》，2003 年 12 月 31 日第 18 期第 8 版）

※《瞭望东方周刊》记者林楚方（朱秋艳：《揭穿“送子”神话的勇士》，2005 年 3 月 22 日第 22 期第 2 版）

※ 央视《每周质量报道》记者李文学（王丹黎：《< 每周质量报道 > 在艰难中前行》，2005 年 3 月 22 日第 22 期第 3 版）

※《南方都市报》评论部首席编辑何雪峰（梁嘉琳：《做有准备的人，打有准备的仗》，2007 年 3 月 24 日第 32 期第 2 版）

※ 北京电视台记者李媛媛（程东昕、范雪娇：《李媛媛：铿锵玫瑰 勇敢绽放》，2007 年 3 月 24 日第 32 期第 2 版）

※ 中国青年报记者刘万永（孙珊、杨雪娇：《社会亟需开门人》，2007 年 3 月 24 日第 32 期第 2 版；孙珊、武静宇、陈璇、祁永芳：《有一种记者叫刘万永》，2007 年 12 月 8 日第 39 期第 4 版；胡佳音、石晨钊、卫诗婕：《刘万永：面对理想 忠于现实》，2014 年 6 月 27 日第 96 期 B01 版）

※ 韩国《来日新闻》社长张明国（武静宇、范雪娇：《“用不完美的人生挑战最难的行业”》，2007 年 10 月 17 日第 37 期第 4 版）

※《瞭望东方周刊》记者王争（杨雪娇：《进入新华社的“战争”》，2007 年 10 月 17 日第 37 期第 4 版）

※《凤凰周刊》记者欧阳斌（武静宇、段维娟：《“我做了件有意义的事”》，2007 年 12 月 8 日第 38 期第 3 版）

※ 央视记者何盈（白强、杨敏瑞：《从央视到母校，从师姐到老师》，2007 年 12 月 8 日第 38 期第 3 版）

※《费城问询报》记者、普利策奖得主 Michael Vitez（杨雪娇、范雪娇、林丽霞、耿倩倩：《“用故事去吸引读者”》，2007 年 12 月 8 日第 38 期第 7 版）

※ 纪录片导演李京红（姜陆洋、张典、张雪莹：《李京红：我只想做有深度的纪录片》，2007 年 10 月 17 日第 39 期第 3 版）

※《南方周末》评论版主笔笑蜀（梁嘉琳、杨敏瑞、黄锐：《“人要活得有尊严”》，2007 年 12 月 8 日第 39 期第 5 版）

※《新生代调查》记者谢文轩（彭晓珊、冯静：《“蚁力神”大厦倒在他笔下》，2007 年 12 月 8 日第 39 期第 5 版）

※《焦点访谈》记者李雪溦（史小静、曹莹、陈石秀：《宁愿世上皆无病，哪怕架上药生尘》，2007 年 10 月 25 日第 39 期第 6 版）

※ 新华社河南分社记者李钧德（高赛莎、耿倩倩、李奕轩：《风险越大，成就感越强》，2007 年 10 月 25 日第 39 期第 6 版）

※《瞭望东方周刊》记者朱国栋（周承颖、付金玲、张佩沛：《闯荡江湖的“小鱼儿”》，2008 年 1 月 8 日第 39 期第 6 版）

※ 新疆电视台记者卢玉涛（滕一飞、张辰姿：《舆论监督，渐行渐远》，2008 年 1 月 8 日第 39 期第 6 版）

※《凤凰周刊》陈磊（段维娟、陈婉玲：《媒体应该永远是在野党》，2008 年 1 月 8 日第 39 期第 6 版）

※ 新浪网记者马骧（梁嘉琳、郑晓艳：《新浪网的“大孩子”》，2008 年 1 月 8 日第 39 期第 8 版）

※《中国青年报》记者黄少华（陈石秀、彭晓珊：《从 < 青春报 > 到 < 中国青年报 >》，2008 年 1 月 8 日第 39 期第 8 版）

※ 美国《新闻周刊》驻华记者安思乔（朱书缘：《安思乔：爱国

热忱无可厚非》，2008 年 5 月 29 日第 42 期第 3 版）

※《南方周末》记者张悦（蒋梦恬：《张悦：我没有找到一个真正勇敢的青年》，2008 年 5 月 29 日第 42 期第 3 版）

※《南方周末》记者傅剑峰（蒋梦恬：《傅剑峰：这是一次狂欢的抗议》，2008 年 5 月 29 日第 42 期第 3 版）

※ 香港《文汇报》记者彭凯雷（冯静、张庆华：《一个爱写诗的总编》，2008 年 5 月 29 日第 42 期第 6 版）

※ 美国之音驻北京分社社长（梁嘉琳、张丽萍：《西藏问题的症结是不了解对方》，2008 年 7 月 3 日第 43 期第 6 版）

※《法制晚报》记者陈昆（张庆华《陈昆：背四岁男孩走出映秀镇》，2008 年 7 月 3 日第 43 期第 7 版）

※ 纪录片摄像文先军（王莹：《知识分子不应忘却九亿农民》，2008 年 10 月 6 日第 46 期第 7 版）

※ VOA 总台台长 Dan Austin（梁嘉琳、徐金华：《“没有法治，一切皆空”》，2008 年 11 月 5 日第 48 期第 6 版）

※ 调查记者王克勤（梁嘉琳、张丽萍：《“记者代表良知与常识”》，2008 年 11 月 5 日第 48 期第 6 版）

※ 新华社记者朱玉（曾晓玲、周承颖：《在那里，我感觉废墟都会呼吸》，2008 年 11 月 5 日第 48 期第 7 版；刘雅、徐笺寒、唐敏：《朱玉：我是干活儿出身的人》，2009 年 11 月 2 日第 58 期 A7 版；诸葛亚寒、沈蓓瑜：《朱玉：其实，活着就是幸福》，2011 年 11 月 8 日第 72 期 B02 版）

※《法制晚报》记者王楠（张萌、覃洁：《新闻不能只是鸡毛蒜皮》，2008 年 11 月 5 日第 48 期第 7 版）

※ 蒋方舟（刘纳宇：《蒋方舟：我要从 9 岁写到 99 岁》，2008 年 11 月 19 日第 49 期第 6 版；胡佳音：《蒋方舟：不做天才》，2014 年 4 月 13 日《青春报》微信公号；叶欣愉、赵雅敏、刘欢畅、王婷：《对话蒋方舟：跟时代保持一点距离》，2016 年 12 月 3 日《青春报》微信公号）

※ 凤凰卫视记者闾丘露薇（梁嘉琳、刘莹：《“新闻人要辩证地看问题”》，2008 年 12 月 3 日第 50 期第 A7 版）

※《新京报》“书评周刊”主编萧三郎（刘莹、张雪莹：《书评人评读书》，2009 年 4 月 8 日第 53 期第 7 版）

※《北京晨报》摄影记者郭铁流（张佩沛、刘飘逸：《郭铁流：敏感就容易受伤》《没有什么故事高于生活高于人》2009 年 4 月 30 日第 54 期第 6、7 版）

※《南方都市报》记者庞皎明（贺嘉钰、赵梦远：《以新闻促宪政》，2009 年 10 月 14 日第 56 期 A7 版）

※ 纪录片导演李京红（西娜、杨柳：《李京红：从千万富翁到纪录片导演》《稀有物种 很爷们的爷们》，2009 年 10 月 14 日第 56 期 B1、B2 版）

※ 新华社记者王军（卢雪纯、贺嘉钰：《王军的城市记忆》，2009 年 11 月 23 日第 59 期 B3 版）

※ 腾讯网深度频道主编唐毅（贺嘉钰、张洁琳：《他们的经历，历史应当记忆》，2010 年 4 月 19 日第 61 期第 7 版）

※《中国青年报》记者刘畅（刘素宏、陈奕勤：《刘畅：仗剑天涯国是家》，2010 年 5 月 27 日第 62 期 A4 版）

※《炎黄春秋》副社长杨继绳（陈奕勤、程涛：《杨继绳：我们要当先驱，但不必当先烈》，2010 年 12 月 10 日第 65 期 A04、A05 版）

※ 加藤嘉一（陈奕勤、刘君萍：《加藤嘉一：中国的当事者和旁观者》，2011 年 4 月 19 日第 68 期头版）

※《南方周末》记者夏榆（诸葛亚寒：《夏榆：苦难之后剩下的全是幸福》，2011 年 11 月 8 日第 72 期 B01 版；龚忆宇：《夏榆：黑暗的经历者和书写者》，2013 年 11 月 20 日第 91 期 A04 版）

※《中国青年报》“冰点”记者赵涵漠（高阳：《赵涵漠：我并不在温州》，2011 年 11 月 8 日第 72 期 B04 版；贺佳雯：《赵涵漠：写的是死人和悲剧》，2012 年 11 月 23 日第 82 期 C03 版）

※《纽约时报》评论员安替（诸葛亚寒、沈蓓瑜：《安替：在专业之外学新闻》，2011 年 11 月 8 日第 72 期 B02 版）

※《中国日报》副总编田英（陈佳邑、高阳：《田英：为了采访，豁出去了》，2011 年 11 月 8 日第 72 期 B03 版）

※《南方都市报》记者龙志（高阳:《龙志: 只有现场能给我们真相》，2011 年 11 月 8 日第 72 期 B03 版; 孙贺:《龙志: 做新闻会上瘾》2014 年 6 月 27 日第 96 期 C02/03 版）

※ 美联社记者 Tini Tran(来梦京、孙航：《美联社记者讲英文新闻写作》《Tini Tran: 其实我不是一个战地记者》2011 年 11 月 30 日第 73 期 A03 版)

※《炎黄春秋》副社长吴思 (田群、范璐瑶：《对话吴思：血酬史观下的中国》，2012 年 1 月 1 日第 74 期 A06、07 版)

※ 台湾纪录片导演张钊维（滕青云：《纪录片是安乐茶饭 剧情片是鱼肉爆炒》，2012 年 6 月 8 日第 78 期 D04 版）

※《舌尖上的中国》策划人刘建钢（贺佳雯：《舌尖上的纪录片》，2012 年 11 月 23 日第 82 期 C01 版）

※《中国青年报》“冰点”记者从玉华（贺佳雯：《从玉华：“灰色新闻”的故事》，2012 年 11 月 23 日第 82 期 C02 版）

※《中国青年报》“冰点”记者付雁南（贺佳雯：《付雁南：从校媒到冰点》，2012 年 11 月 23 日第 82 期 C02 版）

※《中国青年报》“冰点”记者徐百柯（贺佳雯：《徐百柯：不要傲慢，不要匍匐》，2012 年 11 月 23 日第 82 期 C03 版）

※《中国青年报》“冰点”记者林衍（贺佳雯：《林衍：关注非事件性新闻》，2012 年 11 月 23 日第 82 期 C03 版）

※《三联生活周刊》主笔李菁（滕青云：《“当记者有时就像侦探一样”》，2012 年 11 月 23 日第 82 期 D04 版）

※《人物》主编李海鹏（施燕玲、翁佳妍：《李海鹏：我愿以作家的名分死去》，2012 年 12 月 23 日第 83 期 A04 版; 熊梓屹、翁佳妍、张晓秋、王舒里:《人物杂志变脸记: 编辑部的故事》，2013 年 5 月 23 日第 87 期头版）

※《新京报》记者田乾峰（丛琳、施燕玲：《田乾峰：十年，归零，再出发》，2013 年 3 月 25 日第 84 期 A04 版）

※ 普利策奖得主彼得 · 阿内特（毛晨钰：《46 年，一位记者的枪口逃生》，2013 年 3 月 25 日第 84 期 D02/03 版）

※ 纪录片导演徐童（徐瑞君：《中国独立纪录片：时光雕刻出生命的质地》，2013 年 4 月 10 日第 85 期 D04 版）

※《南方都市报》记者柏小莲（翁佳妍：《媒体圈里的红与黑》，2013 年 4 月 30 日第 86 期头版）

※《经济观察报》调查记者冯军（翁佳妍：《媒体圈里的红与黑》，2013 年 4 月 30 日第 86 期 3 版）

※《南方周末》记者刘长（李欣丽、曾雨艾：《成功不必在我，功力必不唐捐》，2013 年 4 月 30 日第 86 期 C02/03 版；卫诗婕、张芷君、孙贺：《圈里有个“湘奸队”湖南籍调查记者自述》，2014 年 5 月 21 日第 95 期 C02/03 版）

※ 非虚构作者张彤禾（龚忆宇：《< 打工女孩 >：从乡村到城市的变动中国》，2013 年 4 月 30 日第 86 期 C04 版）

※《人物》记者张卓（熊梓屹、翁佳妍、张晓秋、王舒里：《< 人物 > 杂志变脸记》，2013 年 5 月 23 日第 87 期头版）

※《人物》副主编林天宏（滕青云：《林天宏：做记者就没感到有力过》，2013 年 5 月 23 日第 87 期 A04 版）

※ 调查记者罗昌平（方璐：《读二三十年书 写六七十年稿》，2013 年 5 月 23 日第 87 期 C02/03 版）

※ 摄影师李振盛（贺佩苇：《记录时间的创伤》，2013 年 10 月 9 日第 90 期 D04 版）

※ 特稿写手林珊珊（卫诗婕：《< 少年杀母事件 > 作者林珊珊：不能辜负我的幸运》，2013 年 11 月 20 日第 91 期 C04 版；师晓炜：《< 时尚先生 > 专题总监林珊珊：与黑帮教父谈心》，2016 年 5 月 30 日青春报微信公号）

※ 特稿记者南香红（卫诗婕：《南香红 特稿路》，2013 年 11 月 20 日第 91 期 C02/03 版）

※《凤凰卫视》记者周庆元（龚忆宇、张艺歌、徐心瑶：《我看见的和想到的 我做了的和没做的》，2014 年 4 月 8 日第 94 期头版）

※ 财新传媒记者秦旭东（龚忆宇、张艺歌、徐心瑶：《我看见的和想到的 我做了的和没做的》，2014 年 4 月 8 日第 94 期头版）

※《凤凰卫视》资讯中心记者叶宇婷（龚忆宇、张艺歌、徐心瑶：《我看见的和想到的 我做了的和没做的》，2014 年 4 月 8 日第 94 期头版）

※ 北京交通广播电台记者杨帆（龚忆宇、张艺歌、徐心瑶：《我看见的和想到的 我做了的和没做的》，2014 年 4 月 8 日第 94 期头版）

※《南方周末》柴会群（朱星宇：《柴会群：我是只宁鸣而死不默而生的乌鸦》，2014 年 4 月 8 日第 94 期 A04 版）

※ 搜狐 IT 频道主编潘越飞（罗志宇、李昕、刘冬丽：《自媒体大牛教你：微信公号咋营销》，2014 年 4 月 8 日第 94 期 A06 版）

※ 纪录片导演、学者王竞（袁路遥：《王竞：纪录片与故事片并非泾渭分明》，2014 年 4 月 8 日第 94 期 D02 版）

※ 微信公号“世相”创始人张伟（贺佩苇、李婷婷、高庆悦：《俗世有何欢乐，任我逃向诗意》，2014 年 4 月 8 日第 94 期 D04 版；石书蕴：《对话张伟：世相被封是一件很失败的事》，2015 年 10 月 12 日）

※《瞭望东方周刊》记者周范才（卫诗婕、张芷君、孙贺：《圈里有个“湘奸队”：湖南籍调查记者自述》，2014 年 5 月 21 日第 95 期 C02/03 版）

※《财经》记者欧阳洪亮（卫诗婕、张芷君、孙贺：《圈里有个“湘奸队”：湖南籍调查记者自述》，2014 年 5 月 21 日第 95 期 C02/03 版）

※《工人日报》石述思（张隽、李欣丽：《以“屌丝”之名，调侃这世界》，2014 年 5 月 21 日第 95 期 D01 版）

※ “ONE · 一个” 执行编辑小饭（李婷婷、贺佩苇：《现实满脸凶相“一个”道声晚安》，2014 年 5 月 21 日第 95 期 D04 版）

※ 央视主持人柴璐（吕蕊：《柴璐：新闻是我感受世界的最好方式》，2014 年 6 月 27 日第 96 期 A04 版）

※《中国青年报》记者叶铁桥（孙贺：《叶铁桥：做新闻能获得自由》，2014 年 6 月 27 日第 96 期 C02/03 版；申森、严莉：《专访刺猬公社：全景式报道新闻》，2015 年 6 月 9 日青春报微信公号）

※ 豆瓣网创始人杨勃（李婷婷：《豆瓣十年 当世界由方成圆》，2014 年 10 月 8 日第 98 期 D04 版）

※《凤凰周刊》编辑部主任路琰（刘思维：《路琰：理想的另一面》2014 年 11 月 8 日第 99 期 A04 版）

※《时尚先生》副主编杨潇（卫诗婕：《杨潇：故事之中自有宇宙》2015 年 1 月 1 日第 100 期 A04 版）

※ 科技测评网站 ZEALER 创始人王自如（卢禹弛：《王自如：天生受虐型创业者》，2015 年 1 月 1 日第 100 期 A06 版）

※ 美国非虚构作者何伟（李欣丽：《何伟：我是观察者 也是参与者》，2015 年 1 月 1 日第 100 期 A07 版）

※ “新媒体排行榜”创始人徐达内（蒲铮铮、王晓晗：《徐达内：数据可视化，新媒体界的福布斯》，2015 年 4 月 10 日第 101 期 C02/03 版）

※ “新媒体联盟发起人”袁国宝（蒲铮铮：《袁国宝：新媒体联盟 打造航母矩阵》，2015 年 4 月 10 日第 101 期 C02/03 版）

※ 独立博客博主卢松松（张赫：《独立博客更看重运营》，2015 年 4 月 10 日第 101 期 C02/03 版）

※ 果壳网主编徐来（苏行、詹方歌：《果壳网 赛先生常与人性为敌》，2015 年 4 月 10 日第 101 期 D03）

※《京华时报》前深度部主任康少见（黄熳鋆：《京华人说京华深度部裁撤》，2015 年 6 月 30 日第 103 期 C01 版）

※《新京报》深度报道部副主编崔木杨（张赫：《深度报道生存横截面》，2015 年 6 月 30 日第 103 期 C02/03 版）

※《三联生活周刊》主笔王恺（张赫：《深度报道生存横截面》，2015 年 6 月 30 日第 103 期 C02/03 版）

※《北京青年报》副总编田科武（张赫：《深度报道生存横截面》，2015年6月30日第103期C02/03版）

※《彭博商业周刊》编辑张晨（杨宝光：《张晨：一次跨越9年的道歉》，2015年11月8日第105期B01版）

※央视前主持人董浩（袁泽昊、贺千雪、师晓炜：《多面体董浩》，2016年5月1日第107期B01版）

※北京卫视主持人卢文龙（莫名湘：《主持人阿龙：新时代北京"纨绔"》，2016年6月30日第109期A04版）

※"脸萌"App创始人郭列（秦瑞杰、成小婉：《郭列：我是尧成为海贼王的男人》，2016年8月24日第110期B03版）

※纪录片《人间世》首席编导秦博（莫名湘：《秦博：<人间世>背后的蹲守者》，2016年11月26日第111期A04版）

※二更视频董事长丁丰（雷亚男、韩晓莹、董涵：《二更视频，短视频尖子生》，2017年1月6日第112期D03版）

※二更视频"更北京"部导演王子宣（雷亚男、韩晓莹、董涵：《二更视频，短视频尖子生》，2017年1月6日第112期D03版）

※非虚构写手夏龙龙（师晓炜：《一只写非虚构的毛毛虫》，2017年4月20日第113期B02版）

※特稿写手杜强（陈珏玲、雷亚男、郑力、董涵、韩晓莹、赵丹枫、卢盈怡、张启明：《特稿改编电影：真实自有万钧之力》，2017年4月20日第113版C01版）

※"真实故事计划"创始人雷磊（陈珏玲、雷亚男、郑力、董涵、韩晓莹、赵丹枫、卢盈怡、张启明：《特稿改编电影：真实自有万钧之力》，2017年4月20日第113版C01版）

※卓伟（曾雨艾：《对话卓伟：脓包扎破了，也许坏事变好事》，2014年4月3日《青春报》微信公号）

※《南方周末》记者袁蕾（刘蕴馨：《袁蕾：我们让导演负载了太多任务》，2014年6月9日《青春报》微信公号）

※公益人邓飞（孙贺：《邓飞：哥在做未来》，2014年9月10日《青春报》微信公号）

※GQ记者何瑫（朱星宇：《看GQ何滔如何在采访中破冰》，2014年11月25日《青春报》微信公号）

※微信公众号"好报"创始人吴阿仑（朱星宇：《阅读量500万+的微信推送是如何诞生的？》，2014年12月9日《青春报》微信公号）

※《新京报》记者刘刚（朱星宇：《连线高手刘刚》，2014年12月23日《青春报》微信公号）

※《南方人物周刊》记者吴虹飞（禤智君：《吴虹飞：不想当摇滚主唱的记者不是好作家》，2015年3月10日《青春报》微信公号）

※摄影家晋永权（王佳鑫：《晋永权：揭摆拍者"老底儿"》，2015年3月24日《青春报》微信公号）

※腾讯文化中心总监张英（颜颖：《张英：我和南方周末互相成全》，2015年3月31日《青春报》微信公号）

※《中国青年报》记者张鹏（杨宝光：《突发性灾难新闻是这样写成的》，2015年5月5日《青春报》微信公号）

※财新网记者郭现中（张琬茜、苏行、张赫：《当你隔着屏幕和报纸感伤，我一直在现场》，2015年11月8日《青春报》微信公号）

※《新京报》记者孔晓琦（张琬茜、苏行、张赫：《当你隔着屏幕和报纸感伤，我一直在现场》，2015年11月8日《青春报》微信公号）

※《长江日报》摄影记者陈卓（张琬茜、苏行、张赫：《当你隔着屏幕和报纸感伤，我一直在现场》，2015年11月8日《青春报》微信公号）

※《南方都市报》记者吴雪峰（张琬茜、苏行、张赫：《当你隔着屏幕和报纸感伤，我一直在现场》，2015年11月8日《青春报》微信公号）

※《新京报》摄影记者尹亚飞（张琬茜、苏行、张赫：《当你隔着屏幕和报纸感伤，我一直在现场》，2015年11月8日《青

春报》微信公号）

※《新京报》记者林斐然（张琬茜、苏行、张赫：《当你隔着屏幕和报纸感伤，我一直在现场》，2015 年 11 月 8 日《青春报》微信公号）

※《新京报》记者杨锋、张琬茜、苏行、张赫：《当你隔着屏幕和报纸感伤，我一直在现场》，2015 年 11 月 8 日《青春报》微信公号）

※《新京报》记者谷岳飞（张琬茜、苏行、张赫：《当你隔着屏幕和报纸感伤，我一直在现场》，2015 年 11 月 8 日《青春报》微信公号）

※《新京报》动新闻视频统筹朱自洁（张琬茜、苏行：《今天，我们和十位记者聊聊新闻理想》，2014 年 11 月 8 日《青春报》微信公号）

※《新京报》记者罗婷（范棋敏：《我的第一个记者节》，2015 年 11 月 9 日《青春报》微信公号）

※《新京报》记者韩雪枫（范棋敏：《我的第一个记者节》，2015 年 11 月 9 日《青春报》微信公号）

※《Vista 看天下》记者王文雅（范棋敏：《我的第一个记者节》，2015 年 11 月 9 日《青春报》微信公号）

※《中国青年报》记者王林（范棋敏：《我的第一个记者节》，2015 年 11 月 9 日《青春报》微信公号）

※ 微信公号“严肃八卦”创始人萝贝贝（申森、张慧钰：《萝贝贝：我希望严肃八卦是个真诚的东西》，2014 年 11 月 18 日《青春报》微信公号）

※ 非虚构写作者关军（范棋敏、范小池、詹方歌、杨怿、张琬茜：《卢跃刚、包丽敏、林天宏、张伟谈“冰点”故事》，2015 年 11 月 29 日《青春报》微信公号）

※ 非虚构写作者卢跃刚（范棋敏、范小池、詹方歌、杨怿、张琬茜：《卢跃刚、包丽敏、林天宏、张伟谈“冰点”故事》，2015 年 11 月 29 日《青春报》微信公号）

※《中国青年报》“冰点”记者包丽敏（范棋敏、范小池、詹方歌、杨怿、张琬茜：《卢跃刚、包丽敏、林天宏、张伟谈冰点故事》，2015 年 11 月 29 日《青春报》微信公号）

※ 微信公号“每日人物”执行主编周欣宇（范棋敏、范小池、詹方歌、杨怿、张琬茜：《卢跃刚、包丽敏、林天宏、张伟谈冰点故事》，2015 年 11 月 29 日《青春报》微信公号）

※VICE 中国制片、导演 BillyStarman（石书蕴：《我们找 VICE 的 Billy 聊了聊陈冠希》，2015 年 12 月 7 日青春报微信公号）

※《博客天下》原执行主编汪再兴（严莉、王宇航：《对话 < 博客天下 >：6.1 分网红报道，10 万 + 后仍有遗憾》，2016 年 1 月 16 日《青春报》微信公号

※《新京报》记者吴振鹏（师晓炜：《新京报记者如何探访色情小卡片背后的江湖》，2016 年 4 月 12 日《青春报》微信公号）

※《中国新闻周刊》记者万佳欢（叶欣愉、王玥、张绪、王宇航：《万佳欢：如何采访娱乐大咖》，2016 年 4 月 18 日《青春报》微信公号）

※ 微信公号“每日人物”主编张寒（孙静茹、王宇航、史欣怡、江钰莹：《每日人物主编张寒：记者如何突破采访与写作》，2016 年 4 月 25 日《青春报》微信公号）

※《博客天下》主笔谢梦遥（张绪：《< 博客天下 > 主笔谢梦遥：< 相声阿甘 > 背后的惊喜与遗憾》，2016 年 6 月 3 日青春报微信公号；陈展羽：《谢梦遥：特稿江湖的侠客》，2018 年 6 月 21 日《青春报》微信公号）

※ 财新传媒主笔王和岩（李芊雨、郑力、赵雅敏、刘欢畅、叶欣愉：《离开亦坚守，他们还在路上》，2016 年 11 月 8 日《青春报》微信公号）

※《南风窗》主笔李北方（李芊雨、郑力、赵雅敏、刘欢畅、叶欣愉：《离开亦坚守，他们还在路上》，2016 年 11 月 8 日《青春报》微信公号）

※《南方周末》记者褚朝新（李芊雨、郑力、赵雅敏、刘欢畅、叶欣愉：《离开亦坚守，他们还在路上》，2016 年 11 月 8 日《青春报》微信公号）

※ 新浪网副总编石扉客（李芊雨、郑力、赵雅敏、刘欢畅、叶欣愉：《离开亦坚守，他们还在路上》，2016 年 11 月 8 日《青春报》微信公号）

※ 今日头条副总编徐一龙（李芊雨、郑力、赵雅敏、刘欢畅、叶欣愉、陈珏伶:《洪流滚滚而来, 记者价值何在》, 2016 年 11 月 8 日《青春报》微信公号）

※《博客天下》记者杜祎洁（师晓炜：《< 博客天下 > 记者杜祎洁：从赌场叠码仔的故事说起》，2016 年 12 月 5 日《青春报》微信公号）

※《人物》记者吴呈杰（吕永洁：《此间三年》，2017 年 10 月 18 日《青春报》微信公号）

※ 主持人张绍刚（齐悦：《张绍刚：我只是一个爱看热闹的老百姓》，2017 年 11 月 13 日《青春报》微信公号）